Kinsey Reports:
Sexual Behavior in the Human Male & Sexual Behavior in the Human Female

金赛性学报告

[美] 阿尔弗雷德·C·金赛／著

Alfred C.Kinsey

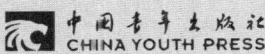

图书在版编目（CIP）数据

金赛性学报告 /（美）金赛著；潘绥铭译.
—北京：中国青年出版社，2013.6（塑造美国的 88 本书）
ISBN 978-7-5153-1647-5

Ⅰ.①金… Ⅱ.①金…②潘… Ⅲ.①性学—研究 Ⅳ.① C913.14

中国版本图书馆 CIP 数据核字（2013）第 110453 号

金赛性学报告

作　　者：	［美］阿尔弗雷德·C·金赛
译　　者：	潘绥铭
策划编辑：	陈　晨　李玲香
责任编辑：	周　红
美术编辑：	夏　蕊
出　　版：	中国青年出版社
发　　行：	北京中青文文化传媒有限公司
电　　话：	010-65511272 / 65516873
公司网址：	www.cyb.com.cn
购书网址：	zqwts.tmall.com
印　　刷：	大厂回族自治县益利印刷有限公司
版　　次：	2013年7月第1版
印　　次：	2023年7月第12次印刷
开　　本：	787mm×1092mm　1/16
字　　数：	410千字
印　　张：	30
书　　号：	ISBN 978-7-5153-1647-5
定　　价：	59.90元

版权声明

　　未经出版人事先书面许可，对本出版物的任何部分不得以任何方式或途径复制或传播，包括但不限于复印、录制、录音，或通过任何数据库、在线信息、数字化产品或可检索的系统。

中青版图书，版权所有，盗版必究

编者的话

1910年，年仅19岁的胡适考取"庚子赔款"第二期官费生赴美留学，就读于康奈尔大学。偶遇美国小学新生开学，胡适难抑好奇跑去旁听，内心受到极大震动。美国启蒙第一课只有一个内容，便是令全体学生宣读誓词："我保证善用我的思辨才能；我保证发展我独立的思想；我保证接受教育，从而使自己能够独立判断。"正是这段誓词，让胡适深刻体会到：美国之所以成为美国，全在于其"独立之精神，自由之思想"，而这一理念成了胡适先生一生坚守的信念。

美国，距其建国不过200余年，却已是世界强国。我们不禁要问：这个民族，究竟是如何在这么短的时间内做到经济上飞速发达，政治上游刃有余的？更为重要的是，它如何将这关系国本的"思想与精神"赋予它的民众，令他们秉持信仰，坚守信念？

2012年5月，美国馆藏量最大、历史最悠久的国会图书馆遴选出88部对美国社会最具影响力的书籍，定名为"塑造美国的书"（Books That Shaped America）。《飘》、《麦田守望者》、《了不起的盖茨比》、《第22条军规》、《汤姆叔叔的小屋》等历久弥新、耳熟能详的经典名著均入选。这些书籍或曾在当时社会引发争议，或甫一亮相即引起极大轰动，或令人愤慨，或引人怒骂，或发人深思，但仍对美国乃至全世界读者了解美国社会发挥了重要作用。

为此，我们引进并翻译出版了这套"塑造美国的88本书"丛书。力争客观、原生态地呈现美国的人文社会、政治制度以及美国历史发展和民主进程，在一个个美国故事中，讲述真实的美国和美国人，宏观展示美国的诞生、成长和强大，美国人自我意识的觉醒和认同。

它们包括：推动北美人民走上公开独立道路的战斗檄文《常识》；成就美国宪法和联邦制度的政治经典《联邦党人文集》；激励无数年轻人的世界上最著名的自传《富兰克林自传》；影响美国五代人的经典教科书《美国语文读本》；美国哲学和美式生活方式的代表之作《实用主义》；美国移民人手一册的人生指南《穷理查智慧书》；点燃美国20世纪60年代性解放运动的性学经典《金赛性学报告》；来自美国总统世家的对教育的反思与批判《亨利·亚当斯的教育》；出版史上的奇迹、永远的励志畅销书《人性的弱点》，等等。

这套"塑造美国的88本书"丛书将自始至终贯彻严肃认真的学风和生动活泼的文风，分辑陆续推出。

约四百年前，弗朗西斯·培根在《伟大的复兴》一书序言中，曾经这样谈到书中描述的对象，他"希望人们不要把它看作一种意见，而要看作是一项事业，并相信我们在这里所做的不是为某一宗派或理论奠定基础，而是为人类的福祉和尊严……"我们怀着真挚的感情，把这段话献给"塑造美国的88本书"丛书的读者，希望广大读者关心她、批评她、帮助她。

让她成为我们共同的事业。

中青文传媒
"塑造美国的88本书"丛书编委会
2013年6月

目 录

译者序 011
推荐序 027

上部《男性性行为》

第一章　研究概况 032
　　研究的对象　033
　　研究的发展　036
　　分类学的研究方法　038

第二章　少年性发育与性活动 041
　　少年的性唤起与性高潮　041
　　少年性游戏　043
　　前青春期的性高潮　046

第三章　性释放总论 048
　　总体释放的频率　048
　　个体差异　050
　　影响个体差异的因素　054

第四章　年龄与性释放 059
　　基本数据　059
　　青春期的性释放　060
　　老年人与性能力衰退　062
　　自慰与年龄　063

爱抚所达性高潮与年龄　064
非婚性交合与年龄　065
婚内性交合与年龄　067
同性性行为与年龄　067

第五章　青春期初始年龄与性释放 ··· 069
性行为的初始　070
初始早晚与性释放频率　070
初始年龄与释放途径　072
初始年龄与老年性释放　073
结论　074

第六章　婚姻与性释放 ··· 076
婚姻是社会和法律对性的限定　076
社会限定的效果　079
曾婚者的性释放　082

第七章　社会地位与性释放 ·· 084
社会阶层的划分　084
不同的发生率与频率　087
总体释放情况　087
对性技巧的态度　088
性行为的不同社会模式　096
社会对性的作用　099

第八章　性模式的固化 ··· 107
几代人的性模式变迁　107
发生率的比较　108
实施频率比较　110
少年时期的阶层可变性　114
青年以后的阶层可变性　117
性道德的传导　118

第九章　宗教信仰与性释放 ·· 122
总体性释放　123

道德的宗教基础　127

第十章　自慰 ··· 131
　　自慰的定义　131
　　发生率与实施频率　132
　　自慰的技巧　136
　　与其他释放途径的关系　138
　　自慰的意义　138

第十一章　异性爱抚 ··· 141
　　发生率与实施频率　142
　　爱抚的技巧　143
　　爱抚的社会意义　145

第十二章　婚前性交合 ······································· 149
　　发生率与实施频率　150
　　婚前性交合的性质　151
　　婚前性交合的意义　152

第十三章　婚内性交合 ······································· 156
　　发生率及其意义　157
　　实施频率　158
　　婚内性技巧　159

第十四章　婚外性交合 ······································· 167
　　发生率与实施频率　168
　　与其他性释放的关系　169
　　社会意义　170

第十五章　与卖淫者的性交合 ······························ 173
　　发生率与频率　174
　　技巧　176
　　妓女的意义　177

第十六章	同性性行为 ·· 180

同性性行为的界定　181
发生率　183
实施频率　187
同性性行为与异性性行为的比较　189
科学意义与社会意义　192

下部《女性性行为》

第十七章	调查概况 ·· 196

调查工作的历史背景　197
人们有权获知这一切　199
样本情况　201
资料来源　203

第十八章	前青春期性发育 ·· 208

前青春期性反应与性高潮　209
异性的性游戏　211
性游戏的作用　215
与成年男性的性接触　216
青春期开始时的性发育　219

第十九章	自慰 ·· 221

自慰的定义与学习途径　222
与年龄和婚姻状况的关系　224
各种影响因素分析　226
技巧与伴随的幻想　228
意义与作用　233

第二十章	性梦 ·· 238

性梦的来源　239
发生率与频率　239
与其他性行为的关系　243
性梦的内容与男女对照　244

第二十一章　婚前亲昵爱抚 ············· 248
概述　248
与年龄的关系　252
各种社会因素的作用　255
亲昵爱抚的技巧　260
作用与意义　267

第二十二章　婚前性交合 ············· 274
总体情况　274
社会分层考察　280
实况与性质　285
婚前性交合的后果　290
社会意义　299

第二十三章　婚内性交合 ············· 305
各种因素的作用　307
性交合的技巧　314
道德和法律的看法　319
女性性高潮的状况　323
影响性高潮的14种因素　327

第二十四章　婚外性交合 ············· 339
生物基础与历史背景　339
普遍状况的分层考察　343
所需条件与实际内容　347
道德与法律如何对待　350
婚外性交合的作用与意义　352

第二十五章　同性性反应与性接触 ············· 359
生理基础与历史状况　359
年龄和婚姻状况的作用　363
教育、时代和宗教的作用　366
女人同性性接触的技巧　368
测定同性性行为的程度　370
同性性行为在社会中的处境　374

| 第二十六章 | 与动物的性接触 ··· 383 |

何以引人注目　383
情况与技巧的运用　384
作用与意义　385

| 第二十七章 | 性反应与性高潮的器官 ································· 387 |

对16类触觉感受器官的刺激　388
对其他感受器官的刺激　398
男女的比较研究　399

| 第二十八章 | 性反应与性高潮的生理机制 ··························· 401 |

性反应中的25类生理变化　402
性高潮的临近　413
反应速度　414
性高潮及其后效　415
男女对照的总结　421

| 第二十九章 | 性反应中的心理因素 ·································· 422 |

五大性心理现象　423
男女33种不同心理状态　426

附录　调查内容 ·· 451

译者序

性研究史上的里程碑

|男性性行为|

1948年，美国出版了一部长达804页的大部头学术专著，其中的大部分篇幅是数字、表格、曲线图，仅仅最后所附的专业的表格就有120页之多。但是就是这样一部艰深的学术专著，首次印刷的20万册在两周内就被人抢购一空，并马上在美国和全世界引起极大震动。

这部著作就是笔者翻译后献给读者的《金赛报告》[①]。其直译名是《人类男性的性行为》，但是它广为流传后，人们更喜欢用作者的名字来称呼它：金赛，指作者；报告，指它是一部性社会学意义上的调查报告和资料汇编。

《金赛报告》是世界性研究史上的一部里程碑式的著作。它标志着确立于1886年的性学，经历了初创期，终于发展到了成熟期，标志着现代性研究体系的定型；标志着性研究开始从学者的书斋和医生的实验室与门诊所走出来，投入现实世界，投入普通人的日常生活，开始对社会与文化发挥其巨大推动力了。

◆ ◆ ◆

阿尔弗雷德·金赛的小传，在美国金赛研究所所长专为简体中文版写的前言中已基本包括了。这里只需稍作补充。

[①]《金赛报告》：又译《金西报告》，最初仅指《男性性行为》，此篇中保留了这一说法，而现今常用的《金赛性学报告》分为两部分，即《男性性行为》和《女性性行为》，以示区分。——编者注

金赛具有科学家，尤其是一位在野外工作的科学家，所应有的献身和埋头苦干的优秀素质。从1940年起，在尚未获得任何资助的情况下，他带着仅有的一名助手，跑遍芝加哥与印第安那波利斯，广泛会见中下层人士，通过直接面谈来调查，甚至周末和晚间也不休息。

金赛更具有科学家所应有的不畏社会邪恶势力的意志与人格。他的工作受到各种阻力，正如他在本书中所说，连一些司法人员也来阻挠。他的一位合作者甚至因此被解雇。但是直到1941年获得资助，1942年雇用更多助手之前，他几乎是单枪匹马地对抗着愚昧而强大的社会压力。

《金赛报告》问世后，与社会阻力的抗争并没有就此结束。该书出版一年后，洛克菲勒基金会迫于压力，从此断绝了对金赛的资助。幸而金赛研究所财政上已能自立，否则难免灭顶之灾。但是资助的停止，毕竟严重影响了事业的进展。目前这部《金赛报告》，虽然资料之丰富与细致已经是首屈一指，但仍有大批资料由于财政紧张而无法整理出版。金赛曾经计划继续出版更详尽的专著，但是因财力不足，一直未果。此外，1948到1953年的美国，清教的精神禁欲主义传统仍占统治地位。1920年代那场"静悄悄的性革命"已然过去很久，1960年代那场"暴风雨般的性革命"尚未到来。这也严重阻碍了金赛某些最尖端的研究成果问世。例如，金赛最早现场观察了人们的性生活，最早用电影客观记录了种种性行为与性技巧，但是在目前这部著作中，他只字未提。也许他是在等待更宽容的社会环境和人们更高的性觉悟，但是终未等到。直到性革命高潮来临之后的1966年，后世两位性学大师、性治疗学创始人马斯特斯与约翰逊，才有条件重闯禁区，实现了金赛的遗愿。他俩在《人类的性反应》一书中，公布了性生活的细枝末节的视觉形象资料，也算告慰金赛的在天之灵吧。

◆ ◆ ◆

《金赛报告》的基本理论观点有两条：

一、从根本上来说，性是一种生物现象。性张力（或称性能量）无论如何总是要释放的，这是一种生物活动。社会因素和力量对它有影响，但并不绝对。性的生物性质主要表现为：

1. 不存在绝对没有任何性释放的人。

2. 无论多么怪异的性对象、性行为或者性释放频率，都是源于并符合于性的生物需要。

3. 性释放可以分成三个方面来考察：释放频率、释放途径、释放总量中各种途径所占的比重。后两项主要是由社会决定的。而前一项（频率）则是个人的生物性质所决定的。这主要是指：

● 性的最高频率都出现于青春期之前，而后逐年降低，任何力量都无法挽回或者逆转。

● 男性一生中平均性释放频率的高低，不取决于社会或者心理因素，而由他的青春期开始的早晚所决定。这也是任何力量所无法控制或者改变的。

● 不同的释放途径及其在总量中所占的不同比重，都不能影响或者支配释放频率的固有水平。

二、性释放的途径（具体性生活方式）及其在释放总量中所占的比重（采用某种方式的频率），主要是由当事人所属的社会阶层内的通行性变态所决定的。社会阶层的划分主要依据受教育程度和职业等级的高低，而且这两者基本相符。一个人如果已经接受了某个社会阶层的性行为模式（这通常发生于幼年和少年），日后尽管他的社会地位发生剧变，这一模式也很少很难再改变了。

《金赛报告》不但是具体成果的丰收，更是性研究方法的扩展与革新。这集中体现为金赛名言："一个门诊部并不等于全社会"。

金赛创立了新的性学的分类法，他认为：无论把性看作生物现象还是社会现象，都必须拥有足够多和足够广泛的调查数据，才能发现、验证和总结性领域中的任何一个现象或者问题。最理想的是调查全部人口，即或做不到，也不能像以往的性学研究者那样，仅凭医生的少数病例来论述人类的性问题。

◆ ◆ ◆

《金赛报告》是世界性研究史上的一个转折点。

性学一词（sexology）最早出现于1844年的德国；但是一般以为，它作为一门独立学科确立于1886年克拉夫特·埃宾发表《性心理病》一书之时。此前为性学的酝酿期,此后为初创期。

初创期最初的一批性学学者,着重研究性的心理变态问题。1920年代,出现了三位最著名的研究者:赫希菲尔德、弗洛伊德、霭理士。他们虽然仍然非常注意性变态问题,但是更多的精力转向研究普通人的正常心理,尤以霭理士更突出。但他们与前人一样,主要还是在性心理的领域中耕耘,因此整个初创期可称为性学发展史上的心理学阶段。

与此同时,美国医生华生在1920年代创立了当代心理学三大学派之一的行为主义心理学。它的基本理论就是刺激(S)—反应(R)公式,即客观外界环境向人输出什么样的刺激,人就会产生什么样的反应和行为。华生首先把行为主义心理学运用到性领域中,亲身做过实验,并为此遭到迫害。

从此,实际发生于性活动之中的、生理与心理相结合的、作为人类性活动的直接客观目标的性高潮,就成为性学研究的中心,成为一切性问题的中心。单纯的、相对狭窄的性心理学被融会于其中了。这标志着性学开始向第二个发展阶段转变,即从性的心理学向性的行为学过渡。金赛显然吸收了他们两位的成果,加以发展提高,最终以其报告标志了这一转变和过渡的完成。

金赛的研究以性高潮为中心、为标准,甚至相对省略了传统性心理学所注重的那些心理与情绪。这集中体现于他的"性释放"这一概念中。他实际上把性高潮视为唯一客观正确的标准,以它来区别具体性活动是否属于性的释放。这比弗洛伊德的"里比多[①]"理论,显然更精确,更符合现实生活。

金赛始终把人们的实际性行为当作基本研究对象。金赛分析了人的社会化过程以及人们所处的不同社会阶层环境对于人的性行为方式、性高潮频率等性现象的巨大作用。尤其是他开创了"性释放总量"的理论,日后发展为"性能量"理论流派。

---

① 里比多:libido,又译"力比多",由弗洛伊德提出,指人或某些动物见到、摸到、想到或听到与性相关的事物或声音,所产生的一种令人兴奋的感官刺激。——编者注

性释放总量说的是：把人的一切种类的性活动，都看作性能量得以释放的具体形式，其中达到性高潮的那些性行为的次数的总和，就是当事人的性释放总量。只有这样来研究，才可以把人的所有性现象都转化为一个量的概念，才可以把多个人的所有性行为加以精确的比较。金赛之前的研究者们是无法做到这一点的。

同样，通过测算每一个个体的性释放总量，就可以测算出一个群体或者一个社会的性能量的总量。例如，有些学者运用这种方法测算出，在60年代的所谓"性革命"之前和之后，美国人（非随机抽样）的性释放总量并没有明显的增加或者减少。因此他们认为，"性革命"其实只不过是使得各种性活动更加公开化了，尤其是可以更加公开地谈论了。

这种理论的社会背景是，在美国这样一个社会统计学高度发达的社会里，人们希望任何一种社会现象都能用精确的数学方式和数值来加以表现。

金赛也是性研究中的社会调查学派的旗帜与集大成者。到20世纪末的时候，世界性研究界的其他三大学派，一个是以弗洛伊德为代表的心理分析学派，另一个是以马斯特斯和约翰逊为代表的实验室学派，再一个是以马斯洛为代表的人本主义心理学学派。四者并驾齐驱，共同构成性研究的浩荡队伍。

金赛的社会调查学派，与其他学派一样，立足点在于不同的研究对象和不同的研究方法。弗洛伊德以无意识和"里比多"为对象，以临床治疗中的发现来推论人类的普遍规律。马斯特斯和约翰逊及其后继者，把生理为主的性反应作为主要研究对象，用严格的医学检测手段总结其中的共同现象，用以治疗有性障碍的普通人。马斯洛则以人的意志与潜能为对象，用哲学思辨和认识的方法，试图使每个人都在性行为中实现人的价值。

金赛的对象既不是那么含糊的性心理，又不是那么精确的性反应，而是性释放这种现象与性行为本身。金赛的手段是尽可能多、尽可能客观的社会调查，用人的数量与比例来发现和验证人类的性行为实况。如果说弗洛伊德像是精神现象学，马斯特斯和约翰逊像是生理学，马斯洛像是宗教哲学，那么金赛就更像是社会学。如果说弗洛伊德的作用是重新解释了社会与文化，马斯特斯和约翰逊等是造福于几乎每个人,马斯洛是唤起人的信心;那么金赛就是为人们和社会在决定自己的性态度和性的价值取向时,提供了坚实的统计数据基础。自从《金赛报告》问世后,任何一个性研究学派的理论,如果没有大量的社会调查数据为依据,便会被人们视为虚妄之谈。这就是金赛的社会调查学派的伟大功绩。性治疗学汲取这一成果尤多。

《金赛报告》既然是社会调查学派的经典著作,它对当时社会的作用也就更直接更巨大。尤其是它具有不可辩驳的坚实基础,除了彻底否认其方法论以外,任何人如果要否定或者修改其结论,唯一的办法就是调查更多的人。这种朴实无华的数据基础,比任何其他光彩照人的思辨,都具有更强的抵抗力和持久力。难怪迪金森,1933年在美国首次出版插图本《人类性解剖学》,并曾经收集1200份个人性生活资料(可惜未发表)的性学先师,获知《金赛报告》出版后,激动得泪流满面,说:"终于来了,终于来了,这正是我一生梦寐以求的啊!"

◆ ◆ ◆

《金赛报告》在1950年代的美国,有五条社会现实意义:

1. 行为方式与社会背景联系起来,震动了一贯认为美国不存在阶级的各个阶层,甚至有人攻击它是"性的马克思主义"。尽管它离1960年代的性革命高潮还很远,但是从历史的角度来看,后来的黑人、社会中下层人、女性和青少年,之所以敢于在性革命中自豪地显示和传播自己阶层所特有的"性的亚文化"和一直被视为"下贱"的性活动,并使之成为社会一时的"主文化",或多或少是得益于《金赛报告》的普遍流传。正是它,使他们认清了自己阶层的性特征,从而才可能为维护自己的性价值观而斗争。有人把性革命说成是"性的阶级造反",指的就是这个意思。因此,如果说《金赛报告》多少提高了社会下层的性的阶级觉悟,并不为过。

2. 它打破了美国延续近300年的清教的性的精神禁欲主义传统,打破了这种性道德的一统天下。

金赛对这种旧道德的深恶痛绝,渗透于全书的字里行间。但他不是靠激情声讨或者价值观混战,而是以生物学意义上的发现和规律式的总结,深刻地指出其违反人性之处。每一个看过该书的人都可能问道：处于性释放顶峰时期的青少年，难道还应该去遵守性释放已逐减的成年人或者近乎性无能的老年人所制定的性道德吗？

3. 它揭露了当时美国性风尚的虚伪，展示了人们的性活动实际上早已偏离传统道德，驳倒了任何一种"道德不变论"和守旧主义。

美国上层社会在40年代末，仍然自欺欺人地标榜着：美利坚民族在性方面最严肃正经，所有的性变化都发生在欧洲，或者企图从那里传来。因此，他们把性的保守主义当作光荣传统或者民族根本性格，据此来嘲笑和蔑视甚至攻击其他民族。《金赛报告》中的一组组数据，把他们道貌岸然的外衣冲击得千疮百孔。人们看到，300年来一直严禁严惩的同性恋、"反常性行为"、婚外性交、嫖妓等等现象，不但不像社会宣传的那样只是一小撮人所为，而且其比例大得令人瞠目结舌。这就不能不使人想到：是这些人的行为错了，还是法律与道德错了？法律既然已经不能责众，那还固守它干什么？法律与道德难道不应该随人的实际生活而变一变吗？这无疑是批判清教精神禁欲主义的锐利思想武器。

4. 它揭示了人的性行为的实况，迫使人们正视自身的性活动。这本身就是一种性态度的革命。当时报纸上登出一句著名的话，表明了《金赛报告》的冲击强度："看了它，你认为人还有什么秘密，还有什么可羞耻之事吗？"

5. 它揭示并肯定了人的性行为的无限多样化和无限可变性。金赛的一句名言从此在美国广为流传，经久不衰："唯一不符合本性的性行为，就是不能完成的性行为。"

◆ ◆ ◆

自从性研究诞生，学者们就在争论：什么是反常，什么是正常；什么是障碍，什么是病。从总的发展趋势来看，无论人类社会还是性研究本身，都把反常的范围缩得越来越小，把正常的范围扩得越来越大。金赛虽然没有专论精神障碍意义上的性变态，但是至少对普遍人而言，他的标准是迄今为止最宽松的了，超过了当时任何为"反常行为"申辩的其他人。由于其广博的数据基础，这也成为性研究史上最有力的一次宣言。

《金赛报告》的特点是数据丰富。全书共有数字表格162个，最长的一个占9页篇幅，最短的也占半页。此外还有图表173个、参考书目22页、索引16页。全书共有正文23章。

　　全书的文字叙述，都紧密结合并严格与书中的图表与数字表格对照，因此大量出现诸如许多、很多、非常多、不多等模糊的数量词。这是因为在读英文原著时，可以很方便地对照旁边的表格与图表，作者便免去不断地重复数据了。可是，这给本书的翻译带来很大困难，因为除了最必要的以外，中译本不可能，也不必要全部照引金赛的所有数据。为此，译者采取了一种折衷办法：一般问题中的一般数据，直接翻译英文中的模糊数量词。读者可按中文字面意思来理解其大概数量，亦可前后对照，理解各种模糊数量词之间的差异。从金赛的原文来看，他显然也认为，书中的多数数据，只求读者理解其间的差异即可，具体数值并不那么重要。对于重要问题中的重要数据，译者均从相应表格或图表中查出原有数据，写入译文，或者列入括号。

　　《金赛报告》的主要贡献，在于揭示了都市人口的性行为实况，因此译中略去了城乡差别、与动物性交等章。黑人的数据过少，与全书其他数据不成比例，因此也略去。调查方法、供门诊医生参考的数据表格、数据整理方法等章，均过于专业化，因此也略去。还有少量细节，目前在中国无法发表。除此之外，其他文字基本上直接译出。

　　《金赛报告》中使用的性研究术语，有一些现在已不再使用，有一些中文没有对应词，译者都根据自己的研究，并参考中文文献予以译出。

　　在这本译作中，最重要的一个术语，就是"性交合"。

　　它不同于中国人现在常说的"性交"。金赛自己的定义是："这一术语，指的是男女生殖器的直接插入式交合。人们常常不加限定和解释，就试图用'性交'这样一个术语来表达性交合这样的行为；但是实际上两者并不相同。'性交'也可以指口交和肛门性交，可以指一个人的生殖器与另一个人身上非生殖器的某些部位的接触、摩擦或交合。在这个广义上，不但两个异性可以性交、两个同性也可以性交；而性交合却只能发生在异性之间。我们这本书中所用的性交合一词，均指男女之间的、阴茎插入阴道的性行为。"

同时，译者还要特别指出：在1980年之后的中国，"性交合"这个术语格外重要，因为唯有这样一种男人与女人之间的性的活动，才有可能产生受孕、怀孕、生殖这些后果；才有可能产生第三个人从而与社会有关。反之，口交与肛门性交这样的"性交"，却因为与受孕和生殖毫无关系，因此完全是两个人之间的私事。在中国厉行计划生育与独生子女政策的社会环境中，我们应该比金赛当年更加积极地推广与使用"性交合"这个术语，应该把它与"性交"区别开来使用。

此外，在本书中，译者还使用了两个术语来区别人们的不同的婚姻状况："在婚"说的是一个人已经结婚了而且没有离婚，仍然处在婚姻状态之中，相当于日常语言中的"已婚"。"曾婚"说的是：一个人结过婚，但是目前却不在婚姻状态之中，不管是由于离婚还是丧偶，都算作"曾婚"。

| 女性性行为 |

阿尔弗雷德·C·金赛教授1948年发表了震惊欧美的《男性性行为》（简称"金赛报告"）之后，又于1953年发表了姐妹篇《女性性行为》。至此，他和他的同事们历时15年之久的大规模社会调查告一段落，所获成果初步发表出来。至此，以金赛的名字为标志的性研究中的社会调查学派宣告确立于世，国际性研究也就此开创了一个新的时代。

金赛原来是美国印第安那大学的教授，专门研究昆虫生态学。1938年，该大学女生要求学校为她们开设性教育课程，金赛承担了这一任务，就此开始性研究。工作中，金赛以其敏锐客观的科学家眼光，发现不同社会阶层的男女很可能有着不同的性行为模式。他抓住这一发现不放，首先总结和设计出一整套直接面谈调查法，随后在美国各地调查了16,000名以上男女，最终验证了自己最初的假设。

在金赛之前，欧美的性学研究主要由临床医生来从事。其中有些人也做过一些社会调查，例如凯瑟琳·戴维斯医生就发表过《2,200个女性性生活中的诸因素》；汉密尔顿也调查过较多的个案；但总的来说，性学仍然局限在医生的门诊部里，尤其缺乏对社会因素的作用的研究。金赛在前一本书《男性性行为》中批评了这种状况。他用自己的大量调查数据，揭示了男性性行为的普遍实况，提出了许多在门诊部里不可能发现或者总结出来的惊人结论。

时至1953年写第二本书时，金赛的学术思想更趋成熟。他把近代科学的两大支柱：受控实验与统计分析，更完美地结合在一起。在这本书里，不仅有第一本书那样的大量统计数据（主要在第一部分中）；而且有大量实验与观察的成果（主要在第二部分中）。后来的国际性研究界普遍认为：金赛的第一本书和第二本书的第一部分，主要是开创了他独特的社会调查学派，功勋盖世；而他的第二本书（本书）的第二部分，则是解决了性研究的普遍问题，尤其是性生理与性心理的重大问题，也是不朽篇章。这两方面交映生辉，标志着金赛的丰富与博大。从此以后，任何性研究知识，如果仅仅有临床经验或者小规模实验作依据，而没有大规模普遍调查数据，人们便不会承认它是科学。

金赛生长于一个虔诚宗教徒的家庭里，深感传统性观念与性道德对人、对性的沉重压抑。当他的调查结果证明了人类性行为的无限丰富和无限多样化之后，他在《男性性行为》一书中旗帜鲜明地痛斥了传统性文化的无理与虚伪。没有什么哲理或者空泛的议论，能像金赛的确凿数据那样，以揭示真相来击中传统性道德的要害。也没有什么"主义"或者呼吁，能像金赛的犀利分析那样，促使人们反思与觉醒。尽管他的书提出了许多重要的、具体的性研究结论，填补了许多空白；但时至今日，人们之所以仍然在不断地提到他，不断地引用他的数据，首先还是因为他揭示了真相；因为他用似乎枯燥无味的数据，彻底打破了美国清教禁欲主义者沾沾自喜、津津乐道的"性道德纯洁"的话语霸权。

我给读者翻译的这本《女性性行为》，是金赛上述功绩的继续。

1953年左右的美国社会，对女性的性行为存在着两种不同的误解：一种是宗教与道德以及一般舆论，仍然以为女性还在恪守"无性便是德"的古训，规矩得很；另一种是大多数男人又认为女人的性欲其实比男人更强，她们也像男人一样经历着心理上的性苦闷。金赛的这本书正是从这两个方面打破了当时的神话与误解。

在本书的第一部分中，金赛揭示了女性6种性行为的实况，证明女性的违背宗教戒律和传统道德的性行为非常之多。他尤其论述了，一直被宗教和道德所严厉谴责的女人自慰（手淫）、婚前亲昵爱抚、婚前性交合与婚外性交合等行为，实际上对女性的身心发育大有益处，尤其对她在日后婚姻中性生活和谐更有益处。这对当时的社会，对"传统型女性"，不啻是一声惊雷。

尤为可贵的是，金赛在本书中再三地揭示出并提醒人们注意：女性中的代际差异非常明显。1900年以后出生的、在1920年代那场"悄悄的性革命"中长大成人的一代女性，在各方面都发生了巨大的变化。年轻一代女性更多地破除了传统道德的束缚，更多地接受了性的快乐与美好。

1953年以后，尤其1960年代以后，美国和整个西方的妇女，在争取男女平等方面获得了肯定的胜利。她们的性行为模式发生了巨大的变化。金赛这本书里的一些数据，虽然已无法反映当今西方女性的状况，但恰恰是金赛首先揭示了这些变化的出现与发展，预测了女性性行为的可能发展趋势。即使仅仅从历史的角度来看，金赛也为后世女性留下了宝贵的数据，使她们了解前几代被歧视的女性的境况，使她们能把自己与前辈相比较，更深刻地体会到今日成果的来之不易。金赛从来没有提过女权主义，也从来没有表达过对女性的虚伪的、廉价的同情，但是他为女性的发展提供了一个数据化的里程碑和参照系。任何一个关心当代女性的性问题的人，都不能不从金赛的成果中汲取历史的教益。这也使他更不愧为性研究史上划时代的伟大人物。

当年的金赛很可能并不知道，他的这些发现与统计结果，给后来的女权主义提供了坚实的理论基础；也就是那句名言与口号："女人不是天生的，而是被社会造就的"。同样，金赛也给整个人文社会科学领域中的"社会建构主义"筑起了理论发展的平台；在我们中国被表述为"形势比人强"，或者更加形象的"长江后浪推前浪"。时至2012年，性研究中的那种"天生如此"的"本质论"已然土崩瓦解；而强调主体自由发展的"建构论"则方兴未艾、蒸蒸日上。这也算是后来人对金赛的最好告慰吧。

本书的第二部分里,尤为后人称道的,是金赛提出了男女性生理和性功能其实是同构、同质、相互对应的基本思想。后来,这成为女权主义理论的基石之一。

自从弗洛伊德以来,精神分析学派一直认为,女性各方面的较弱,来源于她的生殖器与男性不同,性功能也比男性差。弗洛伊德说,小女孩都会羡慕或者嫉妒小男孩的阴茎,长大后又会嫉妒新郎对她的"插入"。这种宿命论的说法,使男女在性方面的平等与协调成为不可能的,或违反本能的。金赛从男女外生殖器的解剖构造及其功能,一直谈到性交合中真正的机制、刺激与反应的来源和性高潮的实质,从生理学的根基上推倒了精神分析学的武断。金赛从几十个方面,以数据为依据,阐述了男女在性生理功能的几乎一切方面,实际上并不存在差异,或者虽然有差异但绝不像人们想象得那么大。就连"男人性反应快,女人性反应慢"这种似乎确凿无疑的说法,也在他的数据与分析面前,露出了误解的真面目。可以说,如果没有金赛的书,后世女性研究自己的性问题就失去了基础;后来女权主义争取女性平等的性权利的运动,也就根本无从谈起。即使不谈这些重大意义,仅就性知识传播和夫妻性生活协调而言,金赛的书对当时美国人也是一大功劳。

金赛也澄清了当时社会的另一种误解,即许多男人认为,女性也是或者也应该是与自己一样的"性积极分子"。金赛在本书第十三章中详细论述了:男性接受心理上性刺激的能力比女性强,这是造成男性较积极、女性较消极的根本原因。一般女性不可能成为"性狂人",但是女性消极的原因,也绝不是当时一些保守女性所津津乐道的所谓女性更有道德、更纯洁、更富于情感和理想。

在历史上,自从歌德冒出一句:"永恒的女性,引导着我们上进"之后,一直有些知识女性主张:应该由更有人性的女性来改造更富于兽性的男性世界。谁也不能从价值观上来批评这种主张,因为这是她们做出选择的权利;但是如果要真正认清男女差异何在,就应该读读金赛的数据,或者拿出比金赛更多更准的数据与实验材料来。反过来,在女性的心理能力没有足够的变化之前，男性社会如果企望女性的性行为与自己一样，就只能到商业化的性表演中去寻求。这是金赛的又一基本观点和贡献。

可惜，时至今日，我国恐怕还没有多少人能认识到这一点；还有许多人在不休地争论，男人与女人谁更道德些，谁更纯洁些，谁更高尚些，谁更感性或者谁更理性。我国目前的夫妻中，还有一些人由于双方相互误解对方的性心理状况，闹出许多不和谐的悲剧。

当然，金赛是根据1950年代以前美国女性的状况做出这一结论的。他没来得及看到1960年代后，美国妇女所获得的更平等的社会地位、婚内地位和家内地位，当然也不可能知道当代女性的心理状况之巨变。同时，自然科学家出身的他也不可能跳出"客观主义"研究方法之井，因此只能主要依赖对于生物因素的分析，来描述生活在当时当地的社会与文化之中的女人。可是，现在我们回头望去，那样的女人已经基本上随风而逝，只留下《金赛报告》这样的一片片云。

金赛敏锐地注意到，唯有在观看性爱电影和文艺作品等方面，女性的性心理反应能力才与男性的基本相同。但是他没来得及看到当今世界中性的公开化的惊人程度，尤其没有看到各种"女看男"的情色活动的迅猛发展，因此他自己对于这一发现的意义，明显地估计不足。

金赛不是神，只是人，而且是个男人，还是个男教授。这样一种社会身份，对于他的研究，到底产生了什么样的影响？他对于女人之性的煌煌巨著，在多大程度上是"客观检测"的产物，又包含了多少"主体建构"的成分？在金赛的时代，没有人会这样提出问题。但是时至2012年的今天，我们这样来辨析他的研究成果，恰恰是在理解历史的基础上，对于他的格外尊敬。

◆ ◆ ◆

时至21世纪，许多读者可能会关心：在金赛之后，性的研究又出现了哪些发展呢？为了帮助读者理解金赛当年的著作及其意义，这应该是一个很有必要回答的问题。

从1950年代初期开始到目前，是性社会学的发展时期。这主要表现为三个方面。

第一个方面是关于性现象的社会调查报告不断地涌现，一般都引起了较大的社会反响。相对重要的成果有：亨特的《70年代的性行为》（1976）、海蒂加以总结的《红书杂志的性调查》（现在汉译为《海蒂性学报告》）等等。不过，由于研究者的学术背景不同，诸多的调查中，有相当一部分很不符合社会调查的一般规范，使得其学术意义大打折扣。

第二个方面是关于性现象与社会之间关系的宏观研究和思辨研究也在不断发展，例如马尔库塞的《爱欲与文明》、福柯的《性史》、吉登斯的《变革时代中的亲密关系》（直译名，汉译为《亲密关系的变革》）等名著，都引起了较大的社会反响。但是一般来说，这些社会思想家主要是把"性"作为一种载体，来阐述他们对于社会的宏观看法；所以有些论者认为，还是不把它们列入性社会学的发展为好。

第三个方面是比较公认的和规范的性社会学的理论创建。

1973年约翰·盖格农与西蒙合著的《性举止——性的社会组织》一书，首次系统地论述了人在性方面的社会化过程及其规律。他们指出：所谓性发育不仅仅是一个生理成长的过程，更是个人认同和归化于自己所处的社会的性文化的过程。在这个过程中，人们形成了自己的"性脚本"。它指导着人们的"性举止"。性举止不仅包括人们通常所说的性交合、性行为和性活动，而且包括了人们通常说的性观念、性态度和性方面的外部表现。一般认为，这标志着性社会学自身的成熟理论的诞生。

1980年代开始，约翰·莫尼出版了一系列著作，研究以往的性学概念和性学研究过程，是如何被社会文化所限定和影响的，其代表作是《男人和女人，男孩和女孩》。此期内，一些性社会学的专有理论不仅开始脱离以往那种以生理学和心理学为主的经典性学，而且反过来对经典性学产生了巨大影响。

例如：经典性学把几乎一切性障碍都主要归结为生理原因，主张求医问药。可是性的"人际互动理论"却认为：在性活动中，双方的行为都会引起对方的反应，形成对于自己的反馈。如果任何一方不会识别这些反应和反馈，不能据此修正自己的行为，那么性障碍就会出现。"性交换理论"

则进一步认为：在性活动中，双方实际上都在互相付出和获得回报。性交换的状况如何，直接影响着双方的性生活满意度和性障碍发生的可能性。一些性治疗专家陆续引进了这两个理论，提出了"性困难中不存在与此无关的一方"的认识准则，又提出了"双方共同治疗"的操作准则。此后，性治疗事业才得以蓬勃发展。

又如："性与社会性别的系统"理论认为：人类的一切性现象，既是"社会性别"（详见下节）所限定和支配的，又是对于社会性别的标志和强化。因此这个理论又派生出"性权势理论"。它是指两个人在性交往或者性关系中，如果双方存在着社会意义上的不平等，就必然产生出一方对另一方的支配权力、权威、强势地位和强制式的影响力。它们虽然并不表现为法定的权力，却常常表现为实际存在的"权势"（power）。它决定着双方在性行为中出现什么样的反应与举止。

时至1995年，劳曼、盖格农等人出版了《性存在的社会组织》一书（俗称"芝加哥报告"），系统地创建了"性存在的社会网络理论"，并且以历史上首次全国（美国）随机抽样的面访调查的数据分析，验证了自己的理论。他们认为，人类的性现象，不像经典性学所说的那样仅仅是个体自身的产物，也不仅仅是发生在两个人的互动之中，而是发生于许多人的性关系所结成的性的社会网络之中。也就是说，凡是有过多个性伴侣的人（包括再婚者），客观上已经被这个社会网络连接起来。因此他们的性行为已经不再是自己的个体行为，而是受到一些素不相识的人的影响。这就是性的社会组织。它的结构、功能、作用机制，对于个体的性活动发挥着非常强大和广泛的作用。学术界认为，由于发达国家中的多伴侣现象日益普遍，这一成果的重要性和生命力也将越加显现。许多学者认为，这一成果标志着性社会学这个相对独立的分支学科的确立。社会舆论则称之为"性革命之后的性社会学"或者"艾滋病时代的性社会学"。

《金赛报告》作为世界性研究史上划时代的里程碑，任何关于性研究或者性问题的人，都不能不读。它揭示的虽然是1940年代大洋彼岸的社会实况，但其中的理论、观点、方法，对当今中国性研究仍然有巨大教益。这就是我翻译此书的目的。

但是在此需要强调的是，对于中国一般读者来说，读《金赛报告》时必须注意一点：它不能、也不应该作为个人评价自己的性行为的依据。其中的道理有二：

首先，现代性研究成果中很重要的一条就是：必须把社会统计中的平均数与个人喜好分开，切忌盲目攀比。尤其是，任何大概率的现象，充其量也只能成为一个社会的主流，却一定不可以作为任何道德判断的标准。人生于世，贵在独特；世事纷杂，全靠自我。在旋飞的生活中，我们必须学会选择，学会独处，学会品味生命的价值意义，把浩瀚宇宙中那个属于我的小小时空，染上自己的颜色。

其次，金赛研究的是将近70年之前的美国人的性生活，就算与我们当下的生活出现某些雷同之处，那也仅仅是历史的叹息。21世纪的中国，性革命已经成功。读者若有兴趣，请去找我本人的专著和文章来看；在网上找，更加容易。

最后要说的是，一本纯学术专著，居然能够从四十年之后直到六十五年之后，在中国先后出版三次，这就不仅仅是因为金赛的伟大，更是来自中国人民的觉醒与发展，来自我们的性文化的复兴。

潘绥铭

原作于1988年2月28日

补充修改于2006年9月9日

再修改于2012年12月1日

推荐序

阿尔弗雷德·C·金赛（另译：金西）于1894年生于新泽西州德霍博肯。他的父亲是史蒂文斯学院的讲师。他有一个哥哥罗伯特，一个姐姐米尔德里德。他本人自幼学习钢琴演奏，直到高中始终不辍。1910年美国成立了童子军，他即刻加入，而且是美国首批童子军团长之一。他对音乐和远足的热爱贯穿了他的一生。

1916年，金赛以优异成绩毕业于缅因州不伦瑞克的鲍登大学（Bowdoin College），并获得生物学学士学位。1919年，他在哈佛大学获得昆虫学博士学位。1920年，他任教于印第安那大学动物学系；次年与克拉拉·布雷肯·麦克米兰小姐结婚。随后，他投身对于黄蜂的研究，并抚育了他的三个孩子成长：布鲁斯、安妮、琼。

金赛博士生长在一个过分拘谨并笃信宗教的家庭之中。他对自己的性欲和性活动一直有着沉重的负罪感并倍受其折磨。直到他成年并成为一个科学家，他才认识到这种痛苦的情感是毫无正当理由的。1938年，大学里一批已经达到结婚年龄的女学生发起一场请愿运动，要求校方给她们开设有关性与婚姻的课程。金赛对她们深表同情，因此他被女同学们请来做这门课的助教。那时，人们对人类性活动所知甚少，因此他在回答女学生提出的种种问题时，几乎毫无信心。在这种状况下，他坦率地承认自己缺乏经验和科学资料，并询问女学生们：在她们自己的经历的基础上，她们是怎么认为的。女学生们的回答逐渐积累成一大笔原始素材，而金赛则充分认识到其中蕴含的无比巨大的科学价值。他开始规范地、系统地整理学生们的问题和她们的回答，所用的是他在此前用来收集和检验过550万只以上黄蜂的那种新分类法。最终，他创造了一种直接面谈的调查方式，可以揭示一个人的性生活的实貌。

这种面谈调查方式创立后,金赛开始系统地询问选修性与婚姻课程的全体学生,之后扩大到其他班级的学生以及他的朋友们,不久,他又开始调查他所能说服的每一个人,包括在大学里干活儿的短工和技术工这样的人。他发现,这些人的性态度和性行为与大学生们的极其不同,于是金赛开始理解:社会经济阶层的差异对人的性活动发挥着巨大的影响。这一发现意味着,如果想切实了解全体美国人的性行为,就必须直接面谈调查不同地区的所有社会经济阶层的人,而且人数必须足够的多。这样,金赛的性研究工作也就真正开展起来了。

正如历史上时常发生的,金赛开展这项研究得到了许多方面的支持,才得以成功。首先,印第安那大学校长赫尔曼·B·韦尔斯医生全力保护金赛从事这项研究的权利。他觉得金赛这样一个生物学教授,完全有资格研究人类的生殖行为,全然不顾宗教团体和某些外科医生的反对(那些医生认为,这样的研究只应由医学界的人来从事)。其次,美国性问题研究会全国常务理事会多年来一直认为,这样一项研究是必不可少的,而该组织一直是由洛克菲勒基金会资助的。不过,金赛开始其工作时,并没有获得任何资助,但是他矢志不渝。他自费雇佣了一个学生克莱德·马丁当助手,先是协助整理资料,后来又训练他直接从事面谈调查。最后,美国性问题研究会常务理事终于获悉了金赛的研究,为他申请了一系列经费。所获的第一笔经费相当少,但是足以使金赛扩大他的研究队伍。他用这笔钱雇佣了瓦尔德尔·波默罗伊,保罗·H·格布哈特(即本前言的作者,继金赛之后担任金赛研究所的所长——译者注),以及其他人。

面谈资料积累到足以发表后,许多问题随之而产生。这些资料应该归谁所有?归金赛,归印第安那大学,还是归性研究会常务理事会?如果出版之后获得版税,又应该归谁呢?为了解决这些问题,为了实现对这些资料保密的诺言,1947年各方面共同组建了一个独立的、非盈利的合作机构(但金赛研究所不是合作的)。第二年,这个合作机构的第一部著作问世了,就是这本《男性性行为》。

《男性性行为》的销量之大出乎意料，金赛这个名字从此家喻户晓。首版书一抢而空，只得连续再版。所有版税归合作机构，任何个人均未获利。当然，在引起广泛注意和普遍喝彩的同时，这本书也招来了大量负面的意见，因为研究成果令许多人烦恼不安。婚前性交与同性性行为这两个问题最敏感，对此的研究成果所受到的批判也就最多；而诸如梦遗和自慰（"手淫"）这样的研究方向，就很少有人攻击。研究所被谴责为按照人数多少来确定道德标准，削弱道德力量和犹太教—基督教价值观，否定爱情。这些批评者在我们的研究的客观性方面和处理材料的科学性方面找不到任何错误，就说我们的调查对象一定是带有严重偏见的人。

撇开批评者的狂怒不论，金赛报告毕竟一直流传到了今天。它毕竟科学地收集并精确地描述了1960年代之前美国中层和上层社会中的性行为状况。不管对调查对象提出多少质疑，值得注意的是，现今的研究在继续证实金赛的发现与结论。在性研究领域中，金赛所创立的面对面谈话调查的方法，一直得到最广泛的公认。

《男性性行为》不是一种材料的堆砌，其中的每一个数据都有着许多限定条件。因此人们不能笼统地说，百分之多少的男性有某种独特行为，只能说某一社会经济阶层的，某种婚姻状况下的，宗教信仰达到某一程度的，处于某一年龄段中的男性中，有百分之多少有这种性行为。这样的字句当然不好读，但是它更科学。因此，这本书当时曾经被戏称为：买的人最多，读的人最少。

那些精心阅读《男性性行为》的人可能还有一个烦恼：此书中被调查的人数似乎每每变化，不像其他研究著作那样恒定不变。其实这很好解释。在那个没有电子计算机的时代里，所有数据都是用手抄在卡片上，然后用一个简单机械加以分类。所有工作只有三、四个已届中年的研究者来做，对大量数据的分析需费时数年之久。在这数年中，面谈调查仍在继续，新数据不断加进来，因此被调查者的总数也就不断增加。

在金赛及其研究队伍收集的大量的数据上，还产生了其他一些学术专著：《人类女性性行为》（1953）、《怀孕，生殖与流产》（1958）、《性犯罪：

类型分析》(1965)。金赛博士于1956年逝世,但是他的事业和他的研究所在继续,先是由保尔·H·格布哈特领导到1982年,随后由琼·M·赖尼希领导。研究所现在的名称是:关于性,性别与生殖的金赛研究所。

那么,这部书的主要贡献是什么?

首先,它第一次揭示了美国人口中的一个很大的构成部分的性行为实况,从而建立了一个标准参照系,一切后代研究者都必须用它来衡量自己的成果。

其次,它提供了一个经验基础,来确立正常行为具有广阔的范围这一概念,结果引起医学、法律和行为科学的内容巨变。

第三,也是最重要的,这部书把性这一题目带出隐暗之处,使科学家、卫生工作者、医务人员能够公开地、客观地讨论它,尤其是使每个个人也能如此了。

保罗·格布哈特,荣誉教授
1956~1982年金赛研究所所长
写于1988年4月23日

Sexual Behavior in the
Human Male

上部

男性性行为

《男性性行为》中的数据和资料，都是金赛教授及其同事通过直接面谈获得并确定的。从1940年起，到1947年他们动笔写此报告时，共与12,214人面谈过。金赛的研究以性高潮为中心、为标准，研究对象是性释放这种现象与性行为本身。金赛通过大量客观的社会调查，以被调查者的数量与行为比例来发现和验证人类性行为的实况，为人们和社会在决定自己的性态度和性的价值取向时，提供坚实的统计数据基础。本书的主要贡献在于：它第一次揭示了美国人口中的一个很大构成部分的性行为实况，从而建立了一个标准参照系。更重要的是，它把性这一话题带出隐暗之处，使人们能够公开地、客观地讨论它。

第一章

研究概况

9年来，我们所从事的这项研究，不但是为了探索人类性行为的全貌，而且是为了用事实材料来揭示：人类不同个体和不同阶层之间在性行为方面存在的巨大差异，究竟是由哪些因素造成的。

近年来，许多人开始把性当作一个纯粹的科学问题来看待，而不是仅仅看作道德价值或者社会习俗问题。心理学工作者发现，多数已婚夫妇都需要性的科学知识，以帮助自己解决性生活中的难题。越来越多的人也日益需要性的科学知识来认识和对待各种各样的问题，诸如：如何评价婚姻中的性内容；如何对儿童进行性的引导；如何评价年青人的婚前性行为；性教育如何进行；如何对待那些与道德相冲突的性生活，还有那些甘于让社会通过宗教、习俗和法律力量来支配自己的行为的人；应如何对待自己与他人的性活动。要想科学地思考上述问题中的任何一个，首先就要需要了解人们的性行为实况，了解性行为与生物因素之间的内在联系。

在西方欧美文化中，性一直是宗教价值观、社会禁忌和正式法律所要管束的首要目标，超过了其他任何肉体活动。这使得科学家们一直无法对人类性行为进行科学的调查研究，从而使科学到现在仍然对性知之甚少。

但是马林诺斯基在1929年研究证明：在人类的许多其他文化中，性活动自由得多，而且被视为不过是日常肉体活动之一；倒是供养活动与吃，却成为社会礼仪和禁忌的首要目标。直到当今西方社会中，我们仍然可以惊讶地发现，对于食物和吃，我们竟仍然有如此之多的原始禁忌。不过，性反应毕竟是人类激情中最强烈的一种，超过任何其他生理活动所能带来的情绪感受。任何一个社会不管束人们的呼吸功能、消化功能、排泄功能或者其他生理功能，却总是要管束性的功能，使它与宗教价值、仪式和习俗都有着密不可分的联系。这种联系从一开始就征服了性行为中的激情，并统治它直到如今。

性活动不但影响其行为主体，可能更影响其他人，或者对作为整体的社会组织产生危害。传统习俗的捍卫者们经常宣称：正是基于这个最充足的理由，社会才对个人的性行为如此感兴趣。其实，如果说法律是为了保护财产和个人而制定的，那么在管束性行为方面，这种保护就应该仅仅表现为制裁强奸与通奸。但是在实际社会中，除了保护个人的法律之外，还存在着一种"性法律"，其直接功能就是保护习俗。因此人们才以更大的热情来维护传统的性习惯，远胜于保护财产与个人的热情。也正是因为社会对性的这种态度作怪，以往科学家对性的研究才不可能深入和发展。

时至当今，这样的研究终于成为可能了。数千人坦诚地讲述了他们自己的性活动，更多的人提供了种种其他帮助。看来，科学家们低估了普通人对科学的信赖和对科研成果的敬重。其实人们都坚信：他们所吐露的隐秘，将会有助于科学资料的建立，而他们自己的生活和整个社会都会从中获益匪浅。

不过，我们要申明：尽管每一个阅读这个报告的人，都会依据自己的道德与社会价值观来理解和评价其中的事实，但是我们作为科学研究者，却从未这样做，而且这也不是科学家力所能及的。我们所做的，不过是确定事实本身。

研究的对象

本报告中的一切资料，都是通过直接面谈获得并确定的。本报告的调查对象遍布美国的每一个州，但是由于历史地理的原因，主要集中在美国的东北地区，尤其是马萨诸塞州、密歇根州、田纳西州和堪萨斯州。这个调查范围基本上可以反映出美国的全貌。

本报告调查了各类社会群体中的人，并划分成下列对照组：

- 男性与女性
- 白人、黑人与其他种族的人
- 未婚者、在婚者与曾婚者
- 从3岁到90岁的不同年龄者
- 不同年龄段的青少年
- 不同的受教育程度的人
- 不同的职业人群
- 不同的社会阶层
- 都市、乡村与城乡混合型地区的人
- 各种宗教信仰的人
- 信仰该宗教程度不同的人及无宗教信仰者
- 祖籍不同的人

据我们的经验，要真正了解任何一个群体的实况，至少必须有300个个案调查与分析。在做更广泛的社会分析时，则必须调查和分析足够数量的此类群体。在报告中，收录了我们这方面的工作成果。

本报告依据大约12,000人的面谈记录写成。从数量上说这是以往最广泛的调查研究的4倍。但是对于整个美国社会来说，12,000例毕竟是不够的，至少应有100,000例才能说明问题①。我们希望在今后的20年里能够做到这一点。

本报告所收集的个案中，男性约为6,300人，其中约5,300人是白种人。从年龄段上来看，我们集中研究了40岁以下的男性；再老的、未婚的和曾婚的，反映得不够。从地区上来看，乡村人口的状况反映较少。其他

---

① 这里，金赛说得不对。按照随机抽样的原理，一般来说，只需要数千样本就足以反映与代表美国的总人口的情况。——译者注

如宗教群体、工厂工人与手工业者、黑人的状况，资料上也有所欠缺。

至于我们所调查研究的女性性行为的状况，准备另外出书论述。（该书直译名为《人类女性的性行为》，即本书的下半部分——译者注。）

在我们收集和筛选资料时，不存在什么罕见或普遍、道德或不道德的概念。我们只是揭示着一切种类的个人和人类性行为的一切方面。那种把性行为的某些方面称为道德的，而把其他方面称为不道德的传统观念，曾经统治过几乎全世界，甚至统治过科学家们。类似的观念都是来自哲学、宗教或文化，而不是来自科学。对于自由地研究性行为来说，没有比它们更大的障碍了。整个19世纪和20世纪前半期，它们曾经阻挡了几代科学家的步伐。我们这份报告，首要的目的是说明人们在做什么，而绝不涉及人们应该做什么，也不涉及对这样做的人的评价。我们的报告只是揭示美国男性的性行为，而绝不是通常意义上那种对于"有德"和"无德"的男性及其行为的研究。我们调查了所有男性的所有性行为，我们便公布了所有资料，如此而已。

说到底，心理学家可能会认为是"正常"或者"自我调节良好"的那些个人，与那些可能被视为神经病、精神病或者至少也是"变态"的个人，相互间从来也没有过一个明确的界定。如果以这样的概念来限制研究，甚至再加上道德评价，就会把本应产生于调查之后的科学结论，蜕变成一种先验的成见。我们务必要避免这种分类法，尤其当它毫无科学根据可言之时。

我们的研究，不是仅仅把人类性行为的生物学方面、心理学方面和社会学方面当作单独课题。我们研究的是整体，是人类性行为的一切方面。人类作为整体，他的性行为可能涉及众多的专门学科，但是在每个个案中，性行为本身就是一个整体单位。我们必须这样来理解它，并研究它的一切侧面。我们衷心感谢为我们的研究做出过贡献的35个专门学科的众多专家们，并希望各学科继续共同努力研究下去。

研究的发展

我们的研究，采用的是一种可称之为"分类学"的方法。它来源于本报告的首席作者（金赛教授）所长期从事的昆虫分类学工作。

运用分类学方法来研究人类性行为，必须克服人类所特有的"人格"这个障碍，必须把人类的记忆作为一种工具来掌握运用。同时，人类性行为中的因素远比昆虫的要繁杂得多，这对我们的研究方法也是一个挑战。

1938年7月，当我们开始这项研究时，我们充分运用了自己在教学和在野外工作中所培养出来的人际交往能力和经验。尽管如此，我们在一开始的6个月中，仅仅成功地使62个人讲述了自己的性经历。当然，此后就快多了。1939年，我们直接面谈了671人，1943年达到1,510人，1945年高达2,668人。结果，到1947年我们动笔写此报告时，总共与12,214人面谈过。直接参与面谈收集例证工作的，共有6位，其中金赛面谈7,036人，占面谈总人数的57.6%；波默罗伊面谈3,808人，占31.2%；马丁面谈890人，占7.3%；其余三位共面谈480人，占3.9%。

我们的调查也是逐步发展的。从第一年起，我们对面谈对象所提的问题的数量增加了22%。但是从第9个月起，我们在面谈中的记录方法、形式以及面谈技巧等，都已达到目前的定型状态。

还没有开始研究，我们已确切地知道将要冒什么样的风险。在头一两年里，不断有人警告我们，也遇到一些特殊的麻烦，尤其是某些医学团体有组织地反对我们。某城市的医生联合会曾经试图起诉，控告我们无照行医。两三个城市的警察干涉我们。一个乡村地区的县行政长官审查过我们。有的人游说我们所在大学的行政当局，要求停止研究，或阻止研究成果出版，或解雇本报告的首席作者（金赛教授），或对源于本报告的一切出版物建立审查制度。

在这些风风雨雨中，印第安那大学行政当局坚定地捍卫了我们从事科学研究的权利，保证了我们研究的成功。不过，别的地方的别人就不那么幸运了。某城市的某中学开除了一位高中教师，因为他曾经与我们合作，在这座城市中收集过资料，而这个中学的校长居然还是一个心理学家！当然，我们遇到的还有其他许多东西，诸如法律手段的反对、警察的侦查和政治调查、出版方面的审查，还有延续数年的来自科学家营垒的批判。看着古代传统的社会习俗，竟如此深入地影响着那些被培养成科学家的人，真是洞若观火，妙趣横生！

对我们的批判看来出于两个主要原因。

第一个原因是科学界内的门户之见。有一些心理学家认为，性行为涉及心理学的最根本问题，任何生物学家都不配染指。某些社会学家则认为，这个问题涉及社会的大部分，因此生物学家与心理学家都不是性研究的合适人选。一些精神分析学专家自命，除了他们自己，谁也没资格研究性行为。一些专业医生则坚决反对在社会调查中获得研究资料，据说一切此类研究都理应由临床医生在门诊部里进行。

另一个原因是，一些科学家怀疑和顾忌我们的研究的社会效果。那些赞成研究动物性行为的科学家们，却怀疑能否在同样的科学基础上来研究人类的性行为。他们认为，不论我们的资料做得多么好，都不应该出版，因为社会还没有准备好面对这样的事实。很多人，尤其是性教育工作的领导者们认为，性行为从根本上来说是一个激情问题，而从未有过任何一种科学研究曾经测定过激情的质与量，即使真有了这样的科学手段，其研究成果也很危险，不应向社会公开。

有的好心人劝我们，在实际出版本报告之前，对研究工作严加保密。几位科学家怀疑我们可能在面谈与资料分析中加入个人道德评价。还有几位科学家朋友干脆要求我们，在研究中务必赞美那些"道德的"性行为，务必不要使人们对通常概念中的道德行为与不道德行为的区别产生任何疑义。

我们在调查中曾经遇到一位宾馆经理，他拒绝谈论自己的性经历。他说："因为我绝不想让任何人在我的宾馆里像脱光衣服那样袒露内心。"其实，上述科学家的思路与这位宾馆经理并无区别，只不过他们没有一个能比得上经理的风趣而已。

与我们在昆虫考察中遇到的危崖幽谷、荒漠迷沼或者野蛮土著相比，上述反对实在算不了什么。它们从未使我们放慢步伐。无论何时何地，愿意与我们合作的人，总是远远多于试图干扰我们的人。已经有12,000人贡献出了自己的隐秘，现在还有更多的、数以万计的人正准备贡献。我们尤其感谢曾经去过的528所大学里的学生们，他们贡献极多，支持甚大，其中有14所大学，每校就有100名以上的贡献者。

分类学的研究方法

我们的研究运用了从生物学中引进的动物植物分类法。但是在生物学中，分类法也有新旧之分。两者的第一个主要区别在于选取例证的数量的多少。旧分类法往往只选取一个或者数个例证，根据对这例证的分析来确定分类的标准。新分类法则要从不同的地区，每地选取数百个例证，整个物种要选取数万个例证，然后才能确定分类标准。显然，新分类法更为精确和正确。

新旧分类法的第二个主要区别在于，旧分类法只分析研究所选取的例证本身，新分类法则一定要分析例证所处的环境与背景，并把不同环境中的例证加以比较研究。也就是说，新分类法中融会了物种受自然条件制约的因素。

医学、精神病学、心理学、社会学、经济学、人类学以及其他一切社会科学，都是把人类学作为一个整体的物种来研究的。它们与生物学一样，首先遇到的问题就是如何表达人类的整体状况，这就要求它们必须精密地确定：一个多么大的选取例证范围，才足以科学地反映出研究的对象的普遍状况。

可惜，目前的社会科学还远远没有做到这一点。大多数著作在表述一个较大的群体的状况时，所依据的只是群体中的某个特殊层面，甚至只是一个或者几个个体。尽管这些层面的个体可以称为典型的，但是它们怎么能包括或者代表那些性别不同、年龄不同、社会经济和宗教背景不同、受教育程度不同的所有个体呢？即使在医学，尤其是心理学领域中，在手术治疗、药剂注射、生理检验以及心理治疗等具体工作中，人们直到如今，还在挂一漏万地或者以一代万地确定和执行着自己的分类标准，并结论说它普遍适用于人类这个物种。

医学、心理学和社会学领域中，有不少专家坚信，对一个个案的观察或处理，能适用于所有个体。精神病学者和精神分析学者中有不少这样的人，尤多的是人类学者。他们沉溺于个案的细节中，认为这可以推知一切，就像远古哲人认为，孤零零地残存在被烧毁的城墙上一朵小花，隐含着揭开宇宙奥秘的钥匙。

社会学家由于自己特定的研究对象，显然更注意群体问题，更注意扩大自己的抽样范围。但是除了他们所研究的群体往往是特殊的，因而不能代表人类的物种外，他们有时还会陷入另一种误解之中，即寻求整个文化的"社会类型"和"行为的动机"，寻求对此的"映像"和"行为的动机"，寻求对此的"映像"和确定其"峰值"。

在过去的十几年中，经济统计资料、农业资料以及民意测验等方面，开始注意运用新分类法，尤以公共卫生方面的工作做的最好。尽管它们并非引进了生物学的新分类法，尽管它们的抽样范围只占研究对象的1%到5%，但是比起社会科学的传统研究方法中，错误率在20%到90%之间的状况，毕竟是好得多了。

现代分类学以统计数据为其研究基础。经常有人反对这一方法。他们认为：统计研究所表述的"人"，是一种普遍的人或者以平均值出现的人，而这种"平均值的人"在现实中并无存在。因此这种"人"并不能使我们加深对特定人的了解，更不能取代临床医生在门诊部里治疗具体病人时所获得认识。

这种说法其实是对统计学研究方法的一种误解。精确地说，统计学研究方法是一种总体分析。它的目标和作用是揭示特定个体与其所在群体的其余个体之间的关系，以此来加深对于特定个体的了解。如果没有这样一个基础，医生所治疗的每一个病人，就都会成为独一无二的特例、不可解释的单值或者一个孤立的现象。因此说，统计分析与个体分析绝不矛盾，反而相辅相成。统计学研究方法可以帮助个案研究者确定：自己所研究的个体在总体中究竟是什么。每个科学家不但需要了解个体，也需要了解总体，并在总体中把握个体。这便是我们的基本立意和方法。

第二章

少年性发育与性活动

本章要讨论性反应的实质,揭示成年男性的性行为在其前青春期性活动中的根源与发端。这就需要明确 性活动是指一切可能促使行为主体达到性高潮的活动的总和。性行为则主要有6种途径:自慰("手淫"只是其中一种)、梦遗、异性爱抚行为、真实异性性交合、同性性行为(包括性爱抚与性交)、与动物的性行为("兽交"只是其中一种)。

当然还有其他途径,但是罕见而且并未构成人类性行为中的显著成分。有了这种认识基点,我们才好分析下去。

少年的性唤起与性高潮

在生理学的意义上,性唤起与性高潮指的是一种成人或者婚后才有的现象,包括一系列机体的、生理的和心理的变化。但是在我们看来,有下列问题需要注意:

一、尽管某些少年在其性游戏中,似乎力图避免性的内容,但是在许多前青春期性活动中,确实存在着性唤起与性刺激。一般来说,男孩中间的性刺激活动比女孩更多,更像成人。许多女孩只从事爱抚或者亲昵行为,甚至模仿性交而无真实性反应。

二、尽管在高等动物里，包括人类，身体接触式的刺激是性唤起的主要来源，但它们，尤其人类，由于自己的经验或者外界性信息的输入，却完全可以使心理刺激成为性唤起的主源，尤其个体受教育较多并培养出较强精神活动能力时，更是如此。还有些人类个体可以仅仅通过心理刺激而达到性高潮。

三、尽管性唤起与性高潮必须有一系列生理变化和现象作依据才能判定，但到目前为止，无论律师还是科学家，都是依据调查对象的自述，尚无法做到严格检测[①][②]。被调查者的性知识多少和表达能力高低，都会影响调查者的判定。正因如此，人们通常不承认少儿有性唤起，因为他们无法表述或者表述不确。性高潮也是如此。人们通常认为，男性只有实际射出精液才算达到性高潮。其实，不如此也可以达到性高潮。在前青春期男孩中这是通则，即使成年男性中也存在（4,102人中有11人）。男女少年由于生理尚未发育成熟，无法射出精液或者产生与成人同样的反应，但是他们确实发生了同样的生理过程，产生同样的结果。因为所谓性高潮，毕竟指的是性的张力释放达到顶点，然后消退，而这又是生物学家所公认的。许多医生把男性性高潮与射出精液混同了，其实射精只是性高潮的结果。文学作品又把性高潮本身与性高潮快感混同了，使一些对快感不满足的人误以为自己没有过性高潮。

明白这样一些区别后，我们就可以讨论少年性唤起与性高潮了。据我们对196个男少年的调查，他们的无射精性高潮有六种类型：

1. 阴茎和全身都没有或者极少出现勃起或紧张状态，占22%。

2. 身体出现紧张，但是很少有阴茎勃起，而是出现于身体其他部位，

---

① 这一工作后来由马斯特斯和约翰逊从1954年开始做起，到1966年初步完成，并发表划时代著作《人类性反应》。——译者注

② 在中文里，"鸡奸"的"鸡"并不是公鸡母鸡的"鸡"，而是上面一个"田"，下面一个"女"，连在一起；发音为ji。这个字在《康熙字典》里面还有，原意是"把男人的下身当作女人的下身来使用"。可惜现在的中国大陆人已经基本不知道了，因此在权威的百科全书中，也写成是"鸡奸"，还在"鸡"字上大做文章，胡乱解释。其实，原来的那个ji字，经常在台湾报纸上出现的。——译者注

普遍的是全身紧张，占45%。

3. 紧张之外出现剧烈痉挛式反应，通常是全身震颤，呼吸急促，呜咽等，占17%。

4. 具有第一或第二种反应，但是另外出现某些歇斯底里式举动，如笑、多言、沮丧、施虐、剧烈运动等，占5%。

5. 具有上述反应之一种，但是另外出现发抖、萎靡、苍白乃至疯癫，通常出现于首次性高潮之际，占3%。

6. 高潮时疼痛或惊恐，占8%。

这些现象大都延续终生，因为在青年和成人中，它们的比例也基本相同。

少年性游戏

弗洛伊德及精神分析学者，对性本身和性活动有自己的定义。他们认为性活动开始于新生儿和婴儿时期。如果把他们所列举的一切婴儿举动都解释为一种性的自慰，那么这种自慰就应该是一种普遍的现象了。但是，一直没有足够的调查统计数据来支持这一论点。

我们的调查已用数据证明：弗洛伊德所说的那些婴儿的妄触行为的经验，对于成年个体的性行为的发展，没有任何作用。成人的性行为，显然是其少年时特殊的生殖器游戏的产物。

我们通过与儿童直接面谈、向父母了解和记录成人的回忆发现：5岁以下儿童的性活动主要是紧抱和亲吻。在2岁到5岁这段时期内，下列活动要比5岁以后更多更经常：自己玩弄生殖器、显示生殖器、向其他儿童暴露生殖器、手刺激或者口刺激其他儿童的生殖器等等。随着儿童的社会化，他所学到的社会价值观和态度开始束缚他的活动，非常多的孩子不再这样做了。但是也有一些孩子开始某些性游戏。据我们调查，美国前青春期男少年参加性游戏的百分比如下：

年龄	任何种类性游戏	异性恋式游戏	模仿性交	同性恋式游戏
5	9.8	6.5	2.6	5.7
6	15.6	10.1	4.4	10.0
7	20.0	13.2	6.2	13.5
8	26.9	17.0	8.7	18.4
9	28.5	16.2	8.7	21.4
10	36.6	20.8	11.2	27.5
11	37.4	22.0	12.3	27.9
12	38.8	22.1	12.8	29.4
13	35.0	20.2	12.9	26.5
14	33.6	17.8	9.3	27.6
15	24.1	16.0	5.0	19.9

以上数字是按照年龄统计的，如果按现在已成年的人的回忆统计，有70%的成年男性在少年时曾经参加过某种性游戏，其中主要是展示自己的生殖器以及用生殖器接触别的幼儿。无疑，还有许多成年男性已经忘掉他们少年的经历了。也就是说，上述数字中所表达的参加过性游戏的男孩，并非总是同一批人。因此，近乎于全部的男孩，都参加过某种与男孩或女孩的性游戏，这不是不可能的。当然，女孩中只有约20%的人参加过此类游戏。

如上述数字所表明，大多数性游戏发生于8~13岁之间。从其持续时间长短来看，仅仅1年的占24.3%，2年的占17.9%，3年的占10.4%，4年的占11.2%，5年和5年以上的占36.2%。大多数性游戏是由年龄相近的孩子们共同参加的。但是对男孩来说，首次性游戏常常是与稍微大一些的男孩或女孩共同从事的。有一些男孩的性游戏伴侣是成年女性，而更多的则是成年男性。大人是孩子的万事之师，当然也包括性在内。

从整体上看，男孩性游戏中，同性恋式的比异性恋式的更多更经常。在性游戏伴侣中，男性多于女性的占72.3%，其中没有女性的占50.2%；男女相等的占23.0%，而女多于男的仅占4.7%。

在成年男性中，有48%的人回忆起自己少年时做过同性恋式的性游戏，而在我们调查时仍然处于前青春期中的男孩里，有60%的人曾经如此。他们首次同性恋式性接触平均发生于9岁2个半月（9.21岁）。

同性恋式性游戏中，最常使用的方法是显示生殖器，占99.8%。它自然地引出了同性恋式游戏的第二步，也是发生率次高的行为——手刺激生殖器，占67.2%。但是在一般情况下，这不会直接导致最终射精式的"手淫"。它似乎只是男孩与比他大的男人保持交往的手段。如果没有"过来人"传授，许多男孩要过相当长的时间，才会自己发现真正的"手淫"技巧。

此类游戏中，肛门性交式的占17.0%，但是它往往徒有其动作，并不能真正插入。口刺激生殖器的占15.9%，这对较小的男孩来说更容易些。

同性恋式性游戏的参加者中间，有42.1%的人会继续进行到青春期甚至成年。这个情况又因社会地位不同而变化。受教育少于8年的男性中有53.2%的人继续下去，而大学生中则只有22.5%。一般说来，男孩最初只是显示生殖器，过后手刺激之。一旦发现或者获知"手淫"技巧，便会显示夸耀之，甚至成为群体活动并延续于高中毕业之前。此时，尽管他们并不想当一个同性恋者，但是他们的身体反应已是同性恋味道十足了。

异性恋式性游戏平均开始于8.81岁，比同性恋式的早5个月，但是它在全部性游戏中只占39%，低于同性恋式所占的44.0%。

异性恋式性游戏的方式中，显示生殖器也占首位，达99.6%。许多父母遵守社会准则，过于谨慎地把男女孩的生殖器遮得严严实实，这直接激起或者加强了他们对异性生殖器的好奇心。

男孩手刺激女性生殖器的占81.4%。许多上层社会家庭对性交都是讳莫如深，以至孩子以为性交合就是用手探索阴道，尤其用手指插入最常发生，占异性恋游戏总数的49.1%。

模仿性交合在成年男性的回忆中约占22.0%，但是在参加过性游戏的男孩中却占55.3%。这里，社会差异更明显，受教育少于8年的人中达到74.4%，而大学生中只占25.7%。

男性被女性以口刺激生殖器的，只占8.9%，女性多为比男孩大的人。

异性恋式的性游戏延续下来的比例比同性恋式高。异性爱抚延续的为64.9%，模仿性交合延续的为54.7%。这可能是多数男孩成年后只进行异性性行为的原因之一。

与动物性交式的性游戏，主要发生于乡村男孩中。参加过的男孩中，9岁前发生的约占三分之一，到10～12岁达到高峰。

这些男孩中约有三分之一在青春期中实际发生与动物的性交。

前青春期的性高潮

鉴于前青春期的性高潮这一事实仍然未得科学的验证，我们在这里应该谈得更详细些。同时我们也要声明：我们的数据仅仅出自数百例个案，也许不能反映数百万少年的整体面貌。

在487例调查中，有性高潮的所占百分比为：2岁以下2.5%，2～5岁8.8%，6～10岁51.8%，11～13岁35.7%，14～15岁1.2%。在出现过性高潮的317个幼儿中，达到高潮极点的共占65%。各年龄组情况为：1～2岁以下占32.1%，2～5岁占57.1%，6～10岁占63.4%，11～13岁占80.0%，14～15岁占46.2%。

这里需要强调的是，那些在长时间多种刺激下仍未达到高潮极点的人，即使他们仍是少年，也主要是出于心理原因，而不是生理原因。这就如同在成人中，尤其老年人和"性冷淡"女性中所发生的情况一样。因此从总体上说，一半或一半以上的男孩，到3岁或4岁时就可能达到性高潮极点，而在青春期真正来临之前的3至5年，他们几乎全部都可能达到。

前青春期男孩从性唤起到性高潮极点的速度也比成年人快，平均时间是几乎整整3分钟，而中位数在2分钟以内。这说明，从最初的婴儿期直到25岁左右，男性的年龄对这个速度影响不大，25岁以后才逐渐慢下来。

最值得注意的是：前青春期男孩具有在短时间内重复达到性高潮的能力，尤其是10～15岁的男孩，此种能力超过比他们大的任何男性。据我们对182个男孩的调查，在一个限定的短时间内，有55.5%达到第二次性高潮，另有30%在此期间达到5次或5次以上性高潮。在对另外64例男孩的调查中，他们两次性高潮的间隔为：从10秒钟以下到30分钟或更长，但平均间隔仅仅为6.28分钟（中位数2.25分钟）。其中最突出的两例，是一个4岁男孩和一个13岁男孩，都在24小时之内达到过26次性高潮。这说明男孩这种迅速重复达到性高潮的能力，并不是偶然的或者短时间内的特殊现象。

在这些男孩中，有三分之一在两次高潮之间继续处于兴奋状态，另有三分之一虽然仍然兴奋，但是多少感到有一些消退，还有三分之一的人则是性唤起完全消失。在成年男性中，属于第三种情况的人比男孩中的多一些，而属于第一种情况的则近乎于相等。

综上所述，我们的调查数据证明：弗洛伊德提出的人类从婴儿期开始就有性活动的理论，是有据可查的。就这一理论原则而言，我们等于为他提供了重要的事实支柱。但是弗洛伊德所说的"前生殖器阶段"的性活动，以及在青春期中有一个性活动的"潜伏期"，我们却没有找到什么事实证据。前者不但不是生殖器游戏的来源，可能本身也不存在，或者不具有真正的普遍的性欲反应。后者既不是普遍现象，也不是出自主体的内心，而是父母和社会对某些发育中的男孩施加压力的结果。

因此，我们认为，精神分析学者强调婴幼儿时期的性发育及其性能力，或者强调其所受的压抑，认为这是形成成人性行为模式和整个人格的许多特点的最初源泉，无疑是正确的。我们与他们的分歧在于：究竟是哪一阶段的哪些活动发挥了最主要的作用？

我们认为是少年时期的性游戏，而不是婴儿时期的简单触摸行为。再有，少儿性活动中的哪些因素对人的日后成长发挥了主要作用？精神分析学者认为是"里比多"，我们则认为是性高潮能力。我们首先认为：只要有足够的性刺激，那么相当大比例的婴儿和前青春期少儿，就会具有达到完全的性高潮所需的特殊的性反应能力。

同时我们也强调：日后的青年和成人之所以形成自己独特的性技巧模式和独特的对性的态度与价值观，主要是由于他们在幼年之后的少年发育期内，受到自己所处环境和所获得的知识的制约与改造。学习与处境是至关重要的因素。

第三章

性释放总论

人类男性主要通过6种途径获得性高潮：自慰、梦遗、异性爱抚、异性性交合、同性性行为、与动物的性行为。这6种方法的总和，就是男性个体的性的释放途径的总体状况。

当然，成熟男性的任何一种性接触都可能引起激情勃发，都可以视为性能量释放的表现。尽管它们可能并不直接导致性高潮，但是从广义上看，也都可以视为某种性的释放。不过，这些激情的状态难于测定和比较，因此，为了使我们的分析有所界定，以下所讨论的"释放途径"，专指能够切实达到性高潮的性活动方式，即以上的6种，可以统称为性行为。

总体释放的频率

有些个体只有一种释放途径，即只通过一种性行为来实现自己100%的性释放。大多数人都通过两种或两种以上的途径。还有些人在某些短时期内，6种途径都采用过。在我们对于11,809人的调查中，任何一种途径都没有采用过的人占2.2%；采用1种的占18.4%；采用2种的占32.4%；采用3种的占29.5%；采用4种的占14.3%；6种都采用的占0.3%。总计起来，这些人平均同时采用2.45种释放途径。如果据此推算全部美国人口，那么他们平均同时采用2.2种释放途径。

我们知道，这6种途径中的任何一种，对某个体的性释放总体状况都发挥着大小不同的作用，如果再把多种途径综合起来考虑，那么任何一个具体个人的总体释放状况，就具有无限多样的存在可能。只记录任何一种特定的性行为，不论它在特定群体中的发生概率有多高，也无法表明该群体的性生活的总体状况。例如珀尔于1925年曾经调查过婚内性交合的频率。尽管他的调查表明，至少有62%的婚内性交合达到了性高潮，但是这一单独数据却不能说明在婚男性的总体释放的状况，当然也无法说明他们获得性高潮的总体情况。又如，研究大学生的自慰（手淫）现象，也不能表明这个群体的总体释放状况。再如，许多被列为"同性恋者"的个人，实际上同时还有数百次多种异性性行为，同性性行为在其总体释放状况中只占很小的比例。可惜许多心理学研究中，也把那些哪怕只有过一次同性性行为的人，统统归入"同性恋者"，而忽视了此人的其他性释放途径。

我们认为，无论研究个体还是群体，必须考虑对象的多种性释放途径，尤其必须考虑它们各自对总体释放状况的贡献到底有多少。以往所发表的一切研究成果，都是只求出了人类性活动中特定一种的频率。正因如此，我们现在对总体释放的研究所得出的频率，比以往资料都要高，而且高于一般人所预期的数字。

我们研究了从青春期初始到30岁的11,467个美国男性；他们的总体释放的平均频率为每星期2.88次。其中的比例分布为：每星期0次到0.5次的占13.6%；1次到4次的占64.9%；4.5次的占17.1%；8.5次到14次的占3.3%；15次到29次以上的占1.1%。如果不计算这些人中的无性行为的人，平均释放频率就是每星期2.4次。如果把年龄界限放宽，包括从青春期伊始者到85岁老人的男性，则他们的平均释放频率为每星期2.7次。

如果据此来推算全美国男性人口的状况，那么30岁以下的美国男性，平均释放频率为每星期3.27次。对于85岁以下的全美国男性来说，平均为每星期释放2.34次。

当然，以上数据也并非完全精确。各色人等的平均释放频率显然不同，受到年龄、婚姻状况、受教育程度、宗教信仰、城乡背景以及生物和心理等多种因素的影响。这些，我们将在以下各章中分别讨论。

个体差异

个体差异在人类性行为中表现得特别突出，特别真实。这是因为，即使在一个极小的群体中，个体间在行为上的差异，也比在生理和心理上的差异大得多。例如在我们的调查对象中，有少数几人多年来一直没有射过精；有一位男性虽然显得身强体壮，但是在过去30年间却只射精1次。另外则有些人长期以来持续地每星期射精10次、20次，乃至更多。有一位学者型的、精通业务的男律师，30年来一直平均每星期释放30次以上。其间的差异达万千倍之巨。

1942年，我曾经发表过关于昆虫的个体差异的研究报告。我发现，一般动物的个体形体差异约为2倍到3倍，任何动植物不同个体的形体差异至多可达18倍。但是我现在研究了人类性释放频率的差异后才发现，那真是小巫见大巫。前述那个30年才射精一次的人与那位律师相比，竟然相差45,000倍！而这两个人，或者是其他两个千差万别的人，却可能住在同一城镇，在同一场所相遇，乃至参与同一社会活动。

个体在性活动频率方面的差异，具有极大的社会重要性。我们的公共道德戒律，我们的社会组织，我们的婚姻习俗，我们关于性的法律，以及我们的教育制度和宗教体系，都是建立在这样一种基本估价之上的：所有个体的性活动都非常相似。因此对于所有个体来说，把自己的行为限定于道德所确立的单一模式之中，就应该是和必然是一件非常简单易行的事。甚至对于婚姻这样一件显然与性活动息息相关的事，我们现今的社会和习俗，也极少去考虑：这两个结婚当事人可能在性的爱好、背景与能力方面相去甚远。

对于性教育，人们感兴趣的是制订一种课程表，以满足处于某个教育水平上的儿童，而且是所有儿童！人们无视这一事实：某个个体可能对性持有相对消极的评价，而另外一个个体却可能发现，他（她）根本无法把自己限制在如此之低的性活动水平之上。在社会的组织与管理方面，人们对个体间差异的可能性，一直就是几乎根本不予理睬。结果，不同个人对性的不同评价问题，被诉诸于刑法、精神病医生或者其他什么社会机构去惩处。其实，就性和对性的评价而言，涉及多少个人，就会有多少种不同问题。

我们的调查表明，每星期性释放1次到6.5次的男性占77.7%，其余22.3%的男性属于多与少两个极端状况。有7.6%的男性每星期平均释放7次或7次以上，而且持续至少5年。他们的导致性高潮的性活动，大部分发生在某些朋友或熟人之间。至于女性的情况，将会在我们下一部书中详述，但是尽管女性的大多数都频率较低，她们之中的个体差异，即不同频率的分布范围，却比男性更大。

那么，任何一个个体是否有可能按照比自己实有频率更高或更低的频率，来评价所有性活动呢？即使经过专业训练的人，也不易回答这个问题。在讨论性教育，性制度和性政策的会议上，我们可以听到非常不同的意见，从主张绝对禁欲直到主张公开采用任何性活动方式，无所不有。没有什么事情能够像"性"这样，在人们中间引起如此公开的分裂。

任何旁观者都会承认：单纯外在因素绝不会导致聪明的人们得出如此不同的结论。如果我们能获知会议参加者的个人性经历，就可能发现：这样人中有一些，一年内释放不超过1次或2次；而在场的另一些人，则持续而规律地每星期经历性高潮10次或20次。

这就是说，个人的性释放频率，与他在社会争论中所采取的立场之间，必然存在着某种相关联系。可惜的是，争论任何一方中的极端者，可能都根本不曾想到：自己的对手也许有着与自己截然不同甚至相反的性经历。

更可惜的是，恰恰是在这样一种糊涂氛围中，人们喋喋不休地讨论着青少年的犯罪，讨论着强化法律，讨论着制订专门的性法律。人们知道，远在这种讨论会会场之外的政治家们，必然会反射出会场中最响亮的声音,必然代表这些人的性态度和性经验。政治家们永远不会遵照一种基于客观统计资料的科研成果来行事。

科学界对性的讨论中,也极少注意人类行为的广泛多样性。许多著作中的结论仅仅来源于作者个人的经历。尤其是连一些学者也在使用"正常的"或者"反常的"这类术语,实在令人惊讶。因为这充其量只表明这位学者是在按个人口味处理客观资料,其"研究"不过是个人立场的表白。

我们的调查表明,没有任何一种性释放途径或者频率可以称为"正常的"、"典型的"、"有代表性的"。它们只有差异,而且除了差异之外什么也不表明。它们分布的广泛及其相互间的连续性向我们表明:所谓"正常的"和"反常的"之类术语,不在科学的词汇表之中。充其量说来,所谓"反常",也只不过表明某些个人的性活动频率在人群中较少出现,或者表明这类性释放途径在总体人群中并不通用。

但是即使如此,这也只能表明这些个人稀少,而非"反常"。再进一步说,我们在以后各章中将根据事实材料证明:许多在教科书上被确定为"变态"或"反常"的性行为方式,实际上在人群中的发生率达到30%、60%甚至75%。因此,对这类性行为来说,就连因其稀少而被斥为反常,也不足为凭了。

"反常"这一术语,在医学病理学上是指与一个活体的生理健康相抵触的状况。在社会意识中,"反常"可以指那些导致个人与社会适应不良的性活动。但是这样一来,就立即涉及两个定义:个人的生活怎么才叫好?什么样的社会评价才叫好?

我们知道,这两方面的定义远不如生理学对健康的定义来得精确。绝不能说任何偏离性道德的性活动,或者任何违背社会禁忌的性活动,都总是甚至永远是某种神经病或者精神病。我们所调查的大量个案中,大多数从事违背禁忌的性活动的人,都没有因自己的性活动而产生特殊苦恼。可是许多心理学家或精神分析医生,以及其他治疗社会适应不良症的人,常常认为大多数人在评价自己的性活动时都遇到障碍或者苦恼。

其实并非如此。

原因再简单不过：一个门诊部并不等于全社会，一些病例也不等于总人口。实际上，种种"反常性活动"之所以总是造成精神病和变态人格，只不过因为那些前来求医者，都对自己的性活动感到不安与负疚而已。

在我们的调查对象中，有许多在社会上和学业上非常成功的人物，例如卓有建树的科学家、为人师表者、医生、教士、商界巨头和政府高官。他们都清楚地知道社会对性活动的禁忌是什么，但是他们也都在采用几乎所有被称为反常的性活动方式，并且安之若素，并未去求医问药。

因此，门诊医生的真正目标，应该是发现和治疗那些人格欠缺者、智力障碍者、强迫症患者；应该解决某些人的内心冲突：他们一旦发觉自己的行为偏离了人群中的平均值和中庸之道，偏离了社会所制订的习俗，就会自我崩溃而患精神分裂症。医生们不应该去干涉其余的数以百万计的人们。他们虽然有同样的行为，或有更高的"反常"发生率，却既无个人苦恼，又无与社会失调感。如果门诊医生们更清醒地认识到，所谓反常性活动的类型和发生率，其实恰恰是在正常的范围之内，他们就会照上面所说的去做，并从中更深切地、更广泛地了解那些调节良好的个人的性经历。

人们的性经历中的大多数苦恼，是社会获知个人行为后所做出的反应的结果，或是因个人对社会一旦发觉自己行为后将如何反应抱有恐惧所造成的。现今社会中，法律把性行为区分为"自然的"和"违反自然的"，但是这一标准既不是来源于生物学资料，也不是来源于大自然本身，而是因循古希腊古罗马的旧制，就连变态心理学教科书也不过如此。

没有任何一个科学领域会像性研究这样，有如此之多的科学家仍然满足于两三千年前的魔法巫师的分析。

我们的社会组织，为什么非要对"反常性行为"做出如此反应呢？这值得我们认真研究。道德，无论涉及食、衣、性，还是宗教礼仪，从本质上来说，既不是人类经验的归纳总结，也不是对客观材料的科学检验。但遗憾的是，现今对性行为的研究，往往只不过是用客观科学的假面具加以掩饰的道德评价，而且这类东西实在是太多、太常见了。

影响个体差异的因素

个体性行为的差异，主要是三大类因素造成的：生物因素、心理因素和社会因素。

生物因素中最重要的是遗传作用。其余的依次为年龄、性激素分泌水平，营养状况、维生素摄入状况、一般健康水平，神经系统状态等等，以及其他一些因素。

心理因素的范围极广，最主要的是过去的经历对目前行为的调节。从最低等的动物到最高等的人类，只要有中枢神经系统，便莫不如此。个人性释放的差异，依赖于他是否获得和获得何种性经历，以及这给他后来的活动带来何种暗示。这就涉及和包括了个体以前和目前所处的环境如何这一问题。

社会因素主要指个体的社会群体归属状况。一般说来，个人的性活动，不过是他所属群体的性活动模式的反映。同时，大多数人也反过来运用理性来确认、选择和满足于归属某一社会群体，并把自己的性活动也理性化了。

除了上述泛泛分析外，我们准备以两方面的极端情况为例证，具体讨论个人性释放的差异，即低频率现象与高频率现象。

低频率性释放与性欲升华

低频率是指，一个具体个人的现实性释放频率，低于少于他在无阻碍状态下可以达到的频率；但是后一个"理应达到的"频率是很难确定的，因而低频的程度也就难于确定；只有少数例证才能做出这种分析。例如：在调查16岁到20岁单身男性2,868人后发现，他们的平均性释放频率为每星期3.35次，而同年龄组的在婚男性的平均频率为4.03次。两者之间的差异可以归于社会对于婚前性行为的禁阻。这样，相对于在婚者，单身者可称为低频率。但是在婚者实际上也受到各种各样的阻碍，例如妻子月经期、孕产期等；还有其他顾虑或者干扰，例如人类总是企求某种隐秘状态或者场合（其实在性欲勃发和性交合中，隐秘状态产非总是有利）；再如一夫一妻制的限定和道德对许多种性满足方式的禁忌等等。因此，在婚者的理应达到的频率，也会高于现有数据。我们的调查对象中，有7.6%的人超过每日一次，而且其中大多数人也仍然存在某些阻碍因素，所以说，至少在这些人的青春期后5~10年内，他们可以达到更高的频率。

短期内根本没有性释放，是相当普遍的现象，但是平均频率低到每星期0.5次以下的人，在31岁以下的男性中只占11.2%，5年内平均每星期仅有0.1次甚至根本没有的人，只占2.9%。这样的男性，一般说来就可称为低频率者。

关于低频率现象，有一种著名的理论，叫作"性欲升华"，即把性能量转而释放到文学、艺术、科学或其他社会所赞赏的活动中去。这种理论并非弗洛伊德于1938年首创，而是源于基督教时代乃至古希腊时期之前。那时的道德领袖，用升华这一术语来推行禁欲、自我控制、严格压抑，以及其他种种苦行主义，而这些恰恰都是早期弗洛伊德所反对的。这里，我们又一次看到，科学是如何被转变为道德说教的。

升华理论缺乏客观科学验证。尽管许多个人的确在拼命努力控制自己的性反应，减少性高潮频率，但是他们的性能量，果真转移到"高层次"事物上去了吗？如果确实如此，那么他们不但理应减少或者限制自己的实际性反应，而且更应该毫无精神上的烦恼与不安。援引某些出类拔萃之辈为例，并不能说明升华理论正确，因为没有一个援引者真正知道当事者的性经历是什么样。

我们的调查可以检验一下升华理论，并揭示低频率现象中的其他因素。我们调查了179个36岁以下的男性，他们在至少5年内每星期平均只有性释放0.5次或更少。结果，我们总结出以下几点原因。

1. 179人中只有9人（5%）是由于健康、性激素分泌不良或者其他生理因素而造成低频率。

2. 至少有52.5%的人属于性冷淡者，或如通常所说，是"性欲低下者"。不管出于何种生物、心理和社会原因，这样的人总之是客观存在着的。他们在一次性高潮之后，会数日或数星期再也没有性唤起。心理刺激对他们很少起作用，甚至抱吻和抚摩生殖器也无济于事。这种现象在女性中更为常见，约可占30%。我们调查的这类男性有个共同特点，他们一般都是非常遵从道德的，认为控制性反应乃轻而易举之事，并乐于把自己作为性冲动其实并不存在的活例证。但是，这些人与其说是性欲升华的人，不如说他们的所谓升华，不过是对性欲的认知欠缺。他们是性瞎子或者性聋子。

3. 有35人（19.6%）是由于性交往的困难而无法从事性活动。他们的性能力一直没有被唤醒，一旦他们开始首次人际间性交往，就会离不开规律、较高频率的性释放。显然，这类人也不是性欲升华的人。

4. 有一些人是由于外界环境突变而不得不减少自己的性释放频率。最典型的是入狱犯人。他们即使用自慰、梦遗或者同性性行为来解决问题，其频率也比原来少得多。

他们大多倾向于从事那些并不必然和直接导致性高潮的性活动。他们认为：看性图片、听性的故事与实际触及异性之间没什么大区别。他们也不是升华的例证，因为他们少有或者没有需要加以升华的已唤起的性能量。

除此外，我们的调查中有8.3%的人类似这种情况，例如离婚，妻子生病等等，因而性释放频率较低。

5. 最后，有58.1%的人是出于对性的某种恐惧。有的人害怕为建立性关系而接近他人；有的人害怕社会对自慰，婚前性交合或者同性性行为的禁忌；还有的害怕自己内心对此类活动的渴求与冲动。他们大多确实曾经诉诸于宗教忏悔、自我惩罚或者苦行，以求避免进一步的罪恶。但是他们仍然不是性欲升华的人，而是一般的宗教徒。

这方面，我们还有其他调查材料。我们调查了134个性方面拘谨的男性，其中82.8%是20~30岁的，90.3%是大学文化，93.3%属于白领阶层，96.3%信奉新教。结果发现，不论单身者还是在婚者，其性释放频率比起全美国男性平均数来，都低三分之一到一半，其婚前性交合发生率仅仅是全国平均数的74%。他们中的大多数人都坚信自己的性哲学，许多人自誉为性欲升华的完美典型，许多外人也如此称道他们。不过，他们之中有几个正在接受精神病治疗，而参加我们调查的几位精神病医生都诊断：他们中非常多的人是神经机能症患者。

性释放频率低的人里是否有哪怕部分升华者；特殊群体里如教士中是否有升华者，都难于确认。确定无疑的倒是：在我们的大量调查对象中，升华的人实在是太罕见，不足以从学术上认定其存在可能性。如果考虑到升华理论广为传播和易于被接受，考虑到如此之多的人在为这一目标而献身，那么也许可以说：升华至多只可能存在于不足人口5%的、性释放较少的人们之中。

高频率性释放

大多数人的性释放频率不高不低，因此人们不相信或者无法理解高频率的人的存在。珀尔在1925年的研究中还认为，这种人"非常罕见"。其实不然。每日一次或一次以上的人，占7.6%。

高频率的人包括各色人等。30岁以下的各年龄组中的高频率者，都比50岁以上各年龄组中的多4倍以上。单身者、在婚者、首婚者中的高频率者则基本持平。在不同的受教育水平和不同社会群体中，高频率的人所占比例也相差不多。这就说明一个重要问题：一个具体个人，可以同时既是性的甚积极分子，又是社会的重要人物。信仰各种宗教的人中，高频率的人明显地少。下层社会的人们，有49.4%是高频率的人。这又一次说明：如果所在群体对性活动的阻碍比较少，比较公然地和持久地蔑视法律与社会偏见，那么其中的大多数个人就会具有积极得多的性活动。这也表现为：高频率的人在受过大学教育的人中的比例，少于职业学校毕业生中的比例，白领上层又少于其他阶层。在普通劳动者中，每日一次性释放是司空见惯；许多人临睡前和晨醒时各有一次；那些中午能回家的人就可能达到每星期21次。

反复射精指在一个短时间内陆续多次地射精。许多人只是偶然有之，但是也有相当多的人是长期地、规律地发生。在我们的调查中，有380个白人男性即是如此。其中有许多人在一个晚上的几小时内，间歇地性交合2次、3次或更多，并均达到射精。但是更普遍的情况则是，男性在同一次连续不断的勃起和性交合中，陆续地射精2次或更多。有些生理学家只承认女性具有连续达到性高潮的能力，却怀疑或者否认男性也能如此。这恐怕也是由于人们无法理解与自己相异的现象，即使科学家也罢。我们调查了这些男性的妻子或女伴，证实了这一现象确实相当普遍地存在。即使在同性性行为中，这种反复性高潮也同样存在。当然，它的发生率随年龄增长而递减，青春期前最多，成年男性就很少能做到了。

如果作为某种特例，男性卖淫者的反复射精更为常见。这常常是卖淫交易中明确要求的。女性卖淫者常常在"干活儿"时没有性唤起，也没有性高潮，男性卖淫者却不得不运用某些性技巧以求反复射精。我们调查了一个39岁的黑人男性卖淫者，他从13岁到39岁，平均每日射精3次。直到39岁的今日，如果顾客要求的话，他仍然能够每日射精6~8次。

此外，我们还深入了解到5个上流社会人士的情况，内有律师一，教师一、科技人员三。他们都在30~40岁，他们的性释放频率都非常高。但是他们不肯披露详情于此书中，只好暂付阙如。

总之，我们不应该再相信偏见和猜测了。对大多数男性来说，这个世界一直是富于性刺激的，他们的性反应也一直是规律的和强烈的。

第四章

年龄与性释放

基本数据

在影响男性的性释放状况的诸多因素中,年龄是最重要和最普遍的。但是大多数人对此的认识,仍然停留在个人或者局部经验的阶段。我们为此设计了不同题目,对9,655～14,084个男性做了深入调查,并有不少身体检测。

我们的下列数据将表明:

1. 男性一生中的性释放顶峰,出现得比人们想象得早得多。

2. 性释放的确随年龄增长而逐减,但是不同现象的逐减速度却大不相同。

除下述基本数据外,我们还调查了其他一些情况,而且每一种情况都分为:被调查对象的情况、其中性积极者的情况、以此推算的全美国男性的平均情况。(下边表格引用的是全美国平均数——译者注。)

年龄段	每周释放次数			途径种类数	每周勃起（次）	每次持续（秒）	反复射精者占比例（%）
	总体数	单身者	在婚者				
16以下	3.17	3.17	4.83	2.10	13.6	12.0	20.0
16～20	3.32	3.30	4.14	2.89	14.5	42.9	15.2
21～25	3.35	3.04	3.51	2.77	15.8	54.4	8.3
26～30	3.35	2.94	2.90	2.48	16.4	53.1	9.1
31～35	2.89	2.44	2.42	2.24	13.9	47.2	6.5
36～40	2.36	2.00	1.95	2.05	12.6	40.6	4.6
41～45	1.96		1.80	1.92	10.3	31.1	2.3
46～50	1.78		1.54	1.77	8.7	29.0	3.2
51～55	1.50			1.74	6.4	21.6	4.7
56～60	1.20			1.56	8.2	26.7	3.0
61～65	0.84				4.8	19.5	
66～70	0.65				3.6		
71～75	0.13						
76～80	0.01						
总平均	2.74			2.22			

青春期的性释放

一般说来，男性青春期在16岁到20岁，因为16岁时，已有95%以上的男孩出现了规律的性活动。从16岁到45岁这30年间，99%以上的男性有着规律的和较高频率的性释放。但问题是，男性的性释放频率的最高点是在哪一年龄段呢？直到目前，仍然有不少生理学家和医生相信，男性的性能力是从进入青春期开始，逐年增强，在他30多岁，乃至40岁出头时才达到顶峰。我们的调查已经证明，这样的顶峰期，仅仅出现于女性当中，而对男性来说，青春期，甚至前青春期，才是他的性释放顶峰期。

这一结论对我们的社会体系应该具有重大而深远的意义。像在其他一切性问题上一样，人们，包括许多科学家，都自觉不自觉地按照社会或者道德标准来看待生理现象。他们是根据法定或者习惯婚龄来推测青春期性释放的状况，似乎男孩子没结婚或者不被允许结婚，性释放就一定会少或者必须要少。

其实，在许多被称为"原始民族"的社会中，人们对此认识得反而更清楚正确。即使我们西方的历史上，允许儿童性游戏和青春期性活动乃至性交的事例，也不比别的民族少。但是自从进入19世纪维多利亚时代以来，英美文明却反其道而行之，随着道德压制日益严厉，结婚年龄也日渐推迟。其结果是：男孩子自身的生物能力与成人对他们的道德期望之间，发生了日趋严重的冲突。较老的男性由于自己对性释放的需求日减，已不必再寻求非法的性释放和性接触了，但是他们却反过来这样要求男孩。他们不愿承认：十几岁的儿子实际上比35岁的爸爸更富有性能力和性积极性。

不过据我们的调查来看，这一历史遗留的局面正在改观。

未婚男青少年的性释放已达到每星期3.4次，而且主要是异性性交合，标志着对他们实行禁欲的企图的失败。

女性则是另一番情景。青春期少女的性释放频率仅仅是男孩的五分之一，即使20岁到30岁出头的女性，平均频率也仍然低于同年龄男人。结果，作为母亲、教师或一般公民，女性总是不由自主地对保护男孩抱有极大热情。因此，她们在很大程度上统统成为道德戒律的狂热维护者。她们制订和审查性教育的内容，为强化法律而奋斗不歇，并组织起来与所谓"青少年堕落"做斗争。

其实这一切举动的背后，隐藏着一个性方面的原因：年轻母亲和高中女教师的平均性释放频率，只有每星期0.7次到2.1次，仅仅相当于同类男性的20%到60%。她们中的许多人，包括高中生物课女教师都笃信，9年级或10年级的男孩仍然太小，不能接受任何性教育。但是实际上，这些男学生的性释放频率之高和性经验之广泛丰富，早已超过大多数女教师了。

整个社会也同样不承认、不理解男青少年的性活动。英美的法律对此规定了许多戒条和惩处措施，结果等于强迫大多数男孩子去犯罪。据我们的调查，毫不夸张地说，如果法律真像许多人所期望的那样被强化和贯彻，那么85%的男青少年将被押上被告席。

青少年法庭的活动使这种恶劣局面更加糟糕。它基于这样一种认识：儿童需要长期的训练，即所谓社会化过程，但是它却否定了儿童的多样化发展。它确使许多青少年免受成人法律的惩处，但是许多情况下，成年人只须受几个月的刑罚，而青少年却要在与监狱无异的地方蹲上几年。据说这是必要的，是为他们好，但是少年法庭可曾考虑过他们比成人更强更多的性需求？

我们说：一个人一生的性活动模式，往往在青春期就初步定型了。这不仅因为此期内正值春情初萌，更因为他们在此期内正处于生理能力最旺盛、积极性最高的人生阶段。同时，青春期又是他们解决一系列根本的性问题的时期，例如：学习性的社会交往、形成对性的自我评价和社会评价、择定自己朝异性恋发展还是朝同性恋发展等等。但是我们的社会对他们的性疑难只是一味管束和惩处，很少去解决他们这些非常现实的问题。他们怎么能有独立个性？他们从这种无所不在的管束与惩处中会学到什么呢？他们只能或者是千人一面，或者是孤独者。

老年人与性能力衰退

我们调查了60岁以上白人男性87人，黑人男性39人。当然，最突出的情况就是他们的性释放频率在剧减，性无能发生率在增加。在31～35岁的人中，无能者只占1.3%，51～55岁的人中占6.7%，以后便剧增，56～60岁为18.4%，61～65岁为25%；66～70岁为27%，71～75岁为55%；76～80岁为75%。这些老年人的生理机能衰退了。60岁以下的人平均清晨自然勃起的次数是每周4.9次，但是65岁左右的人降为1.8次，75岁左右的人再降为0.9次。

但是上述统计数字还有另一面的意义：60岁以上的老人并非绝对地、一个不漏地丧失性能力和性活动。即使71～75岁的老人，也仍然有近一半继续着性释放。除去性无能的人，有性活动的61～65岁老人，平均每周释放1.04次，66～70岁的人平均0.88次，71～75岁的人0.3次，即75岁老人中有性能力的人，仍然可保持三星期释放一次。我们还发现了一些惊人的个案。有一位70岁白人男性平均每星期射精（不仅仅是释放）仍然超过7次。有一位88岁黑人男性，仍然规律地与他90岁的妻子性交合，频率从每月一次到每周一次不等。尽管他们可能是特殊例子，但考虑到我们抽样的范围相当小，在众多老人中，性的非常积极者的比例，完全有可能更大一些。

再者，性释放绝不仅是异性性交合这一种。在我们的调查中，71岁到86岁的老人中都有一些自慰者，而梦遗现象一直延续到80岁，只不过75岁以上老人没有一个再继续采用一种以上的释放途径了。

自慰与年龄

自慰在单身男性中最多；在人生中，16～20岁期间内发生率最高，这似乎已经广为人知。但是请特别注意一下50岁左右人的发生率，平均频率以及自慰在全部性释放中所占的比例。因为这些数据，第一表明自慰并非青少年专有的"恶习"，而是成年人羞于承认自己也有；第二表明其频率随年龄增长而下降的幅度，比其他途径的下降幅度要小一些；第三表明它在全部性释放途径中所占的比例很可观，即使是在婚的年长者亦是如此。

自慰一般是作为异性性交合或者同性性行为的一种替代手段，但是必须强调：某些男性，包括在婚者，尤其是社会上层人士，却往往终生使用之，作为变换方式和求得某种特殊快乐的方法。在婚者中的发生率虽然低于单身者，却相当稳定。受教育较多者发生率更高些。46岁以上在婚者的发生率之所以剧增，是因为他们比年轻时更需要这种替代手段。所有射精都来源于自慰的男性，在16～20年龄段中只占8%，但是值得注意的是这个比例在婚后随年龄而增长，到60岁的在婚者中已达16%。

年龄段	单身者			在婚者		
	发生率%	每周次数	占全部途径的%	发生率%	每周次数	占全部途径的%
16以下	85.4	2.02	70.3			
16~20	88.4	1.46	51.3	39.0	0.43	9.9
21~25	80.7	1.10	42.0	47.8	0.45	12.2
26~30	77.1	0.94	36.4	47.9	0.42	12.5
31~35	71.3	0.73	31.3	45.5	0.36	12.4
36~40	62.9	0.76	37.3	36.7	0.35	12.4
41~45	60.7	0.61	35.2	32.3	0.34	12.7
46~50	53.8	0.62	33.1	30.9	0.30	14.9
51~55				25.7	0.38	18.2
56~60				19.4	0.22	20.9

爱抚所达性高潮与年龄

没有实际性交合，仅仅通过爱抚行为（抚摩对方与被对方抚摩）而达到性高潮，这一现象久已存在，但是直到最近才引起科学界和公众的重视与研究。达到性高潮的爱抚的频率，在任何年龄段中都非常之低，全美国男性平均是每星期0.02次到0.08次，即使排除无此行为的人，平均频率也仅仅在0.17次到0.30次之间。由此亦可见，不同年龄的频率相差也不大。最高频率出现于21~25岁之间，而16岁之前和30岁之后频率出现剧降。在我们所记录到的个人最高频率中，21~25岁中有人每星期达7次，平均数的23倍；但35岁以上的人中，最多的仅仅每星期0.5次，仅为平均数的2.3倍。

爱抚在全部性释放途径中所占的比例，虽然也不太高。但年龄差异较大，而且与频率相反，是年龄越大所占比例越高。16~20岁中只占6.1%；31~35岁升为10%；36~40岁达到17.5%。

单身者中有过以爱抚达到性高潮的人的比例，与频率类似，也是16岁以前很低（18.3%），最高峰在16~20岁（31.8%），31~35岁剧降（20.8%），36岁以上只有11.5%。

达到性高潮的爱抚，无论从哪个数据上看，都是性释放途径中最不重要的，唯有与动物的性行为除外。这是由于它一般被人们作为一种培养和准备手段，以求最终实现性的社会目标。

年龄较大的单身者的爱抚，之所以发生率和实施频率都较低，而其重要性却较高，主要是由于他们这些半老孤男，在社会上一般都是冷漠的、与性隔绝的、怯于社交的、或厌恶异性性交合的。这使他们既难于实施或者获得爱抚，又极端地渴望它。当然，我们的资料也表明，爱抚仅仅是近几年来刚刚被社会容许的一种时尚，很可能若干年后，目前的青少年长大成人，会增加其发生率和频率，尤其是在中年人里。

非婚性交合与年龄

非婚性交合包括两种情况，一是与朋友或者熟人性交合，二是与职业卖淫者性交。

我们的数据是惊人的：在我们这样一个强调性关系道德严肃的国家里，50岁以下的男性中，至少有75%的人有过与朋友或者熟人的非婚性交合；至少有一半的人与卖淫者发生过性交合。这也并非偶然为之：与友人性交合可达每周0.5次到2次，与卖淫者性交合可达每月1次直到每10天1次。

与朋友或熟人的非婚性交合

年龄段	单 身 者			在 婚 者		
	发生率%	每周次数	占全部途径的%	发生率%	每周次数	占全部途径的%
16岁以下	40.4	0.80	25.6			
16~20	70.5	1.32	39.2	36.8	0.45	9.6
21~25	68.3	1.25	40.9	31.3	0.40	9.2
26~30	67.3	0.99	33.8	32.3	0.24	6.6
31~35	62.2	0.72	31.0	30.9	0.15	5.2
36~40	55.2	0.48	26.0	27.2	0.15	5.8
41~45	51.8	0.40	23.1	23.1	0.10	4.5
46~50	41.3	0.28	14.8	30.1	0.11	5.9

与职业卖淫者的性交合

年龄段	单身者			在婚者		
	发生率%	每周次数	占全部途径的%	发生率%	每周次数	占全部途径的%
16岁以下	7.7	0.02	0.6			
16～20	41.9	0.12	3.7	15.9	0.05	1.2
21～25	45.5	0.20	6.3	19.5	0.08	1.2
26～30	46.8	0.28	9.6	17.2	0.04	1.3
31～35	51.6	0.31	12.6	14.9	0.03	1.1
36～40	55.5	0.31	16.4	12.0	0.02	1.1
41～45	39.3	0.18	10.7	11.4	0.02	1.1
46～50	48.7	0.29	15.8	7.9	0.02	1.0

全美国单身男人有一半以上与友人发生过非婚性交合，其顶峰期在16～20岁（70.5%），到50岁仍然占51.3%。在婚男人的发生率在各年龄组都保持在四分之一到三分之一之间。

就全部人口而言，单身者和在婚者的频率都随年龄增长而逐减，而且绝对数也不算很多。但是就参与者个人来说，高频率的人不少。16岁以下单身男人平均每周2次，最多的25次；30岁时平均1.5次，最多的16次。在婚男性的所有非婚性交合的频率也很可观，25岁以下的每周平均1.3次，36岁以上到60岁仍然一直保持在平均每周0.7次，即每10天有一次。

较年轻的人更多地与朋友或熟人发生非婚性交合，而较年长的人则更多地依靠与卖淫者的性交合。

单身男性中，16岁以下的人只有不到1%是完全与卖淫者发生非婚性交合，既与卖淫者又与朋友熟人的也只占14.6%；但是50岁的人兼有两者的占到62%。与卖淫者性交合在所有性释放途径中所占的比例也说明这个现象：在16～20岁单身者中，它只占4%，即使只计算那些经常从事的人，也不过占11%；但是50岁单身者中它却占到16%，在经常从事的人中高达53%。

这一现象并非年龄作怪，而是社会因素起主要作用。年轻男性易于结识与自己同年龄、同阶层的姑娘，进而与之发生非婚性交合。年长男性却很少有此可能性，但是他们与妓女进行性交合却更加方便，受到的社会谴责也比年轻人少得多。

婚内性交合与年龄

婚内性交合既包括履行过法律手续的，也包括实际上同居在一起的夫妻。除了本身状况外，它受其他社会因素影响最少，因而年龄差异也不大。

从16岁到40岁，99%以上的在婚男性都有婚内性交合，但是从46岁到60岁，就有2%~6%的人不再从事了。这种人到65岁增至17%，到70岁增至30%。频率最高峰在16~20岁，为每周平均3.92次；26~30岁降为2.89次；36~40岁为2.22次；51~55岁为1.38次；60岁时为0.9次。

婚内性交合一直是各年龄人的性释放最主要途径，从16岁到55岁占到85.2%到88.8%。

婚外性交合专指在婚者与朋友熟人或卖淫者发生的非婚性交合。情况前边已讲过。

婚内与婚外的性交合相加，便是性交合的总体状况。

单身男性有过性交合的，从16~20岁时的73.7%到40岁时的80.8%，其间，性交合频率则从每周1.35次降为1.00次，性交合在所有性释放中所占比例保持在42.8%到50.3%之间。

在婚男性的频率：16~20岁为4.51次；26~30岁为3.17次；36~40岁为2.28次；46~50岁为1.87次。性交合在性释放中的比例，最低为26~30岁（91.1%），最高为51~55岁（94.1%）。

同性性行为与年龄

我们说的同性性行为，是指确实达到性高潮的举动，而不是一般人说的爱慕同性别的人。这方面的数字比一般人所认为的要高得多。

单身男性中，其发生率最低为16岁以下的27.3%，最高为36~40岁的

38.7%。同时期内它在所有释放途径中的比例,在发生者中从17.5%逐增到40.4%,到50岁时已达54.3%。但是它的频率很低。就全部人口而言,16～40岁只是每周0.22次到0.58次,即每32天到12天一次;即使只计算那些发生的人,每周也只0.81到1.69次,即每3～4天一次。

在婚男性的同性性行为发生率不但低,而且是年龄越大越少。最高峰在21～25岁(10.6%),36～40岁时降为2.8%,46～50岁时仅仅1.2%,每5年递减约一半。已发生的人对其依赖也少,只在2.3%到9.1%之间。

同性性行为发生率相当惊人,但是其实施频率却比许多其他途径低,这主要是社会的严厉禁止使它机会少,而且难于长期保持关系。但也有些特例。几个青春期男人超过每周7次,而26～30岁的人中最高达每周15次,到50岁,最多者就仅仅每周5次了。

第五章

青春期初始年龄与性释放

几百年来人们一直坚信：一个人能过多少年性生活，是一个精确恒定的常数，越早开始，就越早结束。因此人在年轻时，就应该尽可能地节省它，以便在日后的婚姻生活中用它来完成婚姻的义务。否则，成年后的性活动就会提前结束，无法多多享受婚姻乐趣。性活动的频率也是如此，年轻时过高，日后必然就过低。

长期以来，医学一直认为男性不育症是浪费精液的结果。成年人的阳萎，被认为是对他年少时的过早性生活的一种惩罚。在我所看到的学术书籍中，从1901年到1946年，至少有6本是这样说的；此外，学者们告诫青少年不要浪费自己的"生命之液"的书籍，至少也有14本；通俗的警世劝善的书就更多不胜数了。

结果，青少年中出现两个极端现象。一个是，有些男孩成为少年禁欲苦行者，并时时为无法彻底禁欲而苦恼。另一个则是，有的男孩相信相反的说法，认为自慰，尤其是手刺激阴茎，会促使生殖器发育得更大；认为不过性生活会使性能力因不用而下降。

我们的调查揭示了事情的真相。

性行为的初始

我们把青春期的初始年龄,确定为首次出现射精的那一年。这一年里,阴毛首次生出,身高体重开始跃增。我们调查的男性中,85%都是如此。但是另一方面,还有15%的人则是身体发育跃增产生于首次射精之前一年或更多些。因此必须把这一点考虑进去,形成复合标准。

根据我们在第三章中的材料,男性首次射精可以出现于11岁之前,乃至8岁,而到16岁之前,99.5%都出现了。这就是我们划定的青春期初始年龄的上下限。

男孩的首次射精,并非像一般人所说主要通过梦遗,而是主要通过自慰。请看两种释放途径在同年龄的人中的百分比:

	8~11岁	12岁	13岁	14岁	15岁以上
自慰	71.6	64.8	58.9	55.0	52.1
梦遗	21.6	28.2	35.6	38.9	37.1

这说明:青春期开始的男孩,更多地用自己的直接行动来实现性释放,而开始晚的男孩则更多地依赖偶然的反应。

从青春期初始到15岁,男性性行为多于任何年龄段的单身者,而且初始早的男孩比初始晚的也多16%。

初始早晚与性释放频率

从现在的成年人的性释放频率,来反溯考察他们各自的青春期初始早晚,会看清初始早晚对他一生性活动的影响。

在16岁以下这个年龄段中,最早初始的男孩(11岁以下)的每周平均释放次数,是最晚初始的人(15岁或以上)的2倍。此外。这些16岁以下而青春期初始于11岁以前的男孩,其平均频率高达每周3.9次,比单身男性中任何一个年龄段都高。

为了把受教育水平考虑进去，可以再把以上男性分成三组来统计：只受过9年以下学校教育的男性平均频率为5.1次，是单身男性中最高的。上过高中（9～12年）的是4.2次。上过大学（13年以上）的仅仅3.3次。我想，这一调查结果的社会意义应该相当大吧。

青春期初始最早的男孩，不但因领先4年而更有机会从事高频大量性活动，而且在以后的一生中，始终保持比别人更高的频率和量级。在16～30岁的年龄段中，初始早的人比初始晚的人高43%到54%。直到青春期初始后25年左右的35岁时，初始早的人仍然比初始晚的人高60%！

上面说的是单身者，在婚者中这种相关现象更令人惊讶，不，简直是惊世骇俗！一般认为，在婚者的性行为频率，至少要部分考虑妻子的意志和技巧所发挥的影响，许多个案也能支持这一观点。但是，事实并非如此。就16～20岁在婚者的频率而言，青春期初始早的人是初始晚的人的约2倍，而这一差距与单身者中的情况恰恰相同。从统计表中可以看出（已略去——译者注），这一现象在各年龄段的在婚者中始终存在，即使到46～50岁，青春期早的人仍然比青春期晚的人高出20%左右，而这时青春期初始之年已过去35年之久了。

这说明：不管婚否或者婚姻好坏，不管其他因素起什么作用，青春期初始早晚，一直影响着人的一生的性释放，而且很可能是最主要的因素。

这是因为，一个男孩早在10岁就进入青春期时，他还没有那么多时间来接受社会影响，还来不及构筑禁忌性活动的内心之墙。他的热情和积极性自然比15岁或以上的男孩更大。再一个可能是（但本调查未予证实）：越小的男孩开始性活动，成人社会越不看重，越少阻止。还有一个可能是，青春期早的人的积极模式与青春期晚的人的消极模式，都是个体日后的生活所需要和造就的。至少这种模式能延续这么多年这一点，就可能是因为它确实是依赖于心理学习与所处环境。

初始年龄与释放途径

青春期初始早的人，其较高频率并非平均地源于全部6种途径，而是几乎全部来源于自慰、非婚性交合和同性性行为。

自慰

16岁以前，青春期早的人90%有自慰行为，青春期晚的人只有60%。16～20岁期间，青春期早的人比晚的人多10%到15%。总计起来，青春期早的人中近99%至少自慰过一次，青春期晚的人中为93%。

16岁以前，早的人的频率是晚的人的约2倍；16～25岁期间，早者仍然比晚者高50%到60%。如果仅仅计算实有此行为的人的频率，那么在任何年龄段中，青春期早的人都比晚的人高。

非婚性交合

16岁以前，青春期早的人的非婚性交合发生率比晚的人高68%到112%，其频率则比晚的人高186%，在以后的各年龄段中，继续高出50%到75%。

现已上过大学的人中，16岁以前就有过非婚性交合的，在青春期早的人中占11.8%，晚的人为7.0%。16岁以后各年龄段的情况也与此类似。总计起来，在30岁的上过大学的人中，早者的95%都有过性交合，不论是非婚的还是婚内的；但是晚者仅仅有80%略多。这里，早者扩大为15岁前就进入青春期的人，晚者则仅仅指那些15岁或者以后才进入青春期的人。这些最晚者结婚也最晚，从21岁起才开始有0.6%结婚，到27岁仅达37%，到35岁仍然有近20%的人未婚，甚至从来没有过性交合的经历。他们一般都性格内向并怯于社交。

大学文化程度而在其青春期前5年中有过同性性行为的人中，青春期早的人的发生率是晚的人的2倍。总计起来，早者有同性性行为的占45%，晚者则是不足25%。此外,从青春期到至少25岁,早者的实施频率也是晚者的2倍。因此我们说,青春期早晚对同性性行为产生的作用,远比弗洛伊德哲学中的俄狄浦斯情结(恋母情结)更重要得多。

初始年龄与老年性释放

探讨一下青春期初始早的人到晚年时性能力如何,将是相当有意思的。他们会过早地丧失性能力吗?

我们的调查数据是:在50岁的在婚男性中,青春期早的人100%都持续着性活动,而且他们的频率比晚者仍然高20%。这就是说,将近40年的高频大量性活动,并没有损耗他们生理的、精神的和心理的能力。相反,一些(不是多数)青春期晚的人已经有过5年左右的性能力衰退史,50岁时就完全丧失了。

当然也有相反的数据。69个50岁以上的人中,频率平均为0.30次,早者与晚者的区别不大。

这也许能证明:性能力逐减和丧失是一个一视同仁的必然过程,青春期早晚的作用并不大。或者说:早者的先前较高的性能力,到此时已消耗得与晚者持平了。但是对这个数据必须补充两点:

1. 调查人数过少,很可能并不反映全貌。
2. 它至少能证明,所谓"开始早就结束早,少时多,老来就少"的说法毫无根据。

超过55岁的男性的性无能,除极少数是病理或者外部损伤外,主要是心理冲突造成的。其所占比例之大,远远超出一般人的想象。老年的心病大多植根于少年时期。它可以一直潜伏到它们似乎再也不该出现的年龄段。例如,新婚时对自己婚前的某些性活动的苦恼,或对即将来临的婚后性生活的担忧,可能到老夫老妻相依为命时,才重新爆发出来。

再有就是,有些老人过于恐惧性无能,以至形成焦虑,反而招来了性无能。当然,生命的漫漫历程中所积淀的心理疲劳,也是产生性无能的重要原因之一。

结论

1. 青春期初始最早的男性，性活动开始也最早，两者几乎同时发生。在其后至少35年到40年间，在性活动中，他将一直保持更高些的频率。

2. 那些促成他青春期初始最早的因素，在其后35年到40年间，显然继续在发挥作用。

3. 运用多种性能力，看来绝不会损害它们；至少对那些这样做了的、而且是以总人口中最高频率去做的人来说，确是如此。尽管人们可以从理论上设想极高频率的活动会带来物理损耗，或者直接致病，或者造成其他什么障碍，但是在我们的实际调查记录中，这样的事近乎于无。

4. 青春期初始晚的男性的性活动往往开始得更晚。而且无论在年轻时还是终其一生，他的性活动频率都是最低的。如果他故意降低自己的频率，以期养精蓄锐，留待后日之用，那么在后来的一生中，他将永远也得不到满意的结果。这些低频的人中的大多数人，很可能从来没有达到过高一些的频率，很可能永远也无法把自己的频率提高到那些青春期初始早的人的水平。

5. 一般说来，青春期初始最早的男孩发生自慰的最多。非常有意思的是，这并不影响他们在社会上的性交往，表现为他们发生非婚性接触也最多。他们无论在异性性关系中，还是在同性性关系中，性活动频率都高于那些青春期最迟的男孩。

社会生活中那些朝气蓬勃、主动性强、聪明机智、好动活泼、性格外向、善于社交、侵犯性强的个人，往往是青春期初始早的人，这是相当可信的。因为在我们的调查中，青春期早的人里，有53%正是这样形容自己的个性和经历的，而青春期晚的人里只有33%这样说。与此相反，青春期最晚的人里，有54%把自己形容成迟钝、喜静、神态温和、缺乏动力、自我克制、羞怯、寡言、内省、不适应社会；而青春期早的人里只有30%

如是说。当然，有些被调查者说不清自己的个性到底是什么或者有哪些，而且即使所有的自诉都是真实的，也不等于他青春期初始时的个性原状。再者，个性与性活动频率之间，也不存在恒定不变的相互作用关系。因此，我们在此不能下定论。

　　青春期为什么有早有晚？如果将来科学能揭示之并控制之，人们一生的性进程会被人为影响吗？父母和医生也许应该关心这个问题了。

第六章

婚姻与性释放

在影响性活动的诸社会因素中,婚姻状况的作用可能是最大的。它既影响频率,又影响性释放所通过的途径的种类和多少,因此必须加以深入分析。

婚姻是社会和法律对性的限定

人类所有的社会哲学和宗教哲学,一直都在给"性"下不同的定义,并据此规定性的目标。最主要的有这样几类:第一类是把性活动规定为寻求即时的和快乐的结果,但是这一类在当今世界上已不多见了。第二类是认为性从本质上说是生殖的必需手段,只能在婚内享有它。而且只有以生殖为目标时才能享有它。基督教的性哲学和英美的性法律都是如此。它们又是建立于古代希腊和罗马的某些禁欲苦行主义哲学遗产之上的。

第三类定义是把性看作一种正常的生物功能。无论其具体表现形式如何,都是如此。这一类定义在一般人的观念和科学研究中,信奉者都为数尚少。按照英美社会的现行标准,这样一种性态度被人们斥为原始的、唯物质主义的和动物主义的,为文明的和有教养的人们所不齿。在倡导这种生物学观点的艰巨工作中,弗洛伊德所做出的贡献超过了生物学家们。

英美社会的道德准则,直接源于性的目标是生殖这种观念。因此道德要求,在社会中性活动绝不可越出婚姻半步,甚至连婚内性交合也被限定在某些特殊的时间、地点,只能运用某些特定的性技巧,据说唯有这样做才更易于受孕。

在这样一种社会体制中,人们根本不给未婚男性、鳏夫和离婚者任何性释放的机会,因为他们不能合法地生殖后代。人们也根本不容许同性性行为和无异性的自慰式性活动,因为它们完全没有生殖的可能。一旦有人这样做,公众舆论就会一致谴责痛斥,法律也会出来镇压和惩罚。

尤其是,英美法律一概禁止非婚男性的任何性活动。它把所有婚前、婚外、非婚、丧偶后的性交合,统统当作强奸、强奸幼女、未婚私通、已婚通奸、卖淫、乱伦、少年犯罪、暴力奸污、人身攻击。所有这一切都被看作损害社会的下流和堕落,都是犯罪,都会受到法律制裁。它们不但受到美国各州的成文法的惩处,而且在实际生活中,案件一旦涉及性问题,法庭就会抛开成文法,按某种习惯法来审理和判决。

除了上述异性性行为外,无论成文法还是习惯法,都着力严惩同性性行为和与动物发生的性行为。尤其是两种法律都禁止某些性技巧,即使是婚内夫妻运用也不行。口与生殖器的接触、口与肛门的任何接触,都被作为犯罪来惩处。目前在青少年中日渐普及的爱抚行为,一直被某些法庭视为败坏社会道德,甚至认为是强奸和人身侵犯。在公开场合显示任何性活动,包括不涉及他人的自慰或者被动地观看这种性活动,都被当作教唆青少年犯罪或者损害社会的下流行为而受到惩处。

有些法庭还限制独自自慰的个人权利。至少有一个州的成文法把这当作犯罪,并按"鸡奸"来惩罚,即1905年颁布的印第安那州法律第473条。根据对这条法律的解释,任何一个教师、生物学家、心理学家、医生,或者其他什么人,只要出版论述自慰对身体无害的科学著作,都会被视为教唆他人去"犯手淫罪"。

成年人对青少年的性教导,一直被视为触犯刑律,而且确确实实有一些法庭认定:任何一种性教育都是教唆青少年犯罪。国家控制的监狱、感化院和精神病院比法庭走得更远，它们往往对自慰的人加以额外的惩处，包括肉体惩罚在内。我们的调查发现，至少有两个此类机构对梦遗也处以严厉的额外惩罚，程度与惩罚自慰一样。1940年6月，美国海军军事学院颁布条令：凡有自慰经历的报考者，不予录取。如果按我们调查的真实情况，该学院应该没几个学生了。

对于性变态的定义，也部分地基于这种"性只为生殖而存在"的观念。反同性恋的法律就是如此。

官方教会强烈反对避孕和人工流产，也是出于同样的理由。他们不但反对婚内性交合时的避孕，也反对非婚性交合时的避孕。理由是：非婚性交合是非法的。即使主张避孕和人工流产的医学和优生学著作，其论据和逻辑前提，也仍然是建立在任何性行为只具有生殖价值这一基点之上的。

除了成文法和习惯法之外，社会更多更广泛地发展了道德戒律。它们对人类性行为频率和一般模式所发挥的影响，此法律更大更深入。法律无法详尽写出和限定的种种细节，统统由道德戒律包揽下来，在人们中贯彻实施。群体的性态度变成了个人的"自觉"，而他还以为这是自己聪明智慧的产物。

每一种性行为都被道德价值化了。它们变成对的或错的、对社会有益的或者社会不需要的。性行为的时空被道德价值局限了。社会禁止它有见证人。肉体纯洁神圣的教义打着卫生学的幌子，压倒了性欲满足的原则。

结成性关系的男女，被套上了一大堆文明礼貌的繁文缛节。双方什么都要顾及到：结成这个性关系对对方有什么影响？对今后的性活动、婚姻、事业有什么影响？对自己现在或者今后的身心状况有什么影响？这一切都按照个人所接受的社会的道德标准来衡量，而不是依靠科学分析。结果是他自己局限了自己的性交合的机会，或从事其他类型性行为的机会。如果他是个未婚者、鳏夫，分居者或者离婚者，这种束缚就会更加紧固。

社会限定的效果

这样的对性加以限定的文明延续了2000年以后，人们当然有理由假设：那些处于非婚状态的男性的性释放，应该远远低于那些在婚男性。人们一直期望着，在单身男人中，至少应该有很大一部分人过着禁欲的、完全贞洁的生活。

的确，在婚男人的总体性释放频率一般地都高于单身男人。16～20岁的单身者平均频率为每周3.3次，而在婚者为4.8次，比单身者高47%。到30岁，在婚者仍然高出18%。

但是这些数据也说明，单身者的性释放虽然少，但并非绝对地极少，更不是没有。实际上，所有单身者都有着规律的性行为和频率。在我们调查的5000多个单身者中，5年内连一次性高潮都没有过的人仅占1%。

30岁以前，单身者的频率低于在婚者，这的确是社会限制所造成的。但是这种限制也并不是时时处处有效，更不是彻底有效。这表现为两个方面。

第一，单身者被迫发展出更强的社会交往能力，既作为对直接性交合受到局限的一种补偿，又作为突破局限去实现性交合的手段。跟路过的姑娘开个玩笑，订下一个简单的社交约会，然后在几分钟之内就提议进行性交合；这是大多数在婚者所不可能做到的，受教育越多越不可能。

单身者寻找适宜性接触的场合地点的能力和技巧，也比那些关在自己家里的在婚者强得多。尤其值得注意的是，寻求婚外性交合的在婚男人虽然不多，但是大多数是被单身者的这种不自由中的自由所吸引，为他们的社交技巧所倾倒而产生的。那些同样被在婚男人所崇拜的男性偶像、那些性的社会交往中的神话般的骑士，大多是单身者。他们的炫耀，感召着某些在婚男人。

请特别注意男性同性恋群体。它本是单身者的天下，为的是冲破社会的限定，因此那里边很少存在长期结合的关系，人们总是在不停地寻求新的伴侣。但是其中也有许多在婚者,他们长期以来苦于没有能力发展社会交往,终于投入这个群体。

第二,社会对单身者的性活动的限定,本来是不分年龄大小,一个不漏的。但是单身者被迫发展出的社交能力和技巧,却是随年龄而日渐发达的。这就使单身者年龄越大,突破社会限定的程度也就越大。在16岁以前,单身者的性释放频率只是每周2.0次,在16~20岁时就上升为3.3次。到30岁时,单身者的社交能力愈发成熟,因此他与在婚者的频率差距,就从十几年前的47%减少为18%。在以后的生命历程中,在婚者由于他所处的环境,频率趋向逐渐下降,因此35岁以后,双方的频率更加接近。到40岁以后,单身者反而高于在婚者了。

这一过程说明:社会限定的强大力量,实际上首要地和主要地在未成年人身上起作用;然后转而主要对那些在婚者发挥作用;而单身者的个性越成熟,社会力量所发挥的作用就越少。不过,人到中年以后,以往造成单身者与在婚者巨大差异的一切社会的、道德的、法律的因素,统统让位于年龄这个生物因素了。

社会的婚姻制度把在婚男人的性活动严格限定在与妻子的"正常方式"性交合之中。但这也同样不是时时和彻底有效的。尽管其失效程度没有在单身者中那么高。把所有在婚男性的性释放总计起来,通过夫妻性交合这一途径的占85%。对这一数据,大多数人惊讶的是,它竟如此之低,而人们期望它或者相信它应该是100%。人们不能相信,美国的一本正经的丈夫们,竟有15%的性活动是不涉及妻子的,包括自慰、婚外性交合和同性性行为!

其实这样的情况还有。在16~20岁,夫妻性交合所占的比例为81.4%,直到45岁才达到88.3%,而且在以后的年龄段中又开始逐降。这就是说,人们普遍认为最应该唯有夫妻性交合这一种途径的那两个时期(新婚燕尔和老来相依)恰恰是其他性释放途径最畅通之时。

人们还普遍相信,发生婚外性交合最多的,必定是社会下层的夫妻。但我们的调查发现,在社会各色人等中,与妻子性交合的比例最高的（95.5%），恰恰是只受过12年以下学校教育的人。相反，这一比例最低的（61.9%）恰恰是上过大学的人。

一夫一妻制最反对婚外性交合。但是总计起来，美国的丈夫们以此来释放的性能量占5%到10%。那些16~20岁的丈夫们，37%有婚外性交合，直到50岁的丈夫们，有者仍然占30%。

人们一直认为：妓女是为单身男性预备的；而在婚男人多次或者长期嫖妓，至少被认为是不必要和不可理解的。但是我们发现，他们的发生率虽然比单身者少得多，但是其年龄差异的变化规律却与单身者近乎一致。16~20岁的在婚男性，与妓女性交合占婚外性交合的10.8%。以后，以5年为期，增至11.1%，16.5%，17.6%（35岁），到55岁时达到22.3%。

同性性行为倒是正如人们所预期的，主要发生在单身男性中。其发生率随年龄增长而上升：16岁以下最低（27%），到36~40岁为38.7%，到50岁约达一半。在婚者中，21~25岁发生率为10.6%，但是此后便逐减，45岁时只有约2%，再往后更少。但是这些在婚者的数据很可能偏低。这些丈夫们，一般连婚外性交合都不肯透露，何况更不道德的同性性行为。许多单身男性都说，他们的同性性行为伴侣，是年龄很大、在社会上很有地位的在婚男人。这样说的单身者在20岁以下的人中占28.3%，在31~35岁的人中仍然占10.8%。这从另一个方向上证明：中老年的在婚男性中的同性性行为发生率，很可能比我们现在的百分数高不少。

总之，社会用婚姻来限定性活动并不完全成功。一个人只要处于具有足够性刺激的情景中，特别是富有浪漫色彩和极高安全系数时，他总会产生性反应，总会从事性活动。在这一点上，单身者与在婚者是一样的。但是在具体释放途径的选择上，以及某种途径中的频率上，婚姻制度还是把在其范围内外的两种人区别开了。但是这种区别既不是唯一的，也不是绝对的。不管社会和法律对婚姻的权利与义务做了多少规定，影响人们性释放的更主要的因素，毕竟还是年龄。

曾婚者的性释放

曾婚者,指结过婚但是目前不与妻子在一起的男性,包括丧妻者、离婚者、分居者。我们的调查中曾婚者共计433名白人。曾婚者一般说来兼有单身者和在婚者双方的某些特点,对了解人类性行为很有研究价值。但是我们的调查人数过少,因此既不可能对曾婚者做过细的分层分析,又不能以此来推算全美国的情况,下列数据只能粗略地表明一些倾向。

曾婚者的总体性释放频率。在16～30岁比在婚者高出85%到95%。比单身者高出40%到50%。但是30岁以后,他们的频率的下降速度也更快。这样,他们在30岁以后的频率就低于单身者了。

曾婚者一般都是在有妻子陪伴时放弃了自慰,而失去配偶后又重新开始。他们的发生率在16～25岁相当于单身者的56%,到45岁只相当于33%;但是这仍然比在婚者高一些。曾婚者自慰的频率只相当于单身者的约一半到四分之一,但是也仍然比在婚者高一点。自慰在全部途径中所占的比例,曾婚者为17%到36%,是在婚者的约2倍,但是只是曾婚者自己的非婚性交合所占比例的一半到三分之二。

梦遗的发生率在单身者、在婚者和曾婚者中相差不多,但是单身者稍高一点。在40岁以前,三种人均在53%到81%之间,但是40岁以后反而是单身者的频率下降更快一些。他们在50岁之前就达到最低点28.2%,曾婚者于55岁之前降到26.2%。而在婚者则迟至60岁才降到28.4%。

所有异性性交合的总频率和总发生率,曾婚者比单身者低,又比在婚者高。但有趣的是:年轻的曾婚者只是接近在婚者,而年长的曾婚者却等于在婚者。这说明:男性一旦熟悉了婚姻所带来的异性性交合,它就会成为他们终生性释放的主要途径,占全部途径的80%到85%,尽管失去配偶,也照旧如此。再者,几乎所有男性(95%)一旦熟悉异性性交合,就会背弃社会和法律为维护婚姻和禁止婚外性交合所制定的一切准则和戒律。

唯有年龄,才能最终减少这些个人的性交合。这再次说明,从长远来看，生物因素在决定人类性行为模式中的作用，比任何人为的规则更大。

总之，曾婚者并没有按社会的要求，去过那种没有性行为的生活，而是继续着当年在婚时的生活。他的自慰和梦遗会稍多一些，如果他年轻，同性性行为也会多一些；但是他80%的性释放仍然将通过异性性交合这一轻车熟路。

不过，女性曾婚者恰恰相反，她们绝大多数不再有性的社会交往，而是迈入一种长期的、没有性唤起和任何种类性体验的生活。

第七章

社会地位与性释放

人类的性行为，是他的遗传和生理构造的产物，是他自己以往经历与感知状况的产物，也是他的生存环境的内外诸因素的产物。

对于人类这样一种具有如此高度发达的中枢神经系统的生物来说，最重要的外部力量就是他生存于其中的社会环境。这指的是他的家庭、密友、邻居、同事以及熟人。这也包括那数以千计的"外人"。他虽然并不认识这些人，但是他们的态度、习惯、观念和行为，共同构成了某种文化，而他就生活和活动于这个文化之中。当然，人的遗传、生理构造、心理能力等等仍然是生物因素和生物力量，社会环境并不能改变它们的性质，至多只能偶然地阻碍人的身体活动。社会环境主要是影响人的心理状态。

本章和下面几章要讨论的是：个人的性行为模式与他成长于其中的社会群体的模式之间，究竟存在着什么样的相互关系；群体的模式又是如何影响着个人的终生模式。

社会阶层的划分

我们的数据表明，即使生活在同一个社区之内的不同社会阶层，其性行为的群体模式也是相去甚远，简直就像是动物世界中的不同物种。因此，不存在什么性行为的"美国模式"。我们至多只能通过总结我们社会中不同群体的不同模式，来加深对于整体美国人的性道德的了解。

我们划分不同社会阶层的标准主要有三条：

1. 到我们调查时为止，该对象的受教育程度。以他在正规学校中读书的年头多少来区分。

2. 他所从事的职业。

3. 当他在父母身边生活时，父母所从事的职业。

受教育程度是社会分层的一个既简单又准确的标准，而且在人的一生中一般是固定不变的。但是在校学生例外，因为他们的最终受教育程度尚未确定；对那些意外地骤然改变自己的社会身份与等级的人（如伤病者和中彩者），受教育程度作为分层标准显然也不大合适。

职业的内部分层不是按行业或者门类，而是按其在社会上的地位、收入和所受评价来区分，职业共分成9个等级：

0. 受赡养者

1. 社会底层者

2. 零散工

3. 半熟练工人

4. 熟练工人

5. 白领工人下层

6. 白领工人上层

7. 专业人员

8. 领导者

9. 极富者

这9个等级的划分标准相当含糊，只能凭以往经验或者某些社会组织，如工会或者学会的成员界限来确定，因而不如受教育程度来得精确。

但是受教育程度往往决定一个人能够从事哪一等级的职业。

计算从业人员受教育程度的平均年数，结果发现：零散工为6.2年，半熟练工人为7.6年，熟练工人为8.6年，白领下层为11.3年，白领上层为

15.7年，专业人员为19.2年，领导者为17.8年。因此，按受教育程度分层研究性行为的结果，往往与按职业分层的研究结果近似。

此外，按职业等级所做的分层，为我们提供了唯一的渠道，去考察个人的阶层属性的动态变化，去了解这种归属变动如何影响了他的性行为。对于那些尚未离开家门独立就业的青少年，我们只能按其父母的职业等级来划分他们。对于那些刚刚开始就业的年轻人，他目前的职业可能并非他所愿意从事和认同的。他可能企望并真的从事另一种"最终职业"，获得一种"既达社会身份"；因此，他很可能并不遵从目前职业的要求与行为准则。对于这两种人，按职业分层的论述就显得不那么科学了。也正因为如此，我们下面所讲的职业等级都包括两方面内容，即该人父母的职业和该人独立选择和从事的职业。

本人的受教育程度、本人职业、父母职业，这三要素大体构成了不同社会阶层的分界线。社会阶层从来就是一个更为模糊的概念，但无可否认，它是现实存在的，并且作用极大。

在美国这样一个民主社会里，人们往往否认社会阶层的存在，因为美国没有什么法律规定或者有形障碍，在禁止或者阻止个人进出任何一个社会阶层。但实际上没几个人能真正地自由地做到这一点。大多数个人都固定地归属于某一阶层。每一阶层都组织起自己的共同体，创设出与其他阶层相区别的标志。经理和蓝领工人在厂里干活时可以摩肩擦背，医生对富翁和失业者都会尽心尽力，教授与出租车司机也会笑脸相对，但是他们哪一方都不会请对方到自己家里做客。他们之间是事务往来，不会成为朋友或熟人。

归属于哪个阶层，并不完全由该人的经济状况所决定。中学教师比工人挣钱少，但是前者是白领阶层，后者却是蓝领阶层。教师中储蓄的人与欠债的人也仍然是同一阶层。这里边起作用的还有社会对某一职业的赞赏程度。因此我们是把经济收入和受赞赏的程度结合起来考虑，划分职业等级的。

不同社会阶层的衣食住行方式也不同，这些已为人们所知或正被研究着，但是人们忽视或者否认性行为模式也是如此。我们下面的分析将揭示之，以求更好地了解我们的性文化。

不同的发生率与频率

我们对受教育程度的分层，按高中以下（0~8年）、高中（9~12年）、大学（13年以上）这三个组。每相差一个层次，情况肯定会有差异，但是我们调查到的中学程度的人不够多，尚不足以按年头来划分；大学程度者的数量足够了，但统计分析到本书出版时尚未完成；都只能暂付阙如了。

在职业分层中，只讨论第2、3、4、5、6、7级，而0、1、8、9级因调查数量不足以按6种释放途径来划分，故略去了。

总体释放情况

在任何一个年龄段的单身者中，总释放频率最高的，都是那些只有高中（8年）以下文化程度的人，唯有16~20岁年龄段中，最高的是那些上过高中的人。他们比那些初中毕业就工作的人高10%到20%，又比那些上过大学的人高20%到30%。他们平均每周性释放3.53次，是任何年龄、任何学历单身者中最高的。

显然，这一现象与学校的管理和教育没什么关系，因为在同一所中学里，初中高中都有，频率各不相同。其原因来自三个方面：首先，这些人的出身背景中必定有某些因素在发挥作用。其次，16~20岁正是他们身心两方面的能力跃增之时，其中某些成分正与他们到此时为止的受教育过程相耦合。最后，许多州的法律强制16岁以下少年必须上学，但是他们读到高中一二年级就超过了16岁，因此有大批高中生退学去就业。他们在社会其他群体那里，获得了与学校正规教育大不相同的性价值观。当然，其中更深层的原因还有待进一步研究。

单身者中频率最低的是上过大学的人。20岁以下的此类人的频率为

2.70次，30岁以下为2.49次～2.57次，仅仅是最高频率的70.5%到76.5%。我们知道，有大学学历的人中，身体和智能不良者较少，而低学历的人中则较多，这会降低那些低学历的人的平均频率。因此，如果按照大学生的身心标准，把那些低学历的人中的高素质者单独抽出来，与有大学学历的人相比较，那么双方的差距还会扩大许多。

不同受教育程度对在婚者频率的影响，与对单身者的影响非常相似。在婚者中的最高频的人，也是上过高中而没上大学的人。从16岁到40岁的各年龄段莫不如此。45岁以上各年龄段的人数过少，不宜过细分析。但是从前面各章的所有统计中可以看出。近乎所有人，直到中老年，都无法脱出青少年时代形成的模式，因此我们可以推知，在老龄人口中，也仍然是前高中生的频率高于前大学生。总的来看，高中学历的人比高中以下学历和大学学历的人都分别高出约10%到20%。

按不同等级职业来考虑性释放频率，其结果与按受教育程度考察差不多。无论在哪个年龄段上，频率最高的人都是第3级（半熟练工人），无论其父母的职业等级是3、4还是5，他们的频率都大致相等。他们大部分是高中以下文化，几乎没有一个高中毕业生。

各职业等级中频率最低的是第4级（熟练工人）。一般说来，白领阶层（5、6、7级）频率低，不过其中的专业人员（第7级）却最高。他们一般读过17年～20年书。

对于性技巧的态度

不同社会阶层对性的态度也不同。这主要表现为他们都有各自不同的性兴趣所在、对裸体的不同态度和性交合中的不同技巧。

性刺激的来源（或被什么所唤起）

较高社会阶层人士的性唤起（性欲激发），来源于各种各样渠道和方式的性刺激；因此他的婚内性交合和婚外性交合最少。较低社会阶层的男性则相反，除了性交合中的直接肉体刺激之外，别的活动很难刺激他达到性唤起。因此他的婚前性交合和新婚后的婚外性交合会非常之多。这是否由不同的心理素质或者不同的道德模式所产生，在多大程度上是，很难下定论。上层男性一般很难结成他们所追求的性的社会交往关系，这也许可以从心理上解释，他们为什么更多地从很少有实际性交合的生活动获取性刺激。下层男性，几乎想要多少性交合，就能实现多少。这使他们不那么企望性交合之外的任何其他性刺激。

上层男性还有一个特点，即他们更多地通过视觉来寻求非真人的、非实际存在的性刺激。他们思念女性，从同性恋伴侣身上幻想出女性形象，看脱衣舞、色情小说、爱情文学、爱情电影、动物交配、虐待狂、受虐狂的文学，等等。其中阅读性文学作品和观赏性图片或者同类物，是他们最普遍、最常用的方式。但是对大多数较低阶层男性来说，上述任何一项都没有成为他们重要的性释放途径。他们觉得，一边看性图片或性文学，一边自慰，以及诸如此类的不实际的行为，才是最怪异、最严重的变态。

不同阶层的这种差异有深远的心理根源，传统在其中起了明显作用。任何阶层都有某些道德戒律，至少也是思想观念，允许或禁止在某些特定场景中产生性唤起。大学男生经常谈论姑娘并因此产生性唤起，他们认为这非常自然，非常必要。同性恋者或不那么赞成此种谈论的异性恋者会觉得，聚在一起如此洋洋得意地大谈女人，又如此公开，多少有些造作虚伪。下层男性也大谈女人，而且更多更经常，但是他们较少因此产生性唤起。还会把听了就唤起性欲的人看作多少有些不正常。这些活动方式久而久之便成为习惯，成为对性唤起的不同态度准则。

对裸体的态度

当今世界上，不少文化都禁止人们在公开和公共场合裸露身体的某些部分或者全身。这与气候可能有关，也可能无关。中美洲山地印第安人在下山到平原做买卖时，就脱去衣服，这可以说是因为热。但是墨西哥南部炎热地带的印第安人，以衣遮体甚严。而北部最冷地区的印第安人却近乎裸体。除了传统，恐怕无法解释之。着衣习惯更多地来源于对裸体的禁忌，而不是出于对衣物的运用。

英国人可称是世界上以衣遮体最严的民族，美国人全盘继承了英国人的传统。美国人去欧洲，看到法国夜总会里的裸体表演或者德国的裸体主义运动，就不分青红皂白地说法国人和德国人道德低下。其实只是程度不同。美国的夜总会里同样有这样的裸体表演，只不过还没有像法国那样允许自由地全裸体。德国乡村地区的公众舆论和司法当局，也一样把裸体主义视为下流色情。当然，美国对裸体的禁忌之严，还是值得骄傲的。尽管六七百年来英美法律就一直想给"下流暴露"定一个明确标准，以防扩大化，但是直到今天，仍然没有任何法律条文允许描画人体裸体，不论在艺术品中、美术院校中，还是在摄影作品、杂志或书籍中。从19世纪90年代直到现在，公众舆论以政治行动为靠山，一直在喋喋不休地命令着人们洗澡时应该穿什么样的衣服。只是到了最近10年内，至多不超过20年，男性才有权利在公共游泳池和海滩只穿游泳裤而不穿上衣。

在美国，对裸体的禁忌比对某些性活动的禁忌还严。美国电影中经常出现在公共场合接吻的镜头，而这在许多别的国家被认为是最不道德的。相反，在拉丁美洲的电影中，完全可以映出任何全裸体的艺术品，而且可以在任何公开场合放映，但是好莱坞式的接吻镜头却必须剪去。这是因为他们认为：裸体具有艺术价值，公然接吻则没有。我们美国人恰好颠倒过来。

对裸体的禁忌随时间地点而不同。泳装不能在任何其他场所穿。中午时，女人可以露出胳膊，但是同一场合的晚会上却可以露出整个背部，反而是必须戴上长手套遮掩手臂。美国的一些拉美人聚居的城镇中，人们在公共建筑里不能把衬衫袖子卷到肘部，天多热也不行。但是在大街上，无论男女却都可以脱光上身，都可以在附近小河里一起全裸体洗澡。这种事例不胜枚举。

最令人惊讶的是，在同一社区中生活的不同阶层人，对裸体的态度可以大相径庭。今日的上层人士，比他们的上一代更多更经常地裸体，而且比下层人士多得多。越来越多的上层家庭里，异性成员包括父母与成年子女，可以在换衣服和洗澡时公然全裸。就裸体睡眠而言，有大学文化的人的41%经常如此，高中学历的人为34%，高中文化以下的人则只有16%。上层女性裸体睡眠的人的比例虽然比男性稍少些，但也已相当之高了。

自己也要裸体，这几乎已是上层男性在性交合时的必需条件（占90%）。他们无法理解，男人怎么能在性交合时穿哪怕一点点衣物呢？但是在中下层人中这却是事实。裸体性交合的人，在高中学历的男人中只占66%，在高中以下的人中才占43%。

有些社会学家说，下层人着衣性交合是因为他们居住拥挤，必须挡住同室而居的其他家庭成员的目光。实则不然。这主要是由于下层人士认为裸体是下流的。不但在外人面前裸体是下流，就是当着配偶的面也很下流。许多下层年长男女，一辈子也没在配偶面前裸过体，而他们对此非常自豪。不过，下层人中的新一代的态度也已大变了。无论干活儿、上街还是在公共场所，年轻男人赤裸上身的多起来了。裸体睡眠和性交合也在日渐增加。

但是在这方面，传统的影响仍然非常强大。我们在调查中碰到一些下层青年，他们与数百个女人性交合过。但是有的时候他们却会拒绝与某个姑娘进行性交合，因为那姑娘"竟然在性交合前脱光自己的衣服"，因为"她太下流了，我不能跟她性交合！"

手刺激刺激对方

上层人士中，男女互相手刺激更多些，其中男性又多于女性。他们相信：女方即使在直接性交合时也需要手刺激。手刺激遍及女性躯体各部位，其发生率在90%到96%，因部位不同而不等。但是女性的实际反应却并非如此。低阶层女性的性高潮频率比高阶层女性高不少，尽管低阶层男性使用手刺激对方的只占79%到75%。低层男性中许多人认为，"正常"性生活中最基本的和唯一正确的活动就是插入。（以下刺激8种部位的方式及其

分层统计数据略去——译者注)

口刺激（主动与被动）

上层男性中的许多人认为，口刺激是自然的，必要的，是做爱中的基本活动。有大学学历的人，可能吻过数十个女性而没有同其中任何一个性交合过。低层男人则可能与数百个女性性交合过，却一个都没有吻过。低层男人认为口刺激肮脏、猥亵或者"病从口入"；不过，与此同时，他们也照样用公共杯子喝水、用公共餐具吃喝。这实际上只不过是古老的场所禁忌应用于口唇，而且理念化了。除了民俗学者，那些信奉这种禁忌的人，自己其实也不知道为什么要这样。倒是上层男士首先把这种基于生物本能的行为复归了。

再有，下层男性往往对女性躯体不那么感兴趣，缺乏触摸它的冲动。他们还认为口刺激是一种丢脸行为或者变态，因为只有婴儿对母亲才那样。其实人类的许多文化中，不但允许和鼓励口刺激，还把它作为一种宗教义务或宗教服务。尤其是口与生殖器接触。

虽然现在有不少人对口刺激的态度有所变化，但是至少三代人以来，总的禁忌原封未动。除配偶外，卖淫者也可以提供口刺激服务。但请注意：大多数卖淫者都出身于低阶层，因此她们之中没几个愿意这样做。即使营业时可以做，跟自己的男朋友做爱时，也极少有人会如此。在私生活里，即便妓女也不肯偏离自己所属的社会阶层的道德，尽管她为了钱什么都能干出来。（方式、数据与实例全部略去——译者注）

性交合体位

在我们英美文化中，不论哪一阶层都有一种共同而普遍的观念：唯有一种性交合体位是符合生物本能的，其他一切体位都是某些人的鬼主意，因而是变态的。人们相信，天下所有人必定都是只运用着这一种体位。人们不能相信，性交合体位就像是语言与衣着一样，只不过是人类不同文化的产物，而且，在世界民族之林中，我们英美通用的体位恰恰是最罕见的。马林诺夫斯基①早在1929年就已论证了这一事实。在古代文明遗留下来的几千件描绘人类性交合的艺术品中，差不多没有一件是描绘我们这种体位。

我们的体位习惯来源于历史上的基督教会。曾经有一段时期内②教会规定：任何其他体位都是必须忏悔的罪恶。因此直到现在我们还把那唯一体位叫作"传教士式"。（指男上位——译者注）

我们尤其要指出，女上位是人类最古老的体位之一。在公元前3200年的美索不达米亚③，就有描绘女上位的图画。它在古代希腊罗马非常盛行，在秘鲁、印度、中国、日本的古代艺术品中也极为常见。现在许多人反对它，是出于一种理念化的恐惧。他们认为：女上位使女性变得尊严而使男人变得卑弱。这会摧毁男性的至尊地位及其在家庭里的统治权。他们说，凡容许这种体位的男人，都是因为具有同性恋倾向。前不久有一位心理学家走得更远，他居然坚称不休：采用女上位的女人会导致神经崩溃，而且会提出离婚。甚至许多自然科学家也用这种理念来捍卫他个人的习惯。

我们的调查揭示出：不管理念多么强大，仍然有相当多的人在实际性生活中经常采用许多其他性交合体位，而且一般说来，上层人士更多一些（体位细节和数据均略去——译者注）。

在任何一个社会阶层里，个人所选择的性释放方式及每种方式的使用频率都不同，在不同社会阶层里当然更是如此。其间的差异之大，就连我们在调查前也没想到。

总的来说，我们还不明白这些差异极大的性哲学是如何形成的。但是我们至少可以把它们的现存状况说清楚，并且记录下每一阶层的人对自己的性活动模式到底是怎么想的。

---

① 英国著名人类学家，其著作已在我国翻译出版。——译者注
② 指西欧8世纪后和南北美洲16世纪后。——译者注
③ 两河流域，现为伊拉克与伊朗接壤处。——译者注

自慰总情况

全体男性中92%到97%有过自慰行为。按受教育程度划分，最低发生率（92%）是高中以下学历的人，最高的则是上过大学的人。

就实施频率而言，上过大学的人在任何年龄段中都是最高的。例如，16～20岁单身者中，大学生是高中以下的人的近2倍，在21～30岁则是2倍～2.3倍。自慰是高学历的人最主要的性释放途径。它在所有途径中的比例，16岁以下为80%（高中以下的人仅52%），20岁以下为66%（高中以下的人仅29%），直到30岁仍然为46%（高中以下的人仅为21%）。

在婚者中自慰的发生率相差也很大。高中以下文化的人，从20岁以下的28%逐降到45岁前的9%，但上过大学的人则从20岁以下的63%，上升到25岁时的66%和30岁时的66.4%，以后缓缓下降，直到45岁时仍然高达55.1%。

在婚者的实施频率亦如此。高中以下文化的人从16岁到45岁，频率从0.11次降为0.03次，而上过大学的人则从0.35次降为0.19次。自慰在总途径中占的比例，高中以下的人仅仅为1%到3%，大学学历的人却是8.5%到18%。

与此相应，不同职业中自慰频率最高的是第7级（专业人员）。他们16～20岁时平均为2.2次，而蓝领工人中下层（2级和3级）平均还不足1次。

低层中的老一代，把自慰看作反常、变态和性的社会交往受挫折之后的疯狂。大部分低层男孩只是偶然地自慰，持续也不过几个月或几年，一旦有了异性性交合，就立即地或者很快地中止了。继续下去的人不多，并为此感到羞耻。一旦被别人发觉，他就会成为人们的笑料和鄙视对象。人们会说，他是没本事与异性进行性交合，才出此下策的。他的社会声誉乃至实际地位都可能因此而一落千丈。

上层男性中的老一代，也难以像新一代那样宽容自慰。他们如果仍然有此行为，往往会陷入无休止的内心道德冲突里：这"习惯"到底是对还是错？

可是最近一二十年来，上层中的新一代更多、更坦率、更公开地把自慰当作婚前性释放的正当途径，就像找女朋友和求婚一样天经地义。这就使他们更多地在婚后继续自慰。这特别要归"功"于那些与他们门当户对的妻子，她们的性响应程度普遍很低。但是更主要的和决定性的原因，则在于他们婚前丰富的自慰经历，还在于他们的异性性交合开始得相当晚。

高低两个阶层的男性，如果都知道对方的真情竟然如此，定会大吃一惊并百思不得其解。

异性爱抚

这不但发生在16岁以上的高中生和大学生中间（发生率约为92%），高中以下学生也很多（88%）。当然，通过爱抚而达到性高潮的没那么多，而且学历的影响很大。就发生率而言，大学学历的人中高达61%，高中学历的人仅仅32%，高中以下的才16%。

实施频率上的学历差异更为巨大。大学学历的人与高中以下的人相比，20岁以前相差近3倍，21～25岁则差近5倍。爱抚在释放途径中的比例，前者为5%到8%，后者仅仅1%到2%。

职业分层也是这样。16～20岁的第6级（白领上层）和第7级（专业人员）是第2级与第3级的2倍，21～25岁升为3倍。

上层社会的性道德所最重视的，莫过于女性的婚前贞操。这道德也非常强调男性的婚前贞操，只是严格程度稍差一点。

但是贞操戒律往往对婚前亲昵网开一面，因为上层人们认为，爱抚可以使双方多少学到一些相处经验，会有助于日后婚姻的巩固。爱抚的有利之处就在于：它可以在那些绝不可能从事性交合的场合进行；它简便易行；它可以使双方既体验性高潮又没有怀孕的危险。总之，它可以保全双方的"贞操"。

这里应该特别注意：在上层社会看来，通过生殖器以外任何肉体部位的接触来达到性高潮，与双方生殖器直接插入，两者之间有本质区别。唯有插入才是失贞，即使双方生殖器互相接触，甚至互相进行外部摩擦，都仍然能保持贞洁之身。因此，上层社会中的某些男性，把无插入而有性高潮的爱抚技巧，发展成一种美妙的艺术。他们可以体验数百次性高潮，而仍然是一个他所在社会要求的"童贞男人"。

这种显然荒谬的逻辑的前提是道德至高无上。它使某些男人去刻意追求无插入的爱抚,即使无法达到性高潮也在所不惜,因为他的童男的虚荣心在此中充分满足了。

低阶层对婚前性交合的禁忌不严,反而视为自然而然、不可避免和值得一做的事。他们反而把回避性交合看作是应该忌讳之事,复杂拖拉的爱抚也在此列,并被看作一种反常。

人们常常以为上过大学的人在性生活中野得很;可是事实证明,他们常常可以亲昵爱抚几个小时而不进行性交合。这一事实可能也会令公众吃惊吧。

性行为的不同社会模式

婚内性交合

这方面主要的社会阶层差异在于:低阶层者在年轻时的婚内性交合占全部释放途径的比例较小,随年龄增加而逐步上升;上层人则正相反,他们年轻时较高,年龄越大反而越低。16～20岁时,高中以下文化的人约为80%,到46～55岁时上升为90%,达到顶峰。高中文化的人在这两个年龄段中从82%升到91%。大学文化的人则从85%降到62%,比高中以下文化的人低26%。

这就是说,在刚结婚时,低层人一般不重视对妻子的忠诚,而高阶层人则重视得多。低层人用了35年～40年时间才做到上层人初婚时那样的忠诚,而上层人也用了35年到40年才达到低层人初婚时那种程度的性自由。有些人可能会说,我们的数据表明,即使是低层人也是从淫乱起步,最终走到专一的。那么这话反过来说也同样正确:我们社会的出类拔萃之辈,是从试图专一开始,最终还是承认了多样化是值得拥有的。因此说,仅仅站在自己所属的阶层的立场上来评价,或者明知社会阶层差异极大,却又要用统一道德来衡量,都没有什么意义。

婚前性交合

任何一个社会阶层中，男性都更多地、更经常地与女朋友发生婚前性交合，而与卖淫者性交合的较少。上过大学的人中更少一些，他们与女友性交合比与卖淫者的性交合要多20%到100%。

总的来看，大学文化的人的婚前性交合比大学以下两个阶层少一些。16~20岁时，高中以下的人有过婚前性交合的占85%，高中文化的人占75%，而大学文化的人仅仅占42%。年龄再大些，大学文化的人也只是高中以下的人的三分之二左右。

把所有有过婚前性交合的人都总计起来也是这样。高中以下的人中有98%，高中文化的人有84%，大学文化的人仅仅67%。从频率看也是如此。16~20岁，高中以下的人是大学的人的7倍。许多做母亲的，不敢把男孩送去上大学，宁可留在家里，以免他们学坏。这可真是把事情弄颠倒了。即使那些在上大学期间有过婚前性交合的男孩，其中一半人也是在上大学之前就已经体验过了。总的来看，大学文化的人的首次婚前性交合，比低阶层的人要晚5年到6年。

大学文化的人婚前性交合的频率也很低，其中三分之一到一半的人只是偶然为之，从总共只有一两次到几年内每年只有两三次。只有约15%的人能长期规律地从事。相当多的人只与日后的妻子有过。这些都是其他各阶层不可比拟的。

从不同职业看，第3级（半熟练工人）的频率是第6级和第7级的15倍。

在上层社会中，婚前性交合是一个道德问题。许多有过此事的青年只好辩解说：我知道这是错误的，但是与未婚妻之外的姑娘性交合实在太诱人了；或者说：由于我认为如果无婚前性交合，日后的婚姻会很乏味乃至破裂。

大多数低层人则认为这无所谓对错。甚至一些下层教士在反对吸烟、喝酒、赌博和婚外性交合的同时，却认为婚前性交合不涉及道德问题。在我们长期深入调查过的两三个下层人聚居区里，到16岁或17岁还没有性交合过的男孩，一个都没发现。这样的男孩被认为是病号、精神缺陷者、同性恋者，或是野心勃勃想上大学以逃出这个环境的人。

低层男性对处女也有某种尊敬。他们坚决不与失身之女结婚。但这不过是个姿态，他们很清楚这是不可能的。他们一旦开始婚前性交合，频率就达每周至少一次，就变成同性恋者那样的"一次换一个"，就有多到数百上千个性交合伴侣。

婚外性交合

对低层男性来说，婚前性交合与婚外性交合是两回事，以结婚为转折点，他们普遍大大规矩起来。但是对上层男性来说，经过10到15年的性禁锢之后，他一旦从新婚妻子那里学会异性性交合的技巧，开始婚外性交合似乎就是必然的了。事实上，被如此禁锢过的男人，很难培养出与他妻子协调性生活的能力，恐怕也找不到什么满意的婚外性交合。当然，上层人里也有些特例，即妻子故意鼓励丈夫搞婚外性交合。

同性性行为

单身男性中，高中学历的人的发生率最高，从青春期的32%到30岁的46%，总计30岁时的曾经发生率为54%。值得注意的是，陆海军、商人、海员中发生率至少在40%左右。这一阶层人婚后仍然有9%到13%的人发生同性性行为。他们的实施频率在30岁时可达平均两周3次。

大学学历的人的发生率为17%到21%，30岁时的总计曾经发生率为40%。此时平均频率为每周1.3次。这一阶层婚后的发生率仅仅2%到3%，不过隐瞒不说的人肯定不少。

高中以下文化的低阶层人的总计曾经发生率，到30岁时约为45%。他们的最高实施频率为平均每周将近1次。他们的婚后发生率为10%，但到45岁时降为3%。

低层人中同性性行为发生率极低，主要因为他们对性的禁锢最少，相当多的人可以在发生同性性行为的同时，还发生相当多的异性性行为。他们不过把同性性行为当作一种可以额外享受的性生活和性手段。因此，值得注意的是，他们中间绝对同性恋者非常之少。

高中学历的人中发生率最高。其原因第一可能是由于许多人需要通过同性恋关系获得经济资助；第二可能由于他们能在其中释放虐待或受虐心理。因此他们一旦不能以此来挣钱，也宁可花钱云雇佣男卖淫者，以寻求性关系中的那种特权。

社会对性的作用

每一个社会阶层的人都坚信不疑，自己的性行为模式是这个世界上最好的；但是每一个阶层也都以自己特有的方式文饰自己的性行为。

对社会上层来说，所有性的社会行为都是道德问题，而道德这个概念又成了性道德的同义语。这个阶层中的许多人相信：违反性道德是一切不道德行为中最恶劣的一种。人们给性的社会关系加上一系列道德形容词的限定：正经的、诚实的、忠贞的、高尚的、纯洁的、美好的、健康的、完美无缺的和具有男人汉气概的。总之，婚姻的荣誉、忠诚与成功，仅仅在于丈夫只能与妻子一人性交合。

这个阶层中的个体什么都可以不怕，就怕被群体视为不道德；什么都可以不算耻辱，唯有触犯性的戒律是不齿于人。性的纯洁被高高地供奉在道德圣坛的顶端，使得社会上层中的许多人认为，把自己的戒律强加于社会中所有人的头上，是自己神圣的宗教义务。

与此相反，社会低层人重视的是：什么是自然的，什么是不自然的，并在此基础上建立自己的性行为模式。婚前性交合是自然的，当然就是可以接受的。自慰则是不自然的，以爱抚来替代性交合是不自然的，即使作为性交合的准备阶段的爱抚也是不自然的。因此它们都被忌讳。

低层人中有一些个人也把性行为看作道德问题，但是他们同时也承认，总的说来，本能会战胜道德。他们可能"知道这种性交合是错误的"，但是他们"仍然期望去做，因为是人类的本能促使他们这样做的"。

中等阶层的男性，一方面与众多乃至数百个姑娘性交合过，另一方面坚决不娶非处女为妻。而上层男性一旦偏离道德戒律开始性交合，其疯狂劲儿就比其他什么人都足。他会辩解道："有爱情，就不为错"。但是中等阶层或者下层男性则会坦然相告："我不想跟她有什么瓜葛，所以我们性交合。可是我一旦发现自己爱上了她，那么在跟她结婚之前，我绝不会碰她一下。"对许多上层男士和一些中层男性来说，道德戒律是一种神秘的启示和天降之大任。例如一位原教旨主义哲学教授就解释道："世上有些事情，人天生就知道是对还是错；对这些事，逻辑讨论毫无必要。"

对上层和低层来说，性就是这样的事情。性道德不需要理性讨论，不需要冷静探索，不需要任何客观资料和数据来验证，即使不同的性行为模式相互冲突。也不需要考察其中的原因。性道德就像宗教一样，只需要接受和捍卫。还有许多人认为，性道德甚至比宗教更为重要。如果他们用其他办法无法捍卫它，他们就会宣布：现有性道德是人类历史发展的必然和顶点，是人类智慧的最后结晶。

由性活动引起的大部分悲剧，都是不同社会阶层的不同性态度相互冲突的产物。性活动本身不会对任何人造成肉体损害，但是对性满足的否定却会造成人格分裂、丧失社会地位、丧失名誉乃至丧失生命。

性治疗

受过专业训练的人一旦指导下层男人的性行为，他们信奉的不同性哲学便会立即造成冲突。无论心理学理论家、心理治疗医生，学校中的心理指导教师、护士，还是精神分析医生，都缺乏与社会下层人的接触。他们都出身于上流社会，他们的劝告也只能是上流社会式的。当他们要求下层社会出身的病人脱光衣服检查身体时，他们不知道这已践踏了病人所在的社会的性道德。当他们在医学治疗中混进自己阶层的道德劝善时，他们也不知道：下层人会用自己社会的标准来筛选或者改造这一切。改造犯人的女心理学家永远也不会想到，这里的每一个人在进来之前就都有过相当丰富的性经历了。但是她必须理解：作为一个心理医生，如果她的道德劝善与犯人所出身的那个世界的现实毫无关系的话，那么她的一切献身式的努力都将是徒劳的。

现在,婚姻咨询已经出现。它所赖以立足的是关于婚姻性质、婚姻目的和婚姻理想的一系列概念。这些概念对于婚姻顾问所出身的那个社会阶层来说,可能是正确的,但是对于那些下层社会的前来咨询的人,可能就风马牛不相及了。婚姻顾问们所传授的那些性技巧,只有上流社会男士才能接受。这些技巧要求知识分子式的浪漫激情、延长性交合前的爱抚、性交合技巧尽量多样化、性交合前的刺激量达到极点、性交合后继续爱抚,尤其是要求男女都达到销魂般的性高潮。但是其中的大部分行为恰恰是社会中一大部分人所诅咒的,是对他们的性道德的践踏。许多婚姻顾问总喜欢把他们自己的、上流社会的模式强加给前来咨询的人,根本不管其后果。殊不知,他们灌输给人家的东西,如果不符合那人生长并将半其生于其中的社会的道德,反而会给那人带来无穷的烦恼。

在我们这样一个工业社会里,受过较多教育的管理者阶层与更多的缺乏教育的劳动者之间,存在着不少冲突。其中有一些就是由于双方无法理解对方的性行为模式。即使那些工厂里的领班或职员,也不大知道下层人的想法。如果从经理人员到社会工作者、心理学家和医生,都能努力去理解和接受下层人的特有模式,将会有助于在工人和管理者之间建立更好的协调关系。

社会服务工作

不同社会阶层的人一旦互相接触,他们不同的性模式、对对方模式与哲学的不理解,就会导致冲突,破坏任何可能的合作。社会的管理者需要理解那些与自己阶层不同的人的性模式。监狱、弱智人之家、儿童收养所、养老院、医院以及其他社会福利机构或惩治机构中,大部分被收留的人都来自下层社会。这些机构的管理者就更加需要这样做。寄宿学校和大学的管理者可能较少碰到这个问题,因为学生大多来自校长和老师所在的同一阶层。但是公办初中和高中的教师却常常碰到这个问题。

一个女大学毕业生,如果当上初中二年级的老师,她会发现自己的学生,那些工人或小商贩出身的男孩,居然会跟同班的12岁的女学生进行性交合。她无法理解他们怎么会坏到如此地步。基于她的上流社会的标准，她会怒不可遏，开除那男孩，并当众羞辱那男孩与那女孩。女教师并不知道，在她所教的初二男学生中，有过性交合经历的已达28%了。

如果教师了解这些男生的生活背景，她的处理很可能就完全不同了。

社会工作者遇到的性问题比医生遇到的还多还经常，未婚先孕、强奸、有子女的夫妻因性冲突而离婚等等，都是社会工作者感兴趣的。成人与儿童的性交合，甚至乱伦，又会使他们义愤填膺。但是他们很快就会发现，儿童间的性接触、婚前性交合、婚外性交合都比比皆是。虽然下层社会把此类事情作为不可避免的现象而予以接受，但是社会工作者却按自己的道德标准来看待，因而被激怒，因而施以惩罚。她会拒绝救济一个存在着这种"堕落"的家庭。许多所谓"性犯罪"正是这些发救济金的社会工作者控告到法庭上去的；也正是她们这些大善人发起了一场运动，在法庭保护下，把此类"被遗弃的"孩子从亲生父母身边夺走，安置到别人家里或儿童收养所或少年犯教养院。

相反，社会工作者中那些学历较低，又在较小社区工作的人，有时倒能更好地理解社会底层的现实。有些较好中学的某些初中毕业生，参加社会工作后也能理解不同阶层的差异。最缺乏理解的，是那些好心好意的、想为公民福利做贡献的，积极投身于社会服务工作的上流社会妇女。

人们最缺乏理解的，是下层黑人社会。那里需要某些比她的同事更能理解异己者的社会工作者。即便如此，看来唯有黑人社会工作者才能在黑人社区中工作，但是绝不是学历和社会地位都高的黑人。那种黑人对底层黑人社区的理解，与上层白人一样少得可怜。事实上，上层黑人如果充当社会工作者，会更卖力气地"提高"自己底层兄弟的性道德水平，以便改善黑人作为一个种族的道德形象。

军营里的情况

来自不同阶层的人被集中在一个单一的和组织严密的团体里，陆海军的军官们就不得不面临军营里的阶层冲突。大部分士兵没有读到高中二年级，大部分士兵的性行为属于低阶层模式。来自西点军校或者海军学院或者其他军事院校的军官们，一般出身于上层社会。有些军官能理解士兵们的这些模式，有些则不能。士兵的遭遇如何，全看碰到了哪一类军官。在海外的美国占领军，生活在性态度与我们大不相同的其他文化中。但是那些给被占领国制订法律的高级将领们，却把他们自己的"道德准则"强加给其他民族的全体人民。其实，人家从来没有过与我们任何一个阶层相同的性模式，而且就是在美国，也只有极有限的人奉行这些准则。

只有在战争中，与来自下层的士兵并肩作战时，来自上层的军官才开始发现人类行为的真实状况。但是他们生怕这会涣散军心，于是高级将领，尤其老一代的将领，不但制订严厉军规，还鼓动国会立法，以推行上层社会的性行为模式。据说这是为了防止性病，但是我们的调查表明，战时军人的性活动还像平时在家那么活跃的根本就没几个。因此，许多惊呼性病危害的人，实际上考虑得更多的还是道德。

日常接触

一般说来，上层人总觉得"低阶层道德"太缺乏，而自己则具有理想色彩和哲学正确性。相反，下层人却觉得上层人的性行为模式太矫揉造作，太虚情假意，而且由于他们企图把这一套强加给所有阶层，就极端令人生厌了。下层人被认为有多么不道德，上层人就被认为有多么变态。涉及到另一个民族或国家时，偏见就达到顶点："法国人这么这么样，中国人那么那么样。"原始民族被说成性生活畸形。黑人的性行为被无限夸张，使黑人领袖大受其累。希特勒反犹太人宣传的柱石就是在性方面的诬蔑。纳粹和日本人对美国人的泼脏水宣传，也包括攻击我们的性行为在内。这种偏见成了传统，无论谈到意大利人、西班牙人、拉丁美洲人或者其他什么民族时无不如此。尽管没有任何客观资料做依据，人们照样这样一概而论。我们相信，任何民族内部都会有不同阶层的不同性模式，不管它们与我们社会里的某一模式是否相似，它们互相之间必定是有差异的，而且同一阶层内也必定有多种模式。

性与法律

英美有关性的法律是上层社会性道德的集大成。它们植根于英国古老的民间习惯法，但是目前的继承者与捍卫者大多却是出身于上层的国家立法和司法人员。

正因如此，成文法才严厉惩罚任何非婚性交合，不管婚前还是婚外。但是它们并不把自慰称作"手淫犯罪"，因此才有一些司法当局一直在努力，试图把这一条明确写进法律。

不过，贯彻执行法律的却是警察。他们大部分只有初中或高中毕业；因此警察很少认真贯彻反非婚性交合的法律，尤其当上层人物要求警察来惩治此类事时，他们就更为勉强和消极。一个低阶层出身的警察或侦探，很难真心认定发生非婚性交合的男孩和女孩是犯了什么罪，因为这正是他自己青春期性经历的一部分，而且他也知道，在他所成长于其中的那个社会里，大多数年轻人都这么干过。但是，如果警察所侦查的性行为是他们所不齿的（有时完全出于性以外的理由），如果涉及当众裸露或者展示，如果是一老一少的性接触（警察的准则更禁忌之），如果是一黑一白的性交合（警察之大忌），那么警察就会把反对非婚性交合的法律变成实施自己性观念的工具，严惩这些异己的性活动。警察的行为虽然有时也代表其他阶层公民的意志，但总是基于他们自己所出身的阶层的意识。有些警察坦率地说：我们的职责之一就是向法官隐瞒那些他根本不可能理解的事情。

与此相反，如果警察发现一个小伙子躲在暗处"手淫"，他们会乐于把他送交法庭，看着他因为当众演示、道德败坏、变态而被送到惩罚机构里去。当他到达某个改造机构时，警察局还会认真负责地附上一封信，催促感化院当局对这个变态青年予以特殊注意。当然，这类改造机构中的学历较高的长官，会向这个青年和其他官员解释：作为一种性释放途径，"手淫"比被改造的某些青年的同性性行为毕竟要好一些。这样的长官甚至会坚信，他的行动实际上保护了被改造者的性需求。相反，那些与被改造者接触最多的看守们，却出身于下层，因此对"手淫"相当地鄙视乃至仇视。

如果被改造者继续"手淫",他们会像惩罚同性性行为那样,严惩不贷。

法官在审理性案件时,往往也是根据自己所出身的社会上层的道德戒律。他们的判决往往也是为了捍卫这些戒律。低阶层被告,例如发生性交合的少男少女,根本就听不懂法官对他们的滔滔不绝的痛斥,根本就不明白如此自然、如此顺乎人性之事,怎么会受到法律制裁呢?对他们来说,性法律所笼罩的光环如同泡影般消失。

生活就是一座迷宫,法律和上流社会用掷骰子来决定谁该寻到走出迷宫之路。性法律就像大街上那允许通行的指示牌,它只是告诉你:由此通过便不会有麻烦,但是为什么不能从旁边的人行道绕过去呢?为什么不能横穿大街呢?它不会说,你也永远无法弄明白。

法官的出身背景不同,裁决也不同,这最明显地表露了道德对法律的影响。法官中有些人并未上过专业院校,尤其在民选法官的地方,有些法官出身于低阶层。靠司法实践和夜校补习获得专业知识。当同一案的两个法官,一个出身上层一个出身下层时,前者大多会对性案件做出严厉判决,尤其对非婚性交合和卖淫毫不手软;而后者则大多会轻描淡写。下层社会的人们很清楚这种区别,他们会强烈要求后一个法官审理自己的案子,因为"他不糊涂"。结果,那法官也往往真的从轻发落。反过来,那些侦破性案件的社会服务工作人员,也会力求把案子提交前一种法官审理,以期该案会受到符合自己阶层性哲学的重判重罚。

法官不承认四分之三的人口实际上走着另一条路,坚信警察所逮捕的任何人必定是性罪犯。如果某社区里的某件暴力强奸案或者强奸致死案引起了民愤,法官就会下令逮捕这个社区中的一切性罪犯。报纸会推波助澜,指责警方无能;警方会掀起大逮捕的浪潮,以示卖力;法官则会判以最严厉的刑罚,以表示顺乎民意。这种连锁循环反应一直要闹到最荒谬离奇的地步才会退潮。

我们不妨回忆一下这些数据:全体男性中85%有过婚前性交合,59%有过口与生殖器接触,近70%与妓女性交合过,30%~45%有过婚外性交合,37%有过同性性行为,农村小伙子17%有过与动物的性行为。所有这些性行为都是触犯法律的、必须严加惩处的，而有过至少其中一种行为的人，总计占全体男性的95%以上。

法官、警察局、教会和某些社团，在号召清除社会上一切性罪犯时，指的是这95%的男性吗？这岂不是说，5%的人要逮捕、起诉、判决95%的人？只有那些近乎绝对禁欲的、根本不知道别人在怎样生活的人，才会这样提议、这样实施。

法官因自己无知而对性犯罪处以特别严厉的处罚。他相信自己所判的长期徒刑，会使罪犯在铁窗里改造其独特的个性。

结果他又一次无知。他对性行为的深层根源一窍不通。我们对1,200多名已判决的性罪犯的调查结果表明：他们之中因被判刑而改变了自己性模式的人，近乎于无。不但如此，即使在普通人中，能在15岁以后，因为继发的任何事情而改变的人，也近乎于无。这并非因为性罪犯都是性欲倒错者或者与众不同者，这只不过是因为：每一个人的性模式，都是他所生长于其中的社会的习惯强加给他的。

性罪犯即使在监狱里也很引人注目。监狱长官会开导他认清自己的罪行确属十恶不赦，即使许多罪犯所干的坏事，实际上与监狱长官自己的性行为并无根本区别，他也必须认罪。因为所有的人都觉得，性罪犯的性活动必定是光怪陆离的，其本质必定是不可思议的，因此才对他充满义愤。

负责假释的官员一般都极不愿意假释任何一个性罪犯。女监的女长官尤其这样，因为她们都出身于上层社会，在那个社会里，婚前失贞是最不可饶恕的道德罪恶。但是女犯人却出身于下层社会，那里四分之三的姑娘有过婚前性交合。可是，这样一个女犯人的命运，却恰恰掌握在这样一些女长官手中。这也不足为奇，因为凡是企图控制别人行为的人，总是以自己所处的社会的行为准则，来衡量别人是否"走正道"。

社会不同阶层之间的矛盾，就像不同国家、不同文化、不同种族、不同的极端教派之间的矛盾一样尖锐。但是不同阶层却不承认它们之间存在着性模式的冲突。每一个人都以为，自己只不过是与另一个很特殊的怪人发生了冲突。其实更常见的是，他在与整个文化冲突。

第八章

性模式的固化

同一阶层中不同个体的性释放情况也不相同,有的会有天壤之别,但是该阶层中80%到85%的人都接近全阶层的平均值或中位数。即使一个个体在任何一种性释放途径上偏离群体平均状况较远,他也会在其他大部分途径上接近或者适应于群体平均值,他极不可能在每一种和全部途径上都背离他的社会阶层的性模式。

个体怎么会适应群体准则,某些情况下有多少人会背离之,又有多少人会全面背离?弄清这些问题就需要比较研究群体的一般情况,比较它的动态变化以及各项指示数据的变化。

几代人的性模式变迁

为了弄清群体的性行为模式是如何加固和加固的程度,在个人一生中和两代人之间发生了哪些变化,我们必须比较考察两类数据。第一类是同一阶层中两代人的发生率和实施频率,第二类是个体性模式的动态变化,就是比较一下某些个体从一个职业等级转入另一个职业等级时,其性模式发生了何种与多大的变化。

世上许多人都相信:最近的一代人或两代人的性模式已经变化了,而且这些人中有不少都相信：世界正在日益堕入罪恶的深渊。上流社会里的愤世嫉俗的人相信，年轻一代的婚前性交合正在迅猛增长；仍然对妻子忠诚的男人已寥寥无几，老一点的人根本不可思议的爱抚行为正在迅速蔓延，这一切都说明年轻人的道德水准每况愈下，而尤其令人不可容忍的是，他们堕落的速度也太快了！自从1939年以来，至少有三位学者发表鸿篇巨制来谴责这一日下的世风。

下层社会的愤世嫉俗的人也不少，只不过他们没有机会把自己的意见付诸发表或者出版。他们也认为年轻人在性方面堕落了，但是他们坚信不移，上层社会中的青年一代必定更加堕落，而且超过了以前的任何邪恶。在下层人看来，所谓堕落就是成年人的"手淫"、爱抚、口刺激，变换性交合体位以及同性性行为。

为了弄清人们性行为的变化倾向，我们必须比较研究年轻一代与较老一代的差异。我们把调查过的男性分成大致相等的两组。第一组是被调查时已33岁或以上的人，他们的年龄中位数是43.1岁。第二组是被调查时33岁以下的，他们的年龄中位数是21.2岁。两组的年龄中位数相差约22岁。33岁以上那一组代表上一代人，即青春活力和性活动均在1910年到1925年达到顶峰的那一代人。他们经历了第一次世界大战和"喧闹的二十年代"。这一时期内，美国的性道德已相当松弛，只不过以前人们一直没有认识到，直至现在才承认了。但是经过这个时代的上一代人现在确信：今日的年轻一代比自己当年更"野"得多。第二组的年轻一代，其性活动高峰则在1930年到1948年之间。

发生率的比较

我们把不同受教育程度的人中不同的性活动发生率，按年龄分成两组加以比较就会发现，下列各项数据中的两代人差异近乎于无，也就是说，上一代人中有多少人从事过这类性活动，这一代人中也有多少：

- 大学文化水平的人的自慰

- 梦遗
- 异性性交合
- 婚前性交合总数
- 与妓女性交合
- 高中以下文化的人的与妓女性交合
- 大学文化水平的人的同性性行为

以下两类性活动，两代人中参与者的比例基本相同，但是目前一代人参与的时间比上一代人早一年到两年：

- 高中以下文化的人的异性性交合
- 婚前性交合

下列这几项性活动的差异较明显，目前这一代人的发生率比上一代人高，开始时的年龄也比上一代人早：

- 大学文化水平的人的爱抚总数
- 达到性高潮的爱抚
- 高中以下文化的人的自慰
- 梦遗
- 爱抚总数

根据上述情况，我们可以说，既然在如此之多的性活动中，双方的差异如此之小，那么广为流传的说法，即目前一代年轻人的性活动比上一代青年更多，显然就没有什么科学根据了。唯一比较明显的差异就是，目前这一代开始性活动比上一代更早，而这一点恰恰是那些谴责当今年轻人不道德的人所未发现的。他们的谴责仍然集中在与女友或与妓女的婚前性交合以及同性性行为上，但是我们的数据表明，这些方面并无显著的变化。我们的调查所具有的社会意义，就是要用科学的事实来取代那些悲天悯人的人的信口臆断。这已经到时候了。

我们应该注意：这一代青年中开始性活动较早的，恰是受教育水平较低的那些人。这可能是最近30年来一系列社会福利进步的产物，例如环境卫生和医疗服务的改善，营养标准的提高等等，都促进了低阶层人的健康水平的提高。因此这一代下层青年的青春期开始得比上一代早一年或更早。不过，上层青年的青春期却没有提前，这或许是因为他们过去的营养保健等条件一直就不错。

最后要强调的是：青年一代的性行为中，只有自慰和爱抚这两项发生了较大变化。它们首先是上层青年采用的，然后似乎渗入到下层青年之中。这也可以证明：在公开的行为，尤其是公开的性的社会交往行为发生异变和阶层差异之前，性的观念和态度可能已变化了很长时间了。

实施频率比较

总体释放频率比较

这方面两代人差异最小的是16～30岁的上层单身者和20～30岁的上层在婚者。上一代单身者的平均频率为每周2.57～2.69次，这一代为2.43～2.70次。在婚者中上一代为3.86次，这一代为3.62次。

两代人差异相当大的是16～30岁的下层单身者和在婚者，其中高中文化以下的人中的两代人差异最大；上一代单身者平均为每周2.31到2.35次，这一代为4.05到4.53次；上一代在婚者是3.02到3.75次，这一代则是5.22到5.61次。这说明这一代下层青年确实在性活动上更为积极，但是也应该考虑到这样两个因素：一个是现已45岁或50岁的下层人的身心状况和客观环境都不佳，因此他们在回忆自己年轻时的性经历时，有可能带上今天的阴影从而估计偏低。另一个因素是现在较老的下层人可能不像这一代年轻人那样坦率，他们可能对自己早年的性经历加以掩饰，并且是按他们现在持有的较为保守的观念来"削减"当年的真实性活动。

自慰

除了高中文化的人这一阶层外，所有阶层在自慰这方面的两代人差异都很小。不过低阶层的这一代确有增加的趋势。

梦遗

不论哪个阶层,哪一年龄段,这方面的两代人差异都最小。

爱抚达到性高潮

每一阶层中的这一代人在这方面的频率都有所增加,但是如果仅仅计算实际有此行为的人的频率,则增加并不明显。总体频率的增加主要是由于发生率提高了。上一代人14岁时发生率为25.3%,25岁时为80.4%,而这一代人13岁时即为27%,25岁时已达90.3%。

与女友的婚前性交合

上层男性中的频率,两代人几乎一模一样,只是青春期初始时这一代人比上一代高一些。但是在下层人中,这一代明显高于上一代,越年轻越高。下层人的上一代的发生率在14岁时为20.8%,25岁时为90.3%,而这一代13岁时已达20.9%,19岁时已达85.4%。这显然是由于这一代下层青年更加早熟,但也不能排除上一代人的回忆有失真之处。

与卖淫者的婚前性交合

这方面的情况与人们预期的相反,这一代人的发生率和频率都比上一代人降低了三分之一到一半。这无疑是社会作用的产物。与妓女性交合会传染性病的宣传教育非常普及,打击有组织卖淫的法律行动也很有力,大多数州通过了或者强化了禁止卖淫的法律,某些地区的公众也越来越支持并投身于控制有组织卖淫。尽管我们的调查表明,加入卖淫业的女性总人数并无明显减少,但是公开的、有组织的妓院在大多数地区却无疑是少多了。尽管一生中曾经与卖淫者性交合过的男性总人数并未明显减少,但是他们的实施频率却真的下降了。

婚前性交合总数

不论与女友还是与卖淫者,婚前性交合的总数在大学文化的人中仍然保持原有水平，在高中以下文化的人中这一代人有明显增加，在高中文化的人中增加不多。这表明，反卖淫运动使这一代人把与妓女性交合总数中的三分之一到一半，转移到与女友的婚前性交合中去了。

同性性行为

总的来看，两代人在这方面的差异也很小。16岁以前，这一代人有所增加，但16岁或20岁以后则无变化。尽管许多大城市的警察在努力禁绝街头和旅店中公开的同性性行为，但是整个社会对同性性行为的谴责和镇压并没有明显加强。相反，由于专业书籍和通俗读物中越来越多地谈到它，一般公众也就相对地宽容了一些，至少可以更自由地讨论这一人类行为了。因此，较老的人虽然对年轻时的婚前性交合有所回避，但是对当时的同性性行为却更敢于和肯于揭示。

婚内性交合

这方面两代人也没有什么明显差异，如果说有，也仅仅在于高中以下文化的人中的这一代的频率略有增加。所谓现在的年轻人的婚内性交合更多的说法，不足为信。

婚外性交合

高中和高中以下文化的人中的这一代，婚外性交合的发生率和频率都增加了，至少在婚后初期确实如此。相反，在大学文化的人中，倒是上一代人的频率更高，发生率略高。

以上对十项具体性活动的比较分析表明，社会的性道德实际上是非常巩固的。那些夸大变化的人，无论认为这是堕落还是进步，都没有说对。

持有巨变论的人和对我们的调查提出种种质疑的人都没有真正理解，我们现今的性模式绝不是可以任由我们自己创造或者改造的，在任何一种文化中，它都深深地植根于历史中，植根于某些最根本的思想观念中。我们英美现今的性态度，来源于圣经中的《旧约》的时代或者更古老的时代，来源于那时人们所信奉的宗教哲学。现代科学还不能迅速地改变这种根深蒂固的行为模式。

过去22年间所发生的变化，只涉及对于性行为的态度和道德观念的一些细节，实际性行为中的深层本质都并未变化。没有任何一种性行为取代了另一种，自慰没有取代异性性交合，而异性性交合也没有取代同性性行为。这样的根本变化从未出现。对大多数性行为来说，其发生率和实施频率也没有发生重大的增减。在这二三十年里，倒是社会发生了实质性的变化。人造物品充斥于世、自动化生产和信息交流手段迅猛发展、受教育水平普遍提高、政治动荡不已、对宗教的信仰日渐崩溃，尤其是前所未有的两次世界大战，都发生在这一时期内。如此之多的美国青年被投入军队，而且在那里接触到与自己不同的各种阶层的性模式，接触到世界上其他与我们不同的性文化与性模式。

因此，在每一次世界大战后都出现了一个被某些人称为性道德堕落的时期。它们是物价飞涨的时期、爵士乐的时期，是繁荣昌盛的时期，又是沮丧颓废的时期。某些集团花费了数百万美元来阻止这个国家的性习惯的改变。更多的法律被通过，以处理性问题。在美国历史上，联邦政府第一次被用来在全国范围内强化性法律。全社会用来规范美国人性行为的巨大力量，从总量上看并没有丝毫减少。

但是，不管出自何种目的，社会对性模式的变化所发挥的作用仍然是相当微小的。正如前边所述，结果不过是低层青年的自慰频率增加了一些，某些阶层或年龄的婚前爱抚频率略增，性交合略早，以及一部分婚前性交合对象从妓女转为女友。

即使战时军人的性模式也看不出什么大变化。参军参战者并没有改变自己当老百姓时的性模式。一个人16岁时建立的性模式，一般不会在日后的经历中出现较大变化。确实有人是入伍后才首次性交合或者达到较高频率的，但是这并不是军中生活的结果，他在家里当老百姓也同样会如此。就连喜欢不喜欢与妓女性交合，在军中和在家中也是一样的。所有类型性活动均如此。

公众太注意军人与平民的区别了。一个平民与一个姑娘上街，人们熟视无睹，但同一个人穿上军装后再与同一个姑娘上街，人们便会众目睽睽。将军们埋怨那些做母亲的，总是担心军队会把自己的儿子教坏，看来这的确是母亲们的误解而非将军们的托词。

某一社会阶层形成一种性模式后，其他阶层的人掺进来再多，也难以改变它。25年或30年前，受过大学教育的男性只占男性总数的5%，到1940年那一代青年已达约15%。尽管大学文化的人的总人数增加了两倍，但是这一阶层的性模式却极少变化。两代人的差异也最小。这是性道德极其固化的有力例证。

少年时期的阶层可变性

大学中的性模式何以固化了低层人跨入大学后，是大学改造了他们，还是他们改造了大学？我们的调查发现，人的性模式在青春期或者更早就已形成并固化了。即使后来他从一个阶层转入另一个阶层，在他本人的一生中也不会再发生大变化。变化只是发生在他的下一代身上。为了讲清这个问题，让我们来考察一下阶层变动情况对性模式的影响。

在我们的调查对象中，本人现在所处的职业等级与其父母一样的约占39%，比父母低的占21%，比父母高的占40%。显然，职业等级变动在美国社会中相当普遍，那么他们的性模式是否也随之变动了呢？

我们把他们的情况分成两类：一类是本人与父母不同的，或升或降，占61%。这一类我们掌握的资料很多。另一类是本人至少在20岁前与父母相同，但最终又不同的。这类人我们资料较少。

一般说来，一个人的性活动总是遵循着他身在其中的那个社会群体的性模式，而不遵循他父母所属的群体的模式。出身于不同家庭、父母阶层差异很大的人，如果处于同一社会职业等级之上，其性经历也会一样。相反亦然，出身于同一阶层的人，如果社会职业的等级不同，性模式也会不同。当然，这种说法是就总体和每个群体的平均状况而言，并不排除某些个人的偏离。

我们在前面章节中论证过，从年龄变动上来看，人的终生性模式在16岁时已确立。现在从阶层分析中又一次得出了这一结论。不论处于何种阶层中，一个人在16岁到20岁之间就已经接受了该阶层共有的性模式，以后的阶层变动对其中大多数人没有重大影响。但是从青春期开始到15岁，一个人所接受的群体模式，还是不十分确定、不十分稳固的，可惜由于资料较少，我们还不能十分肯定地描述16岁以前或者青春期以前的性模式形成过程。

下面具体分析一下。

职业等级2和3（零散工与半熟练工人） 这两个职业等级的性模式非常相似。虽然等级3的性释放频率略高一些，但是这是由于等级2就像高中以下文化的人一样，其中身心素质较差的人的比例比其他阶层都高。

职业等级2（零散工） 是一个最难升迁的阶层。出身于其中的人里有56%终生留在该阶层中。该阶层平均只受过6.8年的教育，只有23%的人上到高中。因此这个阶层的性模式与前边讲过的高中以下文化的人的模式非常相似。这个阶层中的单身男性的性释放途径主要是异性性交合，较少自慰，梦遗绝对少，极少由爱抚达到性高潮，更经常地发生同性性行为。

在16～20岁期间，这一阶层的婚前性交合，平均为每周2～3次，是日后从事职业等级6的人的6～8倍；但是自慰频率则只是后者的一半，梦遗频率仅为后者的四分之一，爱抚达到性高潮为后者的二分之一到三分之一。反之，这一阶层的同性性行为的频率却比日后等级7的人高11倍。等级3的同性性行为频率仅次于等级2，高居第二位。现在本人从事职业等级2的人中，90%的人的父母也属于等级2或3。但现处于等级3的人，其父母亦属同等级的人只占44%，出身于更高或更低等级的人基本相等，合占56%。不过，不论其出身高低，等级2和等级3的人的性模式相当一致。

职业等级4（熟练工人）

这个阶层是所有阶层中最不稳固的。这个阶层的子弟上升到更高等级的占57%，上到高中的占40%，上大学的占7%，而且他们大多不甘于再从事父母的职业。

这个阶层的性模式也介于体力工人与白领工人之间。青春期初始时，该阶层中那些日后最终达到职业等级7（专业人员）的人，自慰频率就相当高，而性交合的频率相当低。

相反，那些日后降到等级4以下的人，在15岁之前就有大量的婚前性交合，而自慰却较少。例如，16~20岁时，前者平均每周自慰2.56次，后者0.98次，前者非婚性交合0.30次，后者2.17次。其他方面的数据比较也是这样。正因为等级4是个易变的阶层，因此这些数据的比较更能说明：青春期的状况一直制约着一个人的终生性模式，而这种制约力量也推动着一个人或者是留在他所出身的阶层中，或者是脱离它，当然，有的人上升，有的人下降。

职业等级5（白领工人下层）

这一阶层大多从事办公室工作，需要一定的才能，但是又无需大量专业教育与训练。他们之中至少44%受过大学教育，但不一定是本科大学毕业。这个阶层比等级4稳定一些，但比更高等级又易变一些。他们的子弟有19%降为体力工人或商贩，但也有53%上升到更高等级上去。

在自慰和梦遗方面，他们的情况与等级6和等级7非常相似，但是婚前性交合比后者多不少，同性性行为比后者多得多。当然，他们比等级4和3又少许多。

职业等级6（白领工人上层）

他们之中90%是大学毕业或研究生毕业。他们是一个相当稳定的阶层，他们的子女40%仍然留在这一阶层中，40%上升到等级7。他们的性模式与大学文化的人的基本相同，其特征是：婚前性释放主要依靠自慰，而婚前性交合频率只是同年龄的等级3的人的六分之一到八分之一。这些人虽然出身于从等级2到等级8的任何一个阶层，但是他们在青春期或者更早，就已经把进入等级6作为人生目标，并且具有了与之相应的性模式。

职业等级7（专业人员）

这个阶层指各行各业中的专家和高级人才，如科技人员、医生、律师、经理、教授等等。他们中99%受过研究生以上教育。他们的子女65%仍然留在这一阶层中，但也有近四分之一下降为等级6。他们绝大多数出身于等级6或等级7的家庭，即使是出身于等级4和等级5的人，也早在青春期时就具有了等级7那样的性模式。尤其是其中出身于等级4的男性，在婚前性交合少和自慰多这两方面，更超过了出身于其他等级的人。这似乎可以说明，一个人越是把进入其他社会等级作为自己的人生目标，他就越会遵循自己所向往的那个等级的性模式，而背离自己所出身的阶层的性模式。但是实际上这个说法应该倒过来：正是因为一个人在青春期这样小的时候，就已建立了与他所向往的等级相吻合的性模式，日后他才能真的进入那个等级。这恐怕是一种偶然，因为一个男孩实际上并不知道那个理想等级的性模式是什么样。

青年以后的阶层可变性

相对来说，如果一个人一开始就建立了与其父母相吻合的性模式，并在这样的环境中度过青春期或更久，那么他最终转入其他阶层的可能性就小得多。

有些人本已很好地建立了父母所属阶层的性模式，日后却下降到低得多的社会等级中去。但是这样的人相对很少。这些社会中的"败家子"，或者是由于志大才疏，或者是由于经济或社会灾祸。因此底层社会中也有哲学博士或者医学博士。

20岁以后性模式才发生阶层变动的人，往往是中途停学的人。他们一般都先做工或经商数年，然后才上大学。这类人的性模式之变最值得研究。虽然我们的数据不够充分，但是一般的概述还是可以的。

一般说来，青春期内建立了低阶层性模式并保持到20岁以上的人，如果后来上大学或大专，都仍然会保持原模式直至终生。即使他们学习优秀、精通专业并获得很高的社会地位，他们一般也不会接受上层社会的性模式。哪怕他们当了法官、医生、心理学家或者巨商也仍然如此。这完全是由他们在青春期早期和中期所建立的性模式所注定，与其父母的背景及本人日后的升迁并无关系。

低阶层出身的法官会宽容婚前性交合而惩罚"手淫"。暴发户巨商不会放弃婚前性交合，却会谴责他所跻身的上流社会的"下流的"性技巧。具有低阶层性模式的医生会努力寻找病人的婚前性交合史，会把与病人进行性交合作为一种治疗手段。他们会宽容婚外恋，但是也会在给高中生讲性教育课时大谈"手淫"的危害。他会告诉病人：用爱抚来替代性交合会引起各种神经病和精神病。他会反对口与生殖器接触，会断然宣称，直接插入的异性性交合才是唯一符合道德的性生活。这样的医生会口称科学、行若权威，实际上不过是在运用着他所出身的那个社会阶层的标准。

性道德的传导

如果我们能弄清楚性道德在各阶层中如何固化，如何传导给该群体中的每一成员，我们就会更深刻地理解某些最根本的社会现象。如果我们能弄清楚，是什么力量推动着某些男孩去否认其父母的性态度和性哲学，甚至否认其成长于中的社会和朝夕相处的小伙伴的看法，我们就会掌握解决性心理学最基本难题的钥匙。如果我们能知道，一个男孩进入某个他从未生活于其中的社会阶层后，怎样同化于该阶层的性模式，我们的科学与知识就会比今日深刻和丰富得多。

弄清楚儿童如何学会穿衣、吃饭、说话，这相对容易得多，弄清性成长过程就难而又难。我们几乎没有观测和验证性现象的手段，儿童不大可能表达他们的性态度；成年人的性行为几乎从来不可能观察到，因此现在的性教育实在是含含糊糊之事。它只不过具有足够强大的力量，迫使青春期前后的少年变成延续现行社会道德的驯服工具。

尽管我们的调查材料还不够丰富，但是我们可以一般地谈谈性道德传导和固化的原因：

1. 不同社会阶层之间的某些最根本的区别与界限，在青春期之前乃至三四岁时就已经灌输给儿童并为他们所感知了。父母、成人、小伙伴都在向一个三四岁的小孩传导着社会的性态度：可不可以谈论男女不同的生殖功能、排泄功能和生殖器解剖构造？能不能抚摸自己的生殖器？能不能向其他孩子显示生殖器或者跟他们玩触摸生殖器的游戏？可不可以问小孩是怎么生出来的？许不许与同性或者异性结成亲密的小伙伴？如何吻父母，能不能吻同性的或者异性的小伙伴？所有这些都是儿童行为的指向标。

社会的赞成或反对态度对儿童的作用极大。只需一次嘲笑、一次责斥或者一次打屁股，就能使儿童对某些他首次出现的行为产生困惑，进而不再那样做。三四岁的儿童已经能够鲜明地辨别和体会别人的情感与态度，小伙伴的嘲笑、对他某些行为的否定态度、成年人的神经过敏等等，他都能感受到并不希望再次碰到。

询问一个小男孩时，他会否认诸如此类的事：吻别人、被人吻、显示自己生殖器、自己摸或让别人摸生殖器、摸别人的生殖器等等。这表明他对此烦恼不安，希望躲开这些事，以后再也不谈它们。这表明他已经学到了社会的价值观。它将塑造他今后的行为。

2. 在儿童能够分清自慰与性交合有什么区别之前很久，他们就已经学到社会对这两种行为的不同态度了。尤其是我们现今父母和学校进行的所谓性教育，一般只讲一些解剖知识和生殖功能；就连我们的社会信息中也极少谈到性模式的产生与发展；因此可以说这种性教育对人的性行为根本无效。人们的性行为模式完全是个人态度的产物，而这态度又是形成于他的童年期，形成于他可能获得任何科学信息之前很久很久。

3. 在某些三四岁男孩身上，已表现出传统文化对异性或者同性性关系的态度。不过，上层少儿经常肯于承认其同性性行为，却不愿承认其异性性行为。这表明他们的小伙伴都认为跟小女孩玩耍是女人气。这一态度对他们性观念和实际性活动的形成发挥了主要作用。

但是到了青春期，他们就开始接受本阶层的价值观，开始承认成人社会对同性性行为的禁忌。因此这一过程不过是变动的群体的态度，而不是儿童的独立思想。

4. 低阶层男孩大多数在七八岁时对异性性交合感兴趣，并坦然把它作为婚前性活动之一种，但是也有些男孩早在四岁就如此了。到七八岁时，低阶层男孩已经知道，他的大多数年纪较大的"哥们儿"都在与女孩性交合，也已经知道这些"哥们儿"都非常渴望性交合。相反，上层男孩直到10岁，其性游戏也只是显示生殖器或者手刺激。他并不试图与女孩性交合，主要因为他根本还不知道有这种可能性。

5. 儿童是性道德的最积极传导者。成人却只能在较小的范围内做到这一点。儿童的性游戏并非他们自己发明的，它只是他们对周围的成人世界中实际性活动的模仿。在这种游戏中，小伙伴们会因为一个小孩没有"这样做"或者"那样做"而嘲笑、批评甚至惩罚他。甚至在儿童们真的开始玩性游戏之前，他们就已经知道游戏的规则了，就开始接受相当生动的性教育了。只不过这一切发生得太早，以至于成年人已经回忆不起来自己的性态度究竟从何处得来了。

6. 小伙伴们所传导的性道德所起的作用，比成人强制灌输的还大。低阶层男孩可能会因试图性交合而被父母惩罚，但是年仅七岁的他会睁大双眼，不明白妈妈为什么要惩罚自己。他并不觉得试图性交合有什么错，因为别的男孩全都在这样做。其实他妈妈的惩罚也不过是做做样子，因为她思想深处也并不真的反对婚前性交合。即使父母想把不同于所处阶层的某种性观念强行灌输给孩子，最终也往往是孩子战胜父母。

总的来说，儿童都是顺民。他们从某一特定事物中所获得的最初经验，会引导他们相信：世界就是按照这一特定方式构成的；他们很容易得出结论：整个世界本来就应该这样构成。任何一种偏离行为，例如搬动家具、改换服装样式、改变进餐规矩、变动一天的日程安排等等，都会引起儿童的抗议："不是这样做的！"这种顺从尤其来源于儿童们的相互强制。它贯穿于一切事物中，当然也包括性。

7. 到15岁以后，几乎没有一个男性能够根本改变自己的性态度或实际性行为模式。的确有些男性在日后的某些时期内，改变了自己性活动的某些细节，还有些人自认为已经获得了全新的性态度。

上层男性很容易认为自己已经在道德上更加开放，在性方面更解放，摆脱了自己固有的习惯，行为中的传统成分已极少，已经准备好去尝试任何事情。但是实际上情况再明显不过：即使是如此解放了的人，其实也极少做出任何与儿时父母教诲不同的实际举动。一个这样的人，可以大谈特谈自己性态度的转变，为了使人们相信，他甚至可以当众演示爱抚这类性行为，可是实际上他的性经历中，至多不过偶有几次非婚性交合而已。

从海外当兵归来的男人常常给我们讲一大堆风流艳事，但是客观考察一下，他可能根本就没跟任何一个姑娘实际性交合过。这种吹牛也是低阶层男性的性模式中的一个小内容。

8. 当一个成年人的性行为被他称为良心的那种东西控制住时，他也就被公众舆论这一类社会力量所左右了。社会的性态度就是通过这一程序传导给成年人的，与对儿童的传导非常相似。流言蜚语本身就是在警告人们：不要成为流言蜚语的对象。书籍、报刊以及其他大众传播媒介都小心翼翼地避免提及或者干脆删掉某些性现象，这就是在不断地提醒人们：不要超越公众舆论所定下的界线。谈论诸如离婚、婚姻纠纷、社会上的性堕落、人心不古这一类话题，可以最有效地控制住个人的性行为，其作用之大，远超过社会所能采取的一切法律手段或特别行动。

9. 我们社会中相当大一部分性哲学，是出自最关心道德问题的教会或类似组织。教会的宣传经常基于一些极不明确的概念，诸如纯洁、洁净、罪恶、不洁、堕落等等。它们越不明确，应用范围就越广，因此任何一个个人都会被这些概念所织成的天罗地网套住。在这个网中的人，审判起自己来，往往比同伴们还严厉。道德式的价值观真是宗教狂们的最好武器。

10. 在控制人类性行为方面，无论成文法还是习惯法，所起的作用都相对小得多。因为在一个孩子有可能理解任何法律条文或戒规之前很久，他的性行为模式早已稳固确立了。综上所述，在我们美国社会中，个人到15岁左右以后，就很难再整个地接受一种新的性行为模式了。仅有的变化也不过是青春期前后儿童偏离父母模式这一活动在日后的产物。

第九章

宗教信仰与性释放

在人类历史和现实社会中,惯例变成了道德体系,道德体系又把惯例正规化,因此在拉丁文里,惯例与道德这两个词都源于同一词根。在漫漫历史进程中,每一个民族都像捍卫自己的宗教那样狂热地捍卫自己的惯例,而他们的道德体系也就决定了他们的生活习俗。性的惯例和道德体系当然也逃不出这个一般规律。

英美的社会结构对当今人们的性行为模式发挥着巨大的影响,其中最主要的就是英美文化中的宗教背景。它影响着当今的性习俗、性法律和个人的性行为。我们这种特殊的性道德体系,可以上溯到圣经中《旧约》时代的犹太教法典。我们现在用来统治性活动的法律条文的许多细节,都与那时的犹太教法典别无二致。

基督教会禁锢性活动的教会法,建立了一种异常牢固的性模式,12～15世纪英国习惯法法庭所运用的性法律,就是从这个模式中派生出来的。直到今日,美国刑事法庭的判决也仍然是基于这种习惯法。性的宗教戒律一直是法律的基础,而法律则一直正式表达着社会对控制人类性行为的嗜好。对比考察一下积极参与宗教活动的人和那些与任何宗教团体都非常疏远的人,考察一下他们在总释放量、发生率、途径种类、实施频率等方面的差异,我们就可以明白那些主要源于宗教的社会压力,对人的性模式发生了多么大的作用。

我们将考察清教、天主教和犹太教三大宗教群体，它们几乎囊括了美国所有信仰宗教者。在每一个宗教群体中，我们又分出两组，一组是该宗教中积极虔诚者，另一组是不那么虔诚和消极的人。积极与不积极的划分标准，是看其是否长期而规律地参加宗教仪式和教会活动。

总体性释放

无论在哪个年龄段和哪个受教育水平上，性的总体释放频率最低的，都是正统犹太教徒（他们低于任何人）、虔诚的天主教徒和积极的清教徒。相反，各种宗教徒中频率最高的正是那些消极和不甚虔诚的人。由于资料数量所限，我们只能分别考察大学文化的人中六种宗教群体的情况。

那些日后达到大学文化的人在16岁以下时，从性释放最少到最多，按顺序排列为：

- 正统犹太教徒（最少）
- 虔诚天主教徒
- 积极的清教徒
- 消极的犹太教徒
- 消极的天主教徒
- 消极的清教徒（最多）

但是这些人在16~20岁期间，排列顺序稍有变化：第四位变成消极的天主教徒，第五位是消极的清教徒，最高的倒是消极的犹太教徒。

在21~25岁之间，顺序又有变化，从第四位到第六位依次为：

- 消极的清教徒，
- 消极的天主教徒，
- 消极的犹太教徒。

其他受教育水平的人，情况也是如此。

各群体的频率之间的差异比例并不太大。一般的是相差25%左右，最多的也只相差75%。这就是说,一个消极的教徒如果虔诚起来,教会就会把他的性释放频率降低三分之一或者更多。这是通过两种途径做到的:一方面,教会的谆谆教诲会直接减少虔诚教徒的频率;另一方面,教会只允许那些不从事教会所禁止的性活动的教徒或者虽然从事但是频率并不高的教徒积极参加宗教活动。

自慰

前边讲过,自慰和性交合是婚前性释放的两大主要途径,因此两者必然有某种相关比例关系。例如,在上层男性和下层男性中,自慰频率和性交合频率都呈现反比例关系。所以,宗教群体的规则如果压制其中一个,也就必然促进另一个。

可惜,这个推论并不正确。每一种宗教中的虔诚者群体,其自慰频率都是最低的,但是同时这些人的总释放频率也是最低的。这一情况不但在单身教徒和在婚教徒中都一样,而且在任何一种宗教中、任何一个年龄段和受教育水平上也都一样。这可真够奇特的。

当然,如果单独考察自慰频率,越不虔诚的教徒越高,最高的是消极的清教徒,有时是不去教堂的天主教徒,某些情况下是不积极的犹太教徒。把自慰当作罪恶的"手淫"来讨伐,始于我们西欧—北美文明初建时的宗教狂热。没有几个民族曾经像犹太人那样严厉地惩罚"手淫"。犹太教法典宣称,"手淫"的罪恶比非婚性交合还大。某些婚前与婚外性交合的案件可以赦免,但是"手淫"却必须严惩不贷。这种法理的逻辑,就是犹太人哲学中所规定的原则:一切性活动都只是为了生殖。按照这个逻辑,任何被认为不可能带来怀孕结果的性行为,就都是违反本性的,变态的,都是一种罪恶。

基督教接受了犹太教的这种逻辑并使它成为更为严厉的禁忌。直至今日,正统教会仍然在坚持这一逻辑,就连不那么虔诚的少年教徒也仍旧受着它的巨大影响。

天主教会不断向信教的儿童灌输:"手淫"是一种肉体犯罪,因为它会带来性的激情与癫狂，这就是错用了本应仅仅导致生殖的那种人体机能。某些教士走得更远，他们认为手淫是最严重的罪行之一，早期基督教神学家特地强调："手淫罪"比私通罪还大。

清教把自慰称为"自渎"（亵渎自我），对它的惩罚与犹太教和天主教一样严厉。但是清教发展到今天，已有许多教士接受了医学、心理学和生物学的观点，不再认为它是对身体的损害了。也许正因如此，我们发现在受教育较多的积极虔诚清教徒中，自慰发生率高于虔诚的天主教徒和犹太教徒。虽然也有些清教团体不再认为自慰有害，但是他们更强调洁身自好，努力克制自己不从事此种活动。

总之，任何一种宗教都在继续努力降低其笃信者自慰的发生率和实施频率。

梦遗

无论哪种宗教，对梦遗的反对都最少。因此似乎可以推论：虔诚教徒的频率会高出不少。可惜，这又是不正确的。数据表明，虔诚教徒与消极教徒之间的频率差距非常之小。

这一研究成果非常重要。在现今的性教育中，有些偏爱按照道德来推理的人总是大讲特讲：一个男孩如果被禁止从事其他性活动，那么他的性释放就会转而集中到梦遗上来，使其频率增高，直到满足总体性释放的需要。但是我们现在看到了真实的数据：虽然虔诚的信教儿童的总体性释放的确降低了不少，但他们梦遗的频率却没有上升。也就是说，梦遗在总体性释放中的相对重要性虽然提高了，但其本身的绝对实施频率却并无变化。

达到性高潮的婚前爱抚

在这方面，不同宗教群体之间的发生率和频率的差距都相当小，远远小于不同社会阶层之间的差距。

天主教哲学中判定肉体犯罪的一般原则，本来是适用于许多爱抚技巧的。但令人惊奇的是，天主教却一直没有特地反对爱抚。其他宗教的年轻信徒也一致反映，他们从未听到过对于爱抚的宗教禁令。尽管如此，现实生活中的爱抚却并不多见。这必定是因为，宗教规训已经把对性的普遍禁忌灌输到我们大多数人的心底，因此无需明令禁止或者特意指明，我们就都自觉地不去爱抚了。

婚前性交合

像爱抚一样，婚前性交合方面的社会阶层间的差距非常大（可达7倍），而不同宗教和同一宗教中虔诚程度不同的人之间，差距却非常小，很少超过50%或100%。同为下层男性，消极清教徒的频率只比虔诚清教徒高三分之一；但是同为消极清教徒，下层人的频率却是上层人的6倍到8倍。在每一个受教育水平上，虔诚教徒的发生率和频率都是最低的，但他们与消极教徒之间的差距，却远远比不上不同阶层之间的差距。

从许多方面来说，异性性交合都是人类最重要的性行为，因此各种宗教都禁止它发生于婚姻之外，我们的西欧—北美文化尤甚。但是即使在这方面，宗教差异的作用也比社会阶层差异的作用小，而且不那么直接。

但是另一方面，各社会阶层之所以有禁止非婚性交合的惯例，又不能不归因于我们的文化史中数百年之久的宗教规训。上层社会中的虔诚教徒认为，自己反对婚前性交合是为了使社会道德更加纯洁。同一阶层的消极教徒也同样反对婚前性交合，但他们认为这只不过是为了保持体面和正派。不过他们之间的差异实在微不足道，他们都基于同一种宗教哲学。

低阶层男性中的最消极教徒相当坦然、相当随意地接受婚前性交合。同阶层中的虔诚教徒，虽然"知道这是一种罪恶"，时而也因此引起道德心上的烦恼，但是他们的实际婚前性交合却几乎是一样多。低阶层中，不管教徒去教堂还是不去教堂，不管信仰的忠诚程度如何，婚前性交合的频率都远远高于上层社会。因为他们都相信，性交合乃是人类本性，上帝既然如此造就了男人，性交合也就是不可避免的了。

教会对婚前性交合的禁令远不如对"手淫"的禁令有效。

许多人可以不困难地接受对"手淫"的禁令，但是由于他所处的阶层把性交合的重要性提得很高，因此他更难于执行对它的禁令。看来，教会如果想进一步制止婚前性交合，就必须改造整个下层社会的思想观念，而这，尚遥遥无期。

婚内性交合

与前几项活动相反，宗教信仰的忠诚程度一直在影响着教徒们的婚内性交合的状况。任何一个年龄段中的虔诚教徒，婚内性交合频率都比消极教徒低20%到30%。从任何一个受教育水平上来看，也都是如此。这可能是因为虔诚教徒对于婚内性交合的数量有着特殊的认识和评价，但是这方面还需要进一步的调查。

同性性行为

在信仰同一种宗教的人中，高中以下文化的人的同性性行为的频率，比大学文化的人高2倍到5倍。在同样受教育水平的人中，消极教徒比虔诚教徒高50%到150%，但有的情况下只高10%。犹太教对同性性行为的禁忌最为严厉。基督教（包括天主教和清教）从创始起就一直禁止同性性行为，但是在它们的宗教文献中，把同性性行为称为罪恶的论述并不常见，也不太公开，少于对"手淫"和婚前性交合的禁令。因此，即使是最虔诚的教徒发生同性性行为后，一般也并不清楚教会对此事的态度到底是什么。所以除了犹太教中同性性行为非常少之外，宗教虔诚程度所造成的差距并不很大。

道德的宗教基础

各种宗教都极其强调性道德，其间的程度差异很小。它们都信奉"性只为生殖"的哲学，都把不可能带来生殖后果的性活动视为一种道德错误。它们都禁止"手淫"，都把婚前贞操的价值提到吓人的高度。它们之间仅有的差别只不过是：犹太教顽固地坚持犹太教法典和圣经中的原始训导，而天主教的哲学却可以因时而异，重新解释，但是它把任何婚外性行为都视为不道德和变态的基本原则，却千年未变。

虔诚的天主教徒狂热地奉行这些戒律。它们往往是影响教徒人格的主要因素。他们不但限制自己的总体性释放，也拒不接受释放途径的任何变化和多样化。天主教会奉行这样一条组织原则：性活动较积极的教徒必定不是好教徒。

清教教会对性的禁忌处于不松也不严的中间状态，因此清教徒群体的性活动水平也就不高不低。不过，清教内部的不同教派对性的态度大不相同，而同一教派中不同教士对性道德标准的解释也相去更远。这里也有一个有趣现象：那些更富有自由主义色彩的清教教派，对性的评价却更接近于刻板的犹太教法典和天主教的教会法；而这个教派中更自由主义的具体教士，反而更倾向于按照现今的通行社会标准来重新评价任何形式的性行为。

犹太教、天主教和清教的创立基础大不相同，历史发展过程也相去甚远，但是它们的性哲学却实在是区别不大。三教中虔诚者与消极者的差距也都非常小。唯有正统犹太教徒例外。他们除了在婚前爱抚与婚前性交合方面接近于其他宗教徒之外，自慰、梦遗、同性性行为的发生率与实施频率，以及总体释放的频率，都是各教中最低的。

正统犹太教徒在性方面很消极，但是欧洲相当多的人却具有严重的反犹情绪，这可真是怪事一桩。但我们更应该注意到，犹太教徒毕竟与清教徒和天主教徒一样，逃不出宗教的一般规律：犹太教里非正统教徒的性活动水平，也同样比正统教徒高得多。正统犹太教徒的性消极，无疑是犹太教法典和犹太性哲学强大压制的产物。即使那些不那么正统的犹太人，即使根本没有犹太族生活习俗的犹太人，即使脱离犹太人社会已达几代人之久的犹太人，也仍然在相当大的程度上被犹太教法典所规定的性道德所控制。当然，一般人都认为，犹太人谈论性问题时比其他宗教徒更公开、更自由。他们可以把自己性行为的具体细节记录下来，并自由讨论这些细节，既可以跟犹太人谈，也可以跟教外的素不相识者谈。但是我们必须记住，这种性的言论自由与他们的实际性活动之间几乎毫无联系，谈得多并不意味着做得就多。对这种现象的任何解释，都不能忽视数千年之久的犹太教性哲学的作用。

不同的虔诚程度所起的作用，比不同的宗教归属的作用更大。消极教徒的总体释放频率比虔诚教徒高出25%到75%，尤其高的是自慰、婚前性交合、婚内性交合和同性性行为。

在我们的数百年文化史中，教会一直对个人发挥着巨大影响，不管他虔诚与否，哪怕他只不过是随大流。任何一个群体的性惯例所凝聚成的性的社会态度，时时处处都是首先来源于各种宗教戒律。有的人说，是人们的经验和智慧造就了制度化的、能代表不同宗教的伦理体系，在此基础上又形成了总的社会态度。如此说来，这样一种伦理体系就必然是出自神的启示了。到底是宗教、社会和法律的制度先于人们的社会经验，还是社会经验先于行为规则的制度化？这个问题如果没有更深入细致的历史研究，是无法做出任何最终结论的。历史上，当教会法庭决定着每一个人的生与死时，那些因偏离性戒律而受到严惩的人，当然会痛苦地认识到，所谓性道德究竟源出何处。到了今日，由于大多数人拒不承认宗教法庭的判决，教会对人的影响日渐间接，人们就看不清性道德的来源了。但是事实上，大多数人赖以规范自己的性生活的那些态度、观念和意识，仍然首先和主要源于古代的宗教戒律。

没有哪一个社会阶层原封不动地全盘接受原始的犹太教—基督教戒律，但是每一个阶层的禁忌都取自该宗教的基本哲学。人们把性行为分成正确的与错误的、符合本性的与违反本性的，这背后还是犹太教和基督教那种"性只为生殖"的观念在作怪。低阶层对裸体的禁忌，来自犹太教和天主教的历史传统，上层社会禁止婚前性交合和婚外性交合亦是如此。当然，在另一方面，虽然有些特殊的个人近乎于全盘接受他所属宗教的全部戒律，但是每个社会阶层的性模式都在某些方面偏离了任何一种宗教，例如低阶层对婚前和婚外性交合的宽容，以及上层社会对裸体的接受。

可惜的是，有些人一方面宣称自己已不受宗教规则的任何影响，但是另一方面他实际上又在坚定地捍卫着教会的法理体系：他承认在人的性行为中有一些是反常的、不道德的、违反本性的和变态的，而相当少的另一些性行为则是好的、符合伦理的、应该受社会赞赏的、成熟和有知识的人所应有的。正是在这种自我矛盾之中，他也就把宗教传统继承下去，使之万世不变了。

第十章

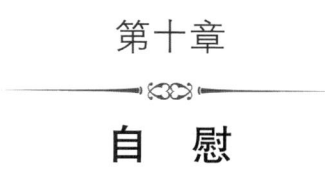

自 慰

以前各章主要论述了影响性释放的种种因素。以后的各章将分别研究不同的性释放途径。有一些数据在前边已引用过，而以后各章的重点在于解释这些数据的含义，分析各行为类型的性质，强调个体差异，研究某种途径与其他途径之间的关系，表明它对个体和社会阶层的意义。

自慰的定义

自慰这一术语，是指任何一种能产生性欲唤起的自己对自己的刺激行为。由于任何一种触摸行为、触摸反应和触觉感受都是性活动的基础，因此自慰这一概念理应扩大到一切有触觉刺激的行为和状态。弗洛伊德和许多精神分析学家以及门诊医生，正是在这个广泛含义上运用这一概念的，涉及幼儿的行为时尤其如此。如此定义之下，自慰现象就遍及男性和女性，从最小的婴儿到最老的成人。

但是一般公众和大多数医生在实际生活中所运用的自慰一词，并不是如此广泛的概念。在通常意义上，自慰一词只限于为了和达到性欲唤起的行为。因此，偶然触摸自己就不算，因为它不是为了唤起性欲；而除了触觉刺激以外，其他任何一种感觉上的和精神上的刺激，只要是为了并达到了性的满足，就都可算作自慰了。相反，摩擦或者抚弄自己的身体，乃至生殖器，只要是发挥其他功能，而没有引发性欲唤起，就都不能叫自慰。在我们这部书中，自慰一词就是这样使用的。

这样严格限定之后，自慰行为就不像一些心理学家和精神病学家所说的那样无人不有了。主要是排除了婴幼儿中的自慰。他们的触摸行为，在科学能证明他们的确从中获得性满足之前，不能称为自慰或者"手淫"。

发生率与实施频率

总发生率

总人口中92%有过达到性高潮的自慰，大学文化的人中有96%，高中文化的人中有95%，高中以下文化的人中有89%。看来许多医生相信每一个男人在一生中的某个时候都有过自慰的说法不甚准确。有些人没有过自慰的原因很简单：他们没有足够的性驱动力。他们主要靠梦遗来达到性高潮，不会偏离此道去寻求其他什么释放途径。还有些人，尤其是下层青少年，没有过自慰是因为他们很早就有了异性性交合，不怎么需要其他释放途径。还有一些反应较迟钝和迟缓的人，无法通过自慰达到性高潮，第一次失败以后就不再尝试了。这些人就构成了那些比例相当小的无自慰的人。

在我们之前，有许多人研究过自慰现象。从1902年到1947年，美国至少有16位学者写过专著或专论。其中11篇的结论与我们近似，5篇的发生率比我们的低。从1902年到1937年，至少有3篇专论是研究欧洲人的自慰的，其发生率也与我们发现的近似，在85%到96%之间。我们有一切理由相信，那些关于较低发生率的研究报告必定是由于调查失真。我们必须理解，在某种群体中，自慰不仅是一种禁忌，甚至是被严厉镇压的对象。尽管许多大学生满不在乎地报告自己的自慰情况，但是许多其他群体中的男人，却总是讲完其他一切种类的性活动之后，才勉强吐露自己有过自慰。

另一方面，男性的发生率高，并不意味着女性也高。女性的资料将发表在我们的下一部著作《人类女性的性行为》中。前青春期的自慰男孩中有68.4%是通过自慰发生首次射精的，其余的是通过梦遗和异性性交合。各阶层的情况差不多，但青春期开始早的男孩中通过自慰的占72%，开始最晚的只占52%。

现在，几乎每个男孩在自己尝试之前，就都听说过自慰这件事了。在高中以下和高中这个层次里，很大一部分男孩都亲眼目睹过小伙伴自慰。但大学文化的人却会对此百思不得其解，因为在他们那个阶层里，自慰这一方法主要是男孩们自己发现的。当然，青春期初期一过，许多男性就再也没有机会目睹其他男性的性活动了。因此，男孩们通过目睹而引发自己的首次自慰，便是一个非常值得注意的现象了。女性更多地是自己独立地发现自慰方法，而且在此之前一点也不知道任何其他女性也有这样的活动。

许多较小的男孩仅仅依靠自己对自己的刺激，无法获得性满足。如有成人用成人中流行的方式来刺激他，他一般都会被唤起并达到性高潮。因此这类情况也应该归入自慰之列。

9岁以前开始自慰的男孩不超过10%，10岁以前为13%，即使考虑到成年人在回忆时有可能失真或者遗忘，10岁以前也不会超过16%。其余男孩大多在13岁前开始。在持续而有规律的性欲勃发出现之前，很少有男孩实际开始自慰。就是说，如果付出的努力得不到满意的回报，男孩们对自慰是不会感兴趣的。有些男孩很明白、很满意自慰带来的性高潮，但也有些根本不知道出了什么事，无法用小伙伴们都懂的话来命名或描述之。男孩的自慰常常是几分钟的事，即使被打断，他也觉得足够了。也就是说，他既可以达到性高潮，也可以只是至少释放一些性的内在张力。一些男孩和许多成年人都回忆道，自己在具备实际射精能力之前，就获得了某种特殊的性高潮。

成年人发现小男孩自慰后总是十分苦恼，许多医生又添油加醋，去

"治疗"小家伙的正常生物能力。我们必须在此讲清楚：根据我们数千例调查的数据，自慰无论对开始实施非常早的儿童，还是对开始于青春期或者更晚的男孩，同样都没有任何损害。

即使从社会价值的角度，我们也同样可以说，自慰开始早绝不会干扰儿童的心理平衡。倒是其他一些情况会造成他的心理失调，诸如：成人发现儿童"手淫"后予以谴责或者惩罚，公开他的"丑事"，以及其他种种打破他心理安宁的做法。即使那些从不惩罚孩子的父母，也会因孩子的自慰而非常恼火，因为这些做父母的认为这是被禁止的，或者因为他们不习惯目睹任何形式的性活动。他们对此不知所措，只好大惊小怪，或者强作微笑，假装视而不见，或者神秘地"研究"起自己的孩子来。

这一切都会使儿童察觉到父母因此很苦恼，很伤感情，会使儿童认为性活动是一种与其他日常事务非常不同的怪事。这是因为，儿童，甚至婴儿和幼儿，对其他人的反应特别敏感。如果儿童对自己的行为感到苦恼或困惑，他一生的个性都会染上焦虑和不安的色彩。这方面的例子，精神病学家和心理学家掌握得太多了。

做父母的如果想使孩子不对自慰产生苦恼，唯一的办法就是接受这种行为，既不使它显得有什么特殊或重要，又要使孩子明白，如果当着别人的面自慰，毕竟会招致社会的非难。当然，父母在家里对孩子所做的精心调节和适应，很可能被其他孩子或成人发现此事后所做出的粗暴反应所干扰甚至破坏。但是也有许多父母成功地帮助自己的孩子渡过了这个难关。他们使孩子逐渐认识到，在家里可以做的、父母也可以接受的事，在外面却不可以做，因为其他人"只是出于无法理解"。这样便培养了孩子灵敏的适应能力。

青春期的自慰

如果自慰开始于前青春期，那么它几乎将不可避免地延续到整个青春期内。对任何一个社会阶层的大多数男性来说，自慰是青春期初期最主要的性释放途径，并在此期内达到其频率的最高峰。如果他后来转向与他人的性接触，自慰频率就不会再如此之高了。

男性自慰的频率，因人而异相差甚大。有人从未有过。有人一生中仅仅有过一两次。有人长期以来每周平均有20次甚至更多。有人的高频率一直持续到结婚。也有人婚后直到老年仍然保持每周三四次。有一些人到70岁仍然有，但是不再有性高潮。有些频率高的人能比其他人高出几千倍。据我们调查，青春期初期的最高频率为平均每周23次，在20岁时最高为15次，在50岁时最高为6次，60岁时为两周一次。这里我们要再次重申：即使对这些频率最高的人来说，自慰也没有造成任何损害。同时我们也要说，较老的男性大多喜欢警告青春期男孩：如果你总是"手淫"下去，终有一天会带来某些损害的。其实这些老一些的人只是到了自己的自慰频率下降以后，才这样说教的，而且这种所谓损害，其实也并没有发生在他们自己身上。

在所有群体中，结婚后继续自慰的人数（发生率）并没有急剧下降，下降的只是实施频率。大学文化的人中，婚后继续自慰的人占69%，但是频率在婚后初期降为约两周一次，以后还稍有下降。不过低阶层情况有所不同。高中以下文化的人的发生率降为29%，高中文化的人降为42%，他们的实施频率不超过每三周一次。婚后继续自慰大多发生在夫妻分开的时期内。有些丈夫本已多年不再自慰，但离开妻子之时又会重操旧技，以求释放。大学文化的人中多有此事。有些时候，这种情况是由于妻子不想遵从丈夫的性交合频率，或者恰逢妻子怀孕、月经、生病之时。不过，也确实有些丈夫把自慰当作改换性生活方式，不考虑他与妻子的性交合次数是多还是少。

各阶层的不同情况自慰的发生率和实施频率，都以大学文化的人为最高，以高中以下文化的人为最低。后者中有些人只有过少数几次，有些只持续一两年。16岁时，已有16%的低阶层人停止自慰，20岁以后停止的人已近40%。即使在十几岁时，自慰在所有性释放途径中所占的比重也不过29.2%。

大部分低阶层男性难以理解：一个成年人怎么会想到去"手淫"呢？

尤其是他已结了婚，又和妻子生活在一起，为什么还要这样做呢？这是因为低阶层社会中存在着对自慰的严格禁忌。人们都说"手淫"会使人发疯、生疮、体虚，或者带来其他种种生理危害。但是更多的情况下，只是由于"手淫"违反天性。低阶层中流行的性哲学就是：性行为有好有坏，做好的，反对坏的。上层社会广泛接受自慰，实际上也并非因为他们具有科学认识，只不过由于他们对婚前性交合的禁忌极其严厉而已。他们也并非更偏爱自慰而不喜欢非婚异性性交合，禁忌使然耳。

当然，与22年前相比，上层社会中的自慰更加自觉，人们更普遍地把它作为一种客观现实来接受，同时，真正以科学态度来对待它的人也有很大增加。下层社会的总态度虽然变化不大，但是其中的年轻一代开始得更早，有过的人更多，而且实施频率已是上一代人的两倍。

自慰的技巧

这方面个体之间差异极大。一般来说，实施者的目标都很明确，即通过刺激生殖器来获得性高潮和性满足。当然也有很少的人有意避免性高潮，但其中有一些只不过是推迟它的到来，从几分钟到一个多小时。大多数男性都尽可能快地达到性高潮，一般不超过一两分钟。某些人每次都能在半分钟左右达到，有时甚至只需10秒或20秒。有些男孩以阴茎去触摩床或者其他物品来自慰，但大多数人只有一两次如此。

令人惊讶的是，这种方法似乎只在某一特定社会阶层中流行，但是由于这方面的材料还不足，我们暂且不作定论。这样做的人一般是把这种自慰想象成真实的异性性交合。有一些门诊医生特别喜欢向求教者推荐此种技巧，据说可以防止发生性幻想，而且可以较好地过渡到日后实际的异性性交合。其实这种好心和好理论全无必要。我们的调查表明，大多数人都采用手刺激自慰，而他们全都适应了日后的异性性交合，并获得了完全的满足。我们倒是应该注意，一直采用这种技巧的男性，幻觉的恰是同性之间的性摩擦或者肛门性交。

尽管调查起来非常困难，不用特殊问询方法许多成年人就不肯承认，但是也有相当一部分人坦然承认，自己确实曾经尝试过自我口刺激，尤其是在青春期初期。根据别人的调查，它主要发生于类人动物中，人真正能做到的不过千分之一二。但是我们知道，在人类的性行为中，口刺激和生殖器刺激的联系非常密切。任何一个科学家都会并必须承认，任何一种口刺激都是人类这种生物的正常性活动的一个方面。因此相当多的男性都曾经试图自我口刺激，就根本不足为奇了。对口刺激行为的严厉镇压，只是某种文化的产物。

使用其他技巧的人很有限，主要是受教育水平较高的人中，那些想象力最为丰富和最不喜欢与他人发生性行为的人。（以下关于另外7种技巧的论述均略去——译者注。）大多数男性都一直只用一两种自己觉得很满意的技巧。

在自慰过程中，近乎全部男性都产生了性幻想，而女性中则少得多。我们这里所说的性幻想，是遵照精神病学和心理学对它的通行定义。具体的幻想形象是什么，要看实施者的主要兴趣何在，如一个喜欢双性性行为的人，就可能时而幻想自己在与异性性交合，时而幻想在与同性性交。当然，如梦遗一样，性幻想的具体内容与实施者的实际性行为可能有很大区别，不能据此推知。

许多人在自慰时，辅以观看自己的生殖器。尽管他们中的大多数人根本没有任何同性性行为的意愿，但是这种方式确实可能具有某些这方面的意义。相当多（但不是所有）不完全同性恋者就是这样做的。某些绝对异性恋者则完全避免此类行为，而是在黑暗中进行，以确保异性性交合的幻觉形象更加完美动人。

人们一直在争论：自慰到底是一种自恋过程，还是一种社会和交往行为？但他们没有考虑到：这只有根据实施者的个人意向如何才能判定。对某些人来说，只要幻想的时间足够长，幻想的具体对象足够逼真，那么他们就是在实际从事着真实的同性或异性的性交合，就是形成了性的社会交往。

与其他释放途径的关系

一般说来，梦遗频率最高的人，自慰的频率就会低一些。但是另一方面，自慰频率高，却极少会降低梦遗频率。自慰与婚前爱抚女性，有一定正比例关系。但是由于这两种行为都是在上层社会中最多，因此这种正比例关系很可能并不是两种行为相互作用的结果，而可能是上层社会那种性哲学的产物。不过，手刺激生殖器的实践，确实可能给异性爱抚提供一些技巧。

自慰与婚前性交合有时却是反比例关系。如有充分的异性性交合，可能就不再需要自慰；如有充分的自慰，又可能削弱寻求性的社会交往的内驱力。现在，那些相信这种说法的人正在大力推广自慰，以减少他们认为是不道德的婚前性交合。但也有另外一些人，包括不少心理学家，却认为：如果婚前自慰减少了对异性性交合的渴求，那可太不幸了。因此，这两者之间的关系到底如何，不能用价值观来指导判断，而是需要更深入的客观的研究。

自慰与同性性行为之间的关系也很不清楚。虽然我们发现，对自己的生殖器感兴趣，有可能转化为对其他男性的生殖器也感兴趣，但是我们的确凿例证不够多，不足以定论。

自慰的意义

异性性交合和自慰是人类最普遍、最主要的两个性释放途径。对大多数男性来说，异性性交合第一重要，自慰其次，但对大学文化的未婚者来说，却是自慰第一重要。在人们的生活中，如此重要的活动很难被否定、被控制或者被剔除。对那些要求消灭"手淫"的道德狂热，科学家们不愿加以评论。但是无论这种狂热打着心理学、社会学还是生理学的旗号，都应该服从于科学验证的结果。

古老的犹太教和基督教只会把"手淫"骂作不道德和违反天性。近些年来，由于人们日益尊重科学，卫道士们也转而从生理和精神危害上来反对"手淫"。每一种想得到的病痛都被归因于"手淫"，从生疮到精神错乱无所不包：肩膀歪、人瘦下去、疲惫、失眠、一般的体虚、神经衰弱、呆滞、视力下降、消化不良、胃溃疡、阳痿、智力低下、生殖器癌，等等，不一而足。谁家出了低能儿或疯子，街坊四邻就会把他当作"手淫"恶果的反面教员。即使在精神病医院中，被认为是由"手淫"引起发病的人，仍然被隔离监护。

反过来，精神病人即使在众目睽睽之下也当然会继续自慰，于是这一"发现"就成了"手淫"导致精神病的充足论据。其实，大学里的学者教授也有几乎一样频繁地自慰，只不过他们的生活不易被人日夜监视而已。人们给医院里成千的精神病人穿上紧身衣或者采取其他捆绑手段，以使他们无法"手淫"，以便控制和治疗他们：时至今日，仍然有些精神病院在这么干。

成百万的男孩生活在对"手淫"的无休止的精神讨伐之中。尽管如此，许多男孩仍然忍不住要干。许多男孩则陷入克制—复发—再克制—再复发的怪圈之中。对一个人的人格来说，没有什么比这危害更大的了。

最近几十年来，教育学家、精神分析医生、心理学家和许多受过一般医学教育的人士都一致认为：自慰对身体的作用，与其他任何一种性活动的作用并没有根本区别。如果说自慰引起什么精神损害的话，那也是由于对"手淫"的谴责所引发的内心冲突。

我们调查的5,300个男性中，有5,100人有过自慰。那些为此焦虑、不断发生内心冲突、恐惧社会谴责、时常担心会削弱日后性能力、乃至有时想自杀的人，都是由于听信了"手淫有害"的训诲。不这样的男孩则获得了一个经常释放神经紧张的途径。他们之中的许多人在各个方面都比前者生活得更好，心理更为平衡。1917年时，美国全国医学学会曾经断言：禁绝性活动"不会与身体、精神和道德方面的最高效能发生任何不协调"。但是今日的大多数医生和学者都怀疑它。而我们的研究明确地得出了相反的结论。

也有人不那么夸大"手淫"的危害，但他们劝告男孩：现在有限的"手淫"可能对你无害，但它不应该成为你的终生习惯，因为日后的某个时候，你就会因此去看病了。由于劝告者从来也不说明这个"日后某时"究竟是何年何月，结果，误信此言的那些男孩就时刻担心它的到来，时刻苦恼着不知自己是否已达到那神秘的危害临界点。其实这种巧妙的间接的谴责对男孩人格的危害，一点也不比昔日的极端禁令少。因此我们必须再次重申：正如许多其他生理功能一样，性反应也有它的自我调节机制。这一点简单明了得连傻瓜都懂。一个人达到生理的持续极限后，他就不会再有性反应，没有办法再勃起，什么刺激也没用。少数男性在一生中可能有一两次试图创造重复性高潮的纪录，结果连续自慰会带来极度疲劳甚至局部疼痛，除了精神病人以外，没人会再这么做。

一般说来，那些生于长于欧洲而现在在美国工作的精神病学家，都把自慰看作婴儿用来替代异性性交合的手段，把异性性交合视为性的适应与调节良好的表现。因此他们发现美国男人成年后仍然自慰便大吃一惊，并干脆把婚后的自慰贬为生理上有病。当然，这只不过是他们自己的欧洲道德在理性上的反映。相反，土生土长的美国精神病学家却很能接受自慰这一活动。

对上层男性来说，自慰多少是一种逃避现实的行为，这对他日后人格的影响需要注意。我们还应该注意，55岁的大学文化的人的总体性释放中，通过婚内性交合的只占62%，有19%是通过梦幻世界，包括自慰和梦遗。因此，对自慰的意义的研究，必须考虑这些和另外一些特殊情况。

第十一章

异性爱抚

过去一二十年间，男女婚前的肉体接触，已经远远超过老一代的紧紧拥抱和仅仅接唇的亲吻，最甚时可以包括夫妻那种性交合前的爱抚刺激的全部技巧。

年轻人把这叫作爱抚。爱抚范围不低于颈部的，包括各种接吻在内，叫作交颈抚。触及躯干正面和背面，但是一般避开性敏感部位的，叫"浅抚"，或仅仅称为爱抚。有意刺激女性乳房或者阴户，或者女性有意刺激男性生殖器的，叫作"深抚"。尽管大部分高中和大学的男女学生都多少把爱抚当作通用的和适宜的婚前行为，但是其中一些人出于道德考虑，却总是避免使用爱抚这个词，除非专指性交合前的、导致性交合的那种爱抚[①]。

本书所说的爱抚是指任何方式的肉体接触，它并不包括双方生殖器的接触与交合，但是必须具有引发性欲唤起的主观意图。因此偶然的碰触，即使引起性反应也不是爱抚。单纯的接唇吻可算可不算，要看其目的与效果。爱抚并不是总能引起性欲勃发，但只要有这样明确意图就算。最基本的爱抚行为有几种：接舌吻（原文字面意思为"销魂吻"，又作"法式接

[①] 此种爱抚在英语里另有一词，一般翻译为"性交合前的爱抚"，在港台译作"前戏"。——译者注

吻"，现按其实际含义译出——译者注）、吮咂作响的接吻、交颈抚、浅抚、深抚。爱抚的范围不一定与性唤起的程度成正比。有一些相当简单的接触，如仅仅触摸一下或者仅仅接唇而吻，对某些人来说其效果与手刺激生殖器一样。因此我们必须把性的激情及其意义考虑进去。这样，爱抚就是指最终达到性高潮的那些爱抚行为，而不论其动作本身的性质是什么。显然，在这种性活动中，心理成分比生理成分更为重要。

本章所说的爱抚，限于单身男性的婚前爱抚活动。但是近年来，爱抚也日益成为婚外性关系中的内容之一。某些不想发生实际婚外性关系的男性觉得，如果他们与别的女人只是爱抚一番，那么他们就仍然是忠于自己的妻子的。在上层社会的许多社交活动中，例如鸡尾酒会、舞会、开汽车兜风、晚餐后的聚会等等，在婚男性可以与别人的妻子发生这种调情和肉体接触，即使有时相当公开和频繁，也不会因双方配偶在场而受到阻碍。遗憾得很，在开始调查的头几年中，我们没能理解这种婚外爱抚的意义和广泛程度，结果收集的资料不足，因此无法报告人类性行为的这个方面。

发生率与实施频率

青春期之前的行为中，几乎没有可以称得上爱抚的。从青春期开始，男孩子日益理解自己性欲唤起的意义，在年纪较大的"哥们儿"的榜样的影响下，他开始喜欢以更特殊的手法去触摸自己在社交中结识的姑娘。在青春期初始时，由爱抚引发首次射精的男孩子只占0.3%，但到15岁时，已达8.4%，并在20岁之前持续增长。

我们的调查表明，男性总人口中的约88%都从事过爱抚活动，其中28%的人在婚前就由此达到了性高潮。大学文化的人中有过爱抚的超过85%，其中婚前即由此达到性高潮的超过50%。考虑到现在的年轻人爱抚比上一代更多，这些数据就非常可观了。

在婚前的各个年龄段中，由爱抚达至性高潮的人占18%到32%。其顶峰在16岁到20岁之间，约占三分之一。

有过爱抚的人，其频率也相当高。在21岁到25岁期间，大多数人可达每周约7次。当然，有的人数周、数月、数年没有爱抚机会。有些人婚前爱抚过数十、数百个姑娘，也有的人只爱抚过未婚妻一人，其间的个体差异巨大之极。爱抚对社会的意义比自慰大得多，因此如果一个人想了解人类社会，就必须了解爱抚，必须承认其中的广阔多样性。婚前爱抚主要发生在高中和大学文化的16~20岁的人之中，发生率均高达约92%。高中以下文化的人中仅84%。这一较低发生率自有其原因：高中以下文化的人往往只是在实际性交合之前紧抱对方，唇对唇地吻对方一两分钟，而且没有大学生那样的刺激意图。上层社会人的爱抚可以相当持久，甚至成为数小时之久的激情迸发的性游戏，而且它一般并不达到实际性交合。因此，30岁以下的单身男性由爱抚达到性高潮者，在高中以下文化的人中只占16%，在高中文化的人中占32%，在大学文化的人中则超过61%。性爱抚的最高频率出现于21~25岁之间，其中达到性高潮的为每三周一次以上。此后的频率逐降，一方面由于他们的异性性交合日增，另一方面由于他们中的某些人开始性冷淡，还有就是有些人开始了同性性行为。

爱抚在总体性释放中的比重，无论在哪种分层中都很低，16~20岁的人大约为6%，30岁到40岁的单身者为10%。爱抚所占的比重低于梦遗，只有与动物性交比爱抚更低。但是爱抚与受教育程度有关，它仍然是高中和大学文化的人的重要性生活内容。

爱抚的技巧

爱抚技巧包括除了两性生殖器直接交合之外的一切行为方式。爱抚一般始于接唇吻。对低层的某些人来说，任何情况下的接唇吻都被禁忌，但高中和大学文化的人中的男女接唇吻却非常普遍，有时第一次约会就可发生。正因其普遍，除特殊用意外，它的性意义反而相对小得很。单纯接唇吻可以发展为接舌吻（深吻、法式吻、销魂吻），它可以达到刺激口腔的程度，可以不需任何其他肉体接触而达到性高潮。

双方互相熟悉后，爱抚可能发展为手刺激女乳，口刺激女乳……（以下略去——译者注）。高中以下文化的人很少超出手刺激女乳，但高中和大学文化的人中很大一部分人采用更进一步的爱抚。所有男性中79%～91%的人在婚前便是如此，21%到31%的人在婚前就有口与生殖器接触。

大多数爱抚行动是男性主动发起的，是刺激女方的。这种单方面的活动绝不是人的生物属性所造成。女性的被动至少部分地是我们的文化造成的，是文化所规定的、女性成长于其中的性模式的产物。男性在爱抚中，从自己与女性的接触活动中获得性的刺激，这往往就足够了。

社会的上层与下层在爱抚方面的差异和矛盾，显然是两种道德体系、两种文化模式的冲突。只有那些接受了自己所处群体的传统的人，才会认为两者中只有一个是正确的。对上层人来说，是否能够仅仅爱抚而不进行性交，是一个道德不道德的问题；而对下层人来说，这却是一个能否理解的问题，要看他是否知道一个精神健全的人也能如此爱抚而不实际性交。

年轻一代不但更普遍地爱抚，而且更自如地在公共场合爱抚。无论在白天还是黄昏，在大门口、街角、高中和大学的校园里，人们不但能看到一般肉体接触，也能看到更特殊的拥抱和接吻。在公共汽车上、公园长椅上、鸡尾酒会上、各种聚会里、小酒馆里、餐厅里、百货商店里、旅馆里、大学集体宿舍的会客室里、中学的走廊里、许多学生的家里，总之，一切年轻人聚首的地方，都可以看到同样的举动。当然，更进一步的爱抚也就更隐秘。偶然也有些人在爱抚中裸体，但是这样而不实际性交合的人很少，不过也有时仅仅是裸体并陈。

爱抚会对身体起何种作用？不但教育者和父母关心这一问题，高中生和大学生自己也非常关心。当然，年轻人更关心的还不是身体状况，而是性方面的问题。因此我们要强调一下，我们的数据清楚地表明，爱抚所引发的性唤起可能会造成一些人的严重不安，使他们陷入一种或多或少延长了的神经不安状态中，除非一直爱抚到性高潮出现。如果确实达到了性高潮，那么爱抚就会像任何其他形式的性活动一样，不会产生任何其他后果。

但是另一方面，我们所调查的人中有大约三分之一，确实持续爱抚很久，然后无性高潮而止，并能自若地平静下来。许多男性如果在爱抚中未达到性高潮，便在事后自慰。但应该补充：如果在爱抚中没有达到性高潮，就会引起睾丸或者腹股沟疼痛，这种情况在我们的调查对象中还是比较常见的。它时常发生于性唤起时间过长，也许超过一小时，而难于达到性高潮的人中；即使最终达到了性高潮，也可能发现过后神经不够松弛，或者射精后出现局部疼痛。

爱抚的社会意义

爱抚刺激与对爱抚的反应，是动物王国中的普遍和正常现象。人类婴儿一出生就开始同样反应。不久以后他就会知道：这种反应能引来另一个人体的温暖触摸，还能引来一些额外的满足，例如会有人给他东西吃，或者逗他高兴和愉快。这就是婴儿由接受爱抚而获得的兴奋。它，在成年人上就叫作性激发或者性唤起。

父母没有不爱抚婴儿的。爱婴儿和教会婴儿以爱来回报，这也是道德已接受的一个部分。但是婴儿长大以后，我们英美文化中的大部分父母，反倒开始阻止他们的肉体接触，不论他们是与父母本人还是与其他人。父母谆谆教诲小女孩，除了亲戚以外，不能让任何人触摸自己，尤其是男人。他们又教诲小男孩，不应该想去触及女孩，至少"在你长大以前"不应该。父母故意克制自己的感情流露，并教导成长中的男孩：当你碰到困难时，不应该指望别人的体贴或同情。

正如一些心理学家指出的：儿童降生在一个充满温情和肉体之爱的世界中，但是当他长大了，却被训练成抗拒他的生物正常反应的人，对任何他人的触及都唯恐避之不及。在被这样训练了15年到20年以后，人们又指望仅仅靠一个婚礼，就把深植于新郎新娘心中的对触摸的否定式反应一下子矫正过来，指望他们从此在婚内就像婴儿一样自然地、无拘无束地相处。

这个期望实在是过高了。因此毫不奇怪，很大一部分受过最好教育和训练的人，例如具有大学文化的男女，在婚后却不会和不能发展温情关系。

从平均状况来看，女性在性方面的成长比男性更慢，性反应也更少。一般说来，女性更容易受到上述训练中种种细节禁忌的影响。因此，极大部分妻子，尤其受教育程度较高者，在婚后都出现性冷淡或干脆无反应，也就不足为奇了。

最近几年来，年轻一代逐渐认清了婚前性禁锢的某些意义和后果。尽管确实有许多从事爱抚的少男少女是为了获得预期的直接的和即刻的性满足，但是越来越多的人已在严肃地考虑爱抚经历与日后婚姻美满的关系。最近20年来，社会科学领域中开设了大批新课程，诸如心理学、家政学、婚姻学、儿童教育学等等，出版了大量的婚姻指导书，这一切都有助于年轻人认真理解爱抚与婚姻的关系。这至少也可以部分地解释，为什么较老的人对年轻人的爱抚行为的批评不像过去那么多了。

当然，大多数年轻人的爱抚行为的模式，是由非理性和非逻辑的东西与科学证据和逻辑相混合而形成的，因此一些年轻人在爱抚中出现严重的心理冲突，因此他们就寻出某些理念来满足自己的道德心。他们特别注意避免生殖器交合。在他们看来，爱抚所可能带来的种种结果中，实际性交合最为严重可怕，至于爱抚取代了实际性交合、可能发展为更受禁忌的行为乃至"变态"行为等等，反倒不成什么问题。靠这种形式的爱抚，他们即使出现了性高潮，也仍然能保持贞操。他们仍像前几代人一样，把贞操的价值看得高于一切。仅仅靠爱抚行为的增加，并不能改变他们的价值观。

婚姻美满程度由多种因素决定，性生活是否协调只是其中之一，而且常常不是最重要的。我们调查了6000名在婚男性和近300名曾婚的男性，发现最最重要的是他是否具有百折不挠的决心。即使他已不想再维持婚姻，也要靠这种决心才能迫使自己接受和适应于婚姻破裂后的现实生活。但是另一方面，在上层社会的分居者或离婚者中，由性生活不协调而引起的大约占四分之三，在低层人中稍少一些。谁的性生活缺乏协调，谁的婚姻就遇到困难。如果协调性生活的方法不对，也必须有极大的精神感召和无比坚毅的决心，才能把婚姻维系下去。因此我们又说，性因素在婚姻中毕竟是非常重要的。

在上层社会中，最容易导致婚姻不合的性问题有：

1. 男性拙于性的亲近与性技巧；

2. 女性无法与丈夫一起纵情欢乐，而任何一种性关系想要完美地持续，这就是必不可少的。

这两种性障碍都源于性禁锢，它在婚前就早已形成，婚后又不可能自由地摆脱。在这一点上，弗洛伊德和一般精神分析医生说得很对，我们的调查也提供了大量的证据。具体情况后面再谈，此处只想以此说明婚前爱抚的重要意义。

男性婚后的性障碍，也包括在性生活中不够熟练，不够放松、不够温柔，因此无法建立一种和睦随便的关系与气氛。有些婚姻指导书说，男性的主要障碍在于不知道更多的性技巧，这显然不对。男性如果能够放弃自己是性生活主宰者的想法，他就会自发地运用足够多、足够细的性技巧。但是一个被文化训练出来的青年进行性交合时，他脑子里已经填满了社会的审美观，例如哪些行为干净或卫生，哪些技巧有效，哪些太单调等等。他已经认定某些性行为是对的，另一些则是错的，至少是罕见的，甚至是反常的或者变态的。即使他进行性交合时并没有过多思考这些问题，它们也仍然存在于他的潜意识之中，并支配着他的性交合的进程。即使与自己的妻子性交合，也没有几个男性达到真正的自由。没有几个男性真正认识到他们被上述东西束缚得有多久多紧。

在极端情况下，这些束缚造成男性的性无能；而除了生殖器受伤和过老之外，大多数性无能都发生在上流社会与受教育程度较高者之中。这些被束缚的男性甚至害怕性交合，试图中止之；因此笃信宗教的人和上层人的婚内性交合的频率，明显地低于下层人。

上层社会中，女性所受到的束缚比男性更多、更极端。有一些女性反对与新婚丈夫性交合，哪怕一次也不行。更多的妻子婚后数年仍然对性交合丝毫不感兴趣。她们反对丈夫想用的任何一种新的性技巧，她们把自己的丈夫斥为色鬼、淫棍、疯子，最普遍的是斥为性变态狂的罪犯。有大量的离婚是因为妻子拒不接受某些性交合技巧，尽管它们在人类的实际行为中非常通用。这样的女性活了20年或更久，却从来不知道哪个道貌岸然的君子或者体面人物曾经触摸过女性的乳房。她们不知道事实上在性活动中触摸远比生殖器交合多得多。她们难于放弃自己关于性行为有对有错的观念。她们无法在婚后接受放浪形骸的性关系和性生活。

相反，婚前有过爱抚经历的姑娘，多少懂得刺激与反应的意义，因此婚后易于摆脱束缚，较少出现麻烦。

某些没有婚前爱抚经历的人，婚后也可以形成比较协调的夫妻关系，但在许多情况下，他们的协调能力和效果都较差。至于婚前爱抚是对还是错，这是道德或伦理学的事，科学家无法决定。但是婚前爱抚与婚后和谐的关系，科学家却能够测定，并且已经测定了。

第十二章

婚前性交合

历史上的一切文化中，无论原始的、古代的或近代的，非婚性交合都一直是一件关乎社会的大事。但在几乎所有文化中，人们一直认为婚外性交合比婚前性交合更值得重视。在古代赫梯、亚述和巴比伦的法典中，婚外性交合都是关于财产权的问题，而不是伦理或道德的问题。它首先涉及的是丈夫对妻子的占有权以及他的其他特权。在大多数法典中，除了订婚之后，婚前性交合极少提及。犹太教法典和英美法律中对婚前性行为的特殊关注，在历史上几乎是绝无仅有。

有人说，我们现在对婚前性交合的态度来源于人类的生活经验，是为了防止私生子女，为了保护婚姻制度；但是这不能说明整个历史。它部分地来源于犹太教法典中对女性婚前贞操的极其严厉的要求。

不过，犹太人不那么重视男性的贞操，欧洲大陆各国的法典都更像犹太人，而不像英美那样强调男性贞操。今天，在我们的文化中，确实有相当多的宗教狂热分子仍然认为，男性在婚前失贞是触犯教规的罪恶，如同女性失贞一样坏。

对女性来说，在犹太教法典和现今许多欧洲民族中，处女膜完好是婚前保持贞操的证据。在东欧许多地方，新娘必须在婚礼上当众展示其完好的处女膜，并记录在案。来到美国的第一批移民，仍然把新娘的血渍的垫腰布捎回给欧洲的亲戚，以作为该婚姻合法有效的证据。我们现在的文化中，一个人只要没有发生过破坏处女膜的性交合，那么不管有过什么其他形式的性关系，例如爱抚、所有形式的手刺激与口刺激，就会被算作是处女或者童男。

无论在科学上、习俗上还是法律上，"性交"这一术语指的都是生殖器的交合，我们这里也不例外。

发生率与实施频率

毫无疑问，生活在一个非禁锢社会里的全体男性，如果没有社会阻碍，都会在婚前性交合。唯一的例外将只是性无能或者身体过弱，无力与其他男性竞争的少数一些人。

人类男性大多数有过婚前性交合，这根本不足为奇。从10岁到青春期开始的所有男孩子中，有22%曾经试图性交合。所有男孩中，首次射精发生于与异性性交合的过程中的占12.5%，高中以下的人中占18.5%，上大学的人中仅仅1.4%。

婚前性交合的总发生率因阶层而异，差距很大。大学文化的人中大约占67%，高中文化的人中大约占84%，而高中以下文化的人中竟占到98%。下层社会的某些群体中，15岁以下男孩中没有过婚前性交合的，竟连一个都找不到。

实施频率的阶层差异比发生率还大。婚前性交合在总体性释放中所占的比重，大学文化的人为21%，而高中以下文化的人为68%。对前者来说，婚前性交合的意义不在于能从中获得多少次性高潮，而在于此举代表着他终于打破了上流社会的道德。

全体男性的平均实施频率的顶峰在青春期初期，为每周大约2.0次。以后随年龄增长而逐降，20岁前后为每周1.4次。但个体间的差异极大，一些上层人只有过一次婚前性交合，而且是在婚礼前夕；而下层人有许多达每周10次以上。从青春期到25岁，各阶层中都有些人在5年或更久的时期内，达到平均每周25次之多。下层男孩一般为每周2~4次，接近于大多数人婚后的平均频率。

高中以下文化的人中在10岁或11岁开始青春期的人，发生率和实施频率都是各阶层中最高的。16~20岁期间，他们的发生率为86%，频率为每周3.6次，而大学文化的人中青春期开始迟的人，同期发生率为33%，频率仅仅0.3次。

婚前性交合的性质

应该强调指出：婚前性交合的多样化不仅表现在不同的频率上，也表现为性交合伴侣的多少，伴侣是什么人，以及在什么时间地点发生。

有一些下层男性，婚前曾经与数百甚至1,000以上个女性性交合。有不多的一些人，尤其在高中或高中以下文化的人中，更喜欢追逐和征服女性，喜欢不断变换性交合伴侣，而不喜欢与同一个姑娘发展长期关系。有些男性干脆不与同一姑娘性交合第二次。有些男性喜欢的只是异性性交合这件事，而根本不是那些姑娘本身。有一个下层男性坦然地说：他根本不喜欢姑娘，如果不是因为她们是性交合的对象，他理都不会理她们。因此，如果医生，尤其是公共卫生部门的官员们不了解下层人能变换如此之多的性伴侣，那么控制性病就是一句空话。

遗憾的是，男性与之婚前性交合的那些姑娘的社会地位的资料，没有系统地收集在这本书中。人们一般认为，男性与之婚前性交合的姑娘，社会地位大多数都低于男性。但是我们的调查不能支持这一论点。实际上，今日的大学文化的人的性交合伴侣，大多数都是同一阶层的女性。也许上一代男大学生经常不得不去找普通人家的女孩子，但是尚无足够的资料证明。另外，低阶层男性当然也只好找同阶层的姑娘，因为已没有比他们更低的女性了。

大多数男性的婚前性交合伴侣都与他们年龄相当，或者只小几岁。只有不多的男性与很小的女孩性交合，除非他们自己也同样小。虽然有一些十几岁甚至前青春期的男孩，与二十几岁、三十几岁甚至更老的在婚女性发生过性交合，但是与比自己大得多的女性进行性交合的男性毕竟不多。有一些男性与年龄较大的女性发展了长期关系，她们有单身的、在婚的，也有曾婚的，但是几乎所有年轻的未婚男性，都是与未婚女性进行性交合。

实际发生的异性乱伦，比医生和社会救济人员所想象的少。当然，可能有非常多的男性曾经想过要与姐妹、母亲、女性近亲属发生性交合，但是这种想法也并不普遍，而且通常只发生于年轻时的有限时期内。有些精神分析学家宣称，他们还没见过一个没有乱伦关系的病人。但是我们的调查以及任何其他大规模调查都没有发现这种情况。门诊医生应该避免把自己的病人群体当成全部人口。在我们的调查中，乱伦发生于每一阶层，包括最高的和最低的；但是由于数量太少，无法判明哪个阶层的发生率最高。乱伦最频繁的是前青春期的儿童，而青春期或者更大的人中间为数极少。

婚前性交合的所处环境，也因阶层不同而差别很大。一些大学男生的婚前性交合通常发生于学院的操场或楼内，但是更多的发生于假期，经常是在那姑娘的故乡，而且经常是在姑娘父母的住房里。各阶层中都有发生于汽车后座上的、在室外某处、在旅游营地、宾馆、朋友住所、租来的公寓、男性自己的住所；但大多是在姑娘的住所。当然，事先必须做好特殊的准备，在某些阶层里这已是共有常识了。

上层人在婚内性交合中90％全裸体，但是婚前性交合时，即使情况完全允许，也只有55％的人全裸。下层人中前种情况占43％，后一种只占32％。

婚前性交合的意义

对多数男性来说，发生还是不发生婚前性交合，是比"性"的其他方面更为重要的问题。对一半或更多的未婚男性来说，他们的全部性愿望，他们所计划的所有性活动，就是有朝一日与异性性交合。对其他男性来说，尽管他们可能从其他途径获得实际的性释放，但与异性性交合仍然是一件相当重要的大事。除了人口中15%的上过大学的人，大多数男性实际上是能接受并渴望婚前性交合的，并且相信它是人类正常发育所带来的必然现象。即使那些在公开场合坚持对婚前性交合的禁忌的人，包括那些时而也想惩罚非婚性交合的立法者和司法者，其中也有许多人在一生中曾经认为婚前和婚外性交合是可以接受的和值得渴望的。在总人口中，有并不很少的人公开捍卫婚前性交合的价值，在低阶层中尤其如此，但也时而见于上层社会和精英人物中。有一些研究社会事务的学生认为，一个社会的传统是由中产阶级在狂热地捍卫着。这种流行观点显然是根据中产阶级自己表达出来的意见而得出来的，并非根据那些人的实际行为。

欧洲大陆各国人民比我们美国人更普遍地接受婚前性交合。从欧洲来到美国的医生们，大多认为婚前性交合可以产生很大的社会价值，他们使这一看法在美国科学界日益流行。有一些医生已在建议他们的病人从事婚前性交合，而且有不少人确实是不这样做就难于适应性的社会交往。当然，没有什么性活动比婚前性交合更经常地受到谴责。这些谴责一般都是完全出于道德，从1912年到1946年，就我们所见，就有37位作者在36本不同的书中这样谴责了。

还有一些书谴责婚前性交合时以科学面目出现，说它会导致意外怀孕、生出私生子女、传染性病、造成当事人心理烦恼、造成社会问题和法律问题、使当事人婚后无法与配偶协调等等。从1907年到1946年，这样的议论至少见于23位作者的30本著作中。它们所涉及的心理状况和社会关系调节等问题，当然可以也应该是科学探索的课题。但遗憾的是，其中许多科学家在大发宏论时，陷入了道德谴责的时髦，就像一个不懂科学的人的所作所为。许多针对一夫多妻、男女乱交的声讨，许多对贞操的呼吁，都一直出自生物学家、心理学家、生理学家、精神病学家的笔下。他们虽然受过科学训练并因此获得声誉，但是其实并未从中学到多少东西。

在研究婚前性交合与婚后协调的相互关系时，根本不能用那种简单的直线相联的双向作用来说明其中的因果关系。它至多只能说明两者相关，却并不必然是因果。不能说有过婚前性交合的人，婚后协调就一定好或坏，也不能说反之就坏或好。婚前性交合的情况极其复杂，要看当事者是什么样的人；要看他的整个行为模式接受还是不接受婚前性交合，以及接受程度如何；要看他的心理冲突的内容与程度如何。对于一个接受了自己成长于其中的社会阶层的性观念和性哲学的人来说，更是如此。一个相信婚前性交合是道德败坏的人，真的做了以后所引起的内心冲突，不仅能损害他的婚后协调，更能损害他的整个人格。当然，一个真正能接受婚前性交合，而且做了之后确无内心冲突的人，其结果就完全不同了。

再有，婚前性交合的效果有赖于性交合伴侣的状况，有赖于性交合伴侣的多少。女方是同一社会阶层的人还是较低阶层的人，她是出于社交关系还是买卖关系，她与男方是否已有婚约或者结婚意向，这些都会发挥不同的作用。婚前性交合对婚后协调的作用，也取决于婚后夫妻双方能否互相接受对方发生过婚前性交合这一事实，以及宽容的程度如何。且使那些相信自己能接受这一事实的配偶，双方婚后的紧张状态也可能引发互相指责。

婚前性交合的作用还取决于它发生于什么样的情景之中。如果由于条件不好而引起肉体不适或者无法互相满足，如果当时情景使当事者胆战心惊地怕被人发现或者怀疑已被发现，其结果一样坏。如果环境令人满意，没有恐惧，结果就完全是另一个样了。

性病也会改变婚前性交合的意义。大学文化的人几乎都使用避孕套，而且大多数都只与同阶层姑娘发生婚前性交合。结果这些人中的性病发生率极低。但在较低阶层中，由于婚前性交合而染上性病的人的比例相当高，可能高于社会卫生组织所公布的普遍比例，因为他们不常使用避孕套。

婚前性交合的意义也取决于双方避孕的成败，而对怀孕的恐惧发挥了更大的作用。大学文化的人中，由于普遍避孕，未婚先孕的人少，其他阶层则相当高。这是因为，在婚前性交合这一特殊性活动中，如果不避孕，怀孕几乎是必然无疑的。

有不少人说,所有婚前性交合过的人都为此懊悔自责,这种情绪会给他们的一生笼罩上阴影。但在我们调查的数千男性中,这样的人很少;相反,比例非常大的人并不懊悔,也没有给他们的婚后协调带来任何麻烦。值得注意的是,那些懊悔者大多数恰恰是婚前性交合极少的人,大多只有过一两次。

当然,女性对此的反应显然不一样。

对那些特别关心性行为具有何种道德价值的人来说,上述科学论述当然毫无意义。因为他们把遵从道德说教当作自己生活中的一项重要内容,就像性生活协调所具有的社会价值一样重要,就像婚姻幸福不幸福一样重要。科学研究不应该忽视这类人的存在。

第十三章

婚内性交合

婚内性交合是被我们英美道德和法律条文所认可的一种性活动。对于那些在婚而且与妻子同居一处的男性来说,大部分性释放都通过这一途径,而且性生活协调对他们来说就意味着足够的频率和足够的激情效果。因此我们要着重研究它。

社会学家和人类学家一般都认为家庭是社会的基础,而且至少许多研究者都相信:男女之间的性吸引一直是人类家庭进化的基础。但是不论家庭是如何产生的,它之所以能延续到现在,性生活显然是基本的因素。我们在前面谈过,此处要强调重申:婚姻成败的作用因素极多,性生活状况只是其中之一,但是性生活缺乏协调,婚姻的维系就一定会遇到困难。社会对婚内性交合的兴趣仅仅在于它能延续家庭;仅仅在于男女同居一处比分别居住更能有效地达到这一目的;仅仅在于这能给所生子女提供一个可居住之地;而在犹太教和许多基督教哲学中,这才是婚姻的首要目的。社会的兴趣也在于给成年男女提供一个规矩地性交合的机会,以此来控制男女乱交,以此来延续家庭。但是与一些原始文化相比,我们的文化对这一点的兴趣要少得多。不过不管另外有多少目的,凡想延续家庭的群体,就必然关心婚内性交合。

本章不准备讨论婚内性交合对延续婚姻与家庭的作用,而是要分析婚内性交合本身的状况。还有一个目的就是，讨论在人类男性的多种性活动中，婚内性交合所占的地位。

发生率及其意义

近乎100%的在婚男性都有过婚内性交合，没有过的为数寥寥。这类人主要是婚后从未与配偶同居一处的人，生理上性无能的人，本人甚至妻子都是原发型同性恋的人，仍然被宗教、道德、哲学等东西禁锢以致不能进行性交合或者自愿不进行性交合的人。在40岁以下的在婚男性中，这类"绝欲者"不超过1%；45岁到50岁占2%；55岁到60岁占6%。婚内性交合的发生率高于任何其他性活动。

婚内性交合的发生率虽然高，但是它在性释放总体中的比例却并不高，大约占85%，而且这还是发生在婚后、其他途径的比重都不可避免地降低了以后。

婚内性交合在性释放总体中的比重，也因阶层不同而变化。下层人婚后初期占80%，但随后与日俱增，到50岁时达90%。大学文化的人恰恰相反，他们在婚后初期达到85%，随后与日俱降，到55岁时已不超过62%，而且他们一生中的任何时候也没有达到下层人在大部分时期中所达到的比重。

一般人常说，男人越老，对于婚外性交合就会越感兴趣，但是我们证明了这只适用于上层社会中的男性。上层与下层为什么会出现如此差异，我们还不太清楚。

也许这是因为，上层男性随年龄增长而认识到，以前强加于他们性生活的种种障碍和束缚是不公平的，或许是因为他们想在年龄削弱自己的性能力之前，赶快尝试一下婚外性交合。有时也许是因为，他们从自己那些属于上层社会的、仍然被束缚的妻子那里得不到满足，以致于婚内性交合的频率下降。有人把这归因于受教育较多的男性总是全神贯注于自己的专业或人生事业，但这并不能解释他为什么反倒有时间和精力去从事婚内性交合以外的其他性活动，而且占到性释放总体的38%，其中19%是自慰和梦遗这样的独自活动。

值得注意的是，婚内性交合不但不能释放那些在婚男性的全部性张力，而且连全体男性的性释放总体的一半都达不到。美国所有白人男性中只有60%一生中曾经结过婚。从青春期到老年，全体男性的性释放总体频率为每周2.31次，而在婚者的婚内性交合频率为每周1.06次。这就是说，全体男性的性释放总体中，只有45.9%是通过婚内性交合而实现的。如果考虑到美国社会和法律实际上除了婚内性交合之外，只准许梦遗这一种性活动，而它的比重只有5%到6%，那么，在全体美国男性的所有性活动中，就恰恰有一半是社会所反对的，很大程度上是非法的和应该受刑法惩罚的。

实施频率

除了不同年龄、青春期开始早晚、不同社会阶层、前后两代人、城乡区别等差异之外，笃信宗教者的婚内性交合的频率，也比消极教徒低20%到30%。特别有意思的是，教会对婚前性交合、婚外性交合以及任何形式非婚性活动的严厉禁止，据说是为了使一个人的全部激情、全部实际性生活都集中于婚内，都围绕着仅有的一个终生伴侣而更好地发展。但是这些禁令恰恰殃及了与婚内伴侣的性交合，使其频率下降。从心理学角度看，这实在是不出预料。

除上述原因外，对妻子的束缚也降低了婚内性交合的频率，各社会阶层中均如此，而上层社会尤甚。大多数丈夫都希望更频繁地性交合，并且相信如果妻子对此更感兴趣，就会共同实现之。但是大多数妻子都认为自己的性交合频率已经太高了，并且希望自己的丈夫不要求如此频繁地性交合。希望更频繁地性交合的妻子很少，而希望自己的妻子不频繁的丈夫更少。

双方兴趣上的这些差异，不可避免地给婚姻协调增加了困难。医生们如果想给不协调的夫妻以更大的帮助，最根本的就是要尽可能多地了解男女的不同性反应的生物根源。

婚内性技巧

性技巧方面的个体差异，比频率的个体差异还大。这些差异表现在：性交合前爱抚的范围和技巧不同、采用的性交合体位不同、性交合的时间有长有短、性交合中裸体还是着衣、喜欢有光亮还是黑暗、性交合的地点与环境不同。此外有一些夫妻还在一起群交过。

我们英美文化的信条认为，越是婚后，越是只与妻子一个人，性交就越彻底地限于生殖器交合；性交过程中的动作变化越少，这种性关系就越符合道德。我们的很多性法律，我们很大一部分的性道德，都是建立在这样的信条之上的。下层人经常在性交合中避免任何变化，婚内性交合中更是如此，也是基于这种信条。

另一方面，受教育程度较高的人中，尤其是现在的年轻一代中，有相当多的人觉得，任何一种性行为，只要有益于夫妻间感情纽带的增强，就都是正当的，就不是变态的；即使同样的行为发生于非配偶之间也是如此。甚至某些担任教会高级职务的人也捍卫这一理论，并反对传统说法：只有性技巧不是为自己取乐，而是为增加受孕机会时，它才是符合道德的，才可以变换更新。最近20年里，各种婚姻指导书已经或多或少地、非正式地强调了性技巧的多样化是有益的。这可能鼓励了越来越多的人去试验之。但是也应该特别注意，我们的法庭仍在执行着的英美习惯法。美国几个州的特别法令，都把婚内的所谓"违反天性"的性行为，与婚外的此类性行为同等对待，严惩不贷。

此外，美国人口中也许有一半人或更多的人对延长性交合的时间根本就不感兴趣。虽然上层社会中很少有人这样，但是受教育较少的人中的大多数却确实如此。如果以为人人都想提高自己的性技巧，那可就错了。大多数美国人都认为：性交合动作的终极目标就是在性高潮中获得满足。因此，满足获得越快，性交合就被认为是越好、越正确。受教育较少的人中的这种态度，可以归因于他们普遍缺乏想象力和激情，但是更可能是源于那种把任何偏离生殖器直接交合的性动作都斥为变态的性哲学。

性交合前爱抚的时间

许多低层人的性交合前爱抚，只限于最敷衍了事的身体接触；或者只用唇吻那么一两下；有些人连情感表露也省略了。这种事如果发生在上层社会，一般会被认为是情感缺乏症或者是冷血动物，但是大量美国人恐怕就是这样规规矩矩地限制着自己的性交合前爱抚的。一般说来，大学文化的人更喜欢把性交合前爱抚持续到5分钟至15分钟。有些人，尤其现在的年轻人，经常持续到半小时，或一小时，或更久，个别的长达数小时。在这种事例中，爱抚变成了性满足的主要来源，从中获得的性高潮会达到极点；插入交合的全过程反倒不那么重要了。

口刺激

如果人们能明白性刺激和性反应可以涉及大部分表皮神经，而不仅仅是生殖器上那一点，那么他们就会理解：身体的任何部分，只要富于触觉感受力，就都可以成为引发性唤起和性反应的中心。这样的"动情区"主要存在于嘴唇、口腔内壁、舌头表面、某些人的双乳，男女生殖器的某些部分，有时也包括肛门区。

不过，人体表面没有一块地方不可以成为性刺激与性反应的源泉，因为皮肤的触觉感受力无处不有。不同人的同一部位，性反应能力也会不同。这可能部分取决于该人既往经验造成了什么样的心理条件，但更可能是不同的神经分布所造成的。有些心理学家说，人体表面的某些区域，由于缺乏心理感受力而无法成为动情区；但是我们的调查表明，至少在许多人的体表，任何区域都具有足够丰富和敏锐的感受能力，都能够引发性唤起甚至性高潮。虽然生殖器包括了那些性刺激和性反应最常发生的区域，但是如果把生殖器当作唯一的"性器官"，那可就错了。如果把发生于其他区域的性刺激和性反应，视为生物学上的反常、非自然状况、违反天性或者变态，那就大谬之极了。

刺激口、乳房、肛门或其他区域与刺激生殖器一样，涉及的都是同一个神经系统；由前几种刺激引发的性唤起和性高潮，与刺激生殖器所引发的也一样，都是同一种生理功能。人们之所以普遍不了解这些道理，完全是由于我们的文化对任何非生殖器的性活动统统严禁。

哺乳动物都知道运用口和肛门刺激，就像刺激生殖器一样。只有人类动物最受束缚，不要说真去做，就是建议他这样做，他也会惶惶不可终日。我们的社会和法律对这些行为的严禁，对心理学家和生物学家来说，恰恰证明了它们是一种最基本的生物要求和内驱力，只不过一直被压抑着而已。那些运用非生殖器刺激的"离经叛道者"，就像那些在性交合中裸体的"离经叛道者"一样，正在复归于人类动物最基本的行为模式。

其实，在实际性生活中运用口刺激的男性相当多，女性也只是稍微少一些而已；但那种尽可能深的口和舌的刺激却不常运用。从这里可以看出，文化禁锢已在多大程度上改造了人类的性行为。上层社会中异性接唇吻的发生率高达99.6%，它已成为夫妻白天交流情感的通用方式，实际性生活中当然就更多。它既是性交合前爱抚之一种，又是实际性交合的伴随活动。下层社会对任何口接触的禁忌就严格得多，就连单纯的接唇吻也被减少到最低限度，其发生率虽然仍然达96%，但是每个人的次数非常有限。

在上层社会中，刺激内唇、舌头和口腔内壁的深吻，是性交合前爱抚的常用方法，发生率达87%；但在低层人中仅为55%。较少受束缚的夫妻常把它当作性交合的伴随活动，尤其在性高潮来临之际。其作用与生殖器实际交合一样大，在推动双方达到性高潮极点方面，作用甚至更大。

刺激乳房

手刺激女性乳房在上层社会中发生率为99%，在低层社会中为85%。口刺激乳房在上层为93%，在高中文化的人中为63%，在高中以下文化的人中仅36%。

在上层男性中，手刺激乳房主要引发自己的性唤起。我们调查发现，生活在我们这种文化中的男性，注视女性乳房所引发的心理性欲唤起，比看见女性阴户所引发的更多。知道这一事实后，再看看新闻出版审查官和司法官员的所作所为，可就够有趣的了：他们严禁展示阴户，却常常允许公开显示裸露的女性乳房。美国男性对女性乳房的极大兴趣，多大程度上是文化造成的，多大程度上是源于生物基础，这值得研究，但如果从世界上许多原始民族都经常展示女乳来看，问题可能就清楚多了。由于自己乳房被刺激而产生某些特殊性唤起的女性不少，但是并不产生特殊性唤起的女性更多。只有百分之几的女性曾经仅仅由于乳房被刺激而达到性高潮，其余的都必须伴之以生殖器接触。

女性极少刺激男性乳头，这一事实很重要。这也许是因为女乳凸出，男乳头不凸出，人们对女乳的性唤起功能了解得很多，对男乳头的同样功能却知之甚少。也可能是由于女性的性反应一般比男性差，再加上社会习俗的束缚，结果女性就在任何性刺激行为中更缺乏主动积极性。任何阶层中大多数只有过异性性交合经历的男性，都没有出现过自己乳头勃起的现象，因此我们不可能统计出乳头特别敏感的男性在人口中的百分比。但在那些有过同性性行为的男性中，乳头勃起相当常见，而且他们普遍知道男性的乳头具有极高敏感性。这些人的情况表明，男女两性中对刺激乳头极敏感的人可能一样多。

手刺激生殖器

这在各阶层男性中都曾经发生过，但大学文化的人中尤多。流行的婚姻指导书在这方面提供了大量的信息，上层人从中知道了女性阴蒂的存在，学到了刺激阴道和阴蒂的技巧。他们中在性交合中同时运用这些技巧的人已占95％。他们已经普遍相信，女性在生殖器实际交合之前，就应该由于被手刺激而达到极高的性唤起程度。这一过程中的生理机能和心理机能是什么，还需要进一步研究，但是年轻一代的上层人确实在实践着尚不完备的理论，这一事实却改变不了。

男性对女性的性机能的最大误解在于：他们总以为只有刺激女性阴道内壁，才能给她带来最大限度的满足。这显然基于这样一个现象：女性往往只有到阴茎插入时才达到性高潮。其实，女性在性交合中所接受的大多数肉体刺激，都是来自阴户表面、阴道开口处和阴蒂，来自男性阴毛的摩擦。

有些医生认为女性有两种不同的性高潮：阴道高潮与阴蒂高潮，这尚需进一步研究。但是我们的调查证明：女性自慰时几乎没有人采用异物插入式，即使有，也是那些修女、做性表演的妓女，或男医生建议她们这样做的女性。大多数女性的自慰是针对阴唇，更多的是针对阴蒂。女性同性性行为主要也是刺激阴户表面和阴蒂。因此，无论学者们如何解释，男性刺激女性阴唇和阴蒂的效果，要比刺激阴道内壁更强一些，这却是调查中所发现的事实（以上略去某些细节——译者注）。

口刺激生殖器

无论男女间谁对谁，上层人的总发生率大约为60%，高中文化的人大约为20%，高中以下文化的人为10%。由于我们的文化长期严厉地禁止口与生殖器接触活动，实际发生率有可能更高，只是人们怯于或羞于说出。上层人中有此举动的人几乎全是男对女的，只有大约47%是女对男的。其实其频率从仅有一次到每次性生活都有不等。

男性和女性的同性性行为中，绝大多数都有此种举动。不过，异性之间的此举并不包含任何"同性恋"的成分。英美习惯法和美国大部分成文法规，都禁止口与生殖器接触，不论发生于同性间还是异性间，不论是发生在婚内还是婚外。有时，夫妻的这种活动被孩子看见，传给邻居，结果夫妻均被起诉和制裁。由于这种禁忌的存在，就连心理学家们也不知道这种性活动在夫妻们中间是多么普遍。在某些欧洲文化中，人们可以自由谈论它。当然，对它的记载更是不绝于世界史。至少在古希腊、古罗马、印度、中国、日本、秘鲁、印尼的巴厘岛等处，都有描绘它的图画、雕塑和其他艺术品及实物流传下来。

由于普遍的禁忌，妻子在丈夫提出或者实施时，常会漠然置之、反对抗拒、厌恶反感，乃至恶心呕吐。如果无长期的文化影响，她断然不会如此。男性则由于自己较高的性反应能力而更乐于如此行事，结果常常冒犯妻子。这样的局面常使双方交恶，而妻子的拒绝和丈夫对此的体谅，可以导致上层男性到妓女那里去寻求口刺激。

由此导致的夫妻不合并不少见，其中相当一部分闹到离婚的地步。当然，在法庭上双方谁也不会披露真实原因。有几例"妻子杀夫案"，就是由于丈夫坚持要求妻子给自己做口交。遗憾的是，婚姻咨询顾问、心理医生和精神病医生们，还没有充分认识到这种行为的生物基础，也很少知道它在人群中的实际发生率和实施频率到底有多大，结果他们无法给人们提供本可以提供的帮助。当法院审理此类案件时，他们也无法提供科学的证据和解释。那些对病人说口与生殖器接触罕见、不正常，甚至变态的医生，不是在讲科学，而是在说教道德。

但是另一方面，自觉地建议病人采用此法的医生也万不可忽视：我们社会的长期习俗所产生的非理性价值观，已深深地扎根于许多人的头脑中，已成为他们决定自己的个人行为时所考虑的首要因素。

常由人类性活动所引起的社会问题，首先是性病、私生子女、强奸和成人对幼儿的性侵犯。但是个人的内心冲突却大都来源于"手淫"、口刺激、同性性行为。这三项性行为之所以重要，是因为它们极普遍，几乎每一个男性都在某时某刻，或多或少地发生过。它们也是医生最常遇到的"病情"，因为它们具有生物基础，任何法律禁令和社会禁忌都无法把它们从人类中剔除出去。

性交合体位

在我们英美文化中，几乎所有夫妻都采用男上位，其中70%的人从未想过要采用其他体位。变换体位最多最频的是受教育程度较高的人，初中文化的人中这样的人只及前者中的一半。从任何一种生物学观点来看，其他体位都比男上位更自然。我们社会中男上位的标准化和排他化是文化的产物，它对低层人的控制比对上层人更严更多。

人们运用第二多的是女上位。运用过的人发现，它最经常地引发女性约性高潮（以下各种体位略去——译者注）。体位变换知识一般来自婚姻指导书中的介绍，但是如同其他技巧一样，经常对此感兴趣的只是男性。刺激肛门此中的机制与任何其他性刺激方式和技巧的机制完全一样，不需要特殊的理论来解释它。此中技巧颇多，可能由于个体神经分布不同，也可能因个体心理条件不同（以下均略去——译者注）。

男性达到性高潮的速度

女性在性交合中经常达不到性高潮，一些男性在婚前或婚外性交合中也常常如此，但是男性在婚内性交合中却几乎全无此事。

低层男性在生殖器交合后总是尽可能快地达到高潮，上层男性却常常想推迟高潮。大约有四分之三的男性在交合后的两分钟之内达到高潮，其中相当多的人是在一分钟以内，甚至10秒，20秒之内。如果肉体爱抚或刺激极强，男性可以在交合之前射精。

较快射精的男性，大多数对性反应迟钝、性交合动作拘谨的妻子很不满意。这种速度上的差距常常是夫妻冲突的根源，尤其在上层社会中，女性被束缚更紧，此类冲突也就更多更频繁。有人认为，男性射精过快是神经过敏或者其他什么"病"，这种说法在大多数情况下是不科学的。有些医生总是说：凡是没有坚持到女性出现性高潮就已射精的男性，就是"早泄"。其实并非如此。许多上层女性的反应极慢，以至于丈夫必须最精心地刺激她们10到15分钟，她们才能达到高潮；还有相当多的女性一生中从来没有达到过性高潮；因此，如果男性真的与这样的女性"协调"，把自己的射精推迟如此之久，那么他的这种能力恐怕倒是不正常的了。

了解哺乳动物的基本行为，对理解人类性行为大有帮助。现在的科学研究发现，许多雄性哺乳动物射精都极快，例如黑猩猩在交合后所需时间不过10到20秒。人类男性的所谓正常性行为，其实与哺乳动物一样，也包括射精较快在内。人们常常把射精较快的男性斥为"早泄"，视为不那么合格的男人，但他们其实也说不清男性到底应该多久才射精，说不清人群中到底有多少人"早泄"。因此，"早泄"带来的不便和不幸，只能是站在妻子的立场上所说的。

上层男性常推迟射精，可能大多是靠收缩肛门括约肌，但是在全体男性中，这样做的人很少。

女性达到性高潮的速度因人而异，其差距比男性中的大得多。我们将在另一本书中详加讨论。

裸体

上层男性90%在性交合中裸体，如环境允许，其余的人也会如此。女性在这方面所受的束缚比男性更严更多，但上层女性一般都可以接受之。下层社会对此禁忌更普遍，因此其中的男性仅仅43%裸体。在人类所有性行为中，唯有这方面没有引起正常与反常的争论。事情太明显了：动物没有穿衣性交的，而穿衣又显然是文化的产物。不过，上层人向生物学意义上的正常行为的复归，确实是只有在追随理性并打破道德束缚后，才得以实现的。

对光亮或黑暗的偏爱

有人喜欢在充足光照下性交，有人喜欢若明若暗，有人则喜欢处于黑暗之中。一般说来男性多喜欢有光亮，女性则更偏爱黑暗。这也许可以解释为男女的"羞怯"程度不同。但是更深刻的解释却是：男女两性对于眼睛所看到客体所具有的性意义，评价与感受都不同。

大多数男性，尤其上层男性，看到与性有关的事物时，易于引发性唤起，而大多数女性则不。在光亮下性交会给大多数男性增加性刺激，而对大多数女性来说则不。结果，与羞怯相联系的道德考虑就会束缚女性的行为，但对男性则极少束缚。这些差异的根源可能还在于两性不同的神经分布状况，当然，双方不同的心理条件也必须考虑进去。

在婚内性交合的问题上，更值得注意的并不是性技巧的多样化，而是这一事实：大多数性技巧在老年夫妻那里都被单一化定型或者被限禁了，而我们社会的道德又是这些老夫老妻们确立的。

第十四章

婚外性交合

在人类大多数文化的历史上，对婚外性交合的管束都多于和严于对婚前性交合。这源于保护财产占有权，而不是出于什么道德良心。我们的英美法律也同样把男人对女人的占有权作为它的基础部分之一。因此现今美国仍然有不少人能接受婚前性交合，却坚决反对婚外性交合。在任何社会阶层中，婚外性交合都是人们议论的中心，恶意中伤的目标，常被社会摒弃，常被起诉和制裁。夫妻中被冒犯的一方，手中握着法律的武器，殴打甚至杀害另一方，这在美国的许多地方仍然时常发生，而且得到公众的同情。当然，社会知道婚外性交合仍然在发生，相当频繁，而且一般不受惩罚，但是一旦发现合适的特殊对象，社会仍然会肆意逞凶。

这种社会态度可真够怪了：相当多的人自己也有过或者正在有着婚外性交合，但一旦获知此类案例，他们的反应比谁都狂暴，简直非欲置之于死地不可。这清楚地表明，他们在如何评价婚外性交合的社会意义方面，也存在着严重的内心冲突。我们的社会如果想对此类事件处理得更明智些，就需要更多的事实材料。但愿我们的调查数据能发挥一些作用。

发生率与实施频率

我们发现，非常多的男人十分想知道：到底有多少男人发生过婚外性交合？显然，这是由于他们中的大多数人或者已有过此事，或者是想去做。他们想通过了解它的发生率来调解自己的内心冲突，或者安慰自己道：我也不会遭到法律的或社会的惩罚的。

同时，这种关心也表明这些男性害怕自己的婚外性交合被人知道。结果这些因素使我们对这方面的调查格外困难。年纪较大和受教育水平较高的人常常拒绝回答这方面的问题。许多人直到几个月或几年后才回答，其实除了有过婚外性交合这一事实本身外，他们的经历中没有什么事值得如此顾虑重重。即使很快就讲出自己经历的人，回答这方面问题时也常有隐瞒，而且比回答任何其他问题时隐瞒得都多。这一切只能用惧怕社会制裁来解释。因此，我们现在所获的数据只是最低限度的，真实数据可能还要高10%到20%。因此我们也许有把握说，所有在婚男性的一半，都在一生中的某个时候有过婚外性交合。

最值得注意的现象是：低层人16～20岁时发生率为45%，是最高峰，到40岁时降为27%，50岁时为19%。但大学文化的人在16～20岁时发生率却最低，仅仅15%到20%，以后日增，到50岁时反而达到27%。

实施频率也是如此，低层人从16～20岁时的每周1.2次，降为55岁时的0.6次。但上层人却从16～30岁时的每三周一次，升为50岁时的每周一次。

在前面章节中，我们解释了上层年轻人婚外性交合少而年长后却多起来的原因，以及下层年轻人婚外性交合多的原因；但是我们却无法解释较老的下层人的发生率为什么会如此之低。虽然这些人年龄越大健康越差，但这并非全部原因。

对各阶层的大多数男性来说，婚外性交合总是偷偷摸摸地进行，与这个女人有一两次，再与另一个有几次，几个月到一两年不再有，然后又在一周或一个月内连来多次甚至每夜都有，再往后就是突然地中断。这主要发生在旅途或假期中。下层男性最喜欢有规律地进行，并常常更换对象；上层男性则常是间隔地进行，对象也不过一两个，双方关系保持也较久，有的达十几年。

婚外性交合的对象一般都是女友，妓女只占8%到15%。下层人有时去找半职业的卖淫者，但多是本阶层的在婚妇女。

上层男性可以找各种女性，但也多是本阶层女性。

城里人的发生率比乡村人多。高中以下文化的人中的城里人比乡村人高20%到60%，而在大学文化的人中，前者是后者的2～3倍。

与其他性释放的关系

男性一旦开始冲破法律，从事婚外性交合，就几乎不可避免地结成多重性关系。婚前可能还有例外，婚后和同性性行为中就完全如此了。

女性却极少对更换婚外性交合对象感兴趣，不但婚前婚后均如此，同性性行为中更是如此。把这归因于女性更道德，男性更不道德，这很容易，但也很不够。这种差别更多地是由于男女的性反应能力不同，尤其是社会对男女的限制宽严不同。许许多多对男性有效的刺激，对女性却不能引发性唤起，反过来，男性在心理沟通和任何感觉刺激中却很少获得性兴奋，除非只是作为一种策略。

正因如此，许许多多女性实在无法理解，为什么如此之多的男人非要寻求婚外性关系不可。另一方面大多数男性却会反驳道：在任何情况下，变换和新鲜就是吸引。读书是如此，听音乐，娱乐，吃东西也是如此，那么性关系和性伴侣当然更是如此。在我们的调查中，那些说出自己的婚外性交合经历的人中，相当多的人都开诚布公地表达了这种哲学。不过有些人马上又加上几句：不管他们多么渴望，但是出于道德的和社会的原因，他们没有也不会有婚外性交合。

当然也有较少的女性像男性一样对变换性伴侣很感兴趣，不过其具体数目我们尚未统计出来。

大多数男性的婚外性交合，无疑是他自己变换意向的产物，但也有相当一部分男性是出于对婚内性交合的不满足。妻子对性生活不感兴趣时、拒绝频繁性交合时、拒绝丈夫的多样化的性交合前爱抚技巧或者勉为其难地承受时，她实际上就是在鼓励丈夫去搞婚外性交合。

上述所有因素如果出现在丈夫身上，当然也可以导致一个性反应良好的妻子去从事婚外性交合，但性反应较差的妻子却较少如此。

我们还不清楚，一个人的婚前性交合经历与他后来的婚外性交合到底有多少关系。有的人婚前性交合极多，婚后的婚外性交合却绝无，但是相反的例子也不少，两种都有的人也许更多一点。

当然，下层男性婚前性交合最多，婚后初期的婚外性交合也最多。相反，大学文化的人在两方面都最少。这都是确有其事的，但是也都不能说明问题。因为造成这种情况的主要原因是两个阶层的不同社会态度，而社会态度却绝不是婚前性交合对婚外性交合发挥作用的产物。

社会禁止婚外性交合，这给世界文艺提供了无限丰富的素材，这个主题超过了文艺对任何其他性问题的描绘。每一个时代的每一个人都知道：人人渴望婚外性交合；但是每一个时代的每一位作者也都相信：哪一个人也逃不出社会之网。

社会意义

当今流行的大多数社会学的、治疗学的、性教育的和宗教的作品都相信：婚外性交合必然损害婚姻。从1913年到1946年，就我们所见，已有19位作者写出17本这样的著作。只是偶然地才有作者说：婚外性交合可能具有能用来满足人类需要的价值。

因为婚外性交合而导致家庭毁灭和当事人身败名裂的事例，连篇累牍地刊登在我们的大众读物上。婚姻咨询顾问和医生觉得，此类事像潮水般向自己涌来。就连科学家也谈不出什么新东西，而且不敢低估它对社会组织的破坏作用。

是婚外性交合必然导致婚姻难题，还是难题源于群体的道德？婚外性交合中到底有多少导致了婚姻烦恼？它真的对婚姻毫无积极作用吗？它对当事人日后的人格发展起了什么作用？社会无疑太需要客观的回答了。我们简要谈谈：

在发生率最高的下层社会中，妻子们相当普遍地知道，他们的丈夫终究会"不忠"的，其中一些相当坦率地承认：她们不反对丈夫这样做，也就不会知道正在发生的事，乐得眼不见为净。不过，低阶层中也常常因此引起婚姻失调。有外遇的配偶会分散自己的性兴趣和感情。会引发嫉妒和仇恨，再引发没完没了的争吵与殴斗，有时以凶杀为结局。不顾家或者不养家的人在这一阶层中非常普遍，其中一部分就是因为丈夫被别的女人勾引跑了。结果常常是遗弃，分居和离婚。

不过，在低阶层中也有一部分婚外性交合并没有明显地干扰夫妻间的感情，也没有影响婚姻稳定。但是我们的资料还不足以分析各种情况的发生率。

中产阶级较少发生婚外性交合，即使出现吵架和打架也较少，常常是离婚就完事。没有引发烦恼的有多少，尚有待研究。

上层社会中的婚外性交合引发婚姻难题的少得很，因为常常是除了当事者再也无人知晓。当然，偶为人知则会导致夫妻不和与离婚。但另一方面，有的人明知配偶有外遇，却帮助和鼓励之。这种坦率和公开的宽容，在低阶层见不到；在一切阶层中，对一个道德准则僵固的人来说，这是耻辱之源。

各个阶层的妻子们常常更能宽容丈夫的婚外性交合，而丈夫们却截然相反。从人类史的黎明起就是这样了。

婚外性交合的后果，更多地取决于配偶的态度，以及他们所属社会群体的态度，较少地取决于事情的影响和与什么人发生。事情如果不被发现，造成的后果就很少。有许多人长期保持婚外性关系，但对婚姻并无干扰，而一旦被配偶发现，离婚立即随之而来。

当婚外性交合中的激情和温情膨胀，超过了与配偶原有之情时，它大多数都招致婚姻难题。反之，如果它只是一种社会交往，没有那么多激情内容，则大多数可以避免烦恼。没几个男性能同时与两个或更多的女伴保持激情关系，但多得多的男性却根本就不陷入这种关系。

我们的调查发现，有一些人之所以能够协调婚内性生活，毫无疑问地得益于婚外性交合。有些人从中学到了新的性技巧，有的人从中获得了新的性态度，两者都帮助他们在婚内的性生活中更不受拘束。有一些妇女与自己的丈夫难于达到性高潮，却在另一个男人的刺激下神奇地首次达到高潮，具有这样的经历后，她们与丈夫的性生活也就更协调了。婚外性交合还会使一些男性发现，自己与妻子的性生活实际上比自己所承认的还要美满得多。

有不多的夫妻在互相知道对方有婚外性交合后，仍然能共同维持一个幸福的和受到社会赞赏的家庭。我们调查发现一些男性在妻子那里完全性无能，但是在持续终生的婚外性关系中性生活却成功美满；与此同时，他们的妻子们也与其他男性保持着终生的性关系。

在上层和下层社会中，都有一些家庭抚养着婚外性交合所产生的子女。夫妻双方都能接受这种局面，而且只要邻居和法律没有发现，就可以顺利地维系下去。

生长于欧洲大陆，后来才移居美国的人，婚外性交合要普遍很多。

总而言之，人口中有过婚外性交合的人的比例并不是特别大，即使那些公开要求这种自由并捍卫其权利的人，在自己的实际生活中真有此事的也很少。

我们现在还无法断言上述现象到底说明了什么。也许这对道德改良是一个贡献，促使道德不再去控制那些自认已解放了的人的行为；也许这是一种告诫：婚外性交会带来当事人没有料到的困难和苦果；也许这只不过是表明：在我们现今的社会体制下，婚外性交还难于成功地进行。

但是确定无疑的是：心理学家，社会科学家以及整个社会，在最终论定婚外性交对个人、对他们与家庭的关系、对整个社会发挥了何种作用时，首先必须具有大量的更为科学的数据。

第十五章

与卖淫者的性交合

社会学和法律对卖淫者的定义是：以提供任何形式的性交合来换取金钱收入的人。在实践中，这一术语强调的是：卖淫者可以与几乎任何人发生性交合，不论相识与否；还强调：他们收取的报酬是现金，而不是物品或者服务。

卖淫者不仅仅指那些终生或长时期内从事卖淫的人，因为非常多的女性只是把卖淫作为自己正式职业外的一种次要副业。因此，那怕只有一次是用性交合换取金钱，也属于卖淫者。

强调换取金钱是为了把卖淫与夫妻性交合区别开来。不过，一个姑娘在答应与男友或未婚夫性交合之前，要求对方一定带她吃顿晚餐或者去夜间娱乐场所玩，那她就已经带有很多的商业交易的色彩，尽管她自己并不承认。男性仅仅是出于朋友之情而赠送礼品给女性，这不具有交易性质，但实际上，相当多的男性是在为期待中的性交合预先付款。

在低层社会中，许多姑娘显然是为了获得长袜、衣饰、化妆品或其他有价物品，才与男性保持婚前的或婚外的性交合关系的。一旦男方提供的东西使她觉得抵不上自己的付出，或男方能够提供很多却未提供，她就会马上一刀两断。此外在任何阶层中，如双方关系持续了一个时期，男方都得定期向女方的家庭进贡或资助。这种关系很难说是卖淫。还有些妻子每次性交合都向丈夫要钱,我们就发现一些这样的妻子,其性质也很难确定。不过,这些情况毕竟很罕见。

卖淫者有四种类型:

异性性交合中,由男方付给女方金钱,女方即人们通常所说的妓女。本章主要研究这种类型。

男性向其他男性提供性关系以换取金钱,提供者就是男同性卖淫者。在许多大城市里,这种人比一般所说妓女少不了多少。这种人很少完全依靠卖淫收入生活,卖淫的时间一般也不长。

异性性行为中,由女方付给男方金钱,男性就是男异性卖淫者。不过这种事并不普遍。在女同性性行为中,一方付给另一方金钱,收钱的人是女同性卖淫者。但是这种情况在四种类型中是最少的。

我们所说的卖淫者,包括全部四种类型,但在本章中,我们只研究男付钱给女的情况,而且不是研究妓女制度本身或妓女本人,只是研究与妓女性交合的男性的性行为。

发生率与频率

大众读物和许多社会科学著作都普遍认为,大多数男性的非婚性交合都是与妓女发生的。但是实际上仅就美国而言,其发生率没有一般人所想象的那么高,其频率则更低得多。执法官员和社会学者的报告、通俗性读物、小册子、小说,以及最优秀的文艺作品,都过高地估计和渲染了妓女对美国男性整个性生活的作用和意义。

我们调查发现,美国男性中曾经与妓女性交合过的占69%;其中许多人只有过一两次,有15%到20%的人一年中只有几次,而且至少连续5年均如此。当然也有人除了妓女从未与女性性交合过,但为数甚少。

与妓女性交合在男性的性释放总体中的比重只占3.5%到4%,仅仅高于爱抚和与动物性交这两个途径。这一比重在大学文化的人中最低,连同性性行为都是它的10倍到20倍。有些群体用与妓女性交合来抑制非婚性交合，但即便如此，前者也仅仅为后者的十分之一以下。因此说，与妓女性交合作为一种性释放途径，并不重要，它只是对社会来说很重要而已。与妓女性交合在男性所有婚前性交合中所占比例，16～20岁为8.6%，21～25岁为13.3%；在婚外性交合中的比例则从16～20岁的11%增至30岁的17%，再增至55岁的22%，很引人注目。这部分是由于成熟男性更有能力寻求新的性伴侣，尤其寻求那些富于吸引力的、年轻的女性；部分是由于成熟男性最终认识到，与其费力耗时地向一个非妓女姑娘讨好求爱，不如找个妓女更为省事。

男性曾婚者与妓女性交合的比例也随年龄增长而增加，这也是出于同一风尚和同一原因。发生率和频率因阶层不同而不同。到25岁为止，高中以下文化的人的发生率为74%，高中文化的人为54%，大学文化的人仅仅28%。

青春期初期，与妓女性交合的发生率和频率都非常低。但是执法官员却特别重视防止青少年发生这种关系，结果我们在调查中，如果想让一个妓女承认她曾经与18岁以下的男性发生过性交合，真是难而又难。但是有8%的男性说，自己在15岁以前就有过此事，当时频率为每四周一次，30岁时增为每三周两次。当然，这些人中也是高中以下文化的人频率最高，大学文化的人最低。16～20岁时，前者是后者的9倍，到30～35岁，达到36倍。按职业等级来看，等级2和等级3是等级7的5到10倍。防治性病的公共卫生官员实在应该注意这一现象，努力教育有关群体。

按全部美国男性人口计算，每人每年与妓女性交合将近5次。但总人口中，达到青春期而又未达到丧失性能力年龄的男人，只占34.3%（1940年）；因此推算下来，全美国每一个10万人口的城镇中，每星期大约发生3150件这类事。如果警察要逮捕每一个这样干的男人，显然根本不可能；这表明人类的行为是多么难于控制，消灭妓女的任务是多么艰巨。

最近一二十年来，人们为控制妓女做出了巨大努力；但是我们的数据表明，现在一代人的发生率几乎与二十多年前的一代人完全相同。阶层归属区别了人们的活动，但两次世界大战却没有使两代人出现什么两样行为。

不过实施频率毕竟降下来了，这无疑是教育水平提高和法律制裁运动的结果。与上一代人相比，这一代人的频率只及三分之二或一半。反过来，与非妓女姑娘的性交合却增加了。这一代人不再像上一代人那样满脑子想着妓女。上一代男性去妓女家或者妓院时，不仅是寻求性交合，也作为一种观光游玩和社交。他们在那里经常从事非性交的活动，诸如饮酒、赌博等等。今日的妓女大多是单个姑娘独立营业。尽管实际上美国的每一个大城市都有条件把妓女集中限定于某一区域之内，但是由于这些城市大多已消除了有组织的卖淫，外来人要找妓女就相当困难，因此也就没有上一代人的那种风尚了。

据我们估计，妓女的人数并不比10年或20年前少多少，只不过营业方式根本改变了，每周接客的次数也下降了。

技巧

我们不准备讨论妓女卖淫的细节，只想研究一下妓女和嫖客的阶层所属与本人状况。大多数妓女出身于低层社会，学到了低层社会的行为模式，并在她卖淫之后继续影响和制约她的性态度。她的一些嫖客与她属于同阶层，她的性交合模式也就足以使他满意了；但相当多嫖客是高中文化的人，大学文化者虽然稍少一些却极为重要，结果他们所要求的性交合与爱抚技巧却是妓女所生疏的。为了挣钱，她可以按嫖客的要求去做，但需注意，她却拒绝对丈夫或男友运用这些技巧。妓女同样把性交合前爱抚、深吻、口刺激乳房、口与生殖器接触等行为看作反常的、"堕落的"或者"在搞同性恋"，即使她们为钱而做了，也仍然这样认为。她会轻视那些提出如此要求的嫖客。当然也有例外。有些妓女不以为怪，付钱就行。有些还对方式变换感起兴趣来。她们有些是高中或大学文化的人，有些人的机体能量、精神和智力水平都相当高。这最后一类人能够迅速地适应和提供最能满足上层男性的变换技巧，其中一些妓女还与上层男士保持了长期关系，俨如夫人和主妇。

价格较低廉的妓女总要求最快地完事。这也是她的出身所决定的。在一些妓院中，性交合限定在5分钟之内或更少，超过时间另外加钱。受教育较多的男性要求具有社交色彩，要求性交合前的爱抚，在廉价妓女那里都得不到，在大多数妓女那里也得不到。只有在价格高昂的妓院中，或者富豪们包占的妓女中，才有可能偶遇合意女人。

由于禁娼运动，较高级的妓院都关闭了，最低级的妓院却大多残存下来了。妓女都开始独自营业。她们常常没有卖淫场所，只好去黑暗的小巷、自己的破烂住所或最便宜的旅店。结果，曾经满足过上一代人的嫖娼活动，如今却无法满足这一代人。

妓女的意义

世界文学中有数以百计的作品试图论述妓女的社会意义。20世纪以来的有关论述，也都把以前的文学作品当作信息来源，去讨论那时妓女的地位。可以确信，有史以来直到第一次世界大战，妓女在男性生活中都比现在重要得多。

卖淫与其他黑社会活动一直有着很大关系，如赌博、贩私酒、兜售麻醉品等等。非常多的妓女一有机会就劫掠嫖客，时常还有暴力抢劫、殴打，偶尔有凶杀。执法官员和其他同类人更注意这些活动，而不是卖淫本身。最近几十年来，镇压有组织卖淫的最充分理由就是防止性病传播。从1907年到1946年，至少有31位作者写出30本书来论述这一问题。但是我们此处暂不讨论上述两类社会问题。

历史上没有什么社会制度像卖淫制度那样，遭到如此长期的禁止和如此严厉的反对。这无疑使人们普遍认为，卖淫制度本身必定有许多根本的谬误。但另一方面，妓女却又继续存在，使人们不禁要问：男人为什么一直和一定要去找妓女呢？这可能是由于经济规律，由于一直存在着对它的需求。从1922年到1944年，至少有8位作者在7本书中持这种观点。但第一位的原因是：男人嫖妓是为了释放在其他方面无法释放的性张力，或者寻求唯有妓女才能提供的性活动。许多男性是为了寻求变换性伴侣所产生的新乐趣。一些男人是因为他们认为，去妓院比找站街的妓女更保险，更不易感染性病。有一些男人纯属好奇，要见识见识。社会心理学家还发现有时男人结伙去找妓女。

各阶层的男性中都有人觉得，嫖妓比追求一个非妓女姑娘更省事。即使是那些与姑娘性交合相当容易的大多数低层男性，当他们急于性交合又想不费多少力气时，也会去找妓女。对上层男性来说，若不长期约会并为之开销一大笔钱，就别想跟任何一个姑娘性交合，于是某些人就只好与妓女性交合。当然，男人离家来到一个陌生城市时，嫖妓的就特别多。

数以百计的男性坚持说：嫖妓比与任何其他姑娘进行性交合都更加便宜。结识一个上流社会姑娘，要约会几周、几个月甚至几年，才能发生首次性交合；要送她鲜花、糖果、化妆品，要请她出席晚宴、晚会、招待会，看电影、看戏剧、逛夜总会、跳舞、野餐、周末家庭聚会、开汽车兜风、长途旅游，还有所有开销甚大的活动；还要在她的生日，圣诞节和数不清的其他节日里送她礼物。最后，一切努力都尽到之后，一旦她理解到男方对性交合感兴趣，她就会马上一刀两断。在第二次世界大战之前，与妓女性交合一次只花1～5美元，追求姑娘可就不知要多花多少了；即使战争中妓女价格飞涨之时，嫖妓也不比追求姑娘贵，况且姑娘可能同意性交合，也可能不同意。

男人嫖妓是因为，他除了付钱之外再无其他任何责任；而与其他姑娘性交合，却可能带来他根本承受不了的社会的和法律的义务。

男人到妓女那里寻求别处找不到的性活动。妓女能满足虐待狂、被虐待狂、异物摩擦癖。群交和观看性交表演也只有靠妓女。所有这样做过的人几乎都是因此才这样做，而其发生率之高远超出一般人的预料。

有些男人嫖娼是因为他们多少缺乏与别的姑娘建立性关系的能力，羞怯者中尤为普遍。有各种缺陷或残疾的男性更难于寻求异性性交合。有许多妓女给他们提供了首次性交合，从而帮他们确立了自信心。

下层社会中有的男性弱智、畸形、相貌丑陋、举止令人反感，他们也只能与妓女性交合。如果没有这种释放，他们所造成的社会问题会更多、更严重。

有人报告说，妓女被镇压的地方，对良家妇女的强奸就增多了。我们没有足够的材料来证明此说之对错。

我们也没有材料能判断，妓女传播的性病多，还是婚前与婚外性交合传播的多。妓女的社会意义，主要取决于嫖客是什么人，出身于哪一阶层。下层人反对卖淫的很少，不少人认为这比与其他姑娘性交合好。下层男性不特别关心女方的性反应如何，对性交合激情不感兴趣，不企望爱抚。他喜欢没有激情的、没有社会义务加在其中的、实实在在的性过程。因此他偏爱妓女，因为妓女肯定不会像别的姑娘（甚至他妻子）那样反对性交合，反而与他一样期望着性交合。但另一方面，上层社会男性几乎都说，与妓女进行性交合，远不如与别的姑娘性交合那样能够得到满足。这是大多数上层男性之所以不再第二次嫖妓的首要原因。另一事实是，商业化性交合中缺乏与女友或妻子性交合时的那种情感交流。上层男性厌恶妓女的无爱抚和无性反应。结果，她不能刺激和满足激情的、敏感的他，而相当多的他在与她性交合时也发生阳痿。

与妓女性交合会对当事男性的人格产生何种作用，尚需心理学和精神病学的进一步研究。

第十六章

同性性行为

在所有男性的性释放总量中，自慰与梦遗占24%；异性性行为（包括爱抚与性交合）占69.4%；同性性行为占6.3%。

这样看来，同性性行为在释放总量中的比例相当小；但是如果考虑到它的发生率，即相当多的一部分男性，甚至多数男性，一生中至少有过某种同性性行为的经验，那么其意义和重要性显然就大得多了。前青春期男孩中大约有60%从事过同性性行为，更有一些成年男性，虽然避免了发生同性性行为，但是仍然相当清醒地意识到自己具有这样的潜在可能。

由于犹太教和基督教教会一贯认为，同性性行为是不正常的和不道德的，因此同性性行为的社会意义也就很值得强调了。具有同性性行为的人如果被发现，我们的社会习俗和我们的英美法律对他的惩罚有时非常严厉。因此，许多这样的人都有严重的精神困扰，其中不少人一直与社会组织公开对抗。结果，在西欧文化或美国文化中，我们一直找不到可靠的资料来确定同性性行为的本质以及发生率，更无法探索它的生物来源或者社会来源。如果同性性行为并不普遍，其他动物中没有，人类中也只是极个别人才有，那么我们就没有必要研究它。但是如果我们证明了它不仅是人类性活动的一个基本组成部分，也是整个哺乳动物界中很普遍的行为模式，那么事情就完全不同了。在这一章里，我们正是要做这项工作。

同性性行为的界定

近一个世纪以来，同性性行为这样一个关于人类行为的术语，一直被用来指称性关系，指称性别相同的人所建立的性关系，而且既指肉体关系，又指精神关系。结果，一连串的新名词都被用来指称这种人类行为，而且还在不断出现更新的，诸如：同性爱、同性性行为、同性色欲、同性主义、同类性爱等等。还有许多名称不仅指出这种行为发生于同性之间，还掺进了并强调着一般人对它的评价。由于一般人都认为有同性性行为的人既不是男人也不是女人，而是一种"双性人"（两种性别兼有的人），因此就有了这样的称呼：性倒错、中性恋、变性恋、第三性别、性心理上雌雄同体等等。这些名称都是含混不清的，尤其后一类按照"双性人"所起的名称更是错误的。遗憾的是，尽管人们根本没有进行科学的检验，却一直普遍沿用这些不准确的名称。

（在汉语里，同性性行为被称作"同性恋"，而且已经约定俗成，很难再改变。但是同性恋这个词更不准确，因为"恋"，既可以理解为"爱"，又可以理解为"依恋"或者一般的关系好；更不妙的是，"恋"一般指情感或者心理状态，并不包括性行为在内；结果许多人顾名思义，把自己的或别人的对同性亲友的亲密爱慕之情误解为"同性恋"，有的自忧自扰，有的毁人名誉。实际上，同性性行为虽然有爱的情感和心理在其中，但是更根本的标志是同性双方发生具体的实际的性行为。一个人如果无此种行为，无论在司法实践中还是在社会学、心理学、伦理学的意义上，都不能称为"同性恋者"。中国读者尤其应该注意这一点——译者注）

最近在西方文化中，人们又把女性同性性行为单独称作"累斯博"（Lesbian）。它源于古希腊著名女诗人萨福（Sappho），因为人们都认为她有同性性行为，她又住在累斯博斯岛（Lesbos）上，结果就有了这样一个称呼。这个称呼作为术语来用也不妥。尽管我们不能反对人们给女性同性性行为单独起一个名字，但是我们必须知道，它与男性同性性行为并无不同。

有一些动物学家把同性性行为这一术语应用于比哺乳动物更低级的动物，像研究它们的异性交配那样去探寻它们的"同性交配"。这也很不科学，很不妥当。即使在研究哺乳动物的行为时，动物学家也是先分别总结出雄性和雌性的典型性行为模式，然后把雄性按雌性模式性交与雌性按雄性模式性交的现象，叫作同性性行为。动物学家详细描述了发生在老鼠中的这种现象（具体引文略去——译者注）。显然，这种描述和论断对于研究人类性行为来说没什么用处，因为动物研究中所论述的大多数"同性性行为"，实际上说的是性行为倒换或性行为中性别角色的颠倒。当然，人类心理中确实有性别颠倒的情况，一些同性性行为相当多的人也确实是这样做的，但这种倒换或颠倒不仅发生在同性性行为中，也同样发生在异性性行为中。更重要的是，我们的调查发现，在同性性行为中，绝大多数男性仍然保留着他们的男人气，仍然遵从男性的行为模式；绝大多数女性也同样如此。他们与那些只发生异性性关系的男女没什么两样。因此，"颠倒"这一现象与同性性行为是两个不同的行为类型，两者之间也并不总是相互联系的。

研究动物行为的学者最近还创用了"双性"（或"兼性"）这一术语，用来指称那些在性活动中时而扮演雄性角色、时而扮演雌性角色的个体。这一名称也被用来指称人类，但这也不对头，因为其原义是指行为类型的转换，与同性性行为或者双性性行为也没什么共同之处。动物研究中错用同性性行为这一术语，引起许多混乱。动物学家发现，注射性激素可以减少动物发生上述行为倒换的频率。但是许多临床医生把这一成果误解为：一个人发生同性性行为还是发生异性性行为，是由他（她）的性激素分泌状况控制着的。真实情况是：给一只动物注射雄性性激素，当然会增加它的性反应的强度与频率，但是对它选择雌性还是雄性作为性伴侣却没有什么影响。对人类的临床实验也同样证明了这一点。一个注射了男性性激素的男人，性活动的强度增加了，但他从事同性性行为还是异性性行为却没有丝毫改变。

如果加以严格界定的话，同性性行为与异性性行为所指的仅仅是参与性行为的两个个体是否属于同一个生物上的性别，而不管两人之间发生的具体性行为到底是什么。例如：男女之间的口刺激生殖器行为毫无疑义是异性性行为，绝不能像有些人那样把这说成：那个男人"用同性恋的方式与他妻子做爱"。同样，两个男性互相以手刺激生殖器（"手淫"）也是毫无疑义的同性性行为，尽管有些这样做的男人否认这一点，因为他们以为，唯有口刺激生殖器或者肛门性交才是同性性行为。还有人认为，两个同性发生性行为时，被动承受的那一个当然是"同性恋者"，而主动行动的那一个却不是，因为后一个只不过在重复着他的异性性交合中的动作。

有许多心理学家和心理医生还错误地认为，偶有同性性行为的人与唯有同性性行为的人截然不同，后者的行为才能叫同性性行为，前者的则不算。这就把对行为本身的定义混同于对行为者的定义了。这样，与男女两性都有性关系的人的性行为又如何判定呢？正如我们在这一章里将要论述的，对行为者可以分类，我们把唯有同性性行为而绝无异性性行为的人称为绝对同性性行为者，两种行为兼而有之的称为相对同性性行为者；但是行为本身却只有同性间的与异性间的这两种。

因此，同性性行为这个术语最好不要用来形容人或者称呼人，而是用来说明某种肉体性关系的性质，或者说明足以唤起一个人性欲的某种刺激的性质。

发生率

许多人都已经认识到，弄清同性性行为的发生率太重要了。医生需要它，以便衡量他的病人到底是否偏离了总人口中的普遍常态。立法者、教师、教士、司法人员、社团领导者、社会工作者等等全都需要它，否则便会完全误解一个有同性性行为经历的人以及此事的意义。监狱当局、治安管理部门、各类劳教单位、公立或私立中学、大学、陆海军，也都需要它，尤其应该在决定处罚任何一个有同性性行为的人之前就先知道它，理解它。

对发生率的估计可以有天壤之别。许多人认为，同性性行为者少而又少，除了在医院里，人们常常一辈子也没碰到过一个。但是许多自己有过同性性行为的人则说，与自己同样的人占人口的50%到100%。

可惜，长期以来科学界很少有人去努力弄清这个发生率。霭理士在1936年估计当时英国的发生率大约为2%到5%，赫希菲尔德1920年对德国发生率的估计也是如此。结果，这一发生率就被各个国家各个时期的人们引用和沿用下来了，尽管一般人根本不知道此数出自何时何处。1936年，特曼和米尔斯估计大学中的发生率大约为4%。1947年麦克法兰"猜测"全美国发生率大约为6%。这些百分比来自规模很小的抽样调查。20世纪初，罗梅尔在荷兰调查了595个大学生。赫希菲尔德发出7481份问卷，但只收回49%。后来他到柏林的性研究所工作，先后大约有一万名参观者和就诊者填写了他散发的问卷。但是这种抽样过于随意，不足以代表总人口的情况；而且赫希菲尔德出于自己的学术观点，认为绝对同性性行为者才算数，因此他的数据并不能表明这种性行为本身的发生率。

20世纪以来，有三位研究者调查了美国人口中的发生率。值得注意的是，这三位研究者所得出的发生率都比欧洲同行们得出的多。这绝不是因为美国人与欧洲人有什么大的差异，而是因为这三位研究者都调查了多种群体，都用直接面谈的方法来调查，因此也就都更接近于总人口中的和实际生活中的真实情况。汉米尔顿1929年发现，18岁以上的人中发生率为17%。拉姆齐1943年发现高中生的发生率为30%。辛格1917年发现大学生的发生率为27%。不过，在第二次世界大战中，声称对数百万男性进行过体验和心理检查的美国征兵机关却断言：其中只有大约1%的人被官方认定为同性性行为者。此数为什么如此之低？因为美国陆海军一贯坚决反对同性性行为，有时还要给予处罚，有这样行为的人没几个敢于说出自己的真实经历，无论入伍前还是入伍后。实际上，据许多军医和军内心理医生估计，军人中的发生率达10%或更多。

我们的研究将提供更准确的发生率。我们所说的同性性行为有着严格的定义：一个男性与另一个男性发生肉体接触，并因此而达到性高潮。不论心理刺激的状况如何，不论采用何种技巧，不论是否经常这样做，不论是否还有过异性性行为，这种同性间达到性高潮的肉体接触就是同性性行为。因此，我们的数据表示的不是所谓"同性恋者"的人数，而是那些至少有过一次同性性行为经历的人的人数。在我们的同性性行为数据中，不包括那些有行为而没有达到性高潮的人，也不包括那些仅仅被同性的刺激唤起了性欲而没有发生实际肉体行为的人，因为我们整个这本书都是研究性高潮的状况及其来源的。但是另一方面，在关于同性性行为与异性性行为的比率的数据中，却包括了那些有行为而没有达到性高潮的人。因此凡是两者相比较的数据中，同性性行为的发生率高于仅仅研究它本身时的发生率。

按照这个标准（有肉体接触并达到性高潮），我们的调查结果是：在美国所有青春期开始以后的男性人口中，有过同性性行为经历的人至少占37%（发生率最高的一个年龄组达37.5%）；这尚且不包括青春期开始之前的少年儿童。在青春期开始以后，35岁以下的未婚男性中，几乎整整50%的人有过同性性行为经历（发生率最高的年龄组达50.9%）。我们开始调查时，根本没有想到会得出如此之高的发生率。好几年里，我们带着巨大的怀疑反复重审我们的资料和调查方法，但是，无论我们调查一个大城市还是几个大城市，无论调查小镇还是乡村、同一学院还是几个学院的大学生、教会学校还是公立或私立院校的学生、出身于同一地区还是几个地区的人，发生率都基本相同。我们又用了12种方法来比较对照我们从不同的抽样范围内得出的数据，结果仍然是上述那两个发生率：至少37%和几近50%，而且我们的重审还发现，实际生活中真正的发生率可能比我们的数据还要高5 7%或者更多。

下面我们将从两个角度谈谈我们的具体数据，一个是按每一年龄划分的所有人的发生率，另一个是单身者的逐年累计发生率。

如果分别考察每一年龄的人的发生率，而且把单身者和在婚者都考虑进去，那么15岁者为27.7%，18岁者为36.7%，20岁者为36.7%，25岁者为35.4%，30岁者为32.4%，36岁者为27.2%，38岁者为25.4%，45岁者为22.9%。其中最高点是19岁，为37.5%，在18~24岁之间，每一年龄都在37%上下，但25岁后开始逐年下降。这就是说，如果就人的一生来看，如果不管该人以前或以后是否再有同样行为，那么至少曾经在一生中有过一次同性性行为的人，至少占总人口的37%。

但是单身者的累计发生率却是另一种情况。首先按受教育程度来看。到30岁时为止，单身者中累计发生率最高的是上过高中但没有上大学的人，为54.2%，高中以下程度者为45.3%，大学程度者为40.4%。不管受教育程度如何，所有单身男性的累计发生率随年龄而逐年增长。从青春期开始起算，到15岁时为28.0%，20岁时为40.3%，以后直到25岁的5年中增长非常缓慢，分别是40.4%、40.6%、42.1%、44.1%、44.4%。但25岁以后增长速度又加快了，28岁时达48.9%，32岁时达50.2%，38岁时达53.7%。

我们的所有资料都证实了上述数据及其变化规律是真实的。那么为什么按每一年龄分别考察，18~24岁是发生率的高峰期，而按单身者的累计发生率来看，21~25岁却又是增长的迟滞期呢？为什么分别考察各年龄时，25岁以后的发生率逐年下降，而单身者的累计发生率却反而在25岁以后上升了呢？这自有其社会原因。

一个人从15岁以后，就日益清醒地认识到，社会是坚决反对同性性行为的。那些有这种经历的人就会陷入剧烈的内心冲突，他们试图停止同性性行为，试图遵照社会的要求把自己改造成一个异性性行为者。21~25岁正是他们压抑自己最甚的时期，因为这也是他们步入社会实际生活的时期。当然，其中有些人就此成功了，但也有相当多一些人始终未能成功。未成功者到25岁以后可能会得出结论：花费如此之大的精力去禁止自己的同性性行为真是得不偿失，因而自觉地、斩钉截铁地、甚至有时是集体地或公开地决定重新恢复这一活动。另一方面，25岁以后，具有异性性行为指向的人大批结婚，他们以前的同性性行为便中止了，这使得按年龄对所有人考察的发生率下降了，但是同时也使仍是单身者的人的基数减少，其中同性性行为的发生率也就自然升高了。

青春期开始得早的男性，其同性性行为发生率也就高，开始晚的则显著地低。以大学程度者为例：同是在青春期前期，青春期开始得早的人的发生率为28%，而开始晚的人就非常少。随着年龄增长，双方发生率的差距逐渐缩小了，但是直到10年之后和15年之后，双方的实施频率仍然存在较大的差距。这使我们回想起，并再次验证了本书前边章节的论断：青春期开始早的人拥有所有人中最强的性的驱动力，不论是在青春期前期里还是在一生的大部分时间里，不论在自慰和异性性行为的发生率与实施频率方面，还是在同性性行为的这两方面。

目前在婚的男性，发生率最高的时期是16～25岁之间。那时近10%的人有同性性行为。25岁以后逐年剧减。但是这些数据很可能并没有充分反映真实情况，因为年轻的单身男性的同性性行为伴侣，一般都是年纪较大的、在婚的丈夫们。一方有多少，另一方也应该有多少才对。无疑，许多在婚男性没有谈出他们真实的性经历。那些地位较高的在婚男性更是如此，他们最不愿谈的问题一个是婚外性行为，另一个就是同性性行为。社会阶层较低的目前在婚的男性，在16～20岁之间时，发生率大约为10%。高中程度的男性在21～25岁期间，而且在结婚以后，有13%左右的人有同性性行为，大学程度的、31～35岁之间的、在婚的男性中，发生率只有3%。我们一直无法计算出在婚男性的各年龄总发生率和累计发生率，但它们一定会比上述数据高。

最后我们必须注意，我们不能说目前（1948年）的发生率比一代人以前增加了，因为我们前面引用的20世纪20年代和20世纪30年代的发生率，是根据完全不同的标准确定并计算出来的，无法比较。

实施频率

由于同性性行为的发生率高，也由于它在单身男性的性释放总量中只占8%到16%，还由于它在在婚男性的释放总量中的比例更低，因此总人口中的同性性行为平均实施频率也就必然很低。即使加上那些有实际行为而不说的人，实施频率也不会很高。如果没有社会的禁忌和个人的内心冲突，同性性行为本来会比异性性行为多得多。一个男人在十几岁和二十几岁时，总会遇到一些外来的性试探，其中来自男性的比来自女性的更多。一个身体或个性具有吸引力的小伙子，所遇到的来自男性的性试探，比他自己向女性所发出的性试探还要多。一个具有同性性行为经验的男人在男性中能找到性伴侣，一个具有异性性行为经验的男人在女性中也能找到性伴侣，但是前者的性伴侣肯定比后者多。当然，只有真的这样做过的人才会知道这一点。社会禁止同性性行为，也禁止公开谈论它，这使得大多数人否认或忽视了结成同性性关系的渠道和机会实际上非常之多，甚至那些渴望结成这种关系的人也不知道这一点。结果，许多这样的人成年累月地徘徊着，从未发生过一次达到性高潮的实际性行为。这是同性性行为实施频率很低的首要原因。

男性只需找到一个（仅仅一个！）可以与之结婚的女性，他的异性性行为便可以长期地、有规律地进行。但是具有同性性行为的男性却必须更经常地寻找一连串的性伴侣。这些性伴侣至多只能提供极少几次性行为机会，甚至仅仅一次。结果，在他们寻找新伴侣的许多天甚至许多星期中，他们的实施频率便是0。

即使一个经历最丰富的同性性行为者也有他的独特口味，不会轻易俯就随便什么样的性伴侣。审美眼光高、敏感、对不良环境的过度反应，偏爱某一年龄或社会地位、某种身高体重、肤色发色、生殖器状况，特殊场景、特殊时间、气氛，所有这些都可以使他失去成百上千次机会。

唯恐被社会发现的心态使得同性性行为者极端缺乏安全感，总是百般挑剔"干事"的场景和地点。这又使他们丧失了许多机会。

男性同性性关系能长期维持的非常少。本来，如果没有社会习俗与法律禁令在不断强化和延续着婚姻的话，异性性关系能长期维持的也会比现在实际存在的少得多，或者持续得短得多。同性性关系可没有这么好的外界条件和外来维系力量，反而不断地受到个人内心冲突和个人与社会的冲突的烦扰，结果这种关系绝大多数只不过仅仅是一次聚首而已。

有许多男人之所以有同性性行为，无疑是因为个性孤僻、软弱或者有其他性格弱点，无法与别人进行任何形式的社会交往。他们会觉得与同性之间的交往更容易些，但即便如此，他们也难于交往一个陌生同性。

他们常常呆在他们认为是同性性行为者聚会场所的地方，但同样地是孑然独坐，几个星期几个月地不与任何人说一句话，哪怕明知那人可能是潜在的性伴侣也罢。

还有一些男性在心理反应上已是绝对同性性行为者，但是出于道德原因或者害怕社会惩罚，他们却从来没有过实际的肉体行为。当然，他们为此苦恼万分。

由于上述种种原因，同性性行为的实施频率不但从总体上看非常低，而且其中的高频实施者也近乎于无。无论在哪一个社会阶层中，也无论在哪一个年龄上，实施频率超过每周3到5次的人，都在同性性行为者的总数的5.5%以下。即使只统计同性性行为者最活跃的那些年，其中每周超过6次的人也只占5.2%以下。拿异性性行为与此相比较，同年龄全体男性中每周实施3～5次以上的占25%，最活跃的在婚男性中每周平均超过6次的人占24%。单身同性性行为者的平均实施频率在青春期前期为每周0.8次，25岁时为1.3次，35岁时为1.7次。由于总体性释放的频率随年龄增大而逐减，同性性行为在这些人的释放总量中所占的比例就引人注目地上升了；在青春期前期占总量的17.5%，在25岁前则占30.3%，到40岁时占到40.4%。

同性性行为的实施频率也因社会阶层不同而不同。最低的是大学程度者，高中程度者最高，比前者高出50%至100%，高中以下程度者居中。同性性行为与异性性行为的比较科学家们和律师们一直相信，世界上只有"异性恋者"和"同性恋者"这两种人，"双性恋者"为数极少，因此可以忽略不计。他们更相信，每一个人一生下来就注定不是这种人就是那种人，而且终生不变。

同性性行为与异性性行为的比较

长期以来，人们从生理、心理甚至灵魂与智慧等方面，把"同性恋者"描绘成一种与"异性恋者"全然不同的人。为了科学地研究这个问题，我们不仅需要知道总人口中同性性行为的发生率和实施频率，也必须知道在一个人的生活经历中,同性性行为与其他类型性行为处于什么样的关系之中。

我们的调查表明,许多人的性行为并不是非此即彼。当然有绝对异性性行为者和绝对同性性行为者,但是人口中相当多的一部分是两类性行为都有。有人这一类性行为多,有人那一类多,也有人两类相等。

为了弄清问题,我们可以把从绝对异性性行为者到绝对同性性行为者的中间过渡状态划分成0~6等级:

0级:绝对异性性行为。

1级:偶然有一二次同性性行为,而且绝对没有异性性行为中那样的感受和心理反应。

2级:同性性行为稍多些,也能不明确地感受到其中的刺激。

3级:在肉体和心理反应上两种性行为基本相等,一般两者都能接受和享用,无明显偏爱。

4级:在肉体和心理反应上同性性行为多于异性性行为,但仍有相当多的后者,还能不明确地感受到后者的刺激。

5级:只是偶然地有异性性行为及其感受。

6级:绝对同性性行为。

我们根据这个分级表归纳了我们的调查材料,得出了我们下面将要讲的一些结论。但是我们先要声明:任何分类都是人类头脑的产物,活生生的世界不应该也不可能被强行塞进这种鸽子笼般的格格里。因此,诸如在这个世界上到底有多少个"同性恋者"或多少个"异性恋者"这样的问题,显然根本没有答案。我们至多只能说,按照我们的分类标准,按照我们的调查记录,在哪一级上有多少人。总结我们的调查结果,我们只能就白人男性中肉体同性性行为经历的发生率,就这些人中上述7个等级的数量分布状况,谈一些最普遍的情况。

37%的男性在青春期开始之后,至少有过一次达到性高潮的肉体的同性性行为经历。50%到35岁仍是单身的男性在青春期开始之后,有过肉体的、达到性高潮的同性性行为经历。

在35岁仍然是单身的男性中，有过达到性高潮的同性性行为的人，在高中程度者中占58%，在高中以下程度者中占50%，在大学程度者中占47%。

所有男性中，63%的人在青春期开始以后，从来没有过肉体的、达到性高潮的同性性行为。

所有男性中，50%的人在青春期开始以后，既没有肉体的也没有心理反应上的同性性行为。

所有男性中，13%的人在青春期开始以后，对其他男性产生过性欲上的反应，但没有肉体的同性性接触。

在16～55岁之间，所有男性中的30%在至少三年中至少有过偶发的同性性行为经历，或者对同性产生过性欲上的反应（即1级到6级）。16～55岁的所有男性中，25%的人在至少三年中有过比偶发更多些的同性性行为经历或反应（即2级到6级）。

16～55岁的所有男性中，18%的人在至少三年中有过至少与异性性行为同样多的同性性行为（即3级到6级）。

16～55岁的所有男性中，13%的人在至少三年中的同性性行为多于异性性行为（即4级到6级）。

在16～55岁的所有男性中，10%的人在至少三年中几乎是只有同性性行为（即5级到6级）。

16～55岁的所有男性中，8%的人在至少三年中只有同性性行为（即6级）。

青春期开始之后的白人男性中，4%的人终生只有同性性行为（绝对同性性行为者）。最后，我们要强调指出：个人的社会经历与他是否有、有多少同性性行为，可能有关系也可能没有关系。一个从未有过同性性行为的年纪较大的男性，可能去强奸一个很小的男孩，虽然这一偶发事件只达到我们划分标准中的1级，但是社会和法律仍然有理由惩处他。反过来，大多数仅有1级同性性行为的人却并没有扰乱任何人。就6级而言，有些绝对同性性行为者很能控制自己肉体接触的范围，从不引起任何社会问题；但也有些同样属于6级的人，却像色狼一样，公然反抗社会准则，引起一连串麻烦。

由于成年后的一生中只有50%的人是绝对异性性行为者，只有4%是绝对同性性行为者，因此人口中就有46%（近一半）的人既有异性性行为，又有同性性行为，或者对两性都有性欲上的反应。这些人无法用"双性人"或"兼性人"这样的术语来称呼，更不能把他们理解为生理上或心理上"半男半女"或者"两性合体"的人。

科学意义与社会意义

既然同性性行为如此之多，既然古希腊和当代许多文化并不像英美社会那样严禁它，那么，一个人对任何一种性刺激产生反应，而不管这刺激是来自异性还是同性，就必定是人类的基本能力。同性性行为和异性性行为都是人类学习来的行为模式，它们很大程度上是由一个人生长于其中的特殊文化的道德观念所形成的。人们在轻易断言同性性行为是遗传来的或终生不可改变的之前，最好仔细地考虑一下社会文化的作用。

把同性性行为说成精神病或者人格变形的观点，也已被我们上述发生率和实施频率所推翻。在总人口中有同性性行为的那40%或50%的人的经历中，没有任何别的事情能证明他们有精神病或人格变形。也许有人会说，一个人如果有同性性行为，就是对社会反应极端迟钝，就是多少在适应社会方面无能。但是心理学家和临床医生一般都已不再要求一个人勉强顺从特殊的行为模式，事实上，越来越多的最有水平的心理医生已经不再试图改造病人的行为，而是致力于帮助他自我接受，并且引导他认识到自己并不必然与社会公开对抗。

当然，同性性行为者中也有一些人有神经症状，但他们往往是自己跟自己过不去，而不是跟社会。异性性行为者中也有这样的人。有些同性性行为者烦恼到难于从事他们的事业或者履行他们的职业责任，甚至无法坦然地进行最简单的社会交往。但是，恐怕不是因为他们有神经症才云从事同性性活动，而是由于他们有了同性性行为并遭到社会反对才产生了神经症。

一个人为什么会发展为绝对同性性行为者？原因之一恰恰是社会排斥那些偶有几次的、甚至仅有一次而被发现了的人。高中生会因此被开除；在小城镇里，这样的人几乎必定会被当地社会排斥。即使他想再"改邪归正"去从事异性的性活动，社会也不会再给他机会，他不得不投入同性性行为者的群体，结果在其中发展为绝对同性性行为者。

每一个中学教师和校长，在碰到有同性性行为的男孩时，首先应该理解：同一所中学里其他所有达到青春期的男孩中，有四分之一到三分之一也有同样的行为。

如果一个社区的人都能理解，那些有同性性行为的人同样也有异性性行为，可能还相当多或非常多，那么社区对这种事也许就不会那么大惊小怪，不会那么义愤填膺。

社会工作者在把一个男孩或成人当作"同性恋者"记入其档案甚至移交法院处理之前，应该牢记：在绝对同性性行为与绝对异性性行为之间存在着许多过渡阶梯。

监狱当局和精神病院当局常常遇到许多被判"犯有同性恋罪"的男性。我们的调查发现，这些地方的所有犯人或病人中，25％或30％有同性性行为经历。显然，那些因此被判罪的人与其他人中的四分之一或三分之一没有根本区别。对这类起关押作用的机构来说，它们最应该关心的，不是怎样去控制那些过去有过同性性行为的个人，而是如何控制住那些特别具有侵犯倾向并强行把别人拉入同性性关系的人。

审理因同性性行为而被捕的人时，法官应该牢记：这个城市全体男性中近40％的人，在其一生的某些时候也应该按同样罪名被逮捕，而且，这个城市所有单身男性中20％到30％的人也都应该在同一年中按同罪被逮捕。

同时，法庭（法官和陪审团）还应该牢记：如果他们打算把这个被捕者送进监狱或者精神病院，那么那些地方的所有被关押者中，有30％到85％的人已经有过同性性行为了，而且都比这个被捕者发生得更早。

另一方面，审理此类案件的法官会发现，他如果释放这个被捕者或者给他缓刑，当地社会势力就会把他本人当成攻击目标，给他扣上纵容危险的"变态者"再去危害社会的罪名。

执法者们只有在社会可能接受的范围内，才能运用科学对人类行为的研究成果。在整个社会了解人类同性性行为的真相之前，官方对任何一个同性性行为个案的处理，都不会出现什么较大的变化。

如果考虑到我们的数据得自于各个社会阶层、各个职业和各种年龄，那么那些努力强化性法律的警察和法官，那些大声疾呼强化法律（尤其是反"性变态"的法律）的教士、商人和其他群体，实际上同性性行为的发生率和实施频率并不比他们那个阶层中的其他人低。

那些自己也有此种行为的官员们之所以最彻底地禁止和惩罚别人的此种行为，并非由于他们个性伪善。他们自己也是道德的受害者，是公众要求他们保护这种道德的压力的牺牲品。

只要人民中还存在着这种传统习俗与实际行为的割裂，执法者的这种自相矛盾也就不会消失。

有人会认为，不管同性性行为在总人口中的发生率和实施频率有多高，它本身的不道德实质就必然招来社会的镇压。有人则干脆主张，筛选审查所有的人，对任何有同性性行为倾向的人都加以"治疗"或者隔离，这种行为就会被彻底消灭干净。

这种计划是否符合道德，科学家没有资格加以评判，但是科学家却可以确定它是否可行。我们的数据表明，如果照此办理，至少要隔离三分之一的男性。美国成年男性占总人口的34%（1948），这意味着大约要隔离630万以上的人。

即使真的实现这一计划，真的把所有有过同性性行为的人从今日社会中消灭干净，人们也没有丝毫理由相信它的发生率会在下一代人中有任何实质性的降低。同性性行为一直是人类性活动的一个重要组成部分，这主要是因为，它是人类拥有多种能力的一种表现，而这样的多种能力正是人类的安身立命之本。

Sexual Behavior in the Human Female

下部

女性性行为

《女性性行为》是由金赛及"金赛性学研究所"的同仁们历经15年，调查分析了5,940名女性后写成。这本书一方面分析了女性性行为，通过大量的统计数据和分析，揭示了女性多种性行为的实况，另一方面，这本书新增了女性与男性的比较研究，以大量的数据与观察结果，不仅解决了性研究的普遍问题，还提出了男女性生理和性功能同构、同质、相互对应的基本思想。

第十七章

调查概况

大约15年前,我们在印第安那大学工作时,开始调查研究人类的性行为。现在这本书,就是我们整个工作的第二阶段的总结。我们所做的是一种探索真相的资料工作,是为了揭示人类性行为的实况,寻找形成人们性行为模式的诸因素,探明人们的性经历如何影响他们的生活,以及各种性行为模式的社会意义。

我们的第一部报告是《男性性行为》。

该书调查分析了5,300名白人男性。现在这本书则调查分析了5,940名白人女性。经过15年的调查研究,本书最终由金赛性学研究所的各位同仁写成。研究所的16位成员中,有生物学家、临床心理学家、人类学家、法学家、统计学家、不同语种的语言学家,以及其他领域的专家。与我们合作过的有众多专业的学者,包括医学、生物学、生理学、心理学、精神病学、统计学、动物行为学、神经生理学、社会科学各学科、罪犯教育学、婚姻咨询、文学、美术等等。

我们从1938年7月开始调查,男女并重,齐头并进;因此我们现在可以比较研究女性与男性在性行为方面的差异。除了下边将要分析的5,940名白人女性外,我们还调查了另外1,849名女性,但是由于后者属于特殊群体,本书中没有分析她们的资料。我们研究的只是人类的一小部分。本书以及我们前一本书之所以用"人类"这样一个术语,是指明我们研究的是人类这个物种的情况。

调查工作的历史背景

1938年7月,金赛博士在印第安那大学担任生物学教授。他的学生向他提出许多有关性的问题。为了科学地解答这些问题,我们求助于医学、生理学、精神病学、社会学等学科,结果发现,对于人类性行为的科学知识,比起对于人类机体的任何一种功能的科学知识来,真是少得可怜。

由于各种各样的限制总是强加在性问题研究上,科学家们犹豫徘徊着不敢探索这一领域。普通人只能从他(她)的个人经历中去了解性,或者从有限的伴侣与医学手册中去了解。即使临床医生对人类性行为实况的了解,也主要依据个人的临床经验,而且没有一个医生能够知道,他的病人到底在多大程度上代表了全体人。即使欧洲的性研究先驱蔼理士和弗洛伊德的经典著作,对于那些没有性障碍的常人,也没有多大教益。

从20世纪初到1920年,俄国学者首先开始调查研究非病人的普通人的性行为。20世纪20年代和30年代,凯瑟琳·戴维斯、汉密尔顿、迪金森、特曼、兰迪斯等人也开展了这样的研究。但是他们所收集的个案总计起来,也够不上生物学家了解某一动物物种时所必需的数量。

好在近20年来,抽样理论和统计学方法都迅猛发展起来,并应用于各个学科和各种社会领域。我们从中获益匪浅,因此才得以进行真正的性研究。

由于观察性行为的机会有限,也由于需要记载很长一段时期中发生的事件,我们只能主要依靠对个人经历的记录来从事研究。当然,我们的资料无法包容人类性行为的所有方面,尤其人们与最亲近的朋友都不会谈论的那些方面。我们更要公开指出,由于道德和成文法律(显文化)如此远远脱离一般人的实际行为(隐文化),使得几乎没有人敢于冒着社会的或法律的风险,公然谈论他们自己的性经历。但是尽管如此,我们靠着对所有记录严加保密，靠着对被调查者的任何行为都不加评价，更不试图去矫正人家，最终还是记载下了不同群体中超过16,000人的性经历。

应当强调一下，当我们最初开始研究的时候，目标只是为了扩充我们对一个科学信息极其有限的领域的知识。在后来的岁月中，我们逐渐发现，我们所获得的资料极有价值，足以研究我们社会中的某些问题。科学本身的历史，就是在我们已有的知识上，不断增加任何有助于人类理解客观世界的新信息。当然，某些产生于调查研究的最有用的新发现，在其刚诞生时，往往似乎并无任何实用价值。另一方面，如果某些研究被认为能解决紧迫问题，探索者就常常会被急功近利的需求所局限，没有时间去揭示该问题的基本因素。例如，在人类性行为这一领域中，一直有人急于直接解决婚内性生活协调问题，但是他们并没有获得他们本可获得的成效。这是因为他们没有一个人科学地了解性反应的生理学基础知识，或男性与女性之间在性反应方面的基本心理差异。再如，我们现在已经明白，正是由于人们勉为其难地生造出道德与不道德之间的界限，性的精神变态法律才被如此强化，而它们既不现实，又无法强制执行，更不能使社会机构提供据信它们本应提供的保护。我们不能求助于临床实践，也不能求助于平衡性法律，除非我们更多地了解人类性行为的动物渊源，了解性反应的生物学和生理学，了解其他人类文化中的性模式，了解形成儿童和青春期青少年行为模式的诸因素。同时，如果立法者和公共舆论不给予探索者足够的时间，去揭示问题的根本所在，那么我们还是无法完全解决我们的问题。

有些科学家，只有在这一领域的探索出现实用价值之后，才愿意继续跟进。这种态度在我们看来，如同企图在知识存在之前就去获取它一样不现实。我们收集的资料当然可能有助于理解人类的某些问题，我们也欢迎任何应用这些资料的机会，但是这并不是我们的最初目标。我们也没有让任何直接应用目标来局限我们所从事的调查研究。

人们有权获知这一切

科学家有权利调查任何问题，包括人们的性行为。这是学术自由的一部分，是美国任何领域中的学者都一致要求的社会准则。它并没有脱离言论自由；而我们每一个人都相信，言论自由是构成我们美国生活方式的基石之一。每一项权利当然都带来义务，对科学家来说，这个义务就是诚实地调查，不带偏见地观察与记录，尽可能运用最先进的方法，以及尽可能长期地和充分地搞清一切有关事物，了解它们的基本状况。

但是，科学家还有另一项义务。我们相信，科学家之所以有权利调查大批个人，是因为他们承担了这项义务：必须向一切可以使用其资料的人公布其调查结果。任何不向可能获益的大众公布自己的发现的科学家，就是否认了自己调查权的来源，也就损害了所有科学家在所有领域中的调查权。

调查性行为的科学家，更有特殊的义务向大众公布自己的发现，因为人类生物学没有什么方面比这被更多的个人所关注。大多数男人和女人、青少年、甚至前青春期的儿童，都面临着某些性问题，更多的性知识会有助于他们解决这些问题。仅仅把性知识局限于受过专业训练的人、医生、神父或者能看懂拉丁文的人，就无法服务于数以百万计的、真正需要这些知识来指导自己日常生活的大众。我们相信，正因为如此，才有数千普通公民积极与我们合作，完成这项调查。我们相信，也正是因此，尽管我们的第一本书是由医学类出版社出版，尽管由于其中统计表格和图表占了很大篇幅，以至常被说成是枯燥的，但是它仍然在那些坚信自己有权获得性知识的人们之中不胫而走，而且成为数以百万计的个人的思想的一部分。这不仅发生在美国，而且出现于遍布全球的许多国家。

大众需要性知识的最好例证，就是婚内性生活协调问题。已婚者中没有几个不承认自己需要更多的知识来解决某些性生活问题，哪怕只是偶然需要也罢。我们在前一本书中论证过：婚姻能否维持，主要取决于维持它的决心有多大。美好的性生活不一定必然创造出美满的婚姻，但是如果配偶不是对性生活同样满意，那么不和与争斗就不仅发生在婚床上，而且出现于婚姻的其他一切方面。我们的调查资料表明，至少在某些时期内，三分之二的婚姻都遇到过严重的性生活不和谐。长期不和谐的也相当多。四分之三的离婚中包含着性生活不和谐的因素。

有些人害怕，科学的性研究会损害现存的婚姻制度。还有些人之所以指责我们的研究，是因为他们害怕科学会打破他们的梦幻与神话，而他们正是用这种梦幻与神话来取代现实的。但是更多的人相信，传播我们的知识必定会有助于建立更美好的婚姻。

人们需要更多的性知识的另一例证，是未婚青年的性问题。这个问题来源于：人类男女的生理成熟，比我们的社会习俗与成文法律所愿意承认的，还要早好几年。它也来源于：我们的文化日益坚持说，只有到法定成人年龄后，尤其到准许结婚年龄后，人的性机能才会达到其顶峰。

越来越多的人认为，青少年应该否定自己的性反应，禁绝婚前性活动，直到女21岁男23岁的法定婚龄。但是不论法律还是习俗，都无法推迟青春期的初始年龄，都无法阻止十几岁青年性能力的发展。结果，大多数未婚男性和不少未婚女性都极想知道，怎样才能解决他们的生理能力与法律的和社会的戒律之间的冲突。他们还想知道许许多多性知识，甚至成年人忽视的那些知识。在一切性问题上，大多数青年都准备顾及社会的和道德的价值，但是他们也想知道科学是怎么说的。

过去30年里，越来越多的父母理解了对自己小孩进行早期性教育的重要意义。但是儿童性教育的理论太多，基本数据太少。因此我们多年来注意调查人们是在几岁时首次获得哪些方面的性知识，从哪里获得，以及人们几岁时首次发生何种性活动。现在，我们可以更详细地研究儿童，尤其是2～5岁的儿童了。非常多的父母极好地配合了我们的调查，因为他们不仅关心如何教育自己的子女，更知道我们据以建立一个科学的性教育体系的基本数据是多么贫乏。

大多数社会都承认，必须保护自己的成员不受性犯罪之害。各种社会机构都对如何控制人们的性行为大感兴趣，这是人们有权知道这一切的又一例证。因此我们调查了性犯罪发生率在近些年来是否真的增长了，性犯罪者都是些什么人（为此调查了1,300名已定罪的性罪犯），目前的性法律究竟产生了什么样的效果，社会机构应该如何保护公民个人①。

样本情况

15年里，我们总共调查了16,392个人的性经历；其中女性7,789人，男性8,603人。但女性中有915人是服刑女犯，934人黑人女性，她们都是特殊群体成员，因此本书没有分析她们的情况。本书资料只包括1950年1月1日以前调查的个案。这样，本书分析的样本总量就是5,940名非罪犯的白人女性。

在年龄方面，我们调查了从2岁到90岁的女性，其中被调查时是16～50岁的人最多，其中人数最多的两个年龄段是16～20岁（1,840人）和21～25岁（1,211人）。

受教育程度方面，17%为上过高中者，56%为上过大学者，19%为研究生程度。只上过初中的女性仅仅有181人，但白人女犯与黑人女性中这样的较多，因此我们在高中以下这一组里，加上555名白人女性和293名黑人女性，以求更全面地反映受教育程度的作用。

婚姻状况方面，从未结婚者占58.2%，在婚者占41.8%，曾婚者（被调查时寡居、分居或已离婚者）占13.2%。

宗教信仰方面，分成虔诚教徒、较积极教徒和消极教徒三个档次。新教徒占总人数的60%，天主教徒占12%，犹太教徒占28%。

父母职业等级方面，17%出身于体力劳动者群体，14%出身于熟练工人群体，26%出身于白领下层家庭，47%出身于白领上层家庭或者更高。

被调查者的职业等级方面，9%属于体力劳动者群体，3%是熟练工人，39%是白领下层，59%是白领上层或者更高。

---

① 这些调查研究结果，在金赛逝世后，由其同事和继任金赛研究所所长波默罗伊整理出版于1965年，书名为《性罪犯：类型分析》。——译者注

城乡背景方面，90%的女性在城市生长。

出生日期按每十年为一组，则生于1900年之前的占7.7%，生于1900～1909年之间的占13.2%，生于1910～1919年的占22.7%，生于1920～1929年的占51.8%，生于1930年之后的占4.6%。

青春期初始年龄方面，11岁之前的占20.3%，12岁的占28.4%，13岁的占29.5%，14岁的占13.4%，15岁以上的占5.9%。但是要注意，我们在前一本书中讲过，青春期初始早晚，对男性的性行为模式有着巨大作用，对女性的作用却没有那么大。

调查的地理分布方面，被调查者中的69%来自10个州，而这10个州集中了美国总人口的47%。

我们的调查涉及了以下各种社会群体：军人、艺术家、官员、教士、技术人员、病人、医生、社会福利工作者、大学的教师、职员和学生、司法人员、编辑和记者、工厂工人、中学生、家庭妇女、单身母亲、护士、女犯、演员。如果按她们的职业来计算，则共有224种。她们的丈夫则分布于312种职业之中。

我们的样本总数是5,940个，但是在本书的一些统计数据中，基数常少于这个数，这主要是由于6种原因：

1. 有些问题并不适用于所有被调查者，例如婚内性交合对于未婚女性就毫无意义。

2. 有些行为我们无法定性归类。例如，特定情况下触及生殖器，无法断定是手淫还是非性活动。还有些行为中，当事者也无法辨断是否有性唤起。

3. 有些问题没有向所有被调查者提出。在调查的头两年中，大约有20%的问题没有提出。

4. 有些被调查者拒绝回答某些问题，但是这种情况相当少，14年里，我们只遇到6人。

5. 调查者失误，没有获取应得的信息，尤其在刚开始使用新的调查方法时。

6. 记录失误或漏记。

本书中所使用的各职业等级的定义如下：

等级1：底层社会，即该人收入的主要部分来自不正当活动。

等级2：非熟练工人，即从事体力劳动，无需特殊训练，按小时计酬的人。

等级3：半熟练工人，即需要受一些基础训练，从事稍有技术的工作，按小时计酬的人。

等级4：熟练工人，即从事精细劳动，需要受训练，需要工作经验的人。

等级5：白领下层，即从事小型商业活动或秘书一类工作，主要是非体力劳动，必须达到一定受教育程度。

等级6：白领上层，即负有更多责任，更多从事管理的白领人员。

等级7：专业人员，即所从事的工作必须受过大学以上专门教育方能胜任。

等级8：由于财产或家庭背景而占据特殊高级职务或跻身于上流社会的人。

资料来源

我们的调查一律使用直接面谈调查法，面谈最多的是金赛、波默罗伊、马丁、吉布哈特这四位。除此之外，我们还收集了其他一些可作旁证或者参考物的资料。

日历

377人（312女，65男）向我们提供了他们的性日历，上边记载着他们在哪一天从事了何种性活动。女性的记载大多数都与月经周期有关。这些日历有6个月的，也有长达38年之久的。建立这种性日历的做法，是霭理士1910年首先倡导的。多数性日历是由女性开始建立并记载的，因为她们想使用安全期避孕法。许多性日历是由受过科学教育的人建立的，他们理解保持系统记录的意义。

日记

许多男女愿意留下更详尽的记载，于是他们写性活动日记，既有间断记的，也有每日都记的，还有其他随笔之类的记载。性日记常常有性接触的细节，包括情景和技巧、列举和描述性伴侣、讨论性态度，以及记载社会对其活动的反应等。最早的性日记是1659～1669年间塞缪尔·佩皮斯的日记。

通信

我们收集到许多配偶或性伴侣之间的信件。除了记录实际的性接触外，还经常描述充满激情的背景或者场景，其中有些很有文采。不过，即使缺乏文采的通信，也很能使我们窥见写信人对性的想法。

色情虚构作品

许多人，尤其那些文学能力较强的人，有时也创作一些虚构的色情文艺作品，主要是为了满足自己的性兴趣。我们也收集了许多这类作品。它们都强调性活动中的某些特殊细节。在这些作品中，创作者在我们面谈调查时难于出口的许多特殊性偏好和性想法，都会袒露无遗。这对我们的调查大有助益。色情虚构作品一般都是男性创作的，但女性创作的也有一些。

剪贴簿、相册、影集

许多人都把自己感兴趣的性材料剪贴成册。他们收集报刊文章、照片或者图画，或者从春宫照片商人那里购来，也有的是朋友们赠送或者提供的。不少人都给自己的性伴侣拍照，或者收集与他的性伴侣有关的物品，监狱当局、处理性案件的警方的司法人员向我们提供的此类物品最多，包括美术作品和其他物品。这类物品出自男性之手的比出自女性的多，但出自女性的格外有研究价值。

艺术品

为了弄清性因素在世界美术发展史上究竟发挥了多大作用，我们用好几年时间调查艺术家个人的性经历，以及性经历与他们的作品之间的关系。艺术家们全都慷慨提供他们的作品，至今我们已收集到大约16,000件。

艺术家的绘画或者其他作品提供的信息，比一般照片多。他在强调特殊的主题时，在夸张身体的某些特殊部位时，在安排整体表现的各种因素时，以及在选用独特的描绘对象与创作材料时，实际上就是在表达着自己的独特兴趣。

厕所文艺

从古代希腊罗马以来，人们就喜欢在某些特殊地方的墙壁上涂写或者描绘性言语或者性器官与性行为。这可能是由于其作者想表达自己的性欲，而其他地方都不允许。人类学、民族学、心理学、精神病学和社会科学的研究，已经从中获得了大量的信息。从1906年起，已有专门研究这种厕所文艺的学术专著。1910年，当库斯博士收集出版流行的性笑话和性谚语时，司法当局起诉他出版淫秽和色情读物。为此，弗洛伊德专门写了一封信给库斯，论述这项研究的价值，并坚决支持他的工作。厕所文学最能反映男女之间的性心理差异。

其他性资料

任何性资料，都能提供信息，使人们了解其作者的性兴趣之所在，或者其传播的程度。整个文化的性态度，更多地表现在那些公开发表的色情绘画、油画与雕塑之中，而不是那些相对隐蔽的艺术作品。古罗马的夸张的性美术，更富激情与宗教探索色彩的印度色情艺术，表现浪漫主义性观念的日本古代艺术，以及唯美主义性行为盛行的古希腊晚期艺术，给我们提供了最好的信息，以便研究这些社会的性道德与性态度。从1823年起，就不断有学者做这样的工作了。

任何一种科学都把观察作为自己最基本的信息来源。但不幸的是，我们的资料竟有如此之多仅仅是第二手的，是通过参与过该项性活动的人的报告而获得的。显然，任何人也没有办法观察任何他人的性行为，更不谈需要观察数小时或数年之久。因此，我们的资料中，观察研究提供的信息远不如调查记录多。但是我们观察了哺乳动物的性活动，观察了人类的性的社会关系，这些也是资料的一个重要组成部分。

首先，我们在社区研究中运用了观察法。我们观察了人们在旅馆、街角、舞会、大学夏令营、游泳池、海滨浴场等地方所从事的性的社会交往。从1929年起，就有些学者在研究社区了，但是没有一个涉及性行为。我们去被调查者家做客，结识他们的朋友，跟他们一起去旅馆、夜总会、剧院、音乐会及其他许多地方。在那里，我们观察了人们如何交往，以及许多人是如何寻找到自己的性伴侣的。

其次，我们进行了临床研究。许多各科医生允许我们在他们临床实践时从旁观察。我们还得到许多其他人的协助如各类司法人员、社会福利和公共卫生工作人员、婚姻咨询专家等等。他们提供的许多特殊个案，对我们的研究大有效益。

有许多人曾经有机会观察人类性行为，我们也应用了他们对此的记录。有些父母观察过他们的小孩的性活动。一些受过科学训练的人，有时有机会观察其他成年人的性行为，他们都以技术化语言报告了这些观察。我们所收集到的这种可用资料，以前从未发表过。

我们还进行了人类学研究，比较了世界上某些其他民族的性行为。我们还研究了18个州的性法律和大约1,300名男女性罪犯，探究了美国性法律的英国根源和欧洲根源。我们参考引用了31种研究美国性问题的学术著作，16种研究欧洲和日本性问题的著作。我们尤其推崇下列学者的研究，并以我们的数据与之比较：兰迪斯①、布朗利与布里顿②、迪金林③、凯瑟琳·戴维斯④、汉密尔顿⑤。

我们还收集和参考了15,038本其他著作和其他形式的原始资料，计有：艺术品类1934件；人类学类250件；生物学与医学类1326件；古典文学类413件；舞蹈类86件；各种性爱手抄本和图画3672件；一般文学类667件；伊斯兰与近东文学116件；裸体主义资料151件；东方文学271件⑥；实物文化类182件；诗歌1138件；娼妓类239件；心理学与精神病学1210件；宗教与性象征455件；施虐与受虐类597件；社会史与统计资料类385件；性病类115件；女性与爱情类342件；字典72件。

---

① 代表作为1940年发表的《性发育》，以及1942年发表的《生理障碍及女性的人格与性行为》。——译者注
② 代表作为1938年发表的《青年与性——对1,300名大学生的研究》，是首先运用社会学方法研究性现象的著作之一。——译者注
③ 性学史上的权威学者，代表作为1933年发表的《人类性解剖学》、1931年发表的《一千个婚姻——对性生活和谐的医学研究》、1934年发表的《单身女性——对性教育的医学研究》。他首先应用直接面谈法进行较大规模的社会调查。——译者注
④ 性学史上的权威学者，1929年发表《2,200名女性性生活中的诸因素》，是第一本研究女性的性学专著，具有世界历史意义。她是妇科专家。——译者注
⑤ 代表作为1929年发表的《探索婚姻》。该书包括80,000个案，每例有近400个问题。他研究过猿类性行为并行医治疗性障碍，他是研究社会化性行为的先驱。——译者注
⑥ 其中包括中国古典性爱小说，如孤本《素娥篇》。——译者注

第十八章

前青春期性发育

个人如何从事性行为,取决于他(她)所受到的刺激的状况,取决于他(她)对这种刺激做出反应的身心能力,也取决于他(她)此前受到相似刺激时,产生了何种与多少经验。

一个婴儿甚至在未出生之前,就已能感受到某些刺激,例如触摸、压力、光亮、温度,以及其他物理变化和生理刺激。我们暂且不想区别婴儿性反应与其他反应,倒想申明一下我们一贯运用的术语的定义。

性高潮

性反应会引起一系列身体上的正常生理变化。在这个过程中会造成一种神经—肌肉的紧张,当它到达顶点状态时,就会出现紧张的骤然解除,随后是身体恢复到原有的一般生理状态。这种神经—肌肉骤然解除紧张的现象,就是我们所说的性极点(climax),或称性高潮。性高潮与动物生活中发生的任何其他现象都显然不同,可以用它作证据,来判断一个人的性反应的状况。

性交合

男女生殖器的直接插入式交合。人们常用性交(intercourse)来指称性交合，但两者毕竟有别。性交可以指口与生殖器的交合（口交）、肛门与生殖器的交合（肛门交）、同性性交，等等。在日常语言中，它又常常混同于完全没有性含义的社会交往[①]。我们的研究中，将严格地区别使用性交合、性交、性交往这三个术语。

前青春期性反应与性高潮

人类新生儿从诞生之时起，就已具有了感受刺激并产生性反应的一切生理构造和神经系统，因而有可能产生与成年人一样的标准的性反应。女性也不例外。据我们所见，从1902年到1950年，先后有13位作者的16部著作，论述了正常女童的性反应。从1923年到1949年，有11位作者在9部著作中，统计了女性在前青春期内产生性唤起的比例，包括俄国女性。其发生率在5%到77%之间不等。但这些著作的样本量过少，最少的只有31人。凯瑟琳·戴维斯的样本最多，达2,000名女人，其中46%的人回忆起自己在14岁之前产生过"性感觉"。这又失去笼统。下面谈谈我们的调查结果。

前青春期性反应的发生率

据我们的调查，回忆起自己到3岁时曾经对肉体刺激产生过可区别开的性反应的女人，约占1%。当然，这个数据肯定偏低，因为许多人在儿时不承认自己的反应是性反应，现在也就不会回忆起来确实曾经有过。

到5岁时，约有4%的女人产生过性反应。累计起来，约有27%的女人回忆起自己在青春期之前就曾经产生过性唤起。不过，这个数据也肯定仍然比实际情况偏低。

前青春期性高潮的实况

有过前青春期性反应的女童，甚至包括女婴，也会出现性高潮。"手淫"

[①] 金赛那个时代，在美国英语中，性交与人际交往都可用intercourse这个词。——译者注

（自慰）①是小女孩中最普遍、最常见的一种现象，常常引发性高潮。

有一位母亲经常观察自己3岁的女儿的自慰，她描述道："她脸朝下趴在床上，双膝跪起，开始非常有节奏地挺伸骨盆，每次间隔一秒或更少。她主要挺动骨盆，双腿不动。她双膝之间、小腹之下紧压着一个洋娃娃。每当外阴触及洋娃娃时，就停顿一下。每次重新开始挺动时，她都震颤、痉挛。她先挺动了44次，停顿一下；又接着挺动87次，又停顿一下；再挺动10次，然后就不再动了。当达到性高潮时，她全神贯注，显得紧张，呼吸急促而间断。此时，她无视任何事物。她的眼神呆滞，凝视着一个不可见的目标。性高潮之后，她出现很明显的解脱和松弛。两分钟以后，她又开始了下一轮的动作。这回是48次，18次，57次；中间均有极短的停顿。当紧张越来越加剧时，听得见她的喘息声；但是骨盆刚一停止挺动，马上就是完全的松弛，随后就是无规则的随意活动。"

除此之外，还有其他人观察了4岁以下的7个女孩和27个男孩的性高潮，我们均有记载。这表明，至少在一些儿童中，性高潮是存在的。

前青春期性高潮的发生率

我们调查的女人中，累计约有14%在青春期之前达到过性高潮，大约是有过前青春期性反应的女人的一半。她们有的是通过自慰，有的是通过人际性接触即与其他儿童或更大的人的性接触。

我们发现的前青春期性高潮中，累计发生在1岁以下的有4例；3岁以下的23例；3岁时16例，占总数的0.3%；5岁时占2%；7岁时占4%；11岁时占9%；13岁时占14%。

性唤起与性高潮的来源

累计1%的女性到3岁时有过严格意义上的自我手刺激，到10岁时已有13%。到3岁时，0.3%的女性通过自我手刺激达到了性高潮；到10岁时，达8%。

---

① 以下将只用"自慰"一词，只有在引用别人的否定式语言时，才用"手淫"一词。这是因为金赛一贯严格区别这两个术语，而且使用"自慰"时不含任何贬低之意。——译者注

通过与其他女孩的心理反应或者肉体接触而实现了性唤起的，到11岁时累计达3%左右；到13岁时达6%。

通过与男孩的心理反应或者肉体接触而实现过性唤起的女人，到3岁时累计只有1%；但到11岁时大约达7%；到13岁时已达12%。

在经历过前青春期性高潮的所有659名女人中，86%是通过自慰；大约7%通过与其他女孩的性接触；2%通过亲昵式爱抚；1%通过与男孩或年龄更大男性的性交合。特别有意思的是，有2%是通过与狗或猫的肉体接触而达到她们的首次性高潮；大约2%通过其他方式，包括爬绳子。

女童直接自我手刺激的最常见技巧，是用手指刺激外生殖器，尤其是阴蒂。第二种常见技巧就是上文所述的"爬跪动臂"。摩擦外生殖器的物品可以有玩具、床、被褥或者其他什么东西。有许多女童在这些活动中无法达到性高潮，其中有些是由于缺乏体能，但是许多女童则是由于没有发现自我手刺激所必需的动作技巧。这是人类的性行为必须通过学习才能从事的证据之一。不过，男孩的自慰技巧多是从其他人那里学来的；而女人，无论青春期之前还是之后，绝大多数都是她们自己独立发现的。

异性的性游戏

尽管30%的女人回忆起自己在前青春期曾经有过异性的性游戏，33%有过同性的性游戏，但是所有从事过任何一种性游戏的却只占48%。这表明，全体女性中15%只有过异性的性游戏，18%只有过同性的性游戏，两者兼有的为15%。在我们研究之前，许多学者研究过同一题目。其中凯瑟琳·戴维斯的发生率是25%（1000名已婚女人中）；兰迪斯的发生率是36%（109名单身女人中）和20%（44名已婚女人中）。我们的调查结果如上，下面具体分析一下。

异性的性游戏的发生率

只有过异性性游戏的女性，与只有过同性性游戏的女性，比例大体相等。这证明弗洛伊德的性心理发育理论有误。弗洛伊德作为一个定律提出，儿童先从自我恋（对自己感兴趣）开始，发展为对与自己相似的人感兴趣（同性兴趣），最后形成对与自己的身体不同的人感兴趣（异性兴趣）。我们无论对男性还是对女性的调查，都没有发现这样的情况和规律。

由于父母和整个社会体系阻碍异性儿童之间的交往，52%女人的童年伙伴中女孩多于男孩，33%是男孩与女孩大体相等，只有15%是男孩伙伴多于女孩。

累计起来，有1%的女人回忆起自己到3岁时与男孩玩过性游戏，到5岁时为8%，7岁时为18%，到青春期开始时累计达30%左右。发生率因受教育程度不同而不同：在高中程度女人中占大约24%，大学程度中占30%，研究生中占36%。在过去30年间，发生率提高了：1910~1919年间出生的女人的发生率，比1900年之前出生的高出大约10%。

但是按前青春期内各年龄段来看，发生率却呈现下降趋势。异性性游戏发生在5~7岁之间的女人占大约8%，但在更大一些的年龄上，发生率下降，临到青春期时的发生率只有3%。男性与此相反，年龄越大发生率越高，临到青春期时的发生率达大约20%。这是因为，越临近青春期，对女孩的种种阻碍与禁规就越多，而对男孩则相反。这就造成青春期初始时，女孩的性能力没有像男孩那样出现跃增。由于临到青春期时，男孩中有异性性游戏的是女孩中的近7倍，显然那时的女孩拥有多个男孩作自己的性游戏伙伴，或者说，男孩经常从事针对同一女孩的群体性游戏，有的包括展示生殖器和异性性接触。当然，对小一些的男女儿童来说，他们既不理解也不注意性游戏的性意义。在美国，这样的性游戏最常见的是扮演"爸爸和妈妈"，以及扮演"医生看病"。甚至小男孩趴在小女孩身上，做出模仿性交合的动作时，双方也都没有想到生殖器可以交合，也没有想到这样的活动会产生性意义的乐趣。

女童中异性性游戏发生的频率极低，大多数女童仅仅有过一次，少数有过数次，形成经常的和规律的活动的女童就更少了。

性游戏的延续时间也很短，有过的女童中，67%在一年之内，15%在两年之内，只有11%达到或越过5年。同样，实际有过性交合的女童，延续在一年之内的占61%，两年之内的占13%，达到或超过5年的只有9%。

性游戏的形式

在所有异性性游戏中，99%发生了女孩展示自己的生殖器，其中有近40%是男孩女孩一同展示。

大多数儿童都对异性身体感兴趣。许多儿童被禁止裸露自己的身体，也没有机会观看其他儿童的裸体，更别说自己的或者别的儿童的生殖器了。这就更强化了展示生殖器的特殊刺激。本来，儿童展示生殖器只不过是一种身体构造的比较，就像他们用同样方式比较他们的手、鼻子、嘴、头发、衣服或者任何其他他们所拥有的东西一样。如果没有性神秘、戒律或者社会风险，这类性游戏所具有的性意义，绝不会像现在这么大，这么经常显现出来。

相反，有许多女孩的家庭允许其成员裸体；有些女孩上了护士学校或者参加过夏令营，那里的前青春期男孩和女孩共用厕所，随意洗澡，也可以赤身在一起玩游戏。这些孩子当然也对察看别的孩子的身体感兴趣，但是他们很快就把裸体作为一种司空见惯的平凡现象来看待了，而且也不会像那些把裸体看作不同寻常之物的孩子那样，对它产生什么激动的反应。

尽管我们的社会和文化千方百计地掩盖男女身体的差异，但是我们调查的成年女人中，有60%的人在2～5岁之间就首次看见过男性的生殖器，24%发生在5～11岁之间；到青春期初始时，看见过的女人累计已达大约90%。

前青春期内就看见过成年男性的生殖器的女童占大约37%。从青春期开始到20岁之前，又有三分之一的女人看到过。她们所看到的是：自己父亲的生殖器（46%）、非父亲的男性偶然裸露的（19%）、成年男性有意裸露的（22%）、非父亲的亲戚的（9%）、正在爱抚或正在进行性交合的男性的（2%）、上述情况混合的（2%）。父母受教育程度越高，女童看见过成年男性生殖器的越多，主要是由于这样的家庭更能接受亲人的裸体。

玩过任何一种异性性游戏的女人中，52%包括用手抚弄生殖器；2%包括口与生殖器接触；3%包括插入女童阴道（主要用手指）；17%包括某种形式的"性交合"，但是我们很难弄清其中有多少是严格意义上的双方生殖器插入式交合。

当然，由于有些甚至非常小的男孩也可以勃起，显然插入式性交合是存在的；但由于女童阴道极小，插入深度肯定极有限。多数儿童的所谓"性交合"，不过是双方的生殖器互相触抵而已。

但另一方面，我们也发现有29%女人在青春期内，与较大的男青年或成年男性发生过严格意义上的完全的生殖器交合。

前青春期的同性性游戏与异性性游戏差不多相等。尽管同性性游戏并非总是具有特殊的性意义，但是许多女童就是通过它才学会自慰的。玩过同性性游戏的女童中，只有5%持续到青春期开始之后，并转变成成熟的女人同性性行为。

累计发生率

3岁时玩过同性性游戏的女人只有不足1%，到5岁时累计为大约6%，到7岁时为15%，随后累计发生率持续上升，到青春期初始时已达大约33%。

各年龄的发生率

2～3岁之间只有不足1%，5岁那年为6%，9岁那年为9%。与异性性游戏各年龄发生率一样，同性性游戏也是越临近青春期越少。

延续时间

与异性性游戏一样，61%的同性性游戏只延续了一年，有些两年；延续两年以上的占17%，达到或超过5年的占8%。

游戏形式

玩过同性性游戏的女人中，99%包括展示和察看生殖器，其中大约三分之一除此之外再没有其他行为。有61%的性游戏包括某种形式的手抚弄生殖器,有的只对一个女孩,有的是相互抚弄。值得注意的是,这种抚弄比在异性性游戏中的发生率要高。

同性性游戏中,口与生殖器接触占大约3%,插入女孩阴道(主要用手指)占18%,高于在异性性游戏中的发生率。

性游戏的作用

对心理发育的作用

在前青春期与其他男孩或女孩的性接触中,许多女人首次获得关于性的信息。她们实际了解到男女生殖器、生育、自慰、亲昵爱抚、性交合技巧,以及性活动的意义。大多数这样获得的性知识,构成了人生必不可少的性教育,而大多数父母是精心回避对自己的女儿进行这种性教育的。

对成年后性行为模式的作用

相当多的女人在前青春期性游戏中明白了,性唤起意味着什么,由唤起到性高潮又意味着什么。这对她们的性协调会发生巨大作用。许多女人在其中学会了如何对人际性交往做出反应。某些性游戏提供了激情的满足,为女人接受日后的性活动打下了基础。

在不少例子里,女孩的性游戏被成年人发现,甚至受到肉体惩罚。许多这样的女孩在成年后的婚姻中再也无法放松地接受性生活。如果父母在发现女孩的性游戏后没有大惊小怪或予以责罚,则童年的经历对该女性日后的性协调没有什么危险。

有意思的是,公开的前青春期性游戏,很少使女人在青春期开始后或者更年长的时候,继续从事公开的性活动;而男性中这种情况却更为常见。前青春期有过亲昵爱抚的女人,青春期开始后继续这样做的只占13%,而男性中占65%。有过性交合的女人,日后继续的只占8%,而男性占55%。有过同性性游戏的女人,日后继续的只占5%,而男性却占42%。

女性在青春期前后的这种鲜明分野，显然是社会习俗的产物，而不是女性生理或机体上有什么独特之处。在哺乳动物雌性中不存在这种分野；在没有性信息禁锢的原始群体中也不存在。即使在美国人中间，社会地位较低和性禁锢较少的阶层中的女性，同样不存在这样的分野。

女孩越临近青春期，父母可能就越阻止她与异性接触。父母告诫她要反对亲吻、一般身体接触、生殖器显露，尤其是要反对发生性关系。在欧洲、拉美和美国，女孩单独与其他孩子交往的机会，要比同年龄男孩少许多。弗洛伊德及其学派认为，这种性游戏的中止是性的潜伏孕育期。我们认为恰恰相反，这是一个性的不活动期。它是由文化强加在成熟中少年的人际性活动之上。如果少年是个女性，则更是如此。与此相对照，前青春期的自慰一般都延续到青春期开始之后和成年之后，也许恰是因为自慰不算人际性活动的缘故。这进一步证明，在人际性活动的中止期里，没有什么生物学意义上的潜伏孕育现象。

与成年男性的性接触

我们的文化日益关心前青春期儿童与成年人的性接触。大多数人都不喜欢任何这类接触。他们认为这会直接引发儿童的烦恼，会给儿童的性的社会发育以及日后的婚内性协调造成不良影响和后果。现行出版物又诱使人们认定，几乎所有儿童都是而且总是成年男性的性猎物，而这又总是造成对儿童的肉体伤害。大多数此类出版物引用的事例都是出自医生、警察和其他社会代理人之手。从1947年到1952年，许多大众传媒都在宣传着对强奸幼女的恐惧，典型的如《美国人》杂志、《周末信箱》杂志、马里兰电台的广播节目、唐老鸭故事书，等等。30个州的刑法对与女童性交的人判处死刑或者终生监禁。1952年以来至少有9个州确实做出了这样的判决。但是人们从来没有机会获知，遇到过此类事的儿童在所有儿童中究竟占多大比例。我们的调查结果如下。

发生率和发生频率

我们在提问中,把成年男性定义为已开始青春期并至少已达15岁的男性;女性必须是仍然未到青春期的,而且必须至少比男方小5岁。这是为了与儿童之间的异性性游戏相区别。共有4,411名女人回答了我们的提问,其中大约24%(1075人)说自己有过这样的经历,其余76%的女性则没有承认。

女童与成年男性的性接触,最常发生于较贫穷的、人口高度密集的社区之中。我们目前调查的低阶层女性不够多,也没有包括女犯和黑人女性,否则这一发生率可能会更高。

发生的频率很低。大约80%的女人仅仅遇到过一次;遇到两次的占12%;3次到6次之间的占3%;但另一方面,9次或者更多次的也占到5%。较高频率主要出现在那些与亲戚们住在同一所房子里的女孩之中。许多事例中,是由于女孩对性活动的兴趣增加并或多或少更积极地寻求,事情才得以重复发生。

从发生时女童的年龄来看,7岁以前发生的少(在发生过的女童中占5%到9%),7~12岁之间发生的多(占13%到26%)。

成年男性的类型

52%是陌生人,32%是朋友或熟人;其他如叔伯、父亲、兄长、祖父、其他男亲戚等,都只占2%到9%。

发生过的女人中,85%都只与同一个成年男性,与二男的占13%,再多的只占2%。

接触的情况

最多的是成年男性展示自己的生殖器,占52%;其次是非生殖器接触的爱抚,占31%;再次是抚弄女孩的生殖器,占22%,其余的活动,例如展示女孩生殖器、抚弄男性生殖器、口接触男生殖器、口接触女生殖器等,都只占1%;性交合占3%,而仅仅是成年男性过于贴近女孩的,也占9%。

在上述各种情况中，涉及一般肉体接触和展示生殖器的共占62%，而其中展示女孩生殖器的仅仅占1%。向女孩展示自己生殖器的成年男性，许多都被起诉并判刑，包括那些根本不想与女孩发生任何肉体接触的人。但是我们的上述数据表明，企图进一步与女孩发生其他性接触的成年男性并不多。更确实的是，对女孩造成任何肉体伤害的男性"露阴者"就更少。在所有的刑事案例中，以展示自己生殖器为开端的强奸犯更是极少极少。里科莱斯在1950年曾经写道："据我个人经验和这个领域内许多其他观察者的经验，公众根本无需害怕露阴者。他们不会对任何人造成肉体威胁。"

向女孩或成年女人展示自己生殖器的男性，所获得的满足至少部分地是一种激情刺激，来源于他看到女方瑟瑟发抖，或惊讶之极，或羞涩万状。但是更大的满足来源于他冒着社会风险和法律威胁去做出这种禁忌行为时，他自己所体验到的情绪亢奋。某些人可能有自恋的成分，是为了显示自己的性能力。常有男性在儿童面前自我手刺激。但许多情况下他的行为是偶发的，就像醉鬼和随地小便的人一样，而儿童却误信他是故意的。

与成年男性性接触的意义

我们的或者别人的研究，都尚不足以得出答案。对一些女孩来说，它是快乐的来源。5%的女孩出现了性唤起，1%达到了性高潮。有些较大的女孩觉得对自己日后的性的社会发育很有益。

但另一方面，大约80%的女孩觉得心绪不安或者感到恐惧。真正被吓坏了的女孩并不多，但大多数女孩的害怕程度，就像她们看见毛毛虫、蜘蛛或其他可怕之物一样。人们一直告诉她们：这些东西都是可怕的。如果不是这样培训她们，那么她们还会不会被"性接近"给吓坏了，就很可怀疑了。如果不是文化条件在制约，很难明白一个女孩为什么会被这样的事情吓坏了。父母和老师不断地警告她们：不准与成年男性接触，又从来没有人向她们解释过被禁止的接触实际上是什么样。于是她们全都做好准备，一旦一个大一些的男性靠近她们，或在街上停下来跟她们说话，或善意抚摸她们一下,或想帮她们的什么忙,即使他心中全然没有任何性意念,她们也会歇斯底里大发作。一些对青少年问题很有研究的学者认为,父母、警察和其他成年人,在发现女孩有这类接触后所做出的情绪化的反应,对女孩造成的损害比"性接触"本身更为严重。目前人们对性罪犯的歇斯底里恐惧,会严重影响许多这样的女孩在日后婚姻中实现性协调的能力。汉密尔顿(1929)和特曼(1938)都详细论述过这一点。

对女孩造成肉体伤害的男性当然有,我们的调查也发现了一些这样的事例。但是这毕竟是少数。人们应该学会区分两种不同情况。在我们所说的4,441名女人中,真正造成严重伤害的只有一人,还有几例出现了阴道出血,但是没有出现任何其他可见的伤害。

青春期开始时的性发育

在一般人的想法中和技术化的研究中,人们习惯地认为,女性青春期开始于首次来月经之时。这是一个很不幸的误解。

在青春期开始的几个基本标志中,身高增长的突然加快,发生在首次月经之前。我们调查的大多数女人,都把阴毛的出现看作青春期的开始。有些女人早在8岁就出现并发育阴毛,但有些则迟至18岁,所有女人的中位数是12.3岁,几乎在阴毛出现之前。我们调查发现,有些女人的乳房在8岁时就开始发育,有些则直到25岁才发育,总计中位数是12.4岁。大多数女人回忆不起自己身高剧增从几岁开始,但记得体重突然剧增的年龄,早的9岁,晚的25岁,总计中位数是15.8岁。

首次来月经的年龄在9岁至25岁之间,中位数是13.0岁。这比阴毛出现和乳房开始发育晚8.4个月。也许因为首次来月经是青春少女生活中的最特殊事件,因此从古代犹太民族开始,人们就习惯于把这看作青春期的开始。

时至今日,人们仍然没有学会按照其他的身体变化来判断女孩是否到达青春期。例如,如果一个女孩到阴毛出现和乳房发育之时仍然没有来月经,父亲就会带她去"看病"。其实,月经初潮常常晚于其他身体变化。

人们普遍认为,月经初潮标志着少女已经"性成熟",足以怀孕和生育。但是我们调查发现只有到月经初潮几年之后,大多数女人才排出成熟的卵子。

心理发育

女性身体的发育,与她的性反应状况的发育没有多少必然联系。性唤起和性高潮的累计发生率固然在青春期内持续增长,但直到25岁左右,甚至30岁以上才达到顶峰。男性则是在青春期开始后的头一两年内达到顶峰,以后便逐年持续下降。

由于女性青春期开始得早,由于青春期内她的身体发育更快,一般人都说少女的性成熟比少男更快。

就生育能力而言确实如此,但是生育能力绝不等于性唤起能力和达到性高潮能力。实际上,女性性反应状况的成熟,要比男性晚得多。这是因为,女性能否获得完全的性反应能力,取决于她在前青春期、青春期和再往后的岁月中,获得了什么样的性经验,取决于制约她的心理状态的是什么样的社会因素。

第十九章

自 慰

在人类6种可能的性行为类型①中,婚前女人中从事异性亲昵爱抚的人最多,婚后女人中从事婚内性交合的人最多,而自慰,无论婚前还是婚后,从事的女人都是第二多。

在所有性行为类型中,女性最经常地通过自慰达到性高潮。甚至在婚前异性爱抚中也是如此,但是在自慰总次数中,女性能达到性高潮的次数却占95%,甚至更多。

这是由于自慰所用的技巧,对产生性高潮特别有效。人际的性关系一般都需要协调双方的兴趣、欲望、身体能力、心理反应等等。在性交合中,那些没有被该性关系的心理方面激发出强烈性唤起的女人很可能发现,由于她必须与对方做出某种协调,结果反而推迟甚至完全阻止她自己达到性高潮。当然,她可能由于喜欢其中的心理意义和社会意义而喜欢这种人际性关系,性高潮的推迟也可能实际上增加了她的快乐,但是这些都不能改变这一事实:她达到性高潮的最简便、最快的方法,仍然是自慰。因此,在研究女性的性反应和性高潮时,自慰为我们提供了最清晰的数据。

---

① 指自慰、梦遗、亲昵爱抚、异性性交合、同性性行为、与动物的性行为。金赛在《男性性行为》中首次这样分类。——译者注

自慰的定义与学习途径

自慰是一种有意从事的、引发性唤起的、自己对自己的刺激行为。自慰可以达到性高潮，也可以不达到；可以把达到性高潮作为目标，也可以不。自慰俗称为"手淫"，在拉丁文的原始拼法中，把这种行为与"手"联系起来[①]；但是实际上，尤其在女性中，它还可以包括用其他方法刺激生殖器，或刺激身体的其他部位；包括通过其他某些感觉器官实现的刺激，也包括心理刺激。[②]

弗洛伊德的许多著作，把一切针对自己身体的触觉刺激都视为自慰。作为特例，这适用于婴幼儿，尤其女婴幼儿。但是一般成年人不难分辨哪些不属于此列。因此不能把一般触及肉体行为，甚至把吮吸大拇指、咬指甲、嚼口香糖、尿床、开快车、高台跳水等可获得满足的行为，都叫作自慰。

我们在前一本书《男性性行为》中，曾经倾向于接受弗洛伊德的对自慰的定义。现在，我们更多地了解到性反应的基本生理过程，发现性反应中的许多生理现象，甚至生殖器勃起，在愤怒或恐惧时也同样会出现。它们都是综合反应。因此，性行为必须定义为：只有在动物进行性交合时，或至少在某种程度上重演性交合的某些方面时，才会出现的那些现象所形成的某种不同于其他活动的组合形式。这是因为，尽管在许多综合反应中，有许多因素或现象是共同的，但是每种综合反应中毕竟有一些因素和现象是别种活动中所没有的。

雌性家鼠、灰鼠（栗鼠）、兔、豪猪、松鼠、雪貂、马、牛、大象、狗、狒狒、猿、黑猩猩，都经常从事自慰。这说明，人类女性自慰生殖器，是

---

① 拉丁文为manusturbo或manustuprum，其中的manus即"手"之意。当代英语拼法为masturbation。——译者注

② 金赛在此处的注释中说，他那个时代（1953）的学者与著作均已采用了这样的定义和术语，已不再使用霭理士时代的"手淫"等术语了。——译者注

一种与所有哺乳动物共享的能力，而且也都同样少于该物种的雄性。不过，人类女性比任何动物更多地懂得如何在自慰中达到性高潮，因此人类女性确实由此达到性高潮的比例，就比任何动物都高得多，接近百分之百。这一点，正是人类女性与任何雌性动物的根本区别。

在许多人类群体中，女性普遍实行自慰，其中包括已知的35个到40个原始部落。但是没有任何证据表明，欧洲女性（白人）或者非洲女性（黑人）的发生率，一定高于或低于世界其他文化中的女性。

自慰与其他任何性活动一样，都是人在后天学习来的。女性的学习途径主要有：

自我发现

大多数女人是通过察看自己的生殖器而发现如何自慰的。在前青春期的后几年里开始自慰的女孩中，大约70%是这样自我发现的；在11～12岁之间开始自慰的女孩中，大约58%也是这样。受教育程度越低，这种情况越少；但是几代女性之间没有大的差异。

值得注意的是，许多从未自慰过的女人，一直到她的二十几岁、三十几岁，甚至四十几岁和五十几岁时，也仍然是通过这种方式自己发现了自慰技巧。男孩中只有28%是自我发现的，而75%的男孩听说过自慰是怎么回事。显然，无论少女还是老妇，都不像男性那样公开谈论自己的自慰经历。许多女人在知道男性中有自慰行为之后很久，才知道在女性中也可能有，而且在30岁以后发现之前从未听说过它。但是在初中程度的同样女性中，比例却是28%；而现在的大多数青年问题咨询专家都出身于这个阶层。与此相似，当许多母亲和女老师刚刚听说自慰其事时，她们的儿子或男学生，已经知道并从事了10年或20年之久了。当然，也有些女人在自慰数年之后，才知道它具有性内涵，才知道它叫"手淫"。

口头传说与阅读资料

自慰过的女人中，43%是通过这两种途径首次获知自慰的可能性。到

20岁时已有过自慰的女人中，这是首次获知的第二大来源；到20岁以后才有过的女人中，这却是第一大来源，超过了自我发现。男性中这个比例达75%，但是主要通过口头传说。女性更多地是通过看书，主要是道德教育和性教育书籍，但也通过宗教课程，而宗教本来是为了消灭"手淫"才特意讲它的。

多数女人一旦获知就开始实行，但是也有些等了数月数年之久。男性极少有不立竿见影的。

亲昵爱抚经历

这种途径占12%。有些女人尽管在亲昵爱抚中被男性抚弄了生殖器，并因此达到了性高潮，却仍然未想到自慰也能产生同样效果。

观看他人

在女性中只占大约11%，在男性中却占40%。这主要发生在前青春期和青春期之初的少女中，看男孩的比看女孩的更多。但是也有些成年甚至年长女人，直到看了自己的幼儿和小姑娘的自慰后，才开发出自己的能力。

同性性行为经历

只有大约3%的女人由此而首次获知，在男性中占9%。有些例子中，同性性行为中的另一个女人是护士、保姆或者女亲戚。

与年龄和婚姻状况的关系

儿童

我们的记录中，3岁以下女孩有过自慰的共有67名，最小的7个月，5名在1岁以下。67名中的23名达到了性高潮，比同龄男孩要多。青春期开始之前有过的女孩占19%。

累计发生率

所有女人里，一生中至少有过一次的占大约62%，至少有一次达到性高潮的占大约58%。没有达到的女人，主要是由于仅有过一次或极少几次后，就不再实验自己的能力；而几乎所有继续下去的女人很快就达到了性高潮。因此本章只讨论那些曾经达到性高潮的女人。

这样的女人到7岁时占4%，到12岁时（青春期初始的平均年龄）占12%，到13岁时占15%，到35岁时一直或多或少递增，以后趋缓，但直到40岁后仍然在缓增。这种增长不受女人结婚年龄的影响。

各年龄的发生率

在16岁以下女孩中，发生率只有20%，但是在41～45岁的曾婚女人中却高达58%。这有几种解释：

1. 年龄增大后，性反应可能的确更多了。

2. 年龄越大，靠人际性行为来释放的可能性越小，迫使更多的女人转向自慰。

3. 对较老女人的"手淫禁忌"常常减弱了。

4. 较老女人在亲昵与性交合中获得更多经验，因此知道能在自慰中获得同样的性满足。

单身女人的发生率（20%到54%）高于在婚女人（23%到36%）。这是因为许多婚前依赖自慰的女人，在婚后由于有性交合可替代，便自行中止了。不过另一方面，有些女人是在婚后的性交前爱抚中才学会自慰的。有些在性交合中达不到性高潮的女人，就由丈夫或由自己实施手刺激，以达到性高潮。当然，也有些妻子只有丈夫不在时才这样做。

达到性高潮的频率

单身女人中平均每周0.3到0.4次，在婚女人中平均每周0.2次（每月1次）。但是把16～50岁的单身女人与21～55岁的在婚及曾婚女人相比，其间的差异很小。女人的其他类型性行为中也是如此。这是女性性存在的最显著特点之一，也是与男性的最大差异之一。

自慰的频率有赖于女性的身心状况，因此它是测定她对性活动的兴趣程度的最好办法。它比用异性性活动来测定更好，因为后者更经常是由男性发起的，不足以测定女性的主动发起能力和性兴趣。

有一些例子证明，女性自慰集中于每月临来月经之前。大多数女人在此期内的性反应最强。

频率的个体差异：有4%的女人一生中曾经每天自慰2次以上。有一些女人曾经在仅仅一个小时之内自慰并达到性高潮10次，20次，甚至100次。

在性释放总体中的比重：在婚前各年龄段中占37%到85%，在婚女人中只占10%左右，其中年长的又高于年轻的，曾婚女人各年龄组占13%到14%。

延续时间：31～35岁有过自慰的女人中，延续1年以下的仅仅占9%，延续10年以上的却高达59%，平均延续近14年。50岁以上有过的女人中，延续10年以上的更占73%，平均延续24年。当然也有15%的人不延续，有些人则间隔长达40年或更多。原因一是婚内性交合取代了它，二是道德阻止了它，三是不多的女人对任何性行为都缺乏兴趣，或者相反，仍然觉得它不足以充分满足自己。

各种影响因素分析

与受教育水平的关系

1. 性高潮发生率

所有数据都表明，在有过自慰的女人中，受教育程度越高，达到性高潮的也就越多。例如：16～20岁的单身女人中，初中程度者只有27%达到性高潮，高中以上者有31%。21～25岁的已婚女人中，初中程度者只有11%。而高中以上者却有31%。

累计性高潮发生率就更明显：到40岁时，初中程度者只有34%，高中程度者有59%，而研究生程度的达63%。同时，初中与高中者年龄越大开始自慰的越少，尤其在婚后就更少。

2. 性高潮频率

各种受教育程度者都差不多。这表明，女性属于哪个社会阶层，确能影响她是选择自慰，还是不选择；但是她一旦开始，频率就差不多，社会阶层归属很少能发挥其影响了。

3. 在性释放总体中的比重

这方面，也是受教育程度越高，比重就越大。从青春期开始到15岁那段时间里，现在初中程度者的比重为52%，高中者为73%，大学及以上者则超过90%。这是因为，受教育水平低的女人更多地通过婚前性交合来实现性释放，也更多地认为"手淫"会损害身体，更多地把它视为一种道德错误或者生理上的不正常。上大学的女人所出身的那个社会阶层，认为"手淫"毕竟比婚前性交合好，因此这些女人在自慰中就较少碰到生理释放与道德戒律的冲突；而在婚前性交合中，甚至一想到此事，她们就会惶恐不安。不过，这种社会阶层差异是越年轻越大，随着年龄增长与在婚者的日增，差异就相当小了。另一方面，女人的父母的职业等级，对她的自慰发生率和频率等没有多少影响。

与时代的关系

在过去40年中，累计性高潮发生率提高了；与1900年以前出生的女性的发生率相比，新几代女性逐代递增10%左右。例如，到30岁时，第一代（1900年以前出生）为44%，第二代（生于1900～1909年）为51%，第三代（生于1910～1919年）为53%，第四代（生于1920～1929年）为55%，但是最年轻的一代开始自慰的年龄，却比前几代晚一年或两年。

达到性高潮的频率没什么代际差异。

在性释放总体中的比重却是逐代降低了。这显然是由于新几代女性更多地从事异性亲昵爱抚和婚前性交合。

与青春期开始早晚的关系

在男性中，青春期开始越早，终生在性方面越积极。采用的性行为类型越多，在每种类型中的频率越高，因此性释放总体的水平也就越高。但是女性却不是这样。

青春期开始于12岁、13岁和14岁的女人，其自慰累计发生率和每5年内的发生率，都没有显著差异；只是开始于11岁的稍高一点，开始于15岁的稍低一点；其他各项指标也都很少有差异。看来，对男性起作用的那些因素，对女性却无关紧要。

与城乡差异的关系

城市女人累计发生率为59%，乡村女人却只是49%。这是因为，在美国的许多城市里，能够客观讨论自慰的社会群体、专业人员和宗教组织，一直在日益增长，乡村却很少有这种新现象。乡村人中受祖辈禁忌的影响显然更大得多。

与宗教信仰的关系

由于正统犹太教、天主教和某些新教派别一贯严惩"手淫"，因此毫不奇怪，越信仰宗教的人，自慰发生率就越低。不过，女性的这种情况比男性更严重。在女性内部，某些宗教信仰最虔诚者的累计发生率只有41%，最不虔诚者却达67%；而不信宗教者更比全体女性的平均数还高10%到25%。这种差异在女性15岁左右时最大。

但是宗教信仰程度对自慰达到性高潮的频率却几乎没有什么影响。这再次说明，女性一旦开始自慰，她的宗教忠诚一般就不能再影响她了，正如年龄和受教育程度都没有影响她达到性高潮的频率一样。"手淫"和其他性行为一样，道德对它的打击只是对那些从未经历过的人才常常是最沉重的。经历之后，大多数人都会无法理解，为什么这样的事会被看得如此严重。

技巧与伴随的幻想

女性所用的技巧比男性多。我们发现常用的有6种，不太常用的更多。

一半或更多的女人只用过一种技巧，但也有四分之一到一半的女人用过两种或者更多。

刺激阴蒂与小阴唇

自慰过的女人中，84%主要依靠这种技巧。自慰时，女人常常轻柔地、有节奏地用手指在敏感部位移动触摸，或者有节奏地或持续地用手指或整个手按压；也常常用一个或两个手指，在小阴唇之间或缓或急地移动，以触及阴蒂。偶然也有用脚踵的。

这种技巧之所以最为普遍，是因为阴蒂和小阴唇最敏感，远胜于插入阴道。大多数女人的阴道内壁没有神经，只有一些女人的阴道口有。

刺激大阴唇

虽然实验证明大阴唇也足够敏感，但是女性自慰大阴唇的较少，常发生于按压整个外生殖器时。

外生殖器挤压

近10%女人紧紧交叉双腿，持续地或有节奏地撞压整个外生殖器区域。这可以刺激阴蒂、小阴唇和大阴唇，可以伴随或不伴随手刺激生殖器。挤压当然可以产生触觉刺激，但也有下述的另外原因。

肌肉紧张

即通过全身肌肉和神经紧张来实现自慰。为此，女人也许脸朝下平趴，也许跪膝顶腹，向前运动"双股"。速度有快有慢，但重要的是紧张度与力度。这样，她可以用外生殖器摩擦身下的床或者枕头或者其他物品。这种技巧至多只摩擦外生殖器的前面部分，它主要给骨盆提供了一个运动机会，使臀肌和股间股前的内收肌产生节律收缩。这与第二章中讲述的女孩自慰是同样道理。

这与男性如此自慰也是同理；与女人的女上位性交合更是同理。肌肉和神经紧张可以产生与刺激生殖器同样的效果。我们的调查数据表明，此法达到性高潮的速度至少与其他任何方法一样，甚至更快一些。肌肉律动紧张的加剧，是性反应中一切生理变化里最重要的一种。

男性平躺或者以足尖站立进行自慰时，也同样是在有意运动其腿、臀或全身；以加剧紧张而不触及生殖器地达到性高潮。

这样的紧张可以在男性跳舞时引发性唤起。有些少男少女在爬绳或者引体向上时达到性高潮；其中有些是由此首次体验到性高潮，有些则是为了获得性高潮才去从事这些体育活动。相反，也有些少男少女恰是为了避免在大庭广众之下达到性高潮，才顽固地拒绝从事此类运动的，惹得体育老师发怒。

偶然会有一些成年男女也用悬吊在门框上或者其他地方来实现自慰。

有5%的女人使用过这种方法，但是实际比例肯定更高；因为在调查开始后的头几年中我们没有意识到这种方法的重要意义，结果没有系统地就此提问。

刺激乳房

一半左右的女人，其乳房，尤其乳头也是性敏感区。刺激乳房者在有过自慰的女人中占11%。有的人是手刺激乳房，有的是以乳抵床（或其他物品），一般都伴随着手刺激生殖器。只用此法达到性高潮的女人很少。

插入阴道

大约20%的女人用此法，但是大多数都是间断用，或者伴随其他方法而用。许多这样做的女人，其实分不清阴道口与阴道本身的区别，许多人只是用手指刚刚插入阴道口的肌肉环，而手的其他部分实际上是在刺激着外生殖器。

不管用什么物品插入阴道的女人都很有限。但是许多男性，出于自己对性交合的误解，出于迷信男性生殖器在性交合中的重要作用，总是认为所有女人的自慰必定都是用手指或者其他物品深深插入阴道。从1711年到

1950年，就我们所见，有20位作者在17本著作中都对此深信不疑，其中遗憾地包括霭理士、赫希菲尔德和迪金森这样的一代名师。因比，许多男性在亲昵爱抚中用手指插入对方阴道。男性创作的文学作品则念念不忘描述女人使用"淫具"，而且都是仿男性阴茎制品。但我们调查发现，用手指或其他物品插入的女人，是出于多种原因：

1. 确实渴望通过深深插入阴道而获得性满足。她们的阴道内壁可能有神经，也可能是由于她们自己在心理上把插入与性交合给联系起来，才产生刺激的。

2. 被男方所迫，或者被那些误解性交合，因而也误解女性性生理的男女临床医生们所迫。

3. 大量进行性交合之后才获知自慰之事，因此以为后者必须模仿前者。许多这样的女人一旦更了解自己的生理和性能力，就不再插入了。

4. 为了满足男方的要求。他觉得观看女方用这种方法自慰对他自己很有性刺激。[1]

仅靠幻想

大约2%女人仅仅靠幻想性的情景就达到了性高潮，而不触及或刺激自己的生殖器或身体其他部位。男性在梦中常有此事，但醒来后就极少有了。同样，尽管三分之二弱的女人在自慰时伴以幻想，但仅仅靠幻想的太少了。

其他技巧

大约11%的女人还用其他技巧。有的用枕、衣、椅、床或者别的什么来摩擦自己的外生殖器。有的用阴道灌洗器、用流水冲击、用震颤按摩器、插入尿道、灌肠、其他方式的肛门插入、施虐与受虐活动，等等，但是其中没有一项的使用者较多。

---

[1]　目前商业化的性视觉材料（录像、影视等）也是以此满足男性顾客。——译者注

达到性高潮的速度

大约45%在3分钟以内达到，25%在4～5分钟之内，总平均是4分钟差几秒。许多较长时间才达到的，是有意延长快感，而不是不具备快速达到的能力。

人们普遍认为，女性的性反应速度比男性慢，但我们上述数据证明并非如此。男性如果非故意延长，平均在2～3分钟之内就达到性高潮，这只比女性的平均速度快不到一分钟。诚然，在性交合中，女性的反应确实比男性慢得多，但是这应归结为一般性交合技巧的无效。女性性反应速度其实并不慢，这是我们了解她的性能力时，最重要的一个信息。

与技巧相关的是自慰时是否伴随着，以及伴随着什么样的幻想。下面谈谈这方面的情况。

36%的女人在自慰时，只涉及肉体刺激，再无其他；其余64%则伴随着幻想特殊的性情景。50%的女人至少在一生中的一段时间内，大多数次的自慰都伴以幻想。相当多的人直到自慰多年后才开始幻想。一般说来，年长女人幻想更普遍，年少女人则不很普遍。

幻想可以涉及异性或同性性行为、与动物的性行为、施虐与受虐活动，以及其他种种。有人固定于一种，有人固定于多种，有人因年龄而变。

60%的女人至少偶然地幻想过异性性行为，10%幻想过同性性行为，只有1%幻想过与动物的性行为，超过4%幻想施虐与受虐活动。女性的幻想一般与自己的实际经历一致，很少超出。处女几乎不会幻想进行性交合，反而是许多男人从未在幻想中再现过自己的切身经历。

男性中各阶层的幻想发生率是随着受教育的程度而提高，而所有女性却都趋于一致，年龄差异和阶层差异没有多大影响。

男性如果不伴以性幻想，一般难于在自慰中达到性高潮，女性却是没有幻想也照样达到。这种能力突出表明，她更多地依赖于性唤起中的生理和生物因素。

男性以自己的经验套女性，相信女性在性活动中也必定伴以幻想。男医生、各类男作者，尤其是性爱文艺的作者，以及大多数男人都做着这样一个梦：大多数女人在意识到可能从事性活动时，必定像男性那样被引发性唤起。男性没有理解：心理刺激对女性不那么重要，而女性也没有理解：心理刺激对男性更重要。这就是那么多的男男女女在相互了解中碰到那么多困难的主要根源。

意义与作用

生理意义

大多数女人为了获得她们本该获得的、直接的即时的满足而自慰。作为一种方法，这可以解除她们在产生性唤起，但是社会习俗又阻止她们从事人际性接触时所产生的生理焦躁。从1897年开始，学者们就一直这样论述。可是事实上，如果没有性高潮所带来的性紧张的解除，大多数男人和一些女人的能力也会被破坏或者被干扰。这样的人会神经质、易怒易躁、精神无法集中，难于为人处世。如果无论他们的性唤起有多么多，都能顺利地达到性高潮这一终点，那么无论对他们自己还是对其他人来说，生活都会更加美好。

不会有生理损害

许多人都相信，"手淫"会对一个人的生理造成损害。例如我们调查过的一些女人相信，她们的"手淫"引起了丘疹、精神迟钝、心情恶劣，直至激素分泌过少等种种病痛，其实都是误解。非常明显，最经常受到道德反对的女人，也就是最经常地坚持说："手淫"给她们造成了肉体与精神的损害的人。医生、精神病专家、心理学家和教育学家中，竟然有如此之多的人也坚持说女人"手淫有害"，真令人惊讶。从1741年到1952年，我们看到，61位作者的58本著作在鼓吹这种说法。但是这些书显然是试图用道德准则来评价女性性行为，因此没有任何生理事实的检验。

在我们调查过的女性中，有近2800名有过自慰。其中只有极少几例肉体或者精神损害，可以被认为是自慰这种活动本身所引起的大量的损害是对自慰的烦恼忧虑以及试图戒除它所引起的。

道德的解释

宗教之所以严罚"手淫",是因为它偏离了性的"首要目标"——生殖。正统犹太教有一段时间以刑来惩罚"手淫"。天主教也把它作为色欲罪行来惩罚。新教各教派在过去几百年间也是如此,只是最近才有一些教士试图运用更科学的材料来解释它。

我们调查的女性中,还有许多人从未自慰过,其中44%说是因为自己认为它是一种道德上的错误。显然,许多这样的女人的性反应能力极差,因此才觉得遵守道德戒律轻而易举。从未自慰过的女人中,81%说是由于自己没有感到对它有什么需求。其中有些人是因为已找到其他性释放途径,但是也有许多人显然是缺乏任何一种性反应能力,因此也就不需求任何一种方式的性活动。从未有过此行为的女人中,还有28%是因为她们不知道女性也能自慰。

法律的看法

尽管欧美舆论都接受宗教对自慰的态度,但成文法律却没有接受。美国只有印第安那州和怀俄明州两地,把鼓励一个人"手淫"列为犯罪,但是没有一个对独自"手淫"处以刑罚。社会关心的是生殖,因此对那些不会导致生殖的性活动并不总是很感兴趣。

心理意义

如果没有惩罚、烦恼或者恐惧,任何一种类型的性活动,无论人际的还是独自的,都能提供生理满足,从而使一个人很好地协调其心理状态。但是由于两千多年来宗教一直惩罚"手淫",由于多数医生和专业人员一直禁止"手淫",因此毫不奇怪,有过自慰的女人中,大约半数由此产生了心理烦恼。她们的烦恼平均持续长达6年半。这意味着,在每一天中都有数百万美国女人在毫无必要地损害着自己的自信心和社会能力,有时也损害着自己的婚内性生活和谐。这种损害并非来自"手淫"本身，而是来自她们的行为与道德戒律之间的冲突。在女性中，由此引起烦恼的人多于由任何其他类型性活动引起烦恼的人。

弗洛伊德及精神分析学派虽然承认自慰没有生理损害，但是他们把成年人的自慰看成是幼儿的、不成熟的和人格欠缺的，结果给人们带来了新的心理烦恼。这种说法实际上仍然来源于犹太教法典，只不过用了貌似科学的新术语。因为大量在任何现实环境中都非常成熟的成年人也照样自慰。这一事实不可否认。

社会意义

社会关心和重视的不是自慰这一行为本身，而是其效果，尤其是对婚内性生活和谐的效果。

有些精神分析学家认为，由于自慰集中于外生殖器，因此不能训练出女性的"阴道反应"，而"阴道反应"又是"性成熟"之前必须首先具备的。

可是实际上，大多数女人的阴道对触觉刺激没有反应能力，性交合所刺激的也主要是外生殖器，与自慰没什么两样。几乎所有女人都毫无困难地把自慰的经验转用于进行性交合之中。当然也有数百名女人遇到困难，但她们恰恰是由于听信所谓"阴蒂反应向阴道反应转变"的说法，又觉得自己没有实现这一解剖学上并不存在的转变，因此才烦恼丛生。

仅有过自慰经历的处女，在首次插入式性交合时确实会出现一些问题，但是，从未自慰过的处女此时也会出现同样的问题。

有人说，婚前"手淫"过的女人，婚后会渴望继续独自活动，会不喜欢进行性交合，但是我们仅仅发现极少几例这样的事。婚前因自慰而受过责罚的女人，婚后出现性烦恼反而更多些。

比上述效果更重要得多的是，数据表明，婚前自慰有益于女人在婚后进行性交合中的反应能力。我们知道，相当多的婚后不协调是由于女人的唤起一般慢于男性，由于女人常常难于在性交合中达到性高潮。这里边涉及的因素很多，但最重要的是女人在婚前没有体验过性高潮。在我们的调查中，大约36%的女人就是这样。只有50%的女人在婚前有过规律的性释放，且不论是通过什么途径。

婚前从未体验过性高潮的女人在婚后无法做出适当反应的，是婚前体验过的女人的2倍。如果女人在婚前没有学会如何使自己在性高潮中放松自如，至少会减少她婚后达到性协调的机会。婚前力戒肉体接触的姑娘，婚后也很难消除她已获得的那种神经和肌肉毫无反应的状态。因此，女性婚前是否体验过性高潮，比她从事过何种性活动更重要。

婚前从未自慰过，或虽然有过却从未达到性高潮的女人中，31%到37%在婚后第一年的性交合中也无法达到性高潮，其中多数人在结婚5年之后也仍然达不到。婚前经自慰达到性高潮的女人中，这样的人只有13%到48%。在任何情况下，婚前自慰过的女人都没有因此而降低她们在婚后性交合中达到性高潮的能力。这一点确凿无疑。

男女情况对照表

对 照 内 容	女	男
学习自慰的途径：		
自我发现	57%	28%
看视觉材料和印刷品	43%	75%
通过亲昵爱抚	12%	
观看他人	11%	40%
通过同性性行为	3%	9%
累计总发生率	62%	93%
累计达到性高潮的比例	58%	92%
其中：到12岁时	12%	21%
到15岁时	20%	82%
到20岁时	33%	92%
发生频率：		
单身者每周平均次数	0.3～0.1	0.1～0.8
在婚者每周平均次数	0.2	0.1～0.2

续表

对照内容	女	男
在释放总体中的比例：		
单身者	37~85%	31~70%
在婚者	10%	1~6%
曾婚者	13~14%	8~18%
累计发生率与受教育程度的关系：		
初中程度者	34%	89%
高中程度者	59%	95%
大学程度者	57%	96%
研究生程度者	63%	100%
自慰技巧：		
手刺激生殖器	84%	95%
股间挤压	10%	很少
肌肉紧张	5%	很少
插入阴道	20%	
只用幻想	2%	极少
伴随幻想的自慰：		
几乎总是幻想	50%	72%
有时幻想	14%	17%
意义：		
能带来快乐	是	是
能满足生理需求	是	是
会有生理损害	否	否
有益于心理健康	是	是
带来了烦恼	47%	多数
能增强活力	是	是
能够提高婚内性高潮的比例	是	无关

第二十章

性 梦

性梦是指睡眠状态中所做的一切性梦,不论白天睡还是夜间睡,但它不同于非睡眠状态下的性梦幻和性幻想。

人们对男性的性梦一直讨论不休。男性出于自己的经验,总是认为女性也有与自己类似的性梦。在性爱文学和实际生活中,男人总是希望自己感兴趣的女人会在夜梦中梦见自己,男人也总是表达着这种希望。他们总是确信,任何堕入爱河的女人,都必定会梦见她在与她所爱的男人从事直接的性活动。尽管从1907年到1951年,至少有39位作者在34本著作中论述了女性的性梦,但是都缺乏必要的统计资料,从而无法确证它的存在。

女性如果有性梦,如果达到性高潮,其间所发生的性反应必定与她醒着的时候一样。

任何一种涉及他人的性活动,都存在着双方协调的问题。例如,女性的婚内性交合的频率一般都高于她所期望的;可是,即使是性反应能力最强的妻子,她的性交合的频率,也往往仍然低于丈夫的期望。

但是性梦与自慰一样,其发生率和频率受他人的影响最小,远低于任何其他性活动。因此,研究女性的性梦,能够更好地测定她的基本性兴趣与性能力。

性梦的来源

性梦中的性反应与清醒时的性反应的主要不同，在于人们从生活中学来的种种自我控制和自我禁忌，在睡梦中都较少发挥作用。前一本书讲过，男性可以在睡梦中做出乱伦、群体性交、当众露阴，以及其他种种清醒时在精神和肉体两方面都做不出来的性行为。尤其是性梦中达到性高潮的速度，远比清醒时快得多。不很多的女人在清醒时难于自我放松，难于达到性高潮，但在性梦中却完全可以。有5%的女人首先是在性梦中经历了自己的第一次性高潮，早于清醒时的任何性活动，这与男性的比例相同。

在清醒时的性行为中，女性比男性更多地依赖直接的肉体刺激，但是在性梦中，不论男女，更主要的是依赖心理刺激。当然，睡衣、被褥、床等等都可能产生肉体刺激，但是这种情况几乎每夜都有，按理说，性梦发生率应比目前实际发生率高得多才对。

睡眠中的性高潮几乎总是伴随着性梦，这最能说明其来源于心理刺激的特质，即使在自慰或其他性行为中从未伴随过幻想的女人也莫不如此。相反的情况在女人中只占不到1%，而且很可能是忘记曾经有过性梦了。

许多人认为，女性的性梦是某种神经不良症的表现，而一个正常的身心状态良好的女人，绝不会做性梦，更不会在其中达到性高潮。他们的理由是：正因如此，女性中的性梦才不像男性中的那么普遍。这种说法代表了一种趋势，总是把那些不是人人都有的、不为人知的、或者不为人所理解的人类行为，硬说成是神经病、精神病、不成熟、变态或者其他什么心理不良症。如果照此说来，男性80%以上都是神经病患者了，因为他们都有梦遗。

发生率与频率

一般状况

我们调查过的女人中，大约65%曾经做过明确无误的性梦；20%至少有一次在性梦中达到性高潮，15%从未达到过。

累计发生率

到45岁时，做过性梦的女人中有37%达到性高潮，其余63%则没有。如果按每一年龄上的发生率来看，则青春期开始之后，任何年龄的女人的发生率都刚刚超过10%。

平均频率

大约为每年3～4次，即每周0.06到0.08次。大约25%的女人在整个一生中只有过5到6次。就全体女人而言，8%每年超过5次，5%每月超过2次（每年24次），1%每周超过1次（每年51次）。就极端情况而言，女性的频率也是极低的。在将近6,000名女人中，5年内平均频率超过每周1.5次（每2周3次）的，只有7人或8人。超过每周1次的也只有4人，其中30岁以上的未婚女人1名，40岁以上的在婚女人2名或3名。有些女人由于种种意外情况，可以在一夜之中做2次或3次性梦，但是这样的人极少，而且几乎从未延续到一周以上。

各种男性中却有人每周做4～7次性梦，有些人甚至在连续几年中高达每周14次，即每天2次。因此，在所有性行为中，就最高频率而言，唯有在性梦这一行为中，女性低于男性。我们在前一章讲过，就自慰并达到性高潮的频率而言，固然有些女人终生只有过1次或2次，但也有的女人曾经在仅仅1个小时内就达到过100次。如此高的频率，在男性自慰中绝对没有。女性在性交合中达到性高潮的最高频率，也是任何一个性高频男人所不可企及的。唯有在性梦中的高潮频率方面，女性所达的上限，唯一一次低于男性的上限。因此说，在那些主要依赖肉体刺激的性反应中，极端的女人超过了男人，但是在主要依赖心理刺激的性反应中，例如在性梦中达到性高潮，则是男性超过了女性。

有2%的女人可以在自慰中仅仅靠幻想而达到性高潮。这说明这些女人具有高水平的心理反应，但即使是她们，在性梦达到高潮的频率方面，也并没有达到男性的平均水平。为什么一个女人在清醒时的相对较强心理反应能力，并不能使她在睡梦中也达到同一水平？这个问题尚待进一步探讨。

与年龄和婚姻状况的关系

年轻女人中性梦发生率低，年长女人中高。从青春期初始到15岁，只有2%的女人有过性梦中的性高潮，而40~50岁的却达大约22%到38%。年龄再大，发生率又下降了，70岁以上的只有1人。

男性发生率的顶峰期是在15岁以后或20~30岁，比女性的顶峰期早大约20年或30年。在做任何男女比较研究时，都必须注意这一点：在极大程度上依赖心理刺激的性行为方面，女性的发育竟如此之晚。

尽管发生率随年龄增长而提高，但是频率却几乎未变，从青春少女到至少65岁的老妪，平均频率都是每年3~4次。

单身者的发生率较低一点，在婚者较高一点，曾婚者又高一点。单身者发生率的顶峰期在40岁（22%），在婚者的在50岁（32%），曾婚者的在55岁（38%）。

值得注意的是，婚姻状况对频率也没什么影响，单身者、在婚者与曾婚者都低于每周0.1次。婚后性经验肯定会增强那些婚前没有性梦的女人的想象能力，曾婚者应该增强更多，但是如此巨大的经验力量，依然没有提高女性性梦的平均频率。

与受教育程度的关系

无论累计发生率和年龄发生率，还是性高潮频率和在释放总体中的比重，都与女性的受教育程度没有联系。

男性的受教育程度直接影响其梦遗的频率。男性受教育越多，想象能力就越发达，心理反应能力也越强。单身的、大学程度的男人的频率是初中程度男人的3~4倍。但在女性中，大学和研究生程度者的频率，却并不高于初中和高中程度者。

与时代的关系

40年来，累计发生率和年龄发生率都没什么变化。1920年以后出生的一代女性的发生率稍有提高，但其频率与过去40年竟毫无两样。如果真像人们通常相信的那样，女性的心理发育被社会所控制，那么在这40年里，上述指标多少也该有一些变化才对。

过去40年里，女性在我们的社会体系中的地位，已经发生了实质性的变化。她在家庭里的地位一直在显著地改善，她在工商业中的地位已经发展到40年前想都不敢想的地步，她已在国家政治权力中获得了一些地位，她积极参与市政的、州务的和国家的事务，而她的祖母连这样的梦都不会做。

在40年前，女性中只有7%上过大学，而1940年时已达大约15%。读研究生和博士学位的女人也大量增加。即使没上过大学的女人，其受教育程度也已经大大提高：40年前67%没有读完初中，现在已降到只有18%到20%。高中的情况也是如此。

但是，有过白日性幻想的和有过性梦的女人的人数以及由此达到性高潮的频率，却仍然与她们的祖母那一代一样。通过心理刺激达到性唤起的能力，看来确实是植根于文化的更深层次之中。在一个女人的一生中，在她心理上的性能力的发展过程中，显然存在着一个不可逾越的界限。

与青春期开始早晚的关系

看来发生率和频率都与此无关。

与宗教信仰的关系

差异不在于信仰犹太教、天主教还是新教，而在于信仰的程度有多深。越虔诚的宗教徒，发生率越低，也许因为她们的实际性经历最少，所以没什么可梦。

但另一方面，不同宗教信仰者一旦开始做性梦，其频率就一样了。这种情况在自慰方面也同样发生了。我们实在难于理解：曾经在那么多年里成功地阻止一个女人做性梦的宗教信仰力量,为什么在她开始做性梦之后就无法再发挥同样作用了。

与其他性行为的关系

先看在性释放总体中的比重:

如果不论婚姻状况如何,则平均比重占2%到3%。这个比重很低,一是由于各年龄段中确有四分之三或更多的女人从未在性梦中达到性高潮,二是因为高潮频率总是很低。

性梦所占的比重在较年轻的单身者中只占2%。在较年长的在婚者中占4%。因此,在45岁以下单身女人中,除了与动物的性行为之外,性梦就是比重最小的一种性行为了。

在较年轻的在婚女人中,性梦的比重只占1%。不过它随年龄增长而逐渐提高,到45岁以后,已占到3%左右。对任何年龄的在婚者来说,所占比重最小的是与动物的行为和同性性行为,但是性梦仅居其次。

曾婚女人的性梦比重显然高得多,较年轻者为4%到5%,较年长者则上升为14%。

上述所有比重的差异,都不是由频率高低造成的,因为所有女人的频率都非常一致。差异是由其他性行为的频率的变化所造成的,主要是亲昵爱抚、进行性交合和同性性行为。这些性行为的频率,至少有很大一部分必须由另一方来决定,因此在不同年龄和不同婚姻状况或者其他不同条件下,必然会有较大差异。

人们长期以来而且非常普遍地认为,性梦中的性高潮给那些戒除其他性行为的人提供了一个"自然的"性释放途径。因此,当其他性行为不允许发生或者无法从事时,在性梦中释放性能量就很具有安全价值了。一些作者坚持说,性梦中的性高潮只可能在下述情况中发生:处女未婚、妻子在性交合中始终达不到性高潮时、丈夫不在时、婚内性生活因故中止时。

这种理论在道德上具有相当重要的意义，因为它承认性梦是一种可以接受的性释放形式。犹太教和天主教的戒律都认为，唯有婚内的、插入阴道的性交合，或导致插入交合的某些有限行为，才是实现性的首要功能（生殖）的自然方式。既然性梦不可能为生殖目标服务，两大宗教就都认为它在道德上不可接受。当然，如果不是有意地去寻找性梦，那么它也可以作为禁欲的一种"自然补偿"而受到一定限度的宽容。不过，对有意去做的性梦，天主教戒律必定严惩不贷。

这种自然补偿理论认为，哪怕一个人长期禁欲、生理紧张，也会通过性梦而解除。接着他们把这个假设当作事实依据，进一步推论并宣称：任何生物学或医学的理由，都无法论证人们在婚前不可能做到完全的禁欲和贞洁，无论男女。但是我们的调查发现，性梦中的性高潮的所谓补偿功能根本就没有任何科学资料作为依据。如果哪位正在禁欲的人能证明这种补偿，欢迎他（她）通知我们，以便进行科学的研究。

上述道德说教主要针对男性，但是有时也扩大到女性。20世纪20年代的一位学者坚持宣称：女人如果戒除其他性行为，则必定每30天有一次性梦中的性高潮，以释放其性能量。另一位学者则说每1～5天就必定有一次。但他们都缺乏可用的证据。我们根据所调查的7,789名女人的情况，可以做出以下的一般分析：

我们调查的7,789名女人中也包括黑人女人和女犯。她们之中有的人的其他性行为也是高频，但也有的人却是极低频。其他性行为高频的人里，有的却从来没有做过任何性梦。甚至有的人心理反应能力极强，却只表现在其他性行为之中，反而没有做过性梦。因此我们所能说的也仍然是：性梦与其他性行为相互补偿的占11%，相互推动成正比的占7%，没有明显关系的占79%。

性梦的内容与男女对照

不论性梦中有没有性高潮，其内容85%到90%是异性性行为。30%到

39%至少梦到一次实际的性交合，17%到38%梦到过没有性交合的异性亲昵爱抚。

性梦中的男方一般都是模糊和不确定的，常是完美个人的通常典型。做梦的女人并不总是充当梦中的角色，往往是作一个旁观者。许多异性性梦中都有明确和大量的人际交往内容，而不包括实际的肉体接触。尽管这类性梦实际上无疑具有性的意义，但是它们毕竟不同于男性常做的那种鲜明的性梦。

大约有8%到10%的女人做过同性性行为的梦。这与实际上有过同性性行为的女人的比例非常接近，两者显然有着内在联系。

约有1%的女人梦见过与动物的性行为，1.5%梦见过施虐与受虐行为。

约有1%到3%的女人梦见过怀孕或生孩子。值得注意的是，许多女人把这也当作"性梦"报告了。由于10个女人中就有9个做过这样的梦，而且大多数人都不认为这就是性梦，因此怀孕和生育梦并不导致性高潮。目前的生理学和心理学不能证明生殖功能与性唤起之间存在什么联系。许多女人之所以认为这就是性梦，不过是她们在理智上认为性行为与生殖有关而已。

无论男性还是女性的性梦，常常反射着他们实际具有的性经历。但另一方面，也有13%女人的性梦内容已超过了她们的实际性经历。在622名女人（包括黑人）中，梦见过性交合而没有性高潮的占36%，有性高潮的占10%，伴随其他梦境的占16%。梦见过同性性行为的人中，三项指标分别为1%、7%、23%。梦见过怀孕和生孩子的分别为13%、2%、15%。梦见过亲昵爱抚的分别为6%、1%、7%。梦见过被强奸的分别为1%、2%、6%。

梦到从未经历过的性行为，可能表示着渴望在实际生活实践之，可能表示因没有机会实践而产生某种缺憾，或表示她一直在避免实际出现这种行为。弗洛伊德及其精神分析学派相信，梦的内容表示着被压抑的欲望的内容。我们也发现，不少女人曾经在梦见自己从事那些实际生活中难以实现的性行为时，确实获得了相当大的快乐。

但是另一方面，性梦中的某些内容，例如被强奸，却是该女人所不愿的甚至恐惧的。看来这些只是一般的噩梦而已。

绝大多数女人并没有因自己做过性梦而自寻烦恼，但也有一小部分人因为性梦的道德意义而焦虑。不过，女性的焦虑和焦虑的女性都比男性少，这也许是因为男性常在性梦中射精，因而烦恼也就多些。在大多数情况下，女性都把性梦看作一种快乐的经历，且常常给它附加上一些额外的重要性和意义。

男女性梦对照表

对 照 内 容	女	男
累计发生率：		
45岁前	70%	近100%
有过性高潮的	37%	83%
没有性高潮的	33%	<17%
年龄发生率：		
变化幅度	2%～38%	28%～81%
每一年龄平均	约10%	约40%
顶峰年龄	40多岁	15～25岁
达到性高潮的频率：		
较年轻者平均	3～4次/年	4～11次/年
较年长者平均	3～4次/年	3～5次/年
以5年为期计算比例：		
每年5次以上者	8%	48%
每月2次以上者	3%	14%
每周1次以上者	1%	5%
在释放总体中的比重：	2%～3%	2%～8%
与年龄和婚姻状况的关系：		
40岁前性高潮发生率		
单身者	22%	60%

续表

对照内容	女	男
在婚者	28%	48%
曾婚者	38%	54%
达到高潮频率的差异	无	单身最高
在释放总体中的比重		
单身者	2%~4%	5%~12%
在婚者	1%~3%	3%~5%
曾婚者	4%~14%	4%~6%
与受教育程度的关系	无	大学者最多
代际差异	无	逐增
与青春期开始早晚的关系	无	不多
性梦内容		
记不起来	1%	
反射本人经历	经常	经常
表示期望或愿望	偶尔	时有

第二十一章

婚前亲昵爱抚

前二章所讨论的自慰与性梦,都是独自从事的性行为,并不涉及他人。它们在女性的性高潮总量中大约占到四分之一。异性亲昵爱抚、异性性交合、同性性行为是三种最主要的人际性行为。它们在美国人性高潮总量中,大约可占到四分之三。但是由于人际性行为的社会意义比独自性行为大得多,因此它们的重要性要比它们所占的比例还大得多。在人际性行为中,双方的刺激与反应相互作用,这不仅对每一方都具有最大的意义,而且这种相互作用可以形成一种情景,一种气氛,其作用大于任何一方所做出的直接动作。正是因此,我们要更仔细地研究这三类人际性行为,尤其注意其社会意义。

概述

定义

男女之间生殖器的直接插入,叫作性交合。男女之间仅有肉体接触,没有生殖器直接插入式的性交合,也是一种人际性行为。现在的美国青年一般都把它叫作"亲热"或者亲昵式爱抚。①今日美国的年轻一代中，婚前的亲昵爱抚几乎已遍及每一个男女，就连年长的未婚者中也并不少见了。

无论在婚前还是婚后，亲昵爱抚都可以作为实际的性交合的准备活动或者前奏。但是许多美国男女在婚前都把它作为性行为的结束活动或尾声。这可能是由于双方仅仅寻求亲昵爱抚本身所带来的直接满足，但也可能是双方用它来替代或者回避直接进行性交合。这是因为，尽管固守道德的那些人也把婚前亲昵爱抚批得狗血喷头，但他们毕竟还承认，这并不等于婚前进行性交合。因此许多男女都为了回避进行性交合而采用亲昵爱抚。

再者，正如年轻一代所做的，亲昵爱抚可以发生于几乎任何时间和任何地方，而这些时间地点却并不总是适合于进行性交合。还有，进行性交合可能造成怀孕，而亲昵爱抚却不存在这一问题。再进一步说，在某些社会群体中，亲近是一种司空见惯的行为。例如在大多数高中生和大学生中就是如此。因此亲昵爱抚在这些群体中也就会被接受，因为在亲昵爱抚之前或之中，双方总是在跳舞、喝酒、汽车兜风或从事其他社交活动，而这些社交活动又是这些群体所赞赏的。

我们把亲昵爱抚定义为：有意的、试图引发性唤起的肉体接触。有过亲昵爱抚的大多数男女，都坦率地承认它作为一种性满足手段的性质与意义。不过，有些引发某种程度性唤起的接触，在动作上都并没有达到亲昵爱抚的地步，而标准的亲昵爱抚行为又并不总是必然引发性唤起。因此我们才着重强调"有意"，即必是存在着实现性唤起的意图。我们以下的分析与数据中，都将严格按这一定义使用术语。

美国青年中流行着许多更细腻的词汇，而且互有区别，例如"亲热"与亲昵爱抚不同，"轻拂"与"猛揉"也不同，还有其他种种不同词汇。

---

① 英语中这两个词稍有差异。"亲热"含有"交颈"之意，主要指接吻和针对颈以上部位的接触与摩擦，类似"耳鬓厮磨"。亲昵爱抚则包括针对全身的接触与摩擦。金赛显然把两者合而为一，中文缺乏直接对应词。——译者注

但是所有这些不过是表达着不同的技巧，或触及不同的身体部位，或所引发的性唤起的程度不同。我们所用的术语，包括上述所有词汇，而且下文还要细细地逐一分析。

对在婚者来说，有些方式的亲昵爱抚几乎不可避免地会导致直接性交合。在婚外的亲昵爱抚中情况也常常如此，但是下文中将不包括这两种情况。

亲昵爱抚不是成年人独有的，婴儿、幼儿和少儿都有类似行为，就是第二章谈过的前青春期性游戏。两者的实质一模一样，只不过成年人从中获得性满足更明显更大。

大多数哺乳动物实际上都有大量的性游戏，而且并不导致性交合。大多数哺乳动物在性唤起时，互相挤靠、偎依，用它们的鼻子、嘴巴、脚爪互相摩擦或者戏弄对方的身体。它们也有唇对唇和舌对舌的接触，也会用嘴巴摩弄对方全身各个部位，包括生殖器在内。这样的活动可以持续数分钟、数小时，有些情况下可以持续数天，然后才试图真正进行性交合，而且有些最终也没有真正地进行性交合。性游戏存在于许多哺乳动物之中，确有科学考察记录的主要有：牛、马、猪、羊、猫、狮、狗、浣熊、鼠、野猪、猿、仓鼠、箭猪、兔、水貂、黑貂、白鼬、臭鼬、水獭、猴、黑猩猩等等。它们也采用种种技巧。人类的技巧和情景，几乎全都在其他哺乳动物中使用和出现。

许多哺乳动物个体，一旦寻到性伴侣就急于进行性交合，而另一些个体则倾向于尽量延长性交合之前的活动，还有一些个体尽管有大量的性游戏，却根本不去真正地进行性交合。在这方面，人类中的巨大个体差异，也同样存在于较低等的动物之中。

正如人类一样，甚至比人类更明显更常见，其他哺乳动物的亲昵爱抚，也主要是雄性主动发起，并直接针对雌性，当然并非全部绝对如此。其他哺乳动物也如同人类一样，恰恰是雄性更容易被心理因素引发性唤起，而且一般是在发生任何实际肉体接触之前。也正是雄性主动做出贴靠、探察、抓摸、撕咬、吮吸等动作，而且主动发起大多数口与生殖器的接触。

如同人类一样，正是雄性动物主动发起几乎每次完全的性交合。大部分雌性，只有在生殖周期使得它具有最强的性反应时，才会接受性交合。只有一部分物种的雌性，此时会主动发起亲昵或者交配活动，甚至变得更有攻击性。这也如同人类女性一样。

哺乳动物中的雄性，有时会在没有性交合的亲昵中射精，或在交合之前就射精，与人类男性一样。但是没有确凿材料能够证明，雌性动物是否会在没有性交合的活动中达到性高潮。

人类的生理构造，尤其是双手，使得他可以运用比任何其他哺乳动物多得多的技巧。人类的活动可以有更明确的目标和计划，还可以有意地延长。但是在性交合之前的亲昵爱抚活动中，人与动物的区别显然并不大。

没有性交合的亲昵爱抚是生物进化的产物，而且唯有进化到哺乳动物阶段时，才出现了如此之多的技巧。因此从生物学来看，亲昵爱抚是一种正常的、自然的和符合人类天性的行为，而不是人类智慧所发明出来的变态行为。尽管经常有人斥责亲昵，但从生物学来看，把亲昵爱抚视为"违反天性的动作"才是变态，禁止和镇压这样的行为才真正是变态。

许多人不承认亲昵爱抚是从哺乳动物发展进化而来的，总是把它看作当代美国青年的发明，看作道德崩溃的产物、个性过于发达和教育过于发达的产物、大都市文化的产物。还有一些人相信，这种道德崩溃必然会导致整个文明的毁灭。

但是实际上，老一代人也曾经有过调情、打情骂俏、追逐求爱、拥抱、动手动脚、面对背地贴身而卧、呵痒、接吻、嬉闹、挑逗性欲，以及其他种种活动。这些都是亲昵爱抚，只不过老一代人不承认，却用别的词来指称它们而已。

历史资料证明，相当多的亲昵爱抚技巧，在人类中已经存在了数千年。在印度梵语文学、中国日本古典文学中，在希腊和罗马的历史材料中，在早期阿拉伯和欧洲文学中，现在这一代青年的一切爱抚技巧，早已详而又详地描述过了。写于公元前700年到公元300年的古代秘鲁的诗集中，不但描述了现今的一切爱抚技巧，也描述了现今的所有性交合技巧。

犹太教和基督教对没有性交合的亲昵爱抚的严格禁令，是因为它违背了生殖这个性活动的首要目标。但是这些禁令也恰恰表明，至少在它们发布之时，亲昵爱抚在人们中间极为普遍。各种游记和人类学报告都证实，许多原始群体中的亲昵爱抚行为也是同样内容，同样普及。这雄辩地证明了这些行为来自人类生物根源，来自所有民族的远古祖先的遗传。

如果一定要说当今美国青年的婚前亲昵爱抚有什么独特之处，那么不在于其出现与其所用的技巧，而在于其总的发生率和实施频率，在于其在美国性行为的总模式中所占的地位和意义，在于当代美国青年从事这些活动时所表现出来的坦率态度。

虽然我们只能揭示当代的情况，至多也只能追忆考察50年前的情况，但是我们有理由相信，再老的几代人中，亲昵爱抚行为至少并不比现在少。这是因为，我们调查过出生于1890~1900年之间的一代女性，结果发现她们当中曾经有过亲昵爱抚的人竟然占到大约80%。可是，人们一直认为她们是规矩正经的、性禁锢甚严的一代人，就连她们自己也一直这样自命。显然，即使在那个时代，亲昵爱抚也是所有婚前性活动中最普遍的一种。

与年龄的关系

累计发生率

到15岁时，也就是到高中一年级刚开始的平均年龄时，40%的女人已经有过异性间亲昵爱抚的经历。到18岁时，即到高中毕业的平均年龄时，69%到95%的女人已有过同样经历。在婚前有过某种形式亲昵爱抚的女人，在所有被调查者中占大约90%；已婚的被调查者中，占到近100%。

不过，只有大约80%的女人在亲昵爱抚中出现了性唤起，女性中的已婚者同样出现性唤起的占大约97%。全体女人中在亲昵爱抚中至少偶然达到过性高潮的人，占大约39%。

各年龄的发生率

每一年龄段内，有过亲昵爱抚的女人中，仍然未婚的女人都占极大比例。15岁之前占89%，16~25岁占88%，26~30岁占83%，31~35岁占78%，36~40岁占70%。

在青春期开始之后，15岁之前，曾经在亲昵爱抚中达到过性高潮的女人只占3%，但在15~20岁之间却占到23%，20~35岁仍然未婚的女人中占到31%到32%。再大的年龄段里，比例开始下降。到55岁仍然未婚的女人中，就只占7%了。

尽管亲昵爱抚显然是属于较年轻者的活动，但其发生率在较老者中的降低却并不是由于生物或生理的老化。年龄因素对50岁以上，甚至60岁以上老年妇女所发挥的作用，实际上并不大。这主要是由于这些老年妇女都是出生于20世纪之前，而那一代女性中由亲昵爱抚达到性高潮的人要少得多。

再者，那些如此高龄而仍然未婚的女人，从年轻姑娘的岁月起，就认为亲昵爱抚是一种道德罪过，因此唯恐避之而不及，或者是由于她们不被男性所吸引，或者不能吸引男性，因此才没有机会去从事亲昵爱抚。随着岁月的流逝，年龄上可与她们相配的未婚男性急剧减少，而她们又几乎没有机会与比自己年轻的男性亲昵爱抚，因为许多男性对比自己老的女人不感兴趣。

此外，老而未婚的男性有四分之一去从事同性性行为了，这又减少了她们的机会。最后，较老的男性只对确实能带来实际性交合的性关系感兴趣，对那些不愿意接受实际性交合的女人，他们不但没兴趣与她们亲昵爱抚，甚至都懒得约会。因此，对年长女人中发生率剧降发挥作用的，不是生理的老化，而是选择与淘汰。

实施频率

我们没有记录所有女人的总实施频率，只记录和计算了她们在亲昵爱抚中达到性高潮的频率。这是因为，一般社交接触与人际性接触的差别实在是太微妙了，如果不按是否达到性高潮来鉴别，就连当事人自己现在也没办法回忆起，当初到底有多少次接触是人际性接触，多少次不是。

再有，亲昵爱抚的发生实在太没规律了，可能一周有几次，甚至一下午或一晚上就有好几次，但也可能好几个月连一次都没有。因此如果不以性高潮次数来计算，当事人实在难以说出平均频率，除非她逐日写下性行为日记。

因此，我们只能粗略地估计女性亲昵爱抚的实施频率。15～35岁之间的未婚女人是发生率最高的阶段，其实施频率在每周一次到每月一次之间，平均起来约为每两月一次。

达到性高潮的频率

这方面的个体差异极大。61%的女人从来没有在亲昵爱抚中达到性高潮。有些人只在婚前有过一次。而另一些人则在婚前5年到10年甚至更长的时间里，每周达到7到10次。频率高的人大多数都是具有连续性高潮能力的女人。

在性释放总体中的比重

亲昵爱抚虽然是各种性行为中最普遍的一种，但是由于它并不总是达到性高潮，因此在释放总体中的比重并不那么大。即使在婚前，自慰与性交合所占的比重也比它更大些。

青春期开始到15岁的女孩，亲昵爱抚所占的比重只不过是4%。从15～25岁，它的比重增加到大约18%。在15～20岁之间，它在人际性行为中是重要的一种，但到20岁之后，婚前性交合的比重超过了它。25岁之后，它的比重越来越下降。到40岁时，它只占5%。到50岁时只占3%。从25～40岁，自慰与婚前性交合占到释放总体的75%到90%。

持续时间

持续在一年以内的占8%，其中大多是初中以下文化程度者，很少有受教育较多者。持续2～3年的占大约15%，持续4～5年的占23%，持续

6～10年的占近40%。女性总平均持续6.6年。

不过，持续时间取决于女人结婚早晚。因此，直到30岁以上仍未结婚的女人中，就有73%持续发生亲昵爱抚达11年或更长。

涉及对方的人数

相当多的女人是在高中的最后2年或3年中开始发生亲昵爱抚的，而那段时间也正是她们的男伴最多的时候。当然，高中毕业后，男伴的人数更多了，但这是因为从毕业到结婚还需许多年，因此人数累计增加了，而单位时间内男伴最多时，还是高中最后3年。

就已婚女人的调查表明（因为她们不会再有婚前男伴了）：婚前仅仅与一个男伴亲昵爱抚过的，只占10%；与2～5个男伴有过的占32%；与6～10个男伴有过的占23%；亲昵爱抚男伴超过10个的，占到35%；最多的可达到100个男伴或更多。尽管这些亲昵爱抚很可能导致实际性交合，但是看来即使是最严谨的姑娘，在婚前也绝不会仅仅与一个男朋友（未婚夫）亲昵爱抚的。

各种社会因素的作用

从我们的调查来看，各种受教育水平者的发生率没有大的差异。这主要是由于结婚年龄不同而造成的。例如，到20岁时，在初中程度女人中，已婚的达33%，高中程度者为25%，大学程度者为39%，而研究生程度者仅为6%。因此，如果我们不是按自然年龄来统计，而是看女性到结婚之前，累计有多少人发生过亲昵爱抚，那么初中、高中、大学、研究生这几个阶层的累计发生率近乎相同。例如：我们如果只统计那些到20岁已结婚的女人，那么到18岁就已有亲昵爱抚的人，在高中程度者中占94.9%，在大学程度者中占97%，在研究生程度者中占93.9%。再统计那些在21～25岁之间结婚的女人，各个受教育程度上的发生率也极为相近。

因此，女性中有多少人发生亲昵爱抚，并不在于这些人念了多少年书。

看来这方面差异极少的原因，不是因为女性总是直到实际结婚之前数年才开始与人亲昵爱抚，就是因为她们与人亲昵爱抚一段时间后就必然导致结婚。这样，她们就只有结婚早晚的差异，而没有文化水平的差异。

在男性中，不同文化程度的亲昵发生率有很大差异，例如，大学程度者达59％，高中程度者不超过30％，而初中程度者仅16％。由此看来，男性成长于其中的群体的性态度，对他的控制更强，而女性受到的群体控制却少得多。这是男女之间最大差异之一。

各种文化程度女人在亲昵爱抚中达到性高潮的频率也差不多，平均为5～10周一次，即每年5次到10次，看来，受教育程度、属于哪一代人、宗教信仰程度等社会因素，只是对女性首次开始亲昵爱抚的早晚产生了影响，一旦她开始这样做，诸社会因素的作用就都消失了。

亲昵爱抚在女性的性释放总体中所占的比例，表面看起来似乎有较大差异，例如15岁之前占3％到8％，15到25岁占18％上下。但是如果我们把是否结婚这一因素考虑进去，差异就没有那么大了；因为到40岁仍未结婚的女人，性释放总体中只有不超过4％到5％是来自亲昵爱抚。显然，不论年龄多大，未婚女人的情况都差不多。

女性的家庭出身如何，对她亲昵的状况也没有多大影响，不论出身于哪一个社会阶层，从体力劳动者直到专业职务者，她在婚前的亲昵爱抚累计发生率都接近90％，实施频率也极少受到家庭出身的影响。

尽管几十年前、几百年前，美国女性中就存在着亲昵爱抚行为，但只是在1900年以后出生的这一代女性中，亲昵爱抚才变得更为普遍，其发生率持续上升直至今日。在影响女性性行为的诸社会因素之中，这是最突出的一例。

到35岁时，1900年以前出生女性中，80％有过婚前亲昵爱抚，在1900～1909年出生的女性中达91％，在1910～1929年出生的女性中已近99％。

到35岁时，在1900年以前出生的女性中，大约26％在亲昵爱抚中达到了性高潮；在1900～1909年出生的女性中达到大约44％；在1910～1919年出生的女性中达到大约53%。

越是年轻的一代女性，开始亲昵爱抚时的年龄越小。在1900年以前出生的女性中，到18岁时才有一半人开始，在1920～1929年出生的女性中，到16岁时，就已经有一半人这样做了。这样巨大的代际差异，在女性的其他性行为中是没有的，唯有婚前性交合可与此相比。当然，1900～1909年出生的女性没有多大的变化。因为她们的青春年华恰逢第一次世界大战和战后时期。

1900年以前出生的女性，在16～20岁的5年内，只有10%的人在亲昵爱抚中达到了性高潮；而在1920到1929年出生的女性中，在同样年龄段内，这样的人却达到28%。在21～25岁的5年内，这样的人在最老一代女性中只占15%，而在最年轻一代女性中却达到37%。这种变化虽然也发生在初中和高中文化程度的女性之中，但是变化最大的是大学文化程度的女性。因为在老一代人中，女大学生在行为上受到的禁锢最大。也正因为第一次世界大战后，女大学生中出现了如此巨大的变化，今日女性中受教育程度不同的人，才不再有什么大的差异。

与发生率的代际增加相反，亲昵爱抚达到性高潮的频率，在几代女性中都没有什么大变化，在任何一代中，大多数女人都是只不过每年达到4到8次，即使最老的一代与最年轻的一代相比，情况也是一样。

由于第一次世界大战后，亲昵爱抚达到性高潮的发生率上升了，结果它在性释放总体中的比重也就增加了一些。最突出的是大学文化程度的女人，1900～1909年出生者在性释放总体中的比重，竟是1900年以前出生者的2到4倍。

女性亲昵爱抚的各项指标，与她们青春期开始得早晚没有什么关系。当然，较早开始青春期（11岁或12岁）的女孩，亲昵爱抚及达到性高潮也较早。但是这并非由于女性生理发育使然，而是由于男性很少与未到青春期的幼女亲昵或性交合，不过她们一到青春期，他们就开始这样做了。

尽管如此，男女开始亲昵爱抚的早晚，仍然存在着巨大的差异。男性大多在青春期初始时就开始了，例如在青春期开始后的第一年中，大约55%的男性已开始亲昵爱抚。也正是在这一年中，大多数男性开始自慰，开始梦遗，某些人也开始异性性交合或者同性性行为。但是女性则不然，平均算来，她们直到15岁或16岁才开始亲昵爱抚，也就是在她们进入青春期平均3年或4年之后才开始。这种差异可能是由于男女性激素的不同所造成的。

城市女性与乡村女性，在亲昵爱抚方面稍有差异，但是不大。有一些研究者认为，由于城市和乡村两类社区中，性的人际交往的机会不同，受教育水平和宗教信仰程度也不同，因此城乡的性行为模式也必定存在巨大差异。我们的调查数据没有证实这种假设。

在女性中，对亲昵爱抚及其性高潮的主要禁锢，看来是来自宗教传统。它不但局限了亲昵爱抚女人的人数，也局限了其频率、时机和场合，还局限了爱抚的方式与技巧。宗教传统在非常大的程度上形成了公众对亲昵爱抚的态度和想法，因此它的禁锢作用不仅影响了虔诚的教徒，而且至少在某种程度上，也影响了那些没有直接参加任何宗教组织的人。

到35岁时，在未婚的消极女新教徒中，亲昵爱抚的累计发生率已达96%；但是在虔诚的女新教徒中却没有超过85%。

在亲昵爱抚中达到性高潮的累计发生率，更能说明宗教传统的否定作用。在消极女教徒中，达到性高潮者更多一些，越信奉宗教，发生率就越低得厉害。这是因为，越信奉宗教的女人，就越拒绝使用那些可以达到性高潮的爱抚技巧、或者越是故意使自己不达到性高潮。宗教虔诚也许并没有禁止一个女人从事某些类型的亲昵活动，但是它却定下了其中的界限，使得女人不敢越过雷池一步。

在16～20岁的5年内，在亲昵爱抚中达到性高潮者所占的比例，虔诚新教徒中为19%，消极新教徒中为22%，虔诚天主教徒为15%，消极教徒为31%；虔诚犹太教徒为22%，消极教徒为33%。

达到性高潮的频率，似乎与宗教信仰程度关系不大。但是，由于性高潮频率取决于在亲昵爱抚中运用何种技巧和获得何种效果，取决于女性是否接受这些技巧和做出何种反应，因此我们需要特别注意这样一种事实：即使是最虔诚的女教徒，一旦在亲昵爱抚中接受了性高潮，日后也会像最消极的教徒那样频繁地投入亲昵爱抚活动之中。

为什么会这样呢？

在一些女人中，这仅仅是由于亲昵爱抚总是有规律地发生在一个合适的情景之中，使得她或多或少地习惯了这种活动，也就发展为性高潮了。

在另一些女人中，由于经历得较多了，也就使得她坦然地接受了这种接触所带来的满足。还有些女人是出于一种更理智的考虑：婚前亲昵爱抚提供了一个很好的途径和手段，使得她们能学会如何协调人际关系和婚姻关系。

信仰程度不同的女人，亲昵性高潮在其性释放总量中的比重也大不相同。少则只占2%，多则占到26%。

谈过各项社会因素的作用之后，我们还要注意：性的人际关系，不是衡量女性的性能力的尺度。自慰和性梦都是独自从事的性行为，即使它们伴随着对另一个人的幻想，也主要取决于本人性反应能力如何与性兴趣何在。但亲昵爱抚、异性性交合和同性性行为却不然。它们都是人际性行为，都取决于两个个人的性能力、性兴趣与性渴望的某些作用，取决于每一方是否愿意适应另一方。因此，任何一种人际性行为的发生率和频率，都必然会有一个上限和一个下限。超过这个上限，性能力较差的一方就会不能容忍；低于这个下限，性能力较强的一方又会不同意。如果要持续双方的关系，他们只能在上限与下限之间寻找一个合适位置。

因此，尽管人际性行为的发生率和频率，可以在某种程度上测量每一方与另一方协调的意愿与能力，但是无论用来测量男性还是女性的性能力，都不是一个好办法。

在大多数异性性关系中，对提高接触频率最感兴趣的总是男人，因此也总是由他来确定频率的下限。反过来，最喜欢确定频率上限的总是女人，超过了她就不干。当然，偶尔也有一些女人比男方更对性感兴趣。

按照我们上述诸项统计数据，如果15岁到35岁的未婚女人，平均每两周从事一次亲昵爱抚行为，如果她们当中近三分之一的人平均每年只达到4到5次性高潮，那么我们就可以推算出来：女性在100次亲昵爱抚行为中，只有5次到6次能达到性高潮。

这还不算，在这100次中，还有相当多次，她根本就没有出现任何性唤起。有些女人，从事亲昵爱抚一年、两年，甚至好几年，才出现性唤起，而且即使在她们开始有性反应之后，在大多数次亲昵爱抚中她们也根本没有发现性有什么意义。

这样，男性就不得不完全主动地发起一半次数的亲昵爱抚；而在另一半的次数中，大多数也是男性引导女性来发起的。结果，亲昵爱抚的发生率和频率，以及任何一种异性性行为的这两项数据，主要地只能用来测量男性的性兴趣和性能力。

不过，女性达到性高潮的频率，却确实能用来测量她自己的兴趣与性能力。因此，在涉及任何一种异性性行为时，我们必须区分清楚，女性从事的次数是多少，她达到性高潮的频率又是多少。

不论是否达到性高潮，女性亲昵爱抚的累计发生率在12岁到18岁之间都出现较大的起伏，到21岁之后又多少稳定下来。这与男性形成鲜明对照，他们是从青春期一开始就持续地稳步增长的。

但另一方面，女性在亲昵中达到性高潮的累计发生率，在很长一段时期内却逐步稳定增长。这可能是由于影响女性性反应的生物、心理和社会诸因素，都是稳步渐增而造成的。女性在自慰中达到性高潮，以及在性梦中达到性高潮的累计发生率，也呈现这种稳步渐增的情况。这些情况才是我们测量女性基本性兴趣与性能力的最好尺度。

亲昵爱抚的技巧

从严格意义上来说，美国女性与男性在婚前亲昵爱抚中所运用的技巧，包括一切形式的肉体接触，只有生殖器交合除外。当然，发展为婚前性交合的人，尤其那些婚前性交合最多的人，亲昵爱抚持续的时间就最长，技巧的变换也最多。

简单接唇吻
一般身体接触、偎依和简单接唇吻，一般来说是亲昵爱抚的第一步。

一个人如果不经过这一步，就不会投入进一步的亲昵爱抚。在我们所调查过的、有过亲昵爱抚经历的所有女人中，近乎100%都这样做过。在这方面，几代女性之间基本上没有差异。当然，也有极少数女人极端反对任何形式的口接触，因此她们尽管赞成许多其他形式的身体接触，却不允许对方简单地吻自己的口唇。简单的接唇吻也可以引发性唤起，尤其是如果接唇的时候很用力，或者接唇的时间较长，就更是如此。在这种情况下，一些女人的性唤起仅仅是心理因素在起作用。当然，也有一些女人在简单接唇吻中从未引发性唤起，或者仅有极少几次。

深吻

深吻也被人们称为"销魂之吻"、"接舌吻"或"法式接吻"。它可以包括舌与舌的接触、舌与唇的吮咂、舌与唇和齿内面的接触、舌深入触及对方的口腔内壁、触及对方的唇内面，以及吮咂和温柔地轻咬舌与唇。

所有这些技巧，较低等的哺乳动物也都运用。只不过人类男性与女性可以有意识地运用，并达到比哺乳动物高得多的水平。由于人类的唇、舌和口腔内壁存在极为丰富的感受神经，因此刺激这些部位可以产生很强的效果。这种深吻时常单独引发性高潮，哪怕并没有生殖器的接触也罢。

在没有婚前性交合、但是有过亲昵爱抚的所有女人中，近乎70%的人运用过深吻这一技巧。这一发生率在有过婚前性交合的人中，更是高达80%到93%。

在这方面，受教育程度不同的女人之间存在着某些差异。例如，在婚前性交合次数达到或超过25次的女人中，高中文化的人运用过深吻技巧的占83%；而初中文化的人中却高达98%。正如我们在男性中所发现的情况一样，受教育越多的女人，接受社会对亲昵技巧的禁忌也就越多。一些女人，从性接触一开始就禁止或者不愿运用深吻技巧，但是一旦她们出现了充分的性唤起，先前的禁忌就会烟消云散，她们就会投入深吻之中。

在运用深吻技巧方面，几代女性之间存在着明显的差异。在所有没有发生过婚前性交合的女人中，出生于1900年以前的人，只有44%运用过深吻技巧；而出生于1910年以后的人，却有74%这样做过。在婚前性交合超过25次的所有女人中，1900年以前出生的那一代中，有82%深吻过；而1910年以后出生的那一代中，却达到90%。

在较老的几代女性中，深吻、口刺激乳房、口与生殖器接触，是亲昵爱抚技巧中最受社会禁忌的。有时候，这些社会禁忌以"讲卫生"的旗号出现。实际上，年轻的一代否认这种"讲卫生"的理论。更多更经常地运用各种口刺激技巧，而这对她们的健康并没有什么不利的影响。

刺激乳房

亲昵爱抚中的主要活动，就是男性刺激女性的全身，以及女性在较小范围内刺激男性的肉体。

在触及和抚摸女性乳房时，男性，尤其美国男性，可以获得相当强的心理刺激。许多男性在观看或者触摸女性乳房时所引发的性唤起，比他在看到或抚摸女性生殖器时所引发的还要强烈。

女性却不大一样。实际上，当男性抚摸女性乳房时，许多女人并没有感到什么特殊的刺激。当然也有一些女人会由此引发性唤起，其中很少的人还会由此达到性高潮。

在没有发生过婚前性交合的所有女人中，大约72%的人曾经允许男方隔着衣服或者直接地抚摸她们的乳房。老二代人和受教育程度较低者中的发生率也与此相似，在那些有过婚前性交合，但次数不多的女人中，发生率上升为95%；婚前性交合次数很多的女人中达到98%。

口与乳房接触

不论哪一代的和哪种受教育程度的女性，都更忌讳男性用舌或者唇来触弄她们裸露的乳房。这比对男性抚弄自己乳房的禁忌更为严厉得多。

许多女人觉得，如果接受任何一种口刺激，都会使自己在性方面走得更远，都会使自己更极端地破坏现有文化中的道德传统。在没有发生婚前性交合的所有女人中，只有30%接受过口与乳房接触。

但是另一方面，有过婚前性交合，但次数有限的女人中，68%的人接受过这种行为；婚前性交合次数很多的女人中则达到87%。年轻的一代中，尤其受教育程度较高的女人中，发生率最高。例如，1920到1929年出生的一代中，有过为数不多的婚前性交合的初中文化女人中，发生率为86%，而同一代人中婚前性交合次数很多的女人则高达97%。

据说，美国男性对女性乳房的兴趣，比大多数欧洲国家男性要大得多，而大多数欧洲国家的男性，则对女性的臀部更感兴趣。

据人类学家报告，世界上许多地区的前文明部落，对女性乳房都几乎视而不见。我们对美洲热带地区居民的观察也发现，那里任何年龄女人的乳房都公然袒露着。这说明对那里的男性来说，女性乳房根本不具有任何性刺激的意义，就是有，也微乎其微。多少个世纪以来，中国人似乎把女性乳房的任何生理发育，都视为可厌之事，而且视之为"反性的"或者"不能激发男性性欲的"。①显然，男性对女性乳房是否感兴趣以及兴趣有多大，心理制约和文化传统发挥了相当重大的作用。

在较低等哺乳动物中，虽然不是没有雄性刺激雌性乳房，但相对极少。我们曾经观察到公狗舔吮母狗的乳房，有时候是为了延长交媾时间。性唤起时，公牛也会有规律地抚弄母牛的乳房。其他动物也有此类行为。不过，把口与乳房接触作为亲昵爱抚行为的一种独立技巧，却只有人类才做到了。

手刺激女性生殖器

在哺乳动物中，某种不用阴茎的、对雌性生殖器的刺激几乎是无一例外的个别现象。只不过雄性动物没有双手可运用，只好用鼻和口来刺激。

---

① 中国古代确有此种现象。它首先见于房中术。房中术认为，为了"采阴补阳"，应选择乳房小，甚至尚未发育的女人与之性交合。早在马王堆汉墓出土的汉代房中书《十问》、《天下至道谈》等帛书中，就有这类论述。从隋唐房中书《素女经》等到明代道教双修派的理论著作《养性延命录》、《既济真经》、《修真演义》等书中，甚至在明末清初的许多性爱文艺作品中，如《金瓶梅》等，这种议论和观念都一脉相承，很少改变。但是大约从宋朝起，社会强迫女性束胸，到清朝发展到极端地步，这却不完全是房中术的影响，而主要是宋朝以后的理学精神禁欲主义的产物。——译者注

男性以手来刺激女性生殖器,这是人类独有独享之事。在没有发生过婚前性交合的女人中,接受过这种行为的将近36%。当然,有过婚前性交合的女人的发生率就更高。即使婚前性交合次数有限的女人中,也有87%的人接受过这种刺激,次数很多的女人中更高达大约95%。

有意思的是,几代女性在这方面倒没有多大差异。唯有出生于1900年之前的、没有发生过婚前性交合的女人,发生率明显地低一些。

手刺激男性生殖器

这样做的女性,比曾经手刺激女性生殖器的男性要少。一般的女人,即使已经接受了其他亲昵爱抚技巧,也会拖上一段时间,才开始触摸男性的生殖器。这种人类男女之间的差异,同样也存在于大多数哺乳动物的雌雄两性之间。因此我们可以说,这种男女差异有其深远的动物学意义上的来源。

许多女人,只有在男性的要求之下,才去抚摸他的生殖器。女性在这方面的消极和被动,常常引起那些有同性性行为经历的男人,以及那些习惯于在其中被抚摸生殖器的男人的不满。大多数女人在抚摸男性时,似乎并没有从中获得什么特殊的满足。

不过,也的确有一些女人从中发现了心理满足,或许还有意识和理念上的满足。男性在被抚摸时所产生的反应,也可以极大地激发一些女人的性唤起,以至即使她们自己的生殖器并未被触及,她们也会达到性高潮。

在我们调查过的、从未性交合过的未婚女人中,只有24%曾经触摸过男性的生殖器。在那些出生于1900年之前的女性中,这样做过者低至12%,但出生于1900~1910年的女性中却达到31%。再年轻一代的大学文化女人中更达到大约40%。许多年龄较大的男性,尤其那些受教育程度较低者,常把女性触摸男性生殖器看作下流和不道德的行为。但是在新一代受过较多教育的男性中,已经没几个人抱这种态度了。

在发生过婚前性交合的女人中,用手刺激男性生殖器的人数,是没有过婚前性交合的女人的3倍。在年轻一代婚前性交合的次数有限的女人中,运用过这种技巧的占大约72%;而次数很多的女人中高达86%。不同受教育程度者之间的差异较大,但是代际差异却基本没有。因此那些年轻时也曾经有过婚前性交合,而现在年龄已大的人们,如果对今日年轻一代所采用的爱抚技巧大惊小怪的话,那可就实在毫无道理了。

口与女性生殖器接触

尽管正如我们在前文所述,口与生殖器接触是一切哺乳动物在性交合前的性游戏的一个组成部分。但是在犹太教—基督教法典中,这种接触却被视为犯罪。当代,无论男性还是女性,都是直到最后才接受这种技巧,因为男性认为这种行为是一种生物学意义上的反常和变态,而女性也同样这样认为。

年轻一代从未婚前性交合过的女人中,只有3%允许男性用口触及她们的生殖器;在出生于1900年之前的女性中,更少到1%到2%。

但是在有过婚前性交合(即使次数不多)的女人中,年轻一代有大约20%接受过这种口刺激,而婚前性交合次数很多的女人中更多达46%。不过,令人惊讶的是,几代女性在这方面的差异却非常之小。

口与男性生殖器接触

女性用口刺激男性生殖器,比男性用口刺激女性生殖器稍少一些。通常情况下,只有男性催促时,女性才会这样做。不过,也有不多的女人会主动发起这种行为,其中一些人还会由此引发强烈的性唤起,更有一些女人会在这种行为中达到性高潮。但总的说来,人类男性更倾向于口刺激行为,在哺乳动物中也是如此。

在《男性性行为》一书里,我们还没有认识到这是人类两大性别的基本心理差异。现在我们已经明白了:口刺激行为方面的男女差异,虽然也涉及文化传统的因素,但是毕竟主要是由于男性接受心理刺激的能力比女性更强。

年轻一代从未有过婚前性交合的女人中,只有2%曾经试图用口刺激男性生殖器。在1900年以前出生的一代女性中，发生率就更低，但是年轻一代中受教育较多者的发生率却更高些。例如，1910年以后出生的女性而且是高中以上文化的人的发生率为5%。

年轻一代发生过有限的婚前性交合的女人中，16%的人用口刺激过男性生殖器；在那些婚前性交合很多的女人中，发生率高达43%。令人惊讶的是，1900年以前出生的那一代女性，其发生率并不低，也达到38%。发生率最高的是1920年以后出生的、受教育较多的、婚前性交合次数很多的女人，达到62%之多。显然，性交合经历越多的女性，就越能接受那些被处女信视为禁忌的亲昵爱抚技巧。

双方生殖器触抵

有惊人多的男性，在亲昵爱抚中，把自己的生殖器直接地抵住女性的生殖器，却没有任何插入阴道的企图。

在许多情况下，男性之所以没有进入实际性交合，是由于女性拒绝让他走得那么远；但在更多的情况下，则是男女双方共同商定，有意识地不去插入。对许多男女来说，虽然生殖器互相触抵所带来的性刺激实际上并不比直接性交合所带来的少多少，但是他们却认为前者比后者更可以接受。从未性交合过的女人中，大约17.9%的人允许和接受了生殖器互相触抵；但有过性交合而次数不多的女人中，却有56%的人仍然从事过这种没有插入的生殖器互相触抵的活动。

持续时间

亲昵爱抚很少，从高水平性唤起开始，也就很少能在一两分钟内达到性高潮。如果情况许可，双方常常有意把亲昵爱抚延长到15分钟或半小时。有时，时间可以持续数小时或整夜。有时，在如此长久的亲昵爱抚中，双方可以完全裸体地相处，却没有任何一方想进行任何形式的生殖器交合。

场合

亲昵爱抚时所处的场合，可以在很大程度上决定其持续时间和运用何种技巧。

在街角、在姑娘家门外的台阶上、在集体宿舍的大门口、在某些不够隐秘的地方、在舞厅门口，男女恋人互道晚安，临别一吻。这也许可以发展为一种短暂的却是充满性激情的关系。

不过，大多数亲昵爱抚可能发生在姑娘自己的家里，或在她的公寓或集体宿舍里，或在她能款待男友的任何地方。很大一部分亲昵爱抚发生在停止的或奔驰着的汽车上，就如同发生在老一代人那马拉四轮大车上一样。多数亲昵爱抚发生在户外、路边、花园、游泳更衣室、人迹罕至的小路或游艇上；在一些更开放的国家，也发生在野外和树林里。

很多亲昵爱抚也发生在不少公开场合，如舞会上、鸡尾酒会或小规模社交聚会上，甚至发生于众目睽睽之下。有时，外国旅游者对这种如此明显的性活动竟能公然展示大惊失色，由此得出错误结论，认为这表明美国大多数年轻人都有大量婚前性交合。他们没有理解，在欧洲，婚前性交合很盛行，而在美国，他们所目睹的这类亲昵爱抚，恰恰是为了替代或者抵消婚前性交合。

电影院给亲昵爱抚提供了大量机会。发生在公共汽车、火车和飞机这类狭小公共场所中的亲昵爱抚正在与日俱增。如果其他乘客不得不面对近在咫尺的这类亲昵，那么他们已经学会对此视而不见了。对亲昵者来说，有时越是发生在这种众目睽睽的场合，反而越容易达到性高潮。

作用与意义

道德对此的压制

犹太教—基督教法典认为，有意寻求或者接受那些带来性唤起，而又不达到生殖目标的活动，是一种特别严重的罪行。在美国和欧洲许多国家，对亲昵爱抚的普遍不赞成，就反映了这种道德传统的强大。最严厉的正统犹太教法典更是走到极端地步。它认为，一切裸体都是犯罪；除了脸和手之外，裸露全身或身上的任何部位也都是犯罪。它严禁观看这种裸露。它不但严禁在公共场合暴露身体，就连一个人在自己的私人住宅中裸体也被严禁，甚至在夫妻性交合的过程中、在一个人独自换衣服时、在洗澡时，也统统禁止裸体。因此，除了生殖所必不可少的生殖器交合之外，它也严禁裸露着肉体的某一部位相互接触。

在天主教的道德哲学中，虽然并没有把任何一种亲昵技巧明确定为罪恶，但是如果这些技巧不是为了实现夫妻间的直接性交合，那么法典特地强调：它们都是罪恶；性交合必须以那种据说有利于受孕的方式来进行。①

新教各派也反映了同样的态度。大多数新教派别仍然认为，婚前的任何形式的人际性活动都是犯罪。不过，新教教士和社团已经多次做出了一些让步。天主教无一例外地认定亲昵是犯罪；而某些新教派别却倾向于接受已订婚男女间的亲昵，甚至只要严肃地考虑过订婚这件事也就可以了。现在，日益增多的新教教士和社团已经开始相信，婚前亲昵对于年轻人发展自己的精神能力来说，可以具有一定的价值，而且会有助于他们日后的婚姻生活和谐。

证据表明，对于年轻的几代人来说，他们的性态度和性行为，已经很少顾及宗教和公众把亲昵视为犯罪这件事。不过，也确实有不少从事过亲昵爱抚的年轻人，由此而产生了某些负罪感。在性的一切有关方面中，美国青年最常提出疑问，最常寻求有关科学信息的，可能就是亲昵爱抚了。如果负罪感发展到极端的地步，他们就可能出现多种人格障碍、性的适应不良症、与社会难于协调、多种性无能、有时会以同性性行为来替代异性亲昵，还有其他种种可能损害日后婚姻和谐的心理或行为障碍。

大谈特谈婚前性行为（尤其是亲昵爱抚）可能带来的损害的人已经足够多了，却很少有人谈到这样的事实：在美国男性和女性中，亲昵爱抚已近乎尽人皆有，而且还将近乎无一例外地存在下去。在这样一种情况下，

---

① 指面对面的男上位。——译者注

如果还是喋喋不休地谴责它可能带来的损害，那么除了给人们造成心理崩溃和日后婚姻困难以外，究竟还能起什么作用呢？

法律的态度

英美性法律在很大程度上是来源于并且追随着宗教法典和戒律。尽管法律并没有把亲昵爱抚单挑出来视为犯罪但是许多亲昵爱抚的具体形式，却被作为严重犯罪而受到法律的惩罚。如果涉及一个年龄较小的人，亲昵爱抚就会被告作青少年自甘堕落；或引诱青少年堕落而受到惩罚。至少在两个州的不同判例中，法庭就是这样认定的。在某大城市里，一旦发现16~21岁的姑娘有过手刺激生殖器的亲昵行为，法庭就认定她是"道德败坏"，判处她们长期教养。如果是一个成年人与一个青少年发生亲昵爱抚，法庭就会从刑法条文中找出最重的惩罚加以运用。至今（1952年）为止27个州都做出过这样的判例。

当然，如果亲昵双方年龄相同而且都出于自愿，法律一般拿他们也没什么办法。有几个判例中，女方不同意亲昵或者女方小于法定承诺年龄，因此亲昵被判定为性侵犯或通奸。闹到法庭的大多数此类案件，都是由愤怒的父母或邻居起诉的。如果亲昵爱抚发生在某些公共场所，例如在电影院、海滩、停在公路上的汽车里，那么警察很乐于当场拿获当事者。有些时候，警察只不过命令当事者停止亲昵而已，但有些时候，警察也会以败坏公共道德或扰乱秩序的罪名逮捕当事者。

如果亲昵中出现了手刺激生殖器或者口与生殖器接触的行为，罪名就会变得十分严重。在美国的大多数州里，口与生殖器接触至少会被当作重罪来惩罚。在许多州里，它会作为鸡奸受惩罚，可判入狱3~5年。尽管人们一般认为肛门性交才是鸡奸，但也照样把口与生殖器接触划入鸡奸之列。为了避免被捕，一些年轻人只好做出经济赔偿。

诸如此类的情况都表明，想用司法行动来控制这种几乎尽人皆有的行为，实在是不可能的。美国青年中很少有人知道他们的亲昵爱抚会引起法律上的麻烦。如果他们知道了这一点，其中大多数人不但不会遵纪守法，反而会故意否认和蔑视这样的法律。因此说，能够多少阻碍今日美国男女的亲昵行为的，不是法律条文或者警察，而是道德。

生理上的效果

正如我们已经指出的，大多数人之所以接受亲昵爱抚，是因为它可以带来即时的满足。对于全体女人的39%和年轻一代的45%来说，它也可以带来性高潮，带来生理能量的释放。

不过，如果亲昵爱抚中双方出现了相当强的性唤起，却没有达到性高潮，也会引起生理上的不适。在这种情况下，大多数男人和一些女人会觉得神经不安、思维混乱、无法把注意力集中在其他事物上，并且还会削弱运动神经的反应能力。他们的腹股沟可能出现严重疼痛。为了解除这些烦恼，他们可能不得不转而从事剧烈体育活动。有些人可能自慰，或寻求性交合；有时也可能寻求同性性行为。

虽然大多数女人在无性高潮而中止亲昵时，不像男性那么烦恼，但也确有一些女人如同男性一样为此焦躁不安。在有过亲昵爱抚的所有女人中，51%的人有时因其无高潮即止而产生烦恼，总是因此而烦恼的女人当然少一些，26%的女人会因此像男性那样出现腹股沟疼痛。35%的女人会因此像男性那样，在事后自慰。

这是由于在性行为的过程中，强烈的性唤起会使中枢神经的紧张达到顶点，如果没有性高潮来释放这种紧张，身体就会不适。由于一些我们现在还不知道的原因，除了通过性高潮以外，大多数男人和一些女人都无法把这种高度紧张释放掉。如果没有达到性高潮，这种紧张可以持续数小时之久。如果达到了性高潮，紧张就可以在几秒钟到一两分钟之内释放掉。当事者就可以获得舒适与安宁，而这正是任何一种完全的性行为的根本特征。当然，如果当事者对此产生负罪感，那么一切效果就都会相反了。

社会方面的意义

在所有产生过性唤起的女人中，首次性唤起来源于亲昵爱抚的人占

34%，在有过任何一种异性性行为的所有女人中，首次性反应源于亲昵爱抚的占51%。

在有过性高潮的女人中，首次性高潮源于亲昵爱抚的人占24%，在异性性行为中有过性高潮的女人，46%是首先通过亲昵爱抚而达到性高潮的。因此，作为首次达到性高潮的途径，亲昵爱抚与一切形式的性交合是同样重要的，不论性交合是发生在婚前、婚内还是婚外。

使得大多数女人第一次真正理解异性之间无穷奥妙的，不是家长、学校或宗教的训诲，也不是书本、生物课、社会学课或哲学课，更不是实际性交合，而是亲昵爱抚。在她们成长于其中的家庭里，从母亲给予她们的特殊教诲中，她们都无法获得这样的信息。相反，一切性禁锢、对性的一切方面的排斥、对性行为可能损害身体的无端恐惧、许多女人一直保持到结婚以后的那些负罪感，却主要是来源于教会、家庭和学校。我们在调查中发现，许多男女在他们十几岁或二十几岁时，都试图弄明白自己从青春期开始以来，生理上到底出现了哪些能力，结果都遇到了上述各种阻碍。

女性在婚后性交合中无法达到性高潮，这在很大程度上可能是由于夫妻不和。但是为了弄清它的更深层原因，我们研究了它与妻子婚前是否达到过性高潮之间的关系。结果表明，婚前从未达到过性高潮的女人，在她们婚后第一年的性生活中，有44%的人完全无法达到性高潮。相反，婚前有过相当多性高潮的女人在婚后一年内，只有13%的人无法达到性高潮。这两种女性之间的差异不但大得惊人，持续得也惊人的长。在结婚15年后，这种差异仍然如此巨大。

比较一下婚前亲昵是否达到性高潮与婚后性高潮的状况也基本相同。婚前从来没有在亲昵中达到性高潮的女人，35%在婚后一年内也达不到性高潮。相反，婚前亲昵中至少有过一些性高潮的女人，婚后一年内无高潮者只占10%。结婚15年后，两种女性的差异仍然如故。

这种情况中可能存在着自然选择的因素，那些婚前亲昵中有高潮的女人，可能都是性反应能力最强的人，因此她们在婚后也就是那些最乐于和善于协调夫妻性生活的人。但是我们倾向于相信其中也存在着因果关系，因为婚前实际达到性高潮，要比仅仅在婚前有过性行为更重要。

实际上，亲昵爱抚所提供的，比仅仅经历过性高潮要多得多。它教导女性如何解决在协调与另一个人的情感交流时所遇到的生理、心理和社会难题。作为社会化的一种手段，婚前亲昵对绝大多数有过这种行为的女人，发挥了相当大的有益作用。

由于我们社会中既存的禁忌，女性在婚前亲昵的过程中，只能逐步地适应各种技巧及其变换。在她接受深吻之前很长一段时间内，她可能只接受简单接唇吻；可能经过相当长时间，她才接受乳房触摸；可能再过更长的时间，积累更丰富的经验，她才会接受生殖器触摩。口与生殖器的接触，她接受起来就更慢。婚前的那些岁月，实际上就是给她学习这些行为提供一个培训时期。相反，结婚以后就不太可能有这样一个逐步学习的时期了。大多数丈夫既不顺应也不允许他们的妻子成年累月地、循序渐进地去发展她们的性技巧。

在婚前亲昵中，如果由于女方，有时是男方，拒绝接受某种性技巧而危及双方关系，他们完全可以就此分手，但不幸的是，这种拒绝却不可能破除婚姻。即使夫妻之间早已不存在性协调，甚至出现性厌恶与性对抗，婚姻也能在这种极低水平的满足中继续维持下去，甚至无需费心去修补双方的性生活关系。

婚前亲昵为女性提供了一个机会，使得她学会如何与不同类型的男性协调情感关系。这样，当她选择一个独特男性，希望与他终身为伴时，她就会变得聪明不少。许许多多人都在说，仅仅出于婚前性关系中的满足而选定终生伴侣，就会忽视性以外的其他方面。我们也确实知道有一些婚姻，因为仅仅建立于性兴趣之上而难于维系。但是，我们在调查中也发现了数百对夫妻，由于缺乏或没有婚前学习，婚后无法相互协调情感与性生活，终于导致婚姻破裂。

有人说，婚前亲昵会使女性在婚后性交合中难于满足，因为她的性欲望被过早激发出来了。这种说法毫无根据。在我们如此广泛的调查中，发现的这样的女人仅仅3个或4个。相反,婚前亲昵过,婚后性交合中又出色地做出反应的女人,我们遇到了将近1,000名。

男女情况对照表

对 照 内 容	女	男
累计发生率		
15岁之前	39%	57%
18岁之前	81%	84%
25岁之前	91%	89%
引发性唤起的	83%	近100%
达到性高潮的	渐增到39%	渐增到31%
性高潮频率		
15~55岁平均值	4~6次/年	3~5次/年
最高频率	7~10次/周	7次/周
在性释放总体中的比重		
15岁之前	4%	1%
16~25岁	18%	3%
36~40岁	5%	1%
生理效果		
带来性满足	有时达83%	总计91%
带来性高潮释放	有时达39%	有时达31%
在性释放总体中的比重	4%~18%	3%或更少
无高潮则神经不适	有时达51%	很多
有时导致自慰	35%	很多
社会作用		
带来首次性唤起	34%	极少
带来首次性高潮	21%	1%或更少
培训人际的性交往	是	是
有利于选择配偶	是	是
改善婚后性交合	肯定	程度较小

第二十二章

婚前性交合

据我们调查，目前在婚的女人中，64%在结婚之前就经历了性高潮，其中有些人次数不多，另一些人则很频繁很有规律。

婚前性释放有5种最基本途径：自慰、性梦、异性亲昵、异性性交合与同性性行为。性交合在婚前性释放总体中所占的比重并不那么大，为17%。虽然许多人在谈到自己的婚前性活动时经常使用"性交"和"性关系"这样的名词，但实际上真正插入阴道的性交合只是其中的一部分。

当然，性交合对女性的社会意义比其他性行为大得多，也绝不仅是使得女性获得生理释放而已。在我们的文化中，由于道德和法律严惩婚前性交合，使得它对女性的社会意义更为重大。结果，这种状况造成出于个人性需求的婚前性交合，与社会固有的利益之间产生矛盾，而且无法客观地改善两者之间的关系。

婚前性交合对该女日后的婚内性协调会发挥何种作用，这方面的研究一直极缺科学依据。希望我们的下述调查结果，将会有助于理解这个问题。

总体情况

大多数哺乳动物，不论雄性还是雌性，一旦生理发育状况许可，马上就会开始性交合。一切哺乳动物雄性产生性欲、主动发起性游戏和性交合时的年龄，都比雌性小一些。人类也是如此，前青春期性游戏中，男孩比女孩更积极主动。

哺乳动物无所谓结婚不结婚，唯有人类的习俗和人造法律，才把性交合截然划分为婚前的和婚后的。但是我们必须理解，从生理状况和生理学的角度来看，这样"两种"性交合其实完全是同一事物，正如在哺乳动物中一样。这一认识对了解婚前性交合这种性行为非常重要。

在我们社会之外的大多数文化中，只要人的肌体发育许可，社会交往存在，性游戏就开始了。这跟其他哺乳动物没什么不同。多数性游戏只不过是把阴茎放在女孩的两股之间或者阴唇之间，当然也有一些男孩试图插入阴道。那些社会中的成年人时常赞许和鼓励这种性游戏。在游戏中，少男少女逐步学会了成年人性交合的技巧。即使在美国，也有这样的不那么性禁锢的群体，也存在着上述现象。

除了我们的社会之外，几乎一切其他文化都至少在某种程度上宽容未婚少男少女的性交合。大约70%的文化至少在某种程度上赞许这种活动。一般来说，这些文化只反对近亲的人或者同家族的人这样做。在一些社会里，人们专门准备好合适的地方，供未婚男女性交合用。

在古代希腊罗马、地中海文化、穆斯林文化和许多东方文化中，社会虽然严厉禁止女性，尤其是中上层女性发生婚前性交合，却普遍容许未婚男性这样做。结果这些文化中的男性不得不与妓女或者比自己阶层低的女人发生婚前性交合。在一些欧洲国家，尤其是斯堪的纳维亚国家和中欧的部分地区，社会在更大的程度上容许任何阶层的无论男女从事婚前性交合。

我们美国社会对此的态度非常混杂。宗教和法律戒条、心理学和社会科学、精神病学和其他临床理论、社会一般态度，都把异性性交合看作是天经地义的、最成熟的、社会最可以接受的性活动形式，因而排斥其他形式的性行为。但是宗教和法律戒条以及多数临床理论，却又莫名其妙地把任何发生于婚姻之外的性交合视为犯罪。因此，它们否定一切对多种性交合的欲望与需求。这可真让一般人无法理解。实际上，正是这种对于同一事物的自相矛盾的强制规范，而不是非婚性交合这种行为本身，成为美国青年性心理发育中大量苦恼的一个来源。这种苦恼对人们日后的婚内性生活不协调，产生了深远的影响。我们的调查表明，这种对婚前异性性交合以及几乎一切形式异性性活动的谴责，常常是引发同性性行为的一个重要因素。

既然公众把婚前性交合视为犯罪，人们有理由相信，这种行为在美国男女中必定是极为罕见的。但是，只有在"显文化"中才是如此，即在人们的公开形象和公开行为中确乎如此。我们在《男性性行为》一书中已经揭示了社会所表明的态度（显文化）与男人们实际上在怎样做（隐文化）之间，存在着何等巨大的差距。下面，我们将看看女性婚前性交合的行为实况。

我们已经说过，性交合这一术语，指的是男女生殖器的直接插入式交合，人们常常不加限定和解释，就试图用"性交"这样一个术语来表达性交合这样的行为。但实际上两者并不相同。"性交"也可以指口交和肛门性交，可以指一个人的生殖器与另一个人身上非生殖器的某些部位的接触、摩擦或者交合。在这个广义上，不但两个异性可以性交，两个同性也可以性交；而性交合却只能发生在异性之间。

我们这本书中所用的性交合一词，均指男女之间的、阴茎插入阴道的性行为。下面说的女性婚前性交合，则进一步限定为：已经进入青春期的，但是仍然从来没有正式结婚的女性的性交合。这里边不包括女性的前青春期性活动，也不包括结过婚，现在丧夫或离婚的女性的性交合。

累计发生率

我们调查过的女人中，近50%在婚前有过性交合，到35岁时，这样的女人占到48%。相当多的性交合发生在正式结婚前一年或两年，其中一部分仅仅是发生在婚礼来临之际。因此，婚前性交合的发生率高低取决于结婚年龄的大小。结婚早的女性，年纪较小时就有了婚前性交合，而结婚晚的女性开始婚前性交合时，年龄已经比较大了。婚龄与婚前性交合发生率之间，显然存在着一种必然关系；但是孰因孰果却是一个未解决的问题：早早开始性交合会导致双方结婚，还是由于双方都确信马上就要结婚，才在婚礼之前接受性交合呢？

到20岁就已经结婚的女人中，近乎50%有过婚前性交合。在21~25岁之间结婚的女人，发生率将近50%，26~30岁才结婚的女人，发生率在10%到66%之间。如果不考虑结婚与否，那么任何一个年龄上的发生率都非常低，但如前所述，不考虑结婚年龄大小的发生率，在统计学上是一种失误，在现实中不可运用。

除了那些结婚很早的人，15岁之前的婚前性交合发生率极低，到15岁时仅为3%。这部分地是由于我们的公众舆论和法律，对那些与少女性交合的男性，总是施以特别严厉的刑罚。

达到性高潮的累计发生率

无论在婚前、婚外还是婚内，总有许多女人无法在每次性交合中都达到性高潮。因此性高潮发生率与婚前性交合发生率的统计曲线大体上保持平行，只是前者低一些。非常有意思的是：在婚前性交合中女人达到性高潮的百分比，与婚后性交合中的，竟然没有什么实质性的差别。

各年龄段的发生率

15岁之前为3%；16~20岁为20%；21~25岁为35%；26~45岁为40%多一点。

频率

婚前性交合的频率比婚后的低得多。这部分是因为未婚青年更难于找到固定的性伴侣，以及适合性交合的场所，但是主要是由于社会严禁这样的行为，20岁以下女人的婚前性交合频率平均为5~10周才有一次，20岁以上者也不过平均每3周一次。正如女性其他性行为一样，婚前性交合频率只有到20岁以后,才能达到其顶峰,此后,直到55岁甚至更晚,频率都保持在很高的水平上,而且基本不受年龄大小的影响。

当然,频率也有很大的个体差异和时期差异,而且女性的频率也极少像男性那么高。一半或更多的女人,曾经在仅仅一周之内发生过3次或更多的婚前性交合。但是她们也常常在随后的数周、数月、甚至数年内再也没有发生过哪怕一次。在特定的单独一周之内,大约20%的女人每天发生一次;7%的人发生过14次或更多;但是这种特定时期一般都不连续,中间隔着较长的无性时期。因此,我们在阅读和引用婚前性交合的平均频率时,千万不可忘记或忽视上述间断现象和偶发现象。

个体差异更大一些,一些女人从来没有在任何一次性交合中达到高潮,而另一些人则每次都能达到,还有些人在每次性交合中都能达到两次或更多。不管是在婚前还是婚后,共有大约14%的女人总是多次地达到性高潮。值得注意的是,有一部分姑娘一旦开始婚前性交,马上就出现了这种多次达到高潮的能力。

在性释放总体中的比重

15岁以下女性,婚前性高潮的比重为6%;16~20岁为15%,21~25岁为大约26%;到45岁时比重已增至43%;此后则开始下降。

在所有年龄段内,自慰所占的比重都比婚前性交合更多,在16~20岁之间,婚前亲昵爱抚的比重也比婚前性交合稍多一点。不过到20岁后,婚前性交合的比重开始超过亲昵,到25岁以后,与自慰的比重也相差无几了。

延续时间

如果仅统计婚前性交合已经彻底中止了的那些已婚女人,那么其中29%的人在婚前只有过10次或更少的性交合,许多人仅仅有过一次。在已婚女人中,44%的人的婚前性交合只延续了一年或更短;30%延续了2~3年;26%延续到4年或更久。不过,在上述延续时间里,只有极少的人是真正连续不断,而绝大多数人只是断续地发生而已。

有趣的是，这方面几乎没有代际差异，当前一代女性几乎与她们的妈妈和奶奶一模一样。

延续时间毫无疑问与结婚早晚有必然关系。20岁结婚的女人中，60%的人只延续一年或更短，但30岁以后才结婚的女人中，延续一年或更短的人只占27%。这说明，在年轻姑娘中，性交合的经历可能是促使她早早结婚的因素之一；但是许多二十几岁或三十几岁仍未结婚的女人，也同样有长期性交合的经历，其中近半数延续长达6年或更久，这种经历并没有促使她们当中的任何一个马上结婚。

只与未来丈夫发生的婚前性交合，一般不会像与其他男人发生的那样，延续如此之久。只与未来丈夫发生的性交合中，75%都只延续了一年或更短；也很少有女人只因为与一个男人性交合过，就与他订婚；但是已订婚的男女却常常因为发生了性交合而提前婚期，至少在一些例子中，他们这样做是为了更多、更安全、更全面地进行性交合。

性交合伴侣的人数

这个问题只能统计目前在婚的女人，因为她们的婚前性交合已经完全中止了。对于在婚女人中那些曾经有过婚前性交合的人来说，53%的人只与一个男人性交合过；34%有过2～5个男性；13%有过6个或更多。不过，上述数据不包括受教育很少的女人，因此我们不能说她们的性伴侣更少或是更多；也不包括入狱的女人，而我们知道她们婚前的性伴侣比上述数字多得多。上述数据只能代表中产阶级和上层社会女人的情况。尽管这些数据已经足以使某些人大惊失色，但是它远远比不上男性婚前性伴侣的庞大数字。

在婚女人有过婚前性交合者中，87%的人至少与日后丈夫发生过，46%的人只与日后丈夫发生过，这意味着11%的人曾经与未来丈夫以外的其他男人性交合过。剩下13%的女人则是与其他男人发生过，却唯独没有与未婚夫性交合过。结婚较早的女人中，只与未婚夫性交合过的人也较多（54%）；而30岁以后才结婚的女人中，这样的人只占28%。

最极端的情况是，中上层女人中也有2%的人的婚前性伴侣超过20人。但是即使对婚前性交合严斥和严禁的群体，一般也倾向于相对宽容那些只发生在未来夫妻之间的性交合。如果当事双方想要结婚，或者双方事后果然结了婚，那么执法者也可以原谅他们的某些婚前性活动。这一点恰恰充分表现在这种宽容的最后限度上：即如果双方有结婚意图，当然可以网开一面；但是如果日后双方并未结婚或者不可能结婚，那么刑律照样会追究并严惩不贷。

社会分层考察

婚龄与教育程度的影响

如果暂不考虑结婚时的年龄，那么女性婚前性交合的累计发生率，与她的受教育程度，与她开始婚前性交合时的年龄，都有很明显的关系。初中文化女人开始婚前性交合时的年龄，要比女研究生的开始年龄小5岁或6岁。但由于文化程度越低，结婚越早，因此初中文化女人有过婚前性交合的只占30%；高中文化的人占47%；而研究生程度者却高达60%以上。特别令人奇怪的是，这种情况与男性中的发生率正好截然相反。例如：大学文化男性中的发生率为67%，而初中文化男性中却是98%。

进一步的分析表明，这显然是女性的婚龄在发挥作用。如果按其结婚时的年龄来划分和考察女性，那么不论她在多大年龄结婚，也不论她受过多少年教育，发生率都近乎一模一样。这再次强调说明，绝大多数社会因素对女性性行为模式的影响都微乎其微；唯有她们何时结婚这一因素，才与她们是否发生婚前性交合这一事实，存在着确定无疑的相互关系。

在男性中则相反，我们重新检验了《男性性行为》一书，再次确认，是社会因素影响着男性的性行为模式，是他们的受教育水平高低决定着他们婚前性交合发生率的高低；而他们结婚时年龄的大小，对此没有丝毫影响。

由于初中和高中文化的女人，结婚比大学文化和研究生文化的女人要早，因此20岁之前的婚前性交合的发生率，也是文化越低的人越高，文化越高者反而越低。到15岁时，初中文化的人已达到18%，而大学和研究生文化的人才是1%。在16～20岁之间，初中文化的人为38%，高中文化的人为32%，而大学和研究生文化的人仅是17%到19%。但是20岁以后，各种文化程度的女人的发生率就都一样了。社会禁锢和刑罚镇压的确使得受教育多的女人把她们的婚前性交合推迟了许多年。但是在20岁以后的岁月中，这些禁锢显然对她们再也无法发挥任何重大影响了。这与男性成为鲜明对照。在男性中，至少直到30岁，受教育少的男性的婚前性交合发生率仍然高于受教育多的男性。

婚前性交合频率在各种女性中都一样，与她们的文化程度和结婚早晚没有明显关系。那些可以阻止女性开始婚前性交合的因素，在她一旦投入这种活动后，就无法影响活动的频率了。

与父母职业等级的关系

出身于体力劳动者家庭的姑娘，在20岁之前发生婚前性交合的比例，高于其他社会阶层的姑娘。这也是由于前者一般结婚早，后者则晚；因为绝大多数婚前性交合都是真的只发生在正式结婚之前一年左右。

到23岁时，不论哪一阶层出身的姑娘，发生率都是大约30%。由于性反应强的姑娘结婚也早，因此体力劳动者阶层的姑娘的累计发生率，此时也不过38%；而白领阶层姑娘到35岁时的累计发生率却达到56%。因此，一般人都认为体力劳动者阶层的姑娘发生婚前性交合的多。如果仅仅统计少女和年轻姑娘，情况确实如此；但是如果把那些大龄未婚女人也统计进来，那么白领阶层女人的累计发生率显然要高得多。

进一步分析表明：在所有研究生程度的女人中，对婚前性交合最为禁忌的，反而是出身于熟练工人（职业等级4）家庭的那些姑娘。例如：到30岁时，她们之中只有27%发生过；而出身于白领下层家庭的姑娘有39%发生过；出身于白领上层和专门职业者家庭的姑娘更高达47%。正如我们在男性中发现的情况一样，那些出身于较低阶层而又上升到较高文化程度者阶层中来的女人，对自己的性禁锢更严厉，超过那些本来就出身于上层社会，后来又一直留在其中的姑娘。

出身较低的姑娘处于她新获得的社会地位上，总是缺乏安全感。结果她就更加坚信：追随新阶层的行为模式对自己来说乃是安身立命之本。但是实际上她所追随的模式，只不过是她自己认为最能被上层社会所接受的那些东西。

在15岁之前，出身于体力劳动者家庭的姑娘，婚前性交合在性释放总体中的比重为15%，而白领阶层出身的姑娘的这种比重仅为2%。但是到20岁以后，尤其到30岁以后，两种出身的女人的这种比重，都上升到原来的整整两倍。到31~40岁之间时，白领上层出身的女人，这种比重已达41%。

代际差异

与受教育程度和家庭出身相比，女性的代际差异更为巨大。

出生于1900年之前的女性的累计发生率，与此后任何一代女性相比，都少一半还多。例如：25岁未婚女人中，发生过婚前性交合的人，在老一代中占14%；而紧接着的一代就达36%。这方面的增长，再加上婚前亲昵的增长，就构成美国两代女性性行为模式的最大变化。

如同婚前亲昵一样，婚前性交合发生率的增长几乎全都出现在1900~1910年出生的那一代女人身上，因为她们的少女年华正好赶上第一次世界大战结束后的20世纪20年代。再往后的几代女性看来接受了新出现的性行为模式，并且超越了它。①

这一巨大变化是1900~1910年出生的一代女性的性态度发生巨变的产物。性态度的巨变又反映出第一次世界大战后那一代人更自觉地探索性问题。公众对哈夫洛克、霭理士和西格蒙德·弗洛伊德的著作越来越感兴趣，这对于较大程度地破除传统禁忌、自由地研究人类性行为发挥了

---

① 当代性史学者公认，欧洲早在20世纪20年代就曾出现一场"悄悄的性革命"，目前正在着力研究。——译者注

很大作用。同时，妇女解放的发展，尤其在我们文化中女人的社会解放，也与性态度巨变有关。

世界大战本身也促成了这种变化。在此以前，美国历史上从来没有过如此之多的大学生与低阶层男性在军队中朝夕相处、相互了解。在此之前，也从来没有过如此之多的美国人亲身接触了外国文化，尤其是接触像中欧那样与我们的性模式存在着巨大差异的文化。大批美国青年从欧洲战场复员回国后，再也不像前几代青年了。他们背离传统的戒律，其中许多人公然对现实采取理智的和快乐主义的态度，而这两者都是美国思想界一直极力想否定和排斥的。

避孕知识的传播、生活在大城市中的人们越来越互不相识，都对婚前性交合的增加发挥了作用。部分地由于世界大战中性病广为流行，激励人们讨伐有组织的卖淫，这对婚前性交合的增加所发挥的作用也并不小。这种讨伐并没有实际地减少妓女的人数，与妓女性交合过的美国男性的人数也没有实质性的减少。但是，与战前那一代人相比，战后一代男性嫖妓的频率却下降了一半。

我们的数据表明：男性所有形式的婚前性交合的总频率并没有下降多少，这是因为男人与非妓女的姑娘的性交合频率极大上升，足以弥补与妓女性交合频率的下降，现在我们得出的关于女性这方面的数据，验证了男性数据的准确。

有人认为，20世纪30年代的经济压力、20世纪40年代中期发明的青霉素被用作控制性病的有效手段，都是促进婚前性交合增加的因素。但是实际上这两种因素的作用很少，因为我们的数据清楚地表明，婚前性交合的增长发生于1916~1930年之间。比经济压力或者青霉素的发明早10年或20年，而1930年以后的增长一直很少。

一般人都承认，在所谓"喧闹的20世纪20年代"里，美国青年的性行为和性态度发生了某种变化，而我们的数据揭示了这一变化的内容。不过，非常有意思的是，几乎一直没有人肯于承认，20世纪20年代所建立的婚前亲昵与婚前性交合的模式一直传给了我们这一代人。在20世纪20年代里，老年人对下一代的行为总是忧心忡忡。现在，老年人已经不那么自寻烦恼了。至于其原因，只要我们想到今日的父母和祖父母，正是30年前引进性行为新模式的那一代青年，还有什么不明白的呢？

不过，在婚前性交合中曾经达到性高潮的女人所占的比例，从最老一代直到最新一代，却始终如一，即20岁时占大约50%，35岁时占75%还多。几代女性的实施频率基本上也是始终如一。造成婚前性交合发生率增长的那些因素，看来对于实施频率没有发挥什么作用。

当今美国男性与非妓女的女人的性交合在增长，但这是由于发生婚前性行为的女人，在绝对人数上有很大增长，而不是由于她们的实施频率有什么提高。

在四代女性当中，由于其他婚前性释放途径都没有太大增长，因此婚前亲昵与性交合在性释放总体中就变得相对更重要了。例如：婚前性交合的比重，1900年以前出生的女性仅为4%，而1920年以后出生的女性都达到21%。

青春期开始早晚的作用

11岁或12岁进入青春期的女人，婚前性交合的累计发生率，确实比13岁或14岁才进入青春期的女人稍稍高一点，达到性高潮的比例也稍高一点。但是这些差异都不大，无法与男性中的差异相比。在男性中，青春期开始得越早、婚前性交合就越多；可是对女性却不能断言存在这样的必然联系。

宗教信仰程度的影响

无论信奉哪种宗教，一般来说，越虔诚的女教徒，发生婚前性交合就越少；越消极的教徒，发生率就越高。有些情况下，双方差距非常之大。同一宗教内部，信仰程度不同的人的差异，远比各种不同教徒之间的差异大得多。除了代际区别之外，这是影响女性婚前性行为模式的最大因素。

到35岁时，消极的女新教徒的发生率为63%，消极犹太教徒的相差无几，消极天主教徒的约为55%。相反，虔诚新教徒的发生率只有30%多一点点；虔诚天主教徒的更低到24%。

达到性高潮者比例也是如此。例如：在16～20岁间，虔诚天主教徒中的性高潮者是40%，而消极教徒中却达68%。这种情况说明，虔诚女教徒在婚前性交合中产生的负罪感，会极大削弱她们从中获得的满足与快感。

一个女人如果虔诚地信奉宗教，不但可以有力地阻止她开始从事任何性活动，而且即使在她已经投入性活动之后，也能极大地减少她的实施频率。这样，婚前性交合在她的性释放总体中的比重也就必然非常之小。虔诚教徒的比重与消极教徒的比重，常常是12%对31%、14%对39%，还有21%对44%。

实况与性质

文化传统总是充满激情地反对婚前性交合。大多数婚姻指导手册、关于性教育的文章，以及许许多多文学艺术作品，都在强调婚前性交合的坏处，说它是为人所不齿的。这些宣传品说，它会损害当事者本人、她的性伴侣和社会组织。宣传品尤其强调以下各点：

1. 有怀孕的危险。
2. 如果怀了孕，就要堕胎，更加危险。
3. 可能传染上性病。
4. 婚前怀孕会迫使双方并不情愿地结婚。
5. 婚前性交合总是发生在不那么合适的情景下，这会产生有损身心的效果。
6. 由于破坏了道德戒律，当事者不可避免地会产生严重的负罪感。
7. 由于失去了贞操而产生的负罪感，会对日后的婚姻产生不良影响。
8. 男方会由于感到有失尊严，不再想与婚前性交合过的女人结婚。
9. 结婚之后，负罪感还会再次发作，带来损害。
10. 由于害怕公众谴责而产生负罪感。
11. 如果事情败露，在人际关系方面会冒很大风险，带来很多麻烦。

12. 婚前性交合中所获得的满足，会使得当事人推迟结婚，甚至根本不结婚。

13. 它也会使人觉得有义务与自己的性伴侣结婚。

14. 由此产生的负罪感，会使得性伴侣之间根本不想再发展性关系以外的友谊。

15. 婚前性交合会使得人过分强调友谊与婚姻的纯肉体方面。

16. 婚前不守规矩，会使得人在婚后更喜欢婚外性行为，从而破坏婚姻。

17. 由于婚前性交合的经历，女性可能在婚后性生活中缺乏性反应能力，从而无法得到满足。

18. 不管怎么说，婚前性交合总是道德上的错误。

19. 如果能戒除了这种恶行，将能增强一个人的意志力量。

在我们的文化中，婚前性交合的有益之处是不准说的，只能偶然见于一些隐涩的文字中或者某些文章的字里行间。这是由于我们的文化不但谴责婚前性交合，更谴责为它做出的任何辩护。这也是由于那些不谴责它的人总是认为，它是个人私事，是个人自主选择的，因此不值得在公开舆论上宣传。不过，毕竟有人一直在申明，婚前性交合具有如下的好处：

1. 它能满足肉体的需要，实现性释放。

2. 它能成为即时的身心满足的源泉。

3. 如果没有产生负罪感，那么它将增强一个人在非性的其他领域里的能力，使得这人更好地生活。

4. 一个人如果想发展自己的能力，与别人更好地协调情感关系，那么婚前性交合比戒除一切性活动更有价值。

5. 婚姻生活中需要某些特殊的情感协调能力，婚前性交合可以促进其发展。

6. 婚后性生活中也需要多种身体技巧，婚前性交合可以为此提供培训。

7. 它可以检验一下，双方日后在婚内性生活中相互协调和相互满足的能力如何。

8. 越年轻，学习协调情感和协调肉体就越容易。到结婚以后再学习就困难多了。

9. 婚前性关系如果破裂，在人际关系方面引起的烦恼，比结婚后再破裂要少得多。

10. 异性婚前性交合，可以防止当事人产生同性性行为。

11. 婚前性交合可以导致结婚。

12. 至少在某些社会群体中，一个人如果接受或形成群体的普遍性行为模式，就能在群体中获得地位。

人们一直在为婚前性交合争论不休，互相攻击，而且各有各的依据。

一方面有人说，反对婚前性交合主要是为了维护道德，即使那些在各种小册子上大发议论的专家们也是这样说；另一方面又有人说，婚前性交合建立在快乐主义欲望之上，不必顾及性伴侣的利益和社会组织的利益。一方面有人说，道德产生于古人的经验，而且直到今日仍然有益于人们；一方面又有人说，情况已经变化了。当今世界，人类已经有办法控制怀孕和性病，对情感的本质和人类各种关系中的难题，已经有了一些科学的了解，因此旧日对婚前性交合的反对，已经无益于今日世界了。

可惜，争论双方都没有想到应该用科学数据来说话。

要想解决这类争论，首先必须承认，这个问题的某些方面属于生物学、心理学和社会科学的领域，而另一些则是道德问题，要由研究伦理学的人来解决。尽管科学目前还不能马上对此做出结论，但是我们下面所谈的情况，会有助于人们客观地了解情况。

婚前性交合场所

一般人总是认为：婚前性交合必定是发生在不那么合适，甚至常常根本不合适的地方，因此它必然影响日后婚内的性协调。但是这种说法没有任何统计依据。所以我们要首先分析一下这方面的实况。

有过婚前性交合的女人中，58%的人至少有一部分行为是发生在自己的家里。其中女方父母的家或其他寓所又占大多数。例如，数据表明那些离家去上大学的姑娘们，很少在大学所在地发生婚前性交合，而是在假期里，在自己家里发生。

这不是什么新鲜事，过去40年里一直是这样，包括那些出生于1900年之前的女性也是如此。部分行为发生在男方家里的女人，占约48％。这在几代女性中也是基本一样。不过，这样的事的发生频率，显然比在女方家里的频率低。

约有40％的女人，有一部分婚前性交合是发生在旅馆或者其他类型的租来的房间里。尽管目前一代女性越来越多地外出旅游，越来越多地把交通工具当作旅游营地，在野外过夜，但是曾经在宿营地发生婚前性交合的女人，几代以来没有什么大的增加。

最近10年来，停在城外路边的或者行驶在乡间公路上的私人小轿车，为婚前性交合提供了不少机会。约有41％的女人曾经这样做过。数据表明，最近10年的车内做爱，超过过去30年的两倍还多。过去欧美各地的马拉四轮车或者其他类型的马车，已被私人汽车所取代，成为婚前性交合的新乐园。

一些女人利用过形形色色的场所。例如，在朋友家的占9％，在野外的占36％，在其他什么地方的占15％。这些地方都不太安全，双方难免匆匆行事；正因如此，一般人才说婚前性交合都发生在不利的环境中。但是我们不要忘记，有一半到四分之三的事是发生在女方或者男方的家里。

性交合前的爱抚的情况

这方面所运用的技巧，与婚前不交合而仅是亲昵爱抚是一样的。女性性交合的次数越少，运用爱抚技巧就越有限；性交合次数越多，也就越渴望运用多种爱抚技巧。

女性在婚前性交合中爱抚的时间，常常比婚后性交合中更长。在婚前性交合次数比较多的女人中，事前爱抚只有1～5分钟的，仅占9％；但在婚女人与丈夫事前爱抚如此之短的，却达23％。在婚前性交合中，75％的女人事前爱抚长达11分钟到一个小时，甚至更久，而婚后这样做的女性只占53％。因此，说婚前性交合总是匆匆完事，或总是比婚后性交合缺少乐趣与满足，肯定是没有根据的。

如果男性想寻求或者维持婚前或者婚外性交合，他们就必须殷勤地求爱，而这恰恰是夫妻之间最缺乏的。在婚内，男人或多或少地认为，性交全是他的特权，而法律也确实保护这种特权。再有，婚内性交合的频率较高，又非常容易获得，时间一长，就可能使得其吸引力和刺激力大大减弱。结果，许多女人和男人都发现，婚前、同居和婚外性活动中的事先爱抚，比夫妻的同样行为更富于魅力和刺激。

婚前性交合中的体位

这方面，婚前性交合比婚后更受局限。男人在女人上面的男上位也是最常用的，这与婚后没什么两样。但是婚前性交合次数较多的女人中，只运用男上位这一种体位的，占约21%；而只用这一种体位的妻子，却只有9%。

用过女人在男人上面的女上位的女人，在婚前只占35%，妻子中却达45%。双方侧身面对面的侧位，婚前只有19%，婚后却有31%。坐位在婚前占8%，在婚后占9%。从后面插入阴道的后入位很少，立位就更罕见了。

一般人都想象：婚前性交合所运用的大部分体位必定是不舒服的，例如发生在汽车后座上的坐位或匆忙之中运用的立位。因此，这一事实就非常重要了：正是许许多多夫妻才运用坐位或立位，而且并非由于环境所迫，而是他们的自主选择。当然，婚前的体位变换不如婚后多，尤其不如结婚已久的夫妻们；但是仍然接近，许多情况下还超过那些新婚夫妇。

裸体程度

大部分女人的婚前性交合，都发生在一直可以完全裸体的环境之中。婚前性交合过25次或更多的女人中，有64%的人在大部分做爱中都是完全裸体的。15%的人较少完全裸体。在受教育多的女人中，这个比例还要高：78%的经常如此，还有13%的有时如此。

正如在男性中一样，女性对裸体的不同态度，也是由社会阶层差异所决定的。在婚前性交合中从来没有裸体过的女人，在高中文化的人中占33%；在大学文化的人中占15%；在研究生程度者中仅占9%。这也不是新现象，我们调查过的四代女性中均是如此。出身较低的高中文化女人，之所以如此留恋她们的衣服，甚至在婚前性交合中都不肯脱光，并非由于环境不安全，而是因为她们继承了自己所在的社会阶层的性态度。

婚前性交合的后果

对生理的作用

不论在婚前还是婚后，性交合无疑都会对生理有利，因为它满足了当事一方或双方的生理需求，可以成为快乐的源泉。不论在婚内还是婚外，人们都没有完全把性交合仅仅当作生育的手段。

我们的调查表明，大多数男人和大约三分之一的女人都觉得，如果有了性唤起，又不去达到性高潮，就太强人所难了。即使在婚前许多年里，每3至10周才有一次性交合的女人中，也有20%的人达到了性高潮，满足了生理需求。

目前已婚的女人，8%的首次性高潮是在婚前性交合中获得的。1900年前出生的女性中，这个比例低一些；但是此后出生的几代女性则高一些，为8%到10%。在通过与异性接触而达到首次高潮的女人中，14%是通过婚前性交合。

心理上的效果

对许多人来说，婚前性交合对心理会产生什么效果，比它对生理的作用更重要。因此我们应该细细道来。

在性态度方面，一个女人是否开始婚前性交合、是否继续下去，是由生理状况、所处情景、社会制约和其他许多因素共同决定的。其中有一些因素我们已经科学地了解了，但另一些我们还没有可供分析的足够资料。不过，有意思的是，最重要的决定因素，是她的此类经历是多还是少。

在从来没有性交合过的未婚女人中，80%的人坚持声称：自己绝不想在婚前性交合；但是在已有过这样经历的女人中，只有30%的人说，自己再也不想这样做了。这里边肯定有自然选择的因素，但是我们也必须注意到，经历会驱散许多对未知事物的恐惧，尤其会驱散对性行为这样的未知事物的无端恐惧。

我们分析了究竟是什么因素阻止了女性从事婚前性交合，结果89%的女人说，道德上的顾虑是最主要和最重大的因素，其中一些人完全是出于道德顾虑。但是也有一些人坚持说，她们从来没有因为传统道德是一种戒律就接受和遵守它。她们相信自己已经在理性分析的基础上，形成了自己的独立见解。她们知道什么是堕落、尊严、美好、情感；什么是对与错；什么是较好与最佳。

这当然表明年轻一代中的部分人，已试图并敢于宣称自己在背离宗教传统；但是她们当中的大多数人实际上仍在遵循着传统，并没有寻找到确立自己的新基础。这表现为：承认是道德阻止自己从事婚前性交合的人，在目前的年轻女性中，与在30年前或40年前出生的那一代女性中，几乎是一样多。不过，说归说，做归做。目前的年轻女性中，实际发生婚前性交合的人，确实比前几代多了。这表明，道德戒律仍然在影响着她们公开表达的意见，但是对她们实际行为的影响已经小得多了。

大约有45%的女人承认：缺乏性反应这一因素，也一直限制着她们从事婚前性交合。不过，缺乏性反应或者根本无法做出性反应这一因素，显然比她们自己所承认的还要重要。正如某些人很早以前就道出的：如果一个人没有或缺乏性的体力，也就很容易使他远离罪恶了。

害怕怀孕是第二位的因素，44%的女人认为这也限制了自己的婚前性交合。

同样多的女人（44%）说，害怕公众舆论也是限制自己行为的重要因素。但是另一方面，她们当中的大多数人又无比确信：除了自己的性伴侣之外，再也没有第二个人知道自己曾经婚前性交合过。

大约有22%的女人坦率承认，自己所以没有发生婚前性交合，至少部分地，只是因为没有碰到机会而已。

害怕染上性病，只发挥了很小的作用。只有14%的女人把它视为限制因素之一。

以上只是女人们公开表述出来的原因：有许多人确实是因此才没去婚前性交合或者不再继续，但也有一些人还有更深层的真正原因。总结我们的全部调查材料，我们倾向于按照重要程度大小，把主要的限制因素排列如下：

1. 许多年轻女人没有性反应。
2. 我们美国文化中的道德传统。
3. 缺乏经历，人总是害怕投入一种自己所不熟悉的活动。

在事后的懊悔方面，大多数人都相信，婚前性交合必定是不够满意的；许多认为这种事是道德错误的人，更是添油加醋，大肆宣扬。很多学者在有关论文中都断言：婚前性交合必然带来精神痛苦和事后懊悔。这些斩钉截铁的断言使得人以为，他们大概有着极为丰富的调查材料做依据。但实际上，不但这些人，就连这个领域里的其他研究者，也从来不拥有足以支持其论点的材料。

事实是：性交合过而至今未婚的女人中，大约有69%的人坚持说，她们从来没有后悔过。另外13%的人只有过一些较少的后悔。在目前已婚的女人中，这个比例还要大，大约有77%的女人回顾过去时认为，没有丝毫理由为自己的婚前性交合而后悔。另有12%的人只有过一些轻微后悔。这些数据与公众看法大相径庭。这些数据也表明，聪明的想法与科学计算的数据，有着天壤之别。当然，在那些找医生看病的人里边，后悔者确实更多一些。①

是否后悔，显然取决于婚前性经历的多少。绝大多数最后悔的女人，正是那些经历最少的人。例如：婚前性交合次数最少的女人中，事后严重懊悔的人占25%；而婚前性交合延续2年或3年的人中，后悔者只有14%；延续4～10年的人中只占10%。目前已婚女人的情况更说明问题，她们当

---

① 金赛一贯反对仅根据心理病人来推论全人类状况的做法。这里是讽刺那些这样做的临床医生。金赛在《男性性行为》一书中说："一个门诊所不等于全世界"，这是他所开创的性研究社会调查学派的基本原则。——译者注

中后悔者只占11%，这是因为她们现在的性交合的经历更多得多了。经常有人说，已婚妇女会发现，夫妻性生活的质量远远胜过婚前性交合，因此妻子们必定会后悔不迭。我们的数据真是特别有趣，因为它证明这种说法不但毫无根据，而且可能还恰恰相反。

同样，是否后悔，显然也取决于婚前性伴侣的多少。婚前只与一个男人性交合过的女人中，对此严重后悔的人占15%；而那些婚前性伴侣多达11~20个男人的女人，却只有6%为此后悔。这可能是因为，丰富的经历减弱了心理上的烦恼；也可能是因为，最不会自寻烦恼或最不会向烦恼低头的女人恰恰是那些性伴侣最多的女人。当然，更可能的是两种因素共同起作用。

我们惊讶地发现，是否后悔并不取决于该女人属于哪一代人。数据表明：在最年轻的一代中，后悔者反而更多。不过这可能是由于，正如她们所说：还太年轻，性经历还不可能足够丰富。随着个性的成熟和更多的经验，最初的后悔就常常烟消云散了。

是否后悔，只在很小程度上取决于对怀孕的忧虑。在婚前怀孕的女人中，只有17%对造成这一后果的婚前性交后悔；没有怀孕的女人中只有13%后悔。婚前怀孕的女人中，竟然有83%的人全然不悔或者几乎不悔，这更令人惊讶不已。

对染上性病的忧虑，只对是否后悔发挥了很小作用。确已染上性病的女人中，后悔的占6%，没有染上的只有大约13%的人后悔。哪怕部分地与未婚夫发生过婚前性交合的女人，后悔的最少，严重后悔者只占9%。如果全都是与别的男人，唯独不包括未婚夫，严重后悔者就达到28%。

因果关系最密切的是宗教信仰程度，以及当事者是否认为婚前性交合是道德错误。例如：虔诚的新教徒23%严重后悔，而消极的新教徒中只有10%；虔诚的天主教徒35%严重后悔，而消极的天主教徒中只有9%；犹太教徒也存在着同样的差异。对那些相信婚前性交合是道德错误的女人，临床医生应该坚决地劝她别真去做，因为她最容易因此引起情绪不安和烦恼。

再者，这些虔诚的女教徒即使投入婚前性交合，达到性高潮并获得满足的可能无疑也非常小。因此，如果这种女人产生了心理苦恼，那么她所接受的宗教态度与她的性交合不满意应该承担同等责任。

也有许多女性能够接受婚前性交合，其中相当多的人从中获得了心理满足。她们开始这种行为后一直延续下去，甚至有意拉长其延续时期就是最好的证明。我们前面已经说过，69％的未婚女人能够接受婚前性交合，77％的已婚女人回忆起它时没有什么心理不安。

任何一种性行为类型的心理后果，在极大程度上取决于当事者和她所在的社会群体对此如何评价。有时会在性交合之后产生的烦恼，极少是由行为本身或其中的体能输出而造成的。仅有的不良机体后果不外乎几种：偶然会意外怀孕、极少的情况下会染上性病、绝无仅有地会造成身体损伤。但是，如果性行为使得一个人与自己所处的社会组织发生公开冲突，那么其心理后果就是严重的，有时甚至是毁灭性的。所谓性行为引发的不良后果，常常是由于他（她）无法承认或拒绝承认：自己实际上从中获得了满足；或者是由于他（她）顽固地相信：性行为不是根本不能满足自己，就是必定会以某种方式带来意外的后果。这一切，都是他（她）所处的社会共同体的性态度的反映。

我们的数千例调查，完全能证实我们的上述分析。在这数千女人中，任何一种性行为的当事者中，有许多人日后根本没有产生任何心理烦恼；但同是这种行为，却使另一些人产生了羞耻、自责、绝望、铤而走险，甚至企图自杀。最简单的事也能被这样的人弄成魔鬼般可怕。这些烦恼实际上都是由当事者本人的性态度和社会戒律所制造出来的，但是由于不理解这一点，大多数人都以为，自己的烦恼最能直接证明：性行为本身在本质上就是错误的和不道德的。

世界上的各种文化中，有的严惩近乎一切类型的性行为，有的却把同样的行为视为快乐的源泉和社会价值之所在。大多数文化都赞赏异性性交合，但佛教和天主教却禁止它。同性性行为在一些文化里被处以刑罚，在另一些文化里却受到宽容，有的文化则把它当成神圣的宗教仪式，就连佛教徒也允许它存在。凡是本文化所接受的性行为，都没有使个人产生内心冲突,也没有给社会带来不解的难题,而另一个不接受这种行为的文化,会谴责、惩处、禁忌甚至动用刑法来严惩它。结果这同一种行为,却会使得这个文化中的个人产生负罪感和神经崩溃,也会使个人与社会整体发生严重冲突。在美国,那些自慰的、有过异性亲昵的、有过同性性行为的、与动物有过性行为的、运用了在生物学上完全正常却被我们特有文化所禁忌的性技巧的男男女女们,其大部分烦恼也同样都是来自上述原因。

在道德上的后果

在严厉的天主教和犹太教戒律中,在相对宽松一些的新教教规中,发生在正式夫妻以外的任何性交合,都被判为道德上的坏。在许多人的心目中,这是绝对真理,科学或任何其他形式的逻辑思维都不能研究它或怀疑它。如同绝对论哲学中的其他原则一样,上述专断被说成是来源于智慧的和有道德的人们天生就有的能力,他们天生就知道什么是对,什么是错。许多人都毫不怀疑地相信:这就是处理道德问题的正确方法。

这些相当少的人之所以在任何现实主义者眼中都是绝对论者,就因为他们在讨论婚前性交合或者任何其他类型的性行为究竟是对还是错的时候,根本就不寻求科学和逻辑思维,根本拒绝用科学成果来修正自己的主观臆断。任何一个人在评价婚前性交合时,如果只讲可能怀孕、堕胎、染上性病、影响日后夫妻性协调等等,那他(她)就不过是在用道德哲学来验证自己的信仰。这种道德哲学只是经验的产物。可是,只有当人类真的能够确证出:对于个人和整个社会来说,它都是最好的生活方式时,它才有理由存在下去。

实际上,大多数个人对婚前性交合的态度,都是在绝对主义道德与人类天性的现实之间,反复掂量,最终妥协折衷为一种中庸之道。在大多数文化中,在历史长河中,在世界各地,男女之间都有某种截然区别:男人可以接受婚前性交合,女人却不可以。这无疑来源于这样一种事实,如果想阻止多数男人在婚前性交合,结果总是证明根本不可能,而女性常常在年轻时缺乏性反应能力、在一生中缺乏接受心理刺激的能力,结果证明她们总是更易于被控制。因此，社会总是更期望她们严守道德和社会戒律。这种"双重标准"，部分地基于承认两大性别之间的实际差异，而不是仅仅基于绝对论者对于何为对、何为错的专断结论。

当然，男性与女性对婚前性交合的社会态度也存在差异，并且历史地植根于某些经济因素之中。在古代戒律中，女性的婚前性活动之所以被严惩，是因为它们破坏了男性对于自己妻子的财产式占有权。按照男性生长于其中的文化的标准，女性在新婚之夜必须是处女，就像男人买来的牛或者其他物品必须是完好无损的一样。在古代巴比伦法典、犹太法典和其他法典中，戒律主要严禁女性在订婚之后的性活动。如果有人夺去了她的贞操，那人就被罚交出一笔赎金，数额与她未婚夫以前交给她父亲的聘礼一样多。那人也必须向她的丈夫、父亲或未婚夫交纳赎金，因为他损害了他们对女人的占有。

在某些方面，英国婚姻法仍然承认男人对其妻或欲娶之女的人身占有权。但是美国法律或多或少地破除了男性的这种占有权。唯有我们对婚前性交合的道德评价，仍然受着三四千年前古代巴比伦人或其他什么人所制定的经济原则的影响。

许多美国男人，尤其处于一些社会阶层或特殊地区的男人，一方面乐于寻机与每一可能的姑娘性交合，另一方面又坚持他娶的姑娘在新婚自主性交合时必须仍是处女，正是男性，而不是女性，在表达着这种自相矛盾的要求。他将捍卫自己的和所有男人的尝试与另一个男人的姐妹或妻子性交合的权利，但是他也会痛打或杀死那个试图与他自己的姐妹、未婚妻、女儿、妻子发生性交合的男人。在美国某些地方，成文法和习惯法仍然倾向于授予男性捍卫自己荣誉的特权，而现在他称为荣誉的那种东西，不过是作为财产占有权而载入古代法典的东西的遗传物。

女性较少倾向于要求自己的丈夫在新婚时仍是"处男"。我们调查发现40%多一些的男性想同处女结婚；而女性中只有23%的人抱有同样的想法；却有32%的女人倾向于与非处男结婚；其余45%的女人认为与处男或非处男均可结婚。

男性的性状况与他以法典形式规定的女性的性模式之间存在着冲突。为了解决这一冲突，世界上大多数民族在其整个历史中，都一直广泛地采用源远流长的异性娼妓制度。东方、北非、欧洲大陆、地中海周围和拉丁美洲的大多数文化，男性所发生的相当一部分婚前性交合显然都是与妓女，而不是与那些想嫁给一个有地位的男人的姑娘。在西班牙和拉美国家，父母和监护人日夜看守着出身高贵的姑娘们。其护卫之严，使得男人们觉得，还是到妓女那里去寻求释放为好；而且妓女所提供的性交合，远比他与自己娶的小姐的床上事好得多。由于反对出身较高的姑娘发生婚前性交合的传统过于严酷，我们调查中发现，一些西班牙男人和欧洲其他国家的男人，简直无法与自己的妻子性交合，因为他们对妻子存在着某种敬畏，就像他们敬畏她母亲、姐妹和所有未婚的"体面"姑娘一样。结果，一些生长于此类文化中的男人，即使在结婚之后，也仍然继续与妓女和女仆性交合，唯独不理睬自己的妻子。

第二种广泛应用的控制婚前性交合的办法，就是犹太教—基督教文化中对男女都要求婚前贞洁的办法。在美国，这是阻止婚前性活动的最重要的因素。但是我们在本书中所揭示的发生率和频率的数据表明，这种镇压的实际作用其实很有限。反对双重性道德标准的人一般总是要求：男性也应该遵守我们的文化强加于女性的那些禁规。但是我们的调查指出，双重标准正在被另一种单一标准的发展所消除，即：婚前性交合在女性中也越来越多，正在日益接近男性中的水平。

法律的作用

关于婚前性交合的成文法源于道德戒律，并在很大程度上反映了其要求。这意味着成文法只是中世纪和文艺复兴时期欧洲的犹太教和基督教遗产的派生物，是英国宗教法庭加以发展的性法律的产物，是美国殖民地时期法律和习俗的产物。

美国48个州的法律大多来源于一个基本的模式。但是在试图限制婚前性交合这方面，在运用什么手段执行此类法律条文方面，各州法律的内容却相当不同。几乎所有的州都禁止青少年性交合，不论少男还是少女。

青少年的年龄标准，在各个州里不同，最小的定为14岁以下，最大的定为21岁以下，大约有23个州定为18岁以下。

尽管法庭在名义上认为，青少年的性堕落不可用刑法来惩处，但在实际审判中，法庭却常常严酷得多，处以的惩罚可以比对成年人的处罚还要重。在大多数州里，法官可以把一个堕落的青少年投入青少年监狱，那里的管事比一般成人监狱要严酷得多，而且刑期之长，足以让青少年从堕落之时起到成年之日为止一直蹲在监狱里。有些青少年的刑期长达6年或8年，更多的是3年或4年。

大约有35个州把一个人从成年之日到结婚之前一日所发生的婚前性交合当作通奸罪来惩罚。但是也有13个州认为，发生在这一时期之中的性交合，不可诉诸刑法加以惩处。但必须能证明它是双方同意的，而且没有出现欺骗、暴力、当众显示或者现金交易。

但是不管法律条文如何规定，在任何一个州里，对婚前性交合的实际处理，普遍因时间和地点的不同而不同。实际上很大程度地取决于当地人的态度，取决于执法官员和法庭上的法官具有何种社会阶层出身和何种道德准则。当案件涉及20岁以下的青年时，尤其当它涉及不同种族的人或一个成年男人与一个比他小的姑娘时，法庭往往会变得最严酷。

有一些地方法官，主要是出身于社会低阶层的法官，能够理解现实，因此对交他审理的此类案件就不那么大惊小怪，极少给它添油加醋。但也有另一些法官，主要是出身于上流社会、受教育较多，或者宗教信仰格外虔诚的那些人，总是把站在他们面前的不管姑娘、小伙子、成年女人还是中年男人，统统宣判为犯有堕落罪或者通奸罪。

无论法官、州检察官还是大批公众，都绝不愿意相信这样一个事实：他们送上法庭的，只不过是全部婚前性交合的1%的一个小碎片。

除了真的被法律惩处的人以外，我们简直无法使任何人相信：那些被惩处者只不过是成千上万从事过这种性活动的人之中极少的几个倒霉者。

我们也无法使任何人明白：跟踪和逮捕这些倒霉者，充其量只不过是出于目前社会环境所派生出来的某些古怪念头而已。

要想弄明白这类事的真相也不难。一个人如果运用我们这里所提供的发生率和频率就能想到：在仅仅一年里，他（她）的未婚朋友中就发生过相当多次的性交合；那么在他（她）的近邻中，在整个城区中，发生过的总人数和总次数更是惊人。但是，除了最亲密的挚友之外，谁又真的知道或者看到过别人的哪怕一件此类事呢？

在古代希腊罗马、后来的欧洲、东方以及当今世界上的大量的记载使得人相信：非法性交合的人常常被别人当场抓获。但是实际上，在我们调查过的2020人当中，只有29人偶然地发现和看到别人在婚前性交合。这就是说，在我们记录的每100,000次婚前性交合中，当场被别人发现的不超过6次。

比这更令人惊讶的是，虽然我们调查到一些人（男女都有）确曾被判有罪并被处以重刑，但都是因为有其他形式的证据，证明他们确实发生性交合；而真的当场被别人发现婚前性交合，并因此不得不跟法律打交道的事例，竟然连一件都没有。

对于访问美国的外国人来说，最令他们惊讶不解的是：美国性法律竟然企图惩罚那些双方情愿的、没有出现暴力的婚前性交合。我们已经指出过，世界上没有任何一种文化像我们美国这样，把任何非夫妻的，哪怕是成年男女之间的性交合，统统视为触犯刑律。

但是大多数美国青年，不管他们在道德上如何看待，都不认为婚前性交合是触犯刑律。

社会意义

许多人都认为，对于婚前性交合这个问题来说，最重要的是它会不会带来怀孕和性病，对日后婚内性协调会产生什么情绪的和现实的作用。

在婚前怀孕这方面，官方统计美国每年有13%非婚生婴儿降临人世，真实数据可能超过官方统计好几倍。这个问题在欧洲和亚洲许多地区更为严重，而且在历史上也是一个比现在重要得多的因素。社会对控制非婚性交合的兴趣之所以日增不减，重要的原因无疑是为了控制婚前怀孕，为了使孩子都有负责任的父母。

我们调查过从青春期已开始到40岁的、有过婚前性交的2,094名白人女人是否怀过孕。她们中的怀孕者占将近18%。相当一部分怀孕发生于双方订婚之后，怀孕者中大约有15%的人曾经怀孕一次以上。

但是，每一次性交合的怀孕可能性非常低。上述2,094名女人总共大约性交合过460,000次，也就是说大约在第1,000次性交合中才怀孕一次。但是，考虑到现代避孕手段非常有效，只要运用得当就极少失败；当前婚前性交合中的怀孕概率还是太高了。

在感染性病方面，虽然我们调查过的人中包括老年妇女，她们发生婚前性交合时，人们还没有办法控制性病，但是全体女人的性病感染率还是极低。我们调查过1,753个女人是否染上性病，其中只有44人确实染上某种性病。当今医学已能简单迅速地治好梅毒和淋病，这就使得它们不再是婚前性交合中的什么大事了。在某些较低社会阶层中，性病发生率可能较高，但是即使在这些阶层中，当前医疗手段也能使性病不再是什么社会重大事件。

在情感意义方面，由于婚前性交合总是含有巨大的激情，因此也就可以产生具有相当大的社会意义的深远效果。在人际性接触中，两个人可以互相熟悉，学会协调双方的肉体与精神，相互理解，还可以用一种任何其他社会交往中都不可能有的方式，达到相互欣赏对方的人格与个性。学会对一个性伴侣做出激情的反应，会有助于一个人更有效地建立其他非性的社会关系。

在对婚姻的作用方面，正如我们在《男性性行为》一书中所指出的，婴儿生来就有一种肉体接触的能力，生来就需要偎依着另一个人。这种接触有助于他（她）的情感发育。但是，随着婴儿成长，我们的文化却一贯教诲他（她），不应该再从事肉体接触，必须把他（她）对直接亲属以外的任何人的激情反应，深深地隐藏起来。

许多人相信,这种禁锢应该一直持续到结婚之时。然后,新婚夫妻又必须马上破除他们已有的一切心灵壁垒,协调他们的肉体与情感,以便巩固他们的婚姻关系。

不幸的是,结婚典礼并没能创造出一种完成这一切任务的神奇魔法,我们在调查中遇到的非常多的女人和相当多的男人都发现,结婚之后,他们简直无法重新像小孩一样无拘无束地相互接触和交往,也无法重新学会在双方的肉体接触和情感交流中毫不掩饰地做出反应。

至少在理论上,婚前的人际性交往,无论是通过亲昵爱抚还是性交合,都将有助于发展婚后所需的情感能力。早开始学习比婚后才开始学习,效果要大得多。但是许多人相信,婚前性交往的激情肯定不如婚后那么丰富,甚至有人坚持说婚前性活动肯定大大减少了女性婚后协调和获得满足的可能性。

在这一点上,我们当然不可能考察婚前性交合对日后几十年的婚姻全过程发挥了什么作用;但是我们却完全可以比较一下女性婚前和婚后性高潮的发生率与频率,看看两者存在什么联系。在后面的章节中,我们将详述有关情况与比较结果,这里只需简要地强调一下。

我们的数据表明,两者之间存在着明显的正比例关系。即婚前达到性高潮较多的女人,婚后达到性高潮的能力也较强。在婚前从来没有过任何性行为的女人中,44%在婚后第一年的任何一次性交合中都达不到性高潮。那些有过婚前性交合,但从未达到性高潮的人,33%到56%在婚后第一年中也仍然达不到。相反,在婚前至少达到过25次性高潮的女人中,却只有3%的人在婚后第一年中达不到。即使把婚后15年中的情况与婚前性交合互相联系起来考察,结果也基本一样。

50%到57%有过婚前性高潮的女人,在婚后第一年的每一次性交合中都达到了性高潮。能这样的女人,在那些没有婚前性交合或者没达到性高潮的人中只占29%。

这种情况可能是自然选择的结果,也可能是因果关系。性反应最强的女人,可能就是那些婚前性交合最多的人;而且,由于她们的性反应最强,她们也就是那些在婚内最经常达到性高潮的人。婚前禁欲的女人，则可能是性的心理反应较弱的人，因此她们也就通常是那些保持贞操的人，无论在婚前还是婚后。

但是这种自然选择因素并不能解释全部现象。心理学和社会学的数据都表明，早年的经历极为重要，在一个人形成思维习惯以及日后极难改变的态度的过程中，它始终发挥着重大作用。许多材料都证明，达到性高潮的能力是能够逐步培养和发展的，一些新婚后没有性反应的妇女，多年后提高了自己的这种能力。我们调查中发现，有些女人数年没有性反应，甚至有的在结婚长达28年以后，才开始达到性高潮。

进一步的材料表明，无法达到性高潮常常是由于自我禁锢。它阻碍一个人纵情地投入性生活，而这又是要达到性高潮所必不可少的。自我禁锢来源于对行为的束缚、消极否定的反应或者某些理念化过程。它们都干扰人的自发功能和无意识功能，而满意的性行为几乎全靠这些功能。

一个人在婚前多年受禁锢和阻碍，又回避肉体接触和激情反应，他（她）所形成的自我束缚就会危害自己的反应能力。如果结婚仍不能消除这种束缚，它就会在婚后多少年里继续折磨他（她）。婚前在自慰和亲昵爱抚中所获得的性高潮，虽然也对婚后达到性高潮的能力起着积极作用，但是它们的作用都比不上婚前性交合。

不论社会赞成还是不赞成婚前性交合，在做出决定时，都应该考虑那些做出社会所禁忌的任何行为的男女从中所获得的激情效果；应该考虑这些行为实际上是否损害了整个社会组织；应该考虑如何解决对性交合的正常生物要求与社会对婚前贞操的固执要求之间的某些冲突；应该考虑婚前禁欲与婚前性交合各自对日后婚姻的完全成功究竟发挥了什么作用。

男女情况对照表

对照内容	女	男
对性交合的欲求	少而晚	多而早
人类学方面		
原始社会赞成儿童做	是	是
原始社会赞成青少年做	约占70%	约占100%
与年龄的关系		
累计发生率	50%	68%~98%
性高潮累计发生率	40%左右	近100%
15岁前发生率	3%	40%
16~20岁发生率	20%	71%
21~25岁发生率	35%	68%
20岁前每周频率	0.1~0.2	0.6
20岁后每周频率	0.3	0.4
25岁前的性释放比重	26%	33%
45岁时的性释放比重	13%	34%
与受教育程度的关系		
初中文化（16~20岁）	38%	85%
高中文化（16~20岁）	32%	76%
大学与研究生文化	17%~19%	42%
20岁以后	无关	继续有关
频率	无关	有关
性释放比重（16~20岁）	大学最低	大学最低
性释放比重（20岁后）	无关	继续有关
与家庭出身的关系	很少	较多
代际差异		
1900年前一代发生率	14%	差不多
1900年后三代发生率	36%~39%	差不多
频率	无差异	有一些

续表

对照内容	女	男
与青春期早晚的关系		
累计发生率	极少有关	有一些
频率	无关	极少有关
与宗教信仰程度的关系		
虔诚者发生率	21%～30%	更低
消极者发生率	55%～63%	更高
行为实况		
最常在自己家里	是	不是
次数多，技巧就多	是	
年轻一代更多口交	是	是
时间比婚后更长	是	是
体位比婚后更少	是	是
上层人裸体更多	是	是
能释放生理紧张	10%的人有时是	68%～98%的人总是
心理方面		
贞洁者想避免	80%	
失贞者想避免	30%	几乎无
阻止的因素		
道德	89%	21%～61%
缺乏欲望	45%	19%～45%
怕怀孕	44%	18%～28%
怕被发现	44%	14%～23%
怕染上性病	14%	25%～29%
没有机会	22%	35%～52%
不后悔者	69%～77%	大多数
希望与贞洁者结婚	23%	39%～47%
各州法律都禁止青少年做	是	是
35个州禁止青少年做	是	是
性病感染率	2%～3%	上层人低，下层人高

第二十三章

婚内性交合

对于大多数女人和男人来说，在他们的一生中，在婚内性交合中实现的性释放，超过任何一种其他形式的性行为。再者，它也是所有性行为中社会意义最大的，因为它可以产生和延续家庭。

世界各地的大多数人类集团，都一直把家庭看作社会组织的基本单位。只是在少数情况下，才有人企图消灭家庭组织、建立某种以国家政权为中心的制度，而这将废除成年人与其子女的长久关系。古代斯巴达曾经这样做过，一些空想共产主义实验公社也曾经这样做过，美国一个世纪或更早以前，也有一些社会组织曾经做过。近来，纳粹德国、苏维埃俄国也试图做这类事。不过，它们都没有提供满意的其他形式来替代家庭，而它们中的一些政权却是短命的。尽管家庭并不适应作为我们文化一部分的其些习俗，但历史证明了它的重要性。

正如我们在《男性性行为》一书中所指出的："社会之所以对维系家庭感兴趣，是想使男人和女人以一种伴侣关系生活在一起，以便使他们比独身生活时发挥更大的功能，社会之所以感兴趣，还在于为性交合所产生的婴儿提供一个家。在犹太教和许多基督教派的哲学中，这就是婚姻的首要目的。社会感兴趣，也在于为成年人提供一个正规的性释放渠道。并作为控制杂乱性活动的一个手段。"

有些人害怕家庭作为一种制度，在今日美国社会构成中，正处于危险之中。他们对日益增长的离婚率忧心忡忡，他们看到，妇女正在更多地扮演她在家庭中的正式角色，正在家庭以外的社会组织中获得日益重要的社会地位。他们害怕这是扰乱传统的性别关系。他们看到社会的组织化，电影和汽车，正把家庭从原来的壁炉边的小圈子变成生产和智慧发展的单位。他们尤其感到，年轻一代造反（反抗父母的控制），正在摧毁原有的家庭组织。

但是另一方面，现在结婚者在总人口中的比例，却比美国历史上任何时期都高；而且更大比例的人居住在自己的独立住宅中，更多的人拥有自己的小家庭。许多人觉得，这类发展中的一些方面，有利于建立一种新的家庭形式，它比我们祖辈那种家长制独裁控制的家庭要好。

前人类的家庭，例如野生动物中，是靠雄性首领的强大体力来统治的。在这样一种组织中，成年个体之间几乎没有任何伴侣关系：后代依靠母亲来获取大部分照料和保护。直到150年前，欧洲和美国的许多人类家庭，也像野生动物那样近乎于绝对的男性统治。但是，随着女性日益成为我们西方文化里政治、经济和精神生活领域中的重要力量，婚姻也日益变成一种伴侣关系，其责任、义务和特殊权利更平等地由配偶双方共同或各自分担。同时，随着人们日益理解人类心理，尤其日益强调一个人早年生活的重要性，人们开始把孩子作为家庭的一个平等参与者。这在一个世纪之前的欧美是绝无仅有的。

更多的人和更多的家庭成员有了上述觉醒后，美国以及世界上一些其他地方的人们，更有兴趣理解一些有利于家庭美满的因素，更强调培训现代青年和成年人，使他们成为更美满的婚姻伴侣。正是在这样的大背景下，性教育、婚前性行为、成年人的非婚性活动，以及婚内性交合的技巧和频率，今天都发展起来了。

我们这一章将讨论：婚内性交合在在婚女人性生活中的地位、造成婚内性交合的成功或失败的各种因素。

各种因素的作用

在我们调查的美国女性中，婚内性交合的发生和频率，都在婚后第一或第二年内达到其顶峰。随后一直下降，最老的年龄组中也就最低。女性的任何一种性行为，都没有如此地随年龄增长而持续下降。

发生率

与其他性行为不同，女性的婚内性交合累计发生率，在新婚伊始就达到顶峰，而且近乎100%，但是并没有达到100%；因为有极少数夫妻在结婚后几个月、一年甚至更久才发生首次性交合；还有极少数夫妻婚后根本就没有过性交合。一些女人并不真的与丈夫生活在一起；一些女人有生理障碍，根本不具有性交合的能力；一些男性性行为者也按照习俗结了婚，但是他们也完全戒除了婚内性交合。

较年轻的在婚女人，婚后性交合发生率超过99%。30岁以后，发生率开始下降。31~35岁的在婚女人中，仍有婚内性交合的人占到98%；但55岁以上的女人中，就降为80%了。男性也呈现同样的下降趋势，但女性的下降幅度比男性更大一些。例如，50岁以后，97%的男性仍有婚内性交合而女性只有93%；到60岁时，男性中仍有94%，女性中只有80%。

这可能是由于男女的抽样不太一致，也可能由于夫妻之间一般存在着年龄差距，也可能男性认为频率极低的性交合也仍然算有，而女性则认为那就算没有了、停止了。

性交合频率

20岁之前结婚的女人，婚内性交合频率平均为每周2.8次；30岁时降为每周2.2次；40岁时为每周1.5次；到50岁时为每周1.0次；60岁时为每周0.6次。这些数据与男性的频率比较接近。如果分别考察一对对的夫妻，妻子估计的婚内性交合次数，总比丈夫的估计高一些。显然，这是由于一些女人反对高频性交合,因此过多估计实际性交合次数。与此相反,男性常常希望自己更多地性交合,结果是低估自己实际的性交合次数。

有一些人的频率远远高于所有人的平均次数,我们收集到的数百份在婚者的性日记表明,人们的婚内性交合非常有规律。当然,存在着病患期、月经来潮期或孕期、夫妻分居期,以及其他中断期,但从总体上来看,女性的婚内性交合的那种显著规律性,在她的任何别的性行为方式中都没有。只有男性的自慰、性交合以及某些时候的同性性行为,才具有女性这样的规律性。

这表明,婚内性交合中更主要的是男性具有规律的性反应,而不是女性。

频率上的个体差异

这方面的差异相当大。这无疑是由于不同的女性个体,在兴趣和能力上有较大差异;但是这也是由于她们的丈夫,在兴趣和能力上存在着巨大差异。

妻子中大多数人的频率接近于平均数。年轻妻子在每周2～4次之间,但40岁之后剧降为每周1次左右。年轻妻子中,少于每两周一次的人很少,但较老的妻子中却增加了;到45岁左右时,这样的妻子已占了多数。

就最高频率而言,20岁以前的妻子中,每周性交合频率达到7次或更多的人,占约14%。到30岁时,这样的妻子只占5%;到40岁时,只占3%。不过,在任何一个年龄段里,都有一些女人一周的每一天里平均都有4次性交合。到55岁时,我们只调查到2个妻子的频率达到每周7次或8次,而且再也没有人超过这一频率。

性高潮的发生率和频率

妻子一般只能在一部分性交合中达到性高潮。总计有大约10%的妻子,在任何时候的任何一次性交合中,都从来没有达到过性高潮。在婚后第一年中,大约有75%的妻子至少达到过一次。到结婚大约20年以后,性高潮累计发生率达到90%。

在任何一个年龄段上，妻子达到性高潮的人数比例，都少于从事性交合的人数比例。例如：16～20岁的妻子近乎100%都有过性交合，但达到性高潮者只占71%。20岁以后，性高潮发生率逐步增加。最高峰在31～40岁之间，90%的妻子至少达到过一次性高潮。这意味着，当绝大多数妻子都有了性反应之后，也仍然有10%的妻子从来没有达到性高潮。41岁之后，达到性高潮的妻子的人数开始减少，到55岁时只占78%，55岁以后只占65%。

年龄对发生率和频率的表面作用

我们必须强调：上述的婚内性交合和达到性高潮的发生率与频率的降低，并不能证明女性的性能力也是随年龄增长而降低。在自慰和达到性高潮的夜梦这样的一贯性行为中，在55岁或60岁之前，女性的频率逐步增加到其顶峰，并且或长或短地保持一段时间。由于女性的自慰大多数是自我选择的，因此其频率是测定她的性反应能力的最好尺度。在婚前亲昵爱抚这样的人际性行为中，女性的性高潮频率年轻时达到顶峰，随后就下降。但是这样的性行为主要是由男性的欲望所支配，造成其频率下降的，主要是男方的年龄，而不是女方失去兴趣或能力。

同样，妻子越老，婚内性交合的发生率和频率就持续下降这一现象，也必定是丈夫年龄增长的产物。几乎没什么证据表明，女性在晚年之前，其性能力会因年龄增长而减弱。

这种现象的原因之一在于：男人年轻时最渴望性接触，而此时女人的性反应能力尚未发展起来。她所接受的禁锢使得她无法自由自在地投入婚内性活动，她还在奋力地挣脱着这种禁锢。但是随着时间的推移，禁锢越来越少，对性生活的兴趣越来越大，而且可以一直保持到50岁，甚至60岁。

但到此时，一般男性的性反应已极大减弱。他对性交合的兴趣已大大降低了。尤其对那个过去一直反对他的高频性要求的妻子，再与她性交合的兴趣就更少了。许多丈夫说，新婚后那段时期内，他们所要求的性交合次数，比妻子所要求的多。许多年轻妻子则说，她们感到已经足够的性交合频率，比丈夫所希望的低。但是，结婚多年之后，许多女人希望性交合的次数，比丈夫所希望的多。

男人性兴趣的下降，大多数是由于生理上的老化，部分可能是由于在婚后初期没有建立起美满的相互关系。还有一部分则是由于，相当多的男人，尤其受教育程度较高者，40~50岁时正在从事婚外性交合或者其他婚外性活动，这使得他们与妻子的性交合减少了。

在性释放总体中的比重

在婚女人的婚内性交合，在她性释放总体中的比重，在77%到87%之间。20岁以前的妻子，这一比重为84%；21~25岁之间，比重达到顶峰，为89%；此后开始持续下降。到60岁时，只占72%。

这种比重下降部分是由于性交合的频率降低了很多，而且被其他释放途径取代了不少。随着年龄增大，自慰和婚外性生活又成为妻子们重要的性释放途径。这也是由于，久婚妻子达到性高潮的人更少了。

与受教育程度的关系

受教育程度不同的女性之间，婚内性交合的发生率和频率竟然相差不大，这很令人惊讶。一般人都认为，最穷的人，性交合频率也最高。但是我们调查发现，这一说法没有什么可靠根据。

但是，在几乎每一个年龄段里，尤其较年轻者中，受教育较少的女人在婚内性交合中达到性高潮的也较少些。在较年轻者中，受教育较多的女人达到性高潮的比例，比受教育较少的女人多10%。不过，两者的差距到30岁以后就不那么明显了，只有1%到6%。进一步的分析请看本章后半部分。

在较年轻女人中，初中文化的人的平均性交合频率稍高一点，但只不过在2~5周之内才多一次。到35岁时，这种差距或多或少地消失了。

在较年轻女人中，不同受教育程度者的婚内性交合在性释放总体中所占的比重，没有什么差异。不过到25岁以后，大学和研究生程度的女人的这一比重，开始低了一些。例如到10岁以后，高中文化的人的这一比重占73%到80%；而研究生程度却只占60%到65%。

这种情况与男性中的现象非常相似。我们倾向于认为这些差异有重大意义：

年龄较大者的性释放比重的下降，并非由于她们渴望用自慰或者婚外性交合来取代婚内性交合，而是由于年龄较大、受教育较多的男人，对原来那么高频的性交合不再感兴趣，或者更依靠婚外性交合和自慰。相反，文化水平低的男人即使结婚已久，也不常出现这种转变。结果，文化程度低的女性也就能够继续把与丈夫的性交合作为主要的性释放途径。

父母阶层的作用

在每一年龄段里，出身于不同阶层家庭的女人，婚内性交合发生率都基本一样；达到性高潮的人数与她们的父母职业等级也没有什么联系。只有16~20岁的妻子中，那些出身于低阶层家庭的女人，达到性高潮的人稍少一些。在每一年龄段里，出身于体力劳动者家庭的女人，达到性高潮的频率低一些。

在性释放总体中所占比重方面，情况也基本如此。16~20岁之间，出身于体力劳动者家庭的女人的这一比重低一些，20岁以后，这种差异消失了。30岁之后，情况又反过来。出身于白领上层家庭的女人与其他任何出身的女人相反，这一比重反而下降了。

代际差异

40年来，每代女性之间在婚内性交频率和性高潮发生率方面的差异非常巨大。我们已经谈过婚前自慰、婚前异性亲昵爱抚和婚前性交合方面的代际差异，但是婚内性交合方面的代际大变化，显然具有更大的社会意义。

在性高潮发生率方面，如果仅就婚内性交合的累计发生率而言，四代女性之间没有差异。但是说到在婚内交合中达到性高潮的人数（发生率），四代人却存在着鲜明差异，并逐代增长。当然，这也就意味着：在婚内完全性冷漠的女人在逐代减少。这一变化开始于1900～1909年间出生的那一代女性，她们在20世纪10年代后期和20世纪20年代中结婚。这一变化继续发生在以后几代女性当中直到1929年以后出生的最年轻一代人。在我们的20种分类形式中，有18种都出现了这种变化，增长幅度也相当大。在16～20岁这个年龄段里，4代人的性高潮发生率分别是61%、61%、66%、80%；在21～25岁这个年龄段里，分别是72%、80%、87%、89%；而26～30岁年龄段里则为80%、86%、91%、93%。反过来看，婚内完全性冷漠的女人在4代人中剧减：16～20岁年龄段中从39%减少到20%；下一年龄段从28%减少到11%；再下一个年龄段则从20%减少到7%。

尽管性高潮并不是检验性关系美满程度的最高标准，尽管在并不导致性高潮的性活动中也能获得相当大的满足，产生相当大的意义，但是，女性无法在性关系中达到高潮，毕竟是引发对婚姻不满意的最常见原因之一，而且这一频率从第一代人的每周3.3次降为第四代人的2.3次。这意味着：在年轻一代中，能以老一代那样的频率从事婚内性交合的女人少了。这可能是多种原因造成的，但是数据使得我们相信，其中主要原因是，许多老一代男性不常考虑妻子希望以多高的频率性交合，而且也较少有兴趣看到她在性交合中达到性高潮。我们认为，在当今的年轻一代男性中，更多的人更经常地把自己的性交合限定在妻子所希望的频率之内。

在性释放总体中所占的比重方面，过去40年里已经增加了。这主要是由于性高潮发生率和频率都增长了，年轻一代更妥善地处理性问题，使得婚内性交合的意义更加巨大了。

青春期开始早晚的作用

青春期开始得早还是晚，与该女人日后的婚内性交合的发生率和频率，与她性高潮的发生率和频率，几乎没什么关系。

宗教信仰程度的作用

我们在前边指出过，自慰、婚前亲昵爱抚、婚前性交合等性行为的累计发生率，受到该女人宗教信仰程度的相当大的影响。一般来说，宗教信仰程度越低的女人，发生率越高，越虔诚的女教徒，发生率越低。但是，一旦一个女人投入任何一种婚前性活动，她们活动频率和性高潮发生率，如果不是完全不受宗教信仰的影响，也是只有微乎其微的影响。

正式结婚的夫妻之间的性交合，法律和宗教戒律都允许，许多情况下还把它作为夫妻的一种义务加以鼓励或者强制实行。因此，婚内性交合的各项指标，不论在哪一种宗教徒中，不论她们的信仰程度如何，都是基本相同的。婚内性交合也像婚前性行为一样，女性一旦投入其中，宗教信仰的不同程度就不再影响她们的性交合频率和性高潮频率了。只是在较年轻者中有一些小差异。越虔诚的女教徒，婚内性交合的各项指标消稍低一点。在大多数分类中，宗教信仰程度都不影响女性的性高潮发生率。即性交总数中达到性高潮的比例，但是在女天主教徒中虔诚者的发生率比消极者少一些。

实际上，我们在《男性性行为》中已经指出，是男性在大多数情况下决定了婚内性交合的频率，而且正是男性虔诚教徒把他们的道德态度带进了婚内性交合，使得其频率很低。因此毫不奇怪，影响婚内性交合频率的，是丈夫的宗教信仰程度，而不是妻子的。

婚内性交合在性释放总体中的比重，与发生率和频率却恰恰相反，受到宗教信仰程度的影响较大。我们一共划分了9个对照组，其中8个组都显示出，越虔诚的女教徒，这一比重也就越高一些，在一些对照组里，虔诚者比消极者高出12%到14%；在大多数对照组中高出4%到12%。这意味着与虔诚女教徒相比，宗教信仰程度不高的女人，更多更经常地在自慰和婚外性交合这样的非婚性行为中达到性高潮，实现性释放。

性交合的技巧

人类男女在性交合中所运用的技巧真可谓千变万化。他们用哪一种技巧部分地取决于他们所属的文化群体的性习俗是什么,部分地取决于他们对特殊性技巧的了解程度和偏爱程度如何,也部分地取决于他们的生理能力与心理能力如何,还部分地取决于他们的年龄、健康状况、体能和精神状态。

性交合前爱抚的技巧

对大多数男人和女人来说,如果没有某些性游戏式的活动,他们不会试图进行生殖器的直接交合。

我们已经指出,在大多数前人类的动物中是如此,在人类男女中也是如此。不过,在我们美国文化里的某些社会阶层中,在世界上其他一些文化中,都存在着回避性交合前爱抚的现象,也都存在着某种社会命令,要求性接触仅仅局限于生殖器的直接交合。这直接带来男人的性高潮,却根本不想或者极少顾及如何使女人也产生性唤起。

在我们的调查中,只有0.2%的女人说,她们一直在婚内性交合的过程中,戒除任何一种亲昵爱抚。这样的女人全都出生于1909年之前。她们之所以这样,有些是因为她们的丈夫希望她们如此,有些则是因为她们自己在从事爱抚时会产生犯罪感,有些是因为无论丈夫还是妻子,都不承认这种性交合前的爱抚会带来什么好处,有些是因为一方或双方绝对信奉某种道德戒律,认为唯有在怀孕这一目标特别需要的情况下,才可以从事这样的性活动。

婚内性交合前的爱抚技巧,与我们讲过的婚前亲昵爱抚技巧是一样的。在婚内性交合中,99.4%的夫妻运用简单接唇吻;但其他进一步的技巧,运用率就逐步降低了。男人手刺激女人乳房占98%;男人手刺激女生殖器占95%;男人口刺激女乳房占93%;女手刺激男生殖器占91%;深吻（接舌吻）占87%；男人口刺激女生殖器只占54%；女人口刺激男生殖器仅占49%。当然，不定期地还会有一些其他技巧，但运用率都不很高。

婚内爱抚技巧的运用率，与婚前爱抚的运用率基本相同。但一般说来，那些婚前性交合次数较多的女人，在婚前运用的爱抚技巧比在婚后更多更久。这是因为，结婚后性交合唾手可得，容易之极，因此也就没有那么大的必要再去丰富性交合的内容了。婚前和婚后两种性交合前爱抚的最显著区别在于：婚后女人更愿意用手抚弄丈夫的生殖器，夫对妻与妻对夫的口刺激生殖器活动也变得更为普遍一些。

性交合前爱抚的技巧，在过去40年中发生了代际变化。1900年以前出生的一代女性中，用手抚弄丈夫生殖器的人只有80%；在以后几代中已增至95%。1900年以前出生的那一代中，口刺激男生殖器的只有大约29%；而出生于1920到1929年的这一代女性，却有57%的人这样做过。在1900年以后出生的几代女性中，口刺激的各种技巧运用得更为广泛和经常。在其他技巧方面，第一代与第四代相比，手刺激女生殖器从88%上升到97%；口刺激女生殖器从42%上升到57%；深吻（接舌吻）从74%上升到92%；口刺激女乳房从83%上升到97%。

在运用爱抚技巧方面，不同受教育程度女人之间的差异，没有同一文化程度女人的代际差异那么大。唯有初中文化水平女人，表现出更不愿或不敢运用爱抚技巧。

在许多技巧方面，尤其在新一代女性中，运用最多的都是大学文化的女人，而且超过总平均数；其次多的是研究生程度的女人，而大学以下文化女人最少。例如：在1920年到1929年出生的一代女性中，口刺激男生殖器者的比例，在大学文化的人中为62.9%（总平均为57%）；而在研究生程度者和大学以下程度者中均为52%。再如：接受丈夫用口刺激自己生殖器的女人，在大学文化的人中为64%（总平均为57%）；而研究生程度者为51%；大学以下文化的人为49%。不过，在1900～1919年出生的那两代女性中，最常运用的大多数技巧，尤其是口刺激技巧的，却是研究生程度的女性，其次是大学程度者，高中程度者仍然最少。

性交合体位

几乎所有女人都说,自己最常采用的性交合体位是男上位,即女性仰卧、面朝上,男性在女性之上、面朝下的体位。

这是一种欧美文化普遍遵行的传统体位。对许多人来说,这似乎就是生物学意义上唯一正常的体位。但是哺乳动物极少运用这种体位,年轻的大猩猩中也不能肯定就常用它。有许多证据表明,在古希腊和古罗马,男上位的运用也绝没有今天这么普遍。在亚洲、非洲和大洋洲的许多地方,人们都正式地运用着许多其他体位。我们欧美文化几乎把性交合完全限定于男上位这一种体位中。这只不过是一种文化发展的产物,绝不是由生物本质所决定的现象。如果能弄清楚,我们的文化怎么会变得相信男上位是唯一正常的性交合体位,那将有很大意义。

数据表明,1900年以后出生的几代女性越来越多地运用不同的体位。在1900年以前出生的那一代女性中,只用男上位而从未用过任何其他体位的人占到16%;但是在出生于1920~1929年间的一代女性中,这样的人只占6%。

最老一代女性中的35%与最年轻一代中的52%,采用过女上位,即女性伏在男性之上的体位。

某些道德哲学家和倾向这种哲学的临床医生认为,他们有证据表明,把男人和女人的"正常"角色如此颠倒过来,会引发人格崩溃。另一方面,某些妇科专家却强调性交合技巧的重要,他们一直倾向于认为,女性应该在上面,以便发挥其解剖构造上的特点,这些特点本可以最便于她达到高潮。

我们调查发现了一些女人,她们用任何一种其他体位都无法达到性高潮,但是我们现在倾向于相信:女上位的好效果主要地并不取决于女性的解剖构造,而是更多地取决于另外三个因素。

1. 愿意试用女上位的女人,正是已经在性活动中较少束缚的女人;
2. 采用这种非正统的技巧,可以进一步破除她所受的束缚;
3. 运用这种体位,使得她可以比躺在男人身下时更自如地运动自己的身体。事实上，当女性在上面时，她就不得不积极主动地支配和协调双方的性交合动作。

有31%的妻子用过侧位，即双方侧身而卧，互相面对地性交合。大约有15%的妻子用过后入位，即男性从后面将阴茎插入阴道。9%的妻子用过坐位，4%的妻子用过立位。体位变换最多的时期是新婚之后；再往后，大多数夫妻就完全运用有限几种或者唯一一种体位了。

许多男人和女人，一想到两个人的身体可以做出多种多样的性交合姿势，就感到很强的心理刺激。

从最古老的梵语文学到奥维德①和阿拉伯人的诗集，再到今日的婚姻指导小册子，都试图全部开列出人类性交合可能采用的所有体位。各种文学作品都拼命地描述性交合体位，多达几十种，甚至200种。许多美术家都试图描画不同体位的无比诱人之处。但实际上，没有什么证据表明，无论对男人还是女人，这些体位中的任何一种，对达到性高潮有什么生理功能上的益处。因此，这些变化体位的作用，主要在于它们能作为心理刺激的手段。

尽管我们说任何一种特殊体位，作为引发性高潮的手段都没有任何益处，但是如果把特殊体位的运用，当作检测心理上对性的接受程度的手段，那么它们还是具有一些重要意义的。临床医生发现，求诊者在性交合中采用何种体位，可以反映出他（她）对性的态度。医生常常通过这种反映来探索求诊者的性心理。

性交合前爱抚的延续时间

在这方面，11%的夫妻通常限于3分钟以内；36%的夫妻为4~10分钟；31%的夫妻为11~20分钟；还有22%的夫妻超过20分钟，有时长达半小时、一小时或更久。在受教育程度较高者中尤为长久。有一些丈夫和妻子，每天都用2~3个小时的时间从事间断的，甚至是持续的性爱抚。

---

① 奥维德是古罗马著名诗人，在其《爱经》中描绘了性交合。有中译本。——译者注

我们的数据表明，不能断言性交合前爱抚的时间是长一些好还是短一些好，也不能断言它就一定对性交合的效果或满足程度发挥重大作用。

性交合前爱抚时间的长短，反映着性伴侣双方的个性，也反映着他们乐于接受何种性行为模式。有些人乐于采用能延长爱抚时间的任何一种技巧并能从中获得相当大的享受。许多人也觉得，延长爱抚时间可以提高最终性高潮中的心理感受程度。但是也有许多女人和男人，尤其那些受教育程度较低者，即使有限地延长任何一种性爱抚，也会感到苦恼，甚至产生犯罪感。他们运用这样的爱抚技巧后，会削弱他们在性交合中的乐趣。

目前的婚姻指导小册子，没有充分地注意上述差异，反而连篇累牍地要求人们延长性交合前爱抚的时间。这主要是由于它们错误地相信，这种爱抚能够增加女性达到性高潮的机会。

裸体睡眠与裸体性交合

性唤起并不仅仅依赖对生殖器的刺激，在许多情况下，性唤起也来源于对身体其他部位的刺激。因此，如果双方裸体并最大限度地互相接触肉体，他们就会发现，他们的性交合变得更有效更美满了。裸体也可以为一方（尤其是男方）提供一个获得心理刺激的机会，即观看另一方裸露的肉体。人类的身体是从不穿衣服的类人猿进化而来的，裸体性交合又有这么多好处，因此从生物学的意义上来说，似乎有理由断言：性交合中故意不裸体是对正常性行为的一种偏离。

不过，总有一些女人说，在性交合中她们常常甚至永远穿着一些衣服。在1900年以前出生的一代人中，这样的女人占33%，但1900年以后出生，结婚于第一次世界大战之后20世纪20年代的那一代女性，态度已经大变了。裸体性交合者的比例持续增长，到1920~1929年出生的这一代女性中，在大多数性交合中仍然着衣的人仅占8%了。

总计50%的在婚女人总是裸体睡眠。1900年以前出生的一代人中，裸体睡眠者只占37%；但近来这一实践极大发展了，出生于1920年以后的一代女性中已达到59%。许多数据都表明，裸体睡眠者的比例仍在增长。这会使得睡衣制造商们大惊失色的。

在人类历史上，害怕看到人类裸露自己的肉体，是最普遍的一种现象。

严酷的正统犹太教法典，一直禁止人们裸体性交合，长达大约两千年之久。但是在年轻一代女性中，居然有92%的人在看到裸体的性伴侣时，既抛掉了犯罪感，也抛掉了对接触对方裸露肉体的恐惧。这无疑标志着对我们昔日文化的一种巨大破除。

这种态度的变化也表现在性以外的许多其他方面：服装的样式和泳装都在变化；在一切户外体育运动中近乎裸体的日益增加；裸体艺术被更广泛地接受；人们更自由地讨论人的裸体形态；家庭成员间的裸体更为普遍；还有我们今日美国生活方式的各种其他发展。

新闻书刊审查机关仍在拼命试图控制对人类裸体的展示；控制照片和美术对裸体的歌颂。如果他们知道人们在婚内正日益接受裸体，那局面一定特别有趣。

证据表明，大多数个人并不赞成新闻书刊审查制度，它不过是少数人，但又是有职有权的少数人，企图强加给全体美国人的一种制度。

道德和法律的看法

在全世界几乎一切道德戒律中，尽管一切其他形式的性活动都会被视为犯罪，但是它们却都接受婚内性交合。

在大多数文化中，婚内性交合不仅是结婚双方的权利，而且是一种强制的义务。婚内性交合之所以被接受，主要是因为它可以导致生殖。在犹太教和天主教法典中，在世界上其他一些文化中，生殖是婚姻和婚内性交合的首要目标和首要功能。但是正如我们已经指出的，今天的人们日益认为，婚内性关系也可以发挥一种道德功能，形成并促进配偶之间良好的情感关系。正是由于这样几个原因，几乎一切宗教都坚持要求婚姻必须履行宗教仪式，并且由教士来主持。

这样一来，在世界大多数地区的大多数民族里，婚内性关系变成了一种宗教的契约和神圣的誓言。在我们美国文化中，按世俗仪式结婚，由民政当局来管理婚姻，只是近来才出现的新发展。

尽管如此，宗教和法律也会设置障碍，阻碍一个人行使结婚的权利，而且阻碍他（她）在婚内行使性交合的权利。古代和当代，许多人类集团都禁止其宗教职员结婚，也常常要求负有宗教职责的人彻底实行性禁欲，不少社会还对这些人实行宗教阉割。在俄国、埃及和埃塞俄比亚的某些地区，人们认为自我阉割是一种基督徒的至善行为。还有几个宗教教派，包括建立新天堂公社的美国先锋派宗教团体，干脆禁止其全体成员发生性交合。在这样的宗教戒律中，甚至生殖的神圣职责，也被禁欲的更高教义压倒了。

许多宗教团体仍然认为婚内性交合中有不道德的一面。这表现为它们喋喋不休地说教道：人人都"受孕于邪与恶之中"；也表现为它们在某些情况下给婚内性交合设置障碍。例如，在欧洲和美国历史上的许多时期内，下列时间里禁止夫妻性交合：四旬斋（复活节前40天）、圣诞节前40天、领圣餐前3天、礼拜天、每周的两个斋戒日（星期三和星期五）、行经期（犹太教和伊斯兰教的戒律尤严）、行经之前一周（有时是之后一周）、太阴历中每月的一段时间、播种和收获的时候以及从发现怀孕直到分娩之后40天。

某些宗教戒律规定，每一个太阴历月份中，只有一周可以性交合。犹太教和伊斯兰教戒律严厉禁止男人和女人在性交合中表现出任何积极主动，否则就禁止他们参加任何宗教活动，直到他们通过一个特定的仪式"净化"自己为止。美国殖民地时代的一段时期里，星期日进行性交合被视为一种罪恶；一个出生于星期日的婴儿不能受到洗礼，因为人们谬误地相信，婴儿既然出生于星期日，就证明他（她）是在星期日受孕的。

但是另一方面，也有许多宗教赞美一切性活动的美和神圣本质，而且把性的象征物和性的狂欢仪式包容到自己的宗教崇拜之中。古印度的梵文性爱文学就是宗教圣书①。古代雅典、古代罗马和印度某些典礼中的圣殿崇拜，以及世界上许多地区原始民族的宗教仪式，都认为不论是婚内还是非婚的性交合都是符合道德的。

犹太教和基督教的戒律都强调妻子要规矩，较小程度上也强调丈夫要规矩，要求双方必须经过合法的结婚仪式，才可以投入性交合。

宗教还规定了许多不准结婚的条件。这些条件可以否定一个人结婚的权利，或者解除业已实际结成的婚姻。这些条件中特别重要的是，一个人如果没有从事性交合的生理能力，或是结婚后拒不从事性交合，就是违反了结婚的条件。在中世纪和文艺复兴时期的欧洲，一个妻子如果想解除现存的合法婚姻，就必须证明她的丈夫自结婚以后一直不具有性交合的生理能力。即使到如今，一些宗教法典仍是这样规定结婚和离婚的条件。

由于古代的婚姻概念认为妻子是丈夫通过合法手续所获得的财产，与这一概念相适应，古代法典都强调：当丈夫想性交合时，妻子有强制式的义务去接受和满足他的要求。但是随着千百年时间的推移，妻子也逐渐分享到丈夫那宗教授予的和法律保护的特权，即丈夫也不得拒绝与她性交合，否则被视为遗弃行为或者虐待行为。在许多州里，这可以作为离婚的理由。在天主教法典中，配偶一方拒绝从事婚内性交合，仍被视为一种犯罪行为。在法律条文中，妻子获得婚内性交合的权利，于1824年首次被承认。时至最近，她又可以由于失去丈夫的"配偶的权利"，而获得一笔相应的赔偿费。

妻子在婚姻中的从属地位，也反映在英美法律的传统态度中。法律规定，她既然同意结婚，也就从此一次性地、不可更改地同意，在任何情况下都接受丈夫所发起的性交合，即使丈夫强制甚至使用暴力也得接受。即使在今日的美国刑法条文中，丈夫与妻子的性交合，不论此事多么违背妻子的意愿，不论丈夫使用了多少强制力量，都不算作强奸行为。但是在几乎所有州里，如果丈夫使用过分的强制力量，他可以被控为暴

---

① 这方面最著名的是《性爱箴言集》，又译为《欲乐经》或《爱之经》（Kama Sutra of Vatsyayana），内有大量性爱技巧的详述。——译者注

力威胁和殴打。他可以立即受到惩罚，但不是按刑法来判罪，妻子可以因此提出离婚。

在不同的时代中，法庭一直试图调查婚内性交合的频率，包括现在法庭审理离婚案时，法官也要追问丈夫提出的性交合频率，以判定这一频率能否构成离婚的理由。即使频率还不到每天一次，法庭也一直判定这频率太过分、太残忍，足以据此判决离婚。法律根本不了解，总人口中相当大的一部分，就是以这样高的频率来从事婚内性交合的。这是法律无视事实的又一个例证。

一般人还不知道，配偶双方所运用的性交合技巧，也会成为法律严禁的目标，即使是在婚内运用，法律也会像对待非婚者那样加以禁止。昔日的戒律规定着人们性交合时必须用哪一种体位。早期天主教法典规定，除了男上位，采用任何一种其他体位都是犯罪。即使到了世俗政权打破教会的权威之后的时代，人们也会因为采用其他体位而受惩罚。但另一方面，犹太教法典却不谴责采用其他体位。

在美国大多数州里，有一种所谓"所多玛式性行为"，指的是配偶之间的口与生殖器接触和肛门性交；同时也指非婚双方的此类行为，不论发生在异性之间还是同性之间。

奇怪的是，很少有人也很少有专著意识到，这类行为也可以发生在夫妻之间。许多法官在惩罚这类行为时，只知道运用谋杀、绑架和强奸等罪名。法庭记录里也有许多乱用"所多玛式性行为"罪名的案例。在一个案子里，有一个男人仅仅因为央求他的妻子与他做这样的活动而被判有罪，这可真够离谱了。我们还知道一些案例，由于配偶一方的反对，或者由于别人发现夫妻双方在从事口刺激或肛门刺激而被判有罪。

当然，根据这样的法律而被列罪的人很少，但是只要这些法律仍然写在书上，有这类性行为的人就会成为阴谋诡计和敲诈勒索的牺牲品。有些州把夫妻虐待定为离婚的理由之一，包括"侮辱人格"和"精神虐待"，但是实际上许多离婚都是根据丈夫或者妻子曾经希望或者要求运用口刺激技巧来判决的。

女性性高潮的状况

我们不应该过分强调性高潮的作用,因为它并不是决定性满足程度的唯一因素。在那些没有达到高潮的性活动中,在性关系的社会意义方面,人们也可以获得相当大的快乐。不管她自己是否达到性高潮,许多女人知道她的丈夫或性伴侣喜欢这种接触时,领悟到她为男方的快乐做出贡献时,她一样会获得满足。我们调查发现许多人,他们已经结婚多年,妻子从未在婚内性交合中达到高潮;但是婚姻仍然维系下来了,因为双方在家庭生活的其他方面协调得很好。

尽管我们把性高潮当作检测女性的性活动频率的尺度,尽管我们强调性高潮对女性的生理释放和社会交往有重大意义,但我们必须时刻牢记,我们清醒地意识到,性高潮并不是性关系美满的唯一重要部分。这一点对女性来说更为真实;而男性如果总是达不到性高潮,他还会不会继续他们的婚内性交合,哪怕只延续一小段时间,这可真值得怀疑。

不过,我们的调查数据也验证了临床医生已经发现的某些规律:如果女性在婚内性交合中长期达不到性高潮,甚至仅仅是达到的频率不够高,那么确实会给婚姻造成相当大的危害。如果女性在完全的性活动过程中,没有获得她本该获得的满足和生理释放,如果她由于无力实现她认为自己应该实现的目标而大失所望,她就可能产生一种自己不如别人的意识,而这会使她日后获得美满性关系的可能性极大地减少。

女性无法达到性高潮,也可能引发男性相当强烈的失望。今日的大多数男人,尤其受教育程度较高的男人,总觉得自己有责任使女方也在性交合中获得与自己一样的满足。对这样的男人来说,妻子无法达到高潮可以成为他自己无能的一种标志。结果,他也会产生低人一等的感觉,而这又会进一步加重性交合中的困难。如果出现这种情况,性交合不仅不会有益于婚姻巩固,而且会反过来成为失望、争吵和更严重失调的源泉。

男女双方的共同反应，对一桩人际性关系来说也具有重大意义。这是因为一方可以被另一方的反应所激励，强化自己的反应，一个男人看到自己的妻子出现性唤起时，会极度地性亢奋；当他与妻子肉体接触并感到她的反应时，他也就很容易产生性唤起。性交合是两个个体投身于其中的最完美的双方共同的活动，双方生理上和心理上以及情绪反应上的互相调节，能创造出这样一种理想境界。

男女双方性交合中所达到的性高潮的重大意义，主要源于一方在达到性高潮的那一瞬间所产生的亢奋反应可以刺激另一方达到同样的亢奋状态。这样，对许多人来说，在性生活中可能达到的最高成就，就是互相刺激而共同达到性高潮。

另一方面，如果一个无反应的性伴侣无法提供这样的生理刺激和激情刺激，就会相当严重地危害双方性关系的效果。一个性反应良好的男人，尤其是以前有过经验，知道性交合会有何种好处的男人，会意识到对方缺乏合作，结果他的反应也就会受阻碍或者中止。这样的失败不仅会导致失望、烦恼和产生挫折感，而且有时还会把激情反应颠倒过来，变成气愤和狂怒。

非常多的女人，尤其是老一代女性，当男性喜欢在性交合之前来些亲昵爱抚时，她们很少做什么，甚至什么也不做。女性的这种禁欲表现，可能基于她所受的端庄训练，也可能基于这样一种理论：男性在正常状态下就已经够亢奋了，他不需要进一步的肉体刺激；也可能部分地基于另外一种理论：在一种认为性生活永远应该伴随着浪漫与温柔的文化中，为女人提供快乐已成了男人的天职。当然，女性的这种禁欲，与双方合作共同创造一种互相负责的性关系，相差得实在太远了。

同样，也有许多女人在性交合的过程中也仍是相当"稳重"。这样的女人，例如老一代的妇女，不是激情地合作，而是无动于衷，一味忍受。不过，在年轻一代女性中，越来越多的人开始意识到，性交合中自己积极地配合，不仅有助于丈夫获得满足，而且也会使自己从中获得满足。

关于女性性高潮的状况，需要详细谈谈。

发生率

大约有36%的在婚女人，在婚前从来没有通过任何途径达到过性高潮。

在青春期开始之后，95%的小伙子都经历过性高潮，其频率为平均每周2.3次；而姑娘中只有22%达到过性高潮，不论是通过独自性行为、异性性行为还是同性性行为。在15～20岁之间，单身男人99%以上都达到过性高潮，频率为平均每周2.2次，在婚男人则达每周3.2次；因为此期正是一般男人性能力与性活动的巅峰期。但此期内，仍然有47%的女人还没有达到过性高潮。

正是由于如此缺乏经历，对性高潮的实质、意义和必要性又了解得如此之少，所以一点也不奇怪，非常多的女人在婚后性交合中极少达到性高潮，或者根本就从来也达不到。

一个女人无法出现性唤起，或者在性交合中无法达到性高潮，公众和专业人员一般称这为"性冷漠"。但是我们不喜欢这个术语，因为它指的是一种不愿意发挥或者没有能力发挥性功能的状况，而对大多数女人来说，并不是上述两种状况，用"冷漠"来指称是不正确的。

尽管人与人的性反应水平相差很大，但是恐怕根本就不存在完全没有性反应能力的状况。一般来说，对于那些能够引发性反应的各种生理刺激，男女的反应显然是同等的。我们的专门调查表明，如果女性接受了足够的刺激，如果她在自身的动作中放得开，她的平均反应速度并不比男性平均速度慢。不过，女性不常被心理刺激引发性唤起，常常是靠充分的肉体刺激。这可能表明，在性唤起和达到性高潮方面，所有女人的生理反应能力更强。

文学作品中虽然描写了不少全无性反应的女人，虽然我们在调查中也确实发现了这样的女人，但是我们没有证据说，其中哪一个在充分自信和解除束缚之后，仍然会是没有性反应能力的人。

我们发现一些女人，她们只有过一个丈夫而且结婚多年，有一些长达28年之久，才第一次达到性高潮。我们还发现一些女人，她们结婚离婚两次、三次或四次，只是到最后一次结婚后，才能在性交合中达到性高潮。如果在这样的女人最终达到性高潮之前去检查她们，任何一个人都会得出性冷漠或性反应无能的结论，但是她们日后的情况证明，她并不是根本无能。

事实上，在这些先前无性反应的女人中，有一些人现在不论何时投入性交合，总是达到高潮，甚至总是连续达到多次高潮。当然，我们这里必须加一句话：许多没有性反应的女人需要临床医生的帮助，以便克服那些成为她性困难之源的心理负担和可怕的束缚。

人们一直饶有兴趣地想要发现，达不到性高潮的女人究竟占多大比例，引起性交合中这样的失败或成功的因素到底是些什么。

不幸，这可不是简单统计一下百分比就能解决的。不管我们按照什么分类法把女性数据加在一起，我们必须事先考虑每个女人的年龄、她结婚时的年龄、结婚已有几年、性交合的频率、运用何种技巧、不同岁月中高潮发生率有什么变化。如果不从所有这些角度来考虑，数据的简单相加就验证不了任何相互关系，也就毫无意义了。

把上述所有因素都考虑进去，我们发现，女性的婚内性交合的总次数中，约有70%到77%达到了性高潮。这一比例随结婚时间长短而变化，新婚之初的比例较低，婚龄越长则比例越高。具体情况如下：

婚后第一年中，63%的性交合达到了高潮

到婚后第5年时，为71%

到婚后第10年时，为77%

到婚后第15年时，为81%

到婚后第20年时，为85%

这数据意味着，36%到44%的女人在她们的婚内性交合的总次数中，并不是每次都能达到性高潮。在这些只能不全部地达到高潮的女人中，大约有三分之一的人只在少于一半的次数中达到，另有三分之一的人在大约一半的次数中达到，还有三分之一的人在一半以上次数中达到，但是从未100%地达到过。

多次性高潮

有大约14%的女人规则地出现多次性高潮。不仅在每一次性交合都达到高潮的人中是这个比例，即使只是部分地达到高潮的人中，出现多次高潮者也是这个比例。不管哪种情况，女性都可以在同一次性交合中达到2次、3次，甚至12次以上高潮，而丈夫却只射精一次。

在年轻男人中，有约8%到15%的人有能力达到多次性高潮，但是这种能力随着年龄增长而逐步下降。

人类的婚姻制度，使得结为夫妻的两个个体，很难是恰恰具有同等的多次性高潮能力的男女。不管是男人的能力更强，还是女人的能力更强，如果只有一方经常在每一次性交合中都达到几次性高潮，而另一方却不能，那么这对夫妻就很难创造出使双方都满意的性交合技巧。

许多男人在自己达到性高潮之后，没有能力再继续保持勃起状态，也无力继续性交合。许多男人如果硬要这样做，会引起过敏式疼痛；有时甚至是难以忍受的疼痛。如果此时妻子还没有达到高潮，或者她具有多次高潮能力但尚未获得完全满足，那么不能继续性交合的丈夫就会使得妻子非常苦恼。因此许多男人总是用手或用口来刺激妻子的生殖器，以便使她达到高潮。当然也有极少的男人，学会在自己首次射精之前，设法使妻子达到多次高潮。

影响性高潮的14种因素

我们已经指出，并且应该再次强调：一个人的性反应如何，必须取决于他受到了什么样的刺激，取决于刺激发生于何种生存状况之中，取决于这个人以前的性经历是什么样和有过多少。

目前的婚姻指导小册子和其他医学文章，充分注意到女性的性反应在很大程度上依赖于性交合中所用技巧的效果如何。由于支配亲昵爱抚和性交合方式的一般是男人，因此人们很容易得出结论说，女性能否达到性高潮，必然地主要取决于男人知道多少性交合技巧，运用得如何。但是，这样的解释过分强调刺激的状况，却忽视了女方的反应能力处于一种什么状态。

心理学家和临床心理医生，已经把注意力集中到女性方面，研究她的反应具有何种基础，研究她的无意识动机以及她的束缚由何而来。他们有时干脆认为，只要早年的经历是合适的，任何一个个人都会具有同等的性反应能力。他们中许多人认为，对于同一种性刺激，不同个体之间不存在反应方面的内在能力差异。

　　但是我们认为，女性在性高潮反应方面存在着相当大的差异，如果要分析形成这种差异的原因必须考虑这样三大类因素：外来刺激、主体的反应能力、主体先前经历的内容与性质。

女性的内在能力

　　我们研究过一切动植物物种在构造和生理上的个体差异，因此我们认为：人类性行为中的某些个体差异，可能也同样是来源于与性反应有关的那些生物构造所产生的生理能力，在个体与个体之间极不相同。这涉及到中枢神经系统和其他有关系统究竟处于何种状态中。这些系统的不同状态，可以形成不同个体的不同性反应。有时差异还会非常巨大。

　　例如，有些女人在开始接受刺激之后的几秒钟之内，就能飞快地达到性高潮。有些女人则具有在短时间内重复达到高潮的能力。而大多数其他女人，即使经过训练，经过分析幼年经历，或者经过其他任何一种心理治疗，也不可能获得这样的能力。

　　同样，我们也有理由相信，至少一部分性反应较慢的女人，即使想尽办法，也无法在生理上获得某些女人那样的快速反应能力。遗憾的是，我们对性反应的解剖学基础和生理学基础了解得还不够，不足以解释上述个体差异的确切来源。

性高潮与女性年龄的关系

　　尽管婚内性交合以及女性从中获得性高潮的两种发生率和频率，都在婚后初期就达到其巅峰状态，并在久婚后持续下降，但是在最年轻的时候，女性在性交合的总次数中达到高潮次数所占的百分比，却恰恰是最低的，随着年龄的增长，这一百分比反而持续上升。当然，我们的研究范围只到60岁以下为止，因此不足以分析更老的女人。

性高潮与受教育程度的关系

受教育程度不同的女性婚内性交合的累计发生率和频率却基本上是一样的。但是我们也发现，如果以5年为期来考察此期内达到过高潮的女性的人数，那么在任何一个5年期内，受教育较多的女人中，这样的人也明显地多得多。

就性交合总次数中达到高潮次数所占的百分比而言，不同受教育程度女人之间的差异就更大。从婚后第一年直到第15年之间的任何一年里，相当多的受教育少的女人在婚内性交合中，都根本无法达到高潮；但受教育多的女人中，这样的人就少得多。例如：婚后第一年里根本达不到高潮的女人，在初中文化的人中占34%，在高中文化的人中占28%，但在大学文化的人中占24%，在研究生程度者中只占22%。直到婚后第15年，这种差距缩小了，但依然存在。这种差异的部分原因在于，不同受教育程度的女人，结婚时的平均年龄也不同，受教育少的女人结婚也早，达到高潮的比例也就小。

如果从近乎百分之百地达到高潮的女人的人数来考察，差距就更明显。受教育少者，这样的人也少；受教育多者，这样的人也就多得多。例如：在婚后第一年里，90%以上性交合都能达到高潮的人，在初中文化的人中只占31%；在高中文化的人中占35%；在大学文化的人中占39%；而在研究生程度者中却达到43%。即使到婚后第15年，这种差异依然存在。高中文化的人为43%，研究生程度者却是53%。

我们过去在较小规模的抽样中，运用不大合适的分类统计法时，曾经发现受教育少的女人在婚内性交合中达到高潮的比例，比上述的更高。但是现在我们有了更广泛的调查材料和更科学的分析方法，因此修正了以前的数据和据其得出的结论。

父母职业等级对性高潮的作用

在婚后第一年里，90％以上性交合都达到高潮的人，在出身于低阶层家庭的女人中较少，在出身于白领上层家庭的女人中较多。但这一差距并不大：出身于体力劳动者家庭的人中占34％，出身于白领上层的人中占40％，但直到婚后第15年，这种差距依然存在，正如我们考察受教育程度不同的女性的情况时所发现的差异一样。

性高潮的代际差异

如果以5年为期来考察此期内达到高潮的人数比例，那么过去40年间，比例在不断上升。这40年里，性交合总次数中达到高潮次数的百分比，也同样在持续上升。这可能具有更大的社会意义。1900年以前出生的女性中，婚后第一年里从未达到高潮的人占33％，而1909年以后出生的女性中，这样的人只占22％或23％。直到婚后至少第15年，这样的差距依然存在。

婚后第一年里，性交合总次数里有90％以上达到高潮的人，在老一代女性中只占37％；在新一代女性中上升为43％。这种代际差异在婚后至少10年内依然存在。这种现象证明：女性所处的社会群体持有何种性态度，普遍接受何种性道德，影响着她的态度与性过程。

一个人在性协调方面遇到的困难，常常来源于他（她）总是想融会到自己成长于其中的那个文化整体和那一代人的整体之中。

其实，如果真想解决自己的难题，他（她）就应该接受一些与自己所属社会群体不同的态度和行为模式。当然这可能带来新的难题，但是数以百万计的女人显然已经这样调整了自己，而且并没有带来严重的烦恼。这是因为，正如我们的数据证明的那样，过去的40年里，美国人民中很大的一部分已经实质地改变了自己的性态度。其结果是，许多女人在婚内性交合中，已经更有效地发挥自己的功能了。

性高潮与青春期开始早晚的关系

青春期开始早晚，对女性的婚内性交合的发生率与频率，基本上没有产生什么作用。即使与性交合总次数中达到高潮的比例，也没有必然的联系。唯一可能的例外是那些15岁以后才开始青春期的女人，与其他女人相比，她们中从未达到高潮的人稍微多一点，90%以上性交合都达到高潮的人稍微少一点。

宗教信仰程度对性高潮的影响

这方面的影响也不大。无论性高潮的发生率和频率，还是性交合总次数中达到高潮的比例，最虔诚的女教徒、一般女教徒与最消极的女教徒之间，都不存在重大区别，只有最虔诚的女天主教徒，在婚后第一年里受到的束缚更多。完全不能达到性高潮的人明显地多，而90%以上达到高潮的人明显地少。

结婚时的年龄对性高潮的作用

这方面有某些联系。性高潮频率最低的是20岁之前结婚的女人。在这样的人中，34%在婚后第一年里从未达到高潮。在21~30岁结婚的女人中，这样的人只占22%。在30岁以后才结婚的女人中只占17%。直到婚后10年和15年，这种差异依然存在。

在婚后第一年里，90%以上性交合都达到高潮的女人，在20岁之前结婚者中只占35%；在21~25岁结婚者中占41%。但是这一比例不再增长，相反，在25岁以后才结婚的女人中，这一比例反而下降了。

20岁以下结婚的女人，性高潮能力之所以低一些，部分地是由于其中许多人一直活到20岁以后也从来没有出现过性唤起，或没有达到过性高潮。这种性反应能力的晚熟，可能基于生物因素，但也可能是该女人早年无法协调自己的人际性关系的产物。那些一结婚就马上具有达到性高潮能力的、20岁或再大一些的女人，一般来说可能是由于她们在结婚时就具有更多的婚前性高潮经历，来源于婚前的自慰、亲昵爱抚或实际性交合。

结婚时间长短与性高潮的关系

结婚后的第一个月里，49%的妻子就已经在性交合中达到了高潮。这一比例与日俱增，到婚后6个月时已经至少达到67%；婚后第一年结束时，已达75%。达到性高潮的能力，意味着女性必须通过经验来学习，必须把自己从某些一直禁锢着自己的性活动和性反应的束缚中彻底解脱出来。仅仅在婚后第一年中，就有四分之三的女人做到了这一点。但是第一年过后，这种增长速度放慢了。不过直到婚后15年内甚至更久，这一比例毕竟还在持续上升，到婚后第15年，仍然大约有10%的女人在性交合中从未达到性高潮，有些女人是直到婚后第28年，才首次达到性高潮。

在婚后第一年中仍未达到高潮的人占妻子总数的25%；到第5年末降为17%；到第20年末的时候再降为11%。

另一方面，婚后第一年中，90%以上性交合都达到高潮的女人占39%，以后的岁月中这一比例逐步增长。到第20年末时，这一比例已高达47%，也就是说，将近一半了！这些数据充分证明，婚后岁月中性经验的积累和心理素质的提高，完全能够增强女性在性交合中达到高潮的能力。

性交合技巧对性高潮的作用

从最古老的爱情文艺作品，直到今日的婚姻指导小册子，一直都以极大的兴趣描述着性刺激与性反应的解剖学基础和种种技巧。几千年来，人们已经普遍接受了这样一种观念：性关系是否美满，必然是主要取决于男方在肉体刺激女方时，运用了何种技巧与艺术。

但是，现在我们已经发现，人们误解了技巧发挥功效的途径。人们一直把注意力集中在性技巧所针对的终端器官（感受器官）上，集中在生有感受器官的那些身体部位上，我们现在的调查研究发现，性反应总是涉及众多的生理反应，其中主体的全身肌肉的紧张度不断增强，可能是最重要的一种反应。女性的性反应可以不依赖于有意的，变化的和持久的爱抚技巧，而更经常地依赖于短促而不间断的按压，以及连续的和有节奏的刺激。许多男人也是如此。这可以直接导致他们达到性高潮。

我们的数据甚至进一步表明，在不少事例中，运用多种多样和变化多端的性技巧，反而会干扰女性，使她达不到高潮。大多数女人都能够通过自慰达到高潮，比在事先百般爱抚的性交合中达到得还要快得多。这就是由于在实现性高潮的过程中，自慰通常是持续的和不断的。

婚后性高潮与婚前性高潮经历的关系

对婚后性高潮频率作用最重大的，莫过于婚前性活动中达到高潮是多还是少。我们调查的女性中，有大约36%婚前从来没有达到过高潮。不论是在自慰、性梦、亲昵爱抚、婚前性交合中，还是在婚前同性性行为中，她们都从未有过这种经历。在这样的女人中，婚后第一年里无法达到性高潮的人占44%。那些即使婚前只有过次数有限的性高潮的女人中，这一比例却只占19%。那些婚前至少经历过25次性高潮的女人中，这一比例只占13%。

婚后第一年里，90%以上性交合都达到高潮者，在从无婚前性高潮的女人中只占25%，但在有过婚前性高潮的女人中却达到45%到47%。婚后更长的岁月中，甚至到第15年末，差距依然如故。任何一种治疗法，恐怕都无法像早年的性高潮经历那样，减少婚后性交合中毫无反应的女人的人数，恐怕也无法增加婚后性交合中达到性高潮的频率。

这种相关现象，可能是由于自然选择的作用，但也可能是由于一种因果关系：婚前性经历对婚后性生活有所裨益。两种因素都可能存在。能在婚前发现自己的性高潮的女人，不管是通过独自的还是人际的性活动而发现它，可能从来就是那些性反应能力较强的姑娘，因此她们也就是婚后最常达到性高潮的那些妻子。

但是另一方面，我们的数据也证明，女性可以通过经验而学会达到性高潮。我们也已强调指出，这样的学习在女性的早年更为有效。那时，她所受的束缚尚未充分发展，或者还没有变得像日后那样不可撼动。因此，早年的性高潮经历可以直接增强婚后性生活的良好效果。

婚后性高潮与婚前性交合的关系

婚前各种性经历中，与婚后性高潮联系最紧密的，就是婚前性交合，尤其是达到高潮的那种婚前性交合。例如，有过婚前性交合但没有达到过高潮的女人中，有38%到56%的人在婚后第一年里也无法达到性高潮。尽管这一比例在婚后与日俱减，但是直到婚后第10年末，她们当中仍有11%～30%的人还是达不到高潮。相反，有过婚前性交合并且至少达到过25次高潮的女人中，婚后第一年里只有3%的人达不到高潮；以后的岁月中更降低为仅占1%。这就是说，婚前有性交合而无高潮的女人，有一半以上在婚后也无法达到高潮。这比那些婚前既有性交合又有性高潮的女人中婚后反而达不到高潮的比例，要高出10到20倍。

我们的数据进一步指出，如果按90%以上性交合都达到高潮者在总人数中的比例来看，那么婚前性交合中达到过高潮的女人中的比例，是那些婚前未达到者的2到3倍。婚后第一年中，婚前未达到性高潮的人里面，上述情况是17%到29%；而在婚前达到过性高潮的人里面，这一比例却高达50%到57%。婚后前5年里，双方差异一直如此。再往后，差距虽然缩小了，但直到婚后第10年末，婚前有性高潮者中的这一比例仍然高于婚前没有的女人。

我们必须强调指出：婚前有性交合与性高潮，与婚后性生活的成功美满并没有直接关系。它只是与婚后性生活的失败有很大的关系。以前的各种研究之所以失误，就在于它们企图在婚前性交合与婚后性美满之间寻找出某种必然联系，更在于它们没有把婚前性交合的两种情况（达到高潮的与没有达到高潮的）严格区分开来。

婚前性交合与婚后性高潮之间存在的究竟是自然选择关系还是必然因果关系，我们目前尚无法断定。一般说来，自然选择可能更常见。但是另一方面，如果一个姑娘投入了婚前性交合，却又没有从中获得性高潮，就可能因此受到极大的心灵创伤，这又会严重削弱她在婚后进行性协调的能力。

当然，不管是选择关系还是因果关系在起作用，我们显然可以依据一个女人在婚前性交合中是否达到性高潮，来预言她在婚后性交合中可能出现的反应。在这样的预言中，任何其他的单一性因素，或者女人本人的任何社会因素与背景，都不如婚前性交合所发挥的作用大。

婚后性高潮与婚前亲昵所达高潮之间的关系

这方面，两者也存在着相当大的相关联系。婚前从未由亲昵达到高潮的女人，在婚后第一年里有35%没有达到过高潮，但是婚前由亲昵达到过高潮的女人中，这一比例只有10%。婚后至少15年内差异依旧。

婚前没有由亲昵达到高潮的女人，婚后第一年里90%以上性交合都达到高潮的人只占32%；而婚前有过亲昵所达高潮的女人中，这一比例却占到46%到52%；婚后至少15年，差距虽然缩小了，但仍存在。

这里边也同样可能是自然选择或必然因果在起作用。但是不管归于哪一类原因，如果一个姑娘在婚前亲昵中达到了性高潮，她在婚后的近乎每一次性交合中都达到高潮的机会，就会多得多；哪怕到婚后很久很久，她也仍然会如此。

婚前亲昵之重要，在于它给大约18%到24%的女人提供了首次性高潮，在年轻一代中尤其突出。

婚前亲昵的更重大作用，在于它引导女性去理解与一个异性发生肉体接触对她自己的意义。许多婚后无反应的女人，之所以很少或根本不投入婚前亲昵，有时仅仅是因为她们拒绝接受任何足以引发性唤起的身体接触。婚前亲昵的经历，有助于教育这样的姑娘，去理解这种接触的巨大意义。

婚内性高潮与婚前自慰的关系

这方面两者的相关联系，不像前述婚前性交合与亲昵那么明显，但是确实存在联系。婚前从未自慰过，或从未由此获得性高潮的女人中，婚后第一年里有31%到37%的人无法达到性高潮；在以后的5年中，这一比例只下降了一点点；而婚前由自慰达到过高潮的女人中，这一比例只有13%到16%。

婚前无自慰或虽然有却无高潮的女人，婚后第一年里90%以上性交合都达到高潮的人只占35%；而婚前有过自慰并达到过高潮的女人中，这一比例却达到42%到49%；婚后15年或20年，差异依然存在，只是差距小了。

这方面也有两种可能原因：自然选择或是必然因果。但是由于女性自慰的技巧与她性交合的技巧太不一样，因此婚前自慰经历的重要意义可能在于：它使得一个姑娘明白了性高潮到底是什么样。即使在婚后，即使到了三四十岁，如果女性能学会通过自慰达到性高潮，那么她们的性交合的困难常常会被一扫而光。

自慰和亲昵爱抚的技巧，引发性高潮的作用比性交合技巧要大得多。因此，即使一个女人在性交合中达不到性高潮，常常可以学会通过自慰来达到它。在自慰并达到性高潮的过程中，她会明白这就意味着超越束缚与禁锢，意味着自己应该无拘无束地投身于性活动之中，使机体反应自由自主地出现。这样，她在性交合中就可以通过同一方式来增强自己的性反应能力。在我们调查过的数千名女人中，能通过自慰达到高潮，却无法在性交合中获得同样的能力的人，只有极少数几位。

任何婚姻中都有需要解决的经济难题，但是在这一切之上，夫妻之间还有许多心理协调的任务要完成。性协调只是婚姻的一个方面，而且并不总是最重要的方面。

对美国青年来说，不存在一个普遍适用的课程表，能使他们为婚后性关系协调做好准备。但是，任何一个客观地和科学地研究美满婚姻的人，无疑都不会不赞赏婚内性交合的重大作用，无疑更不会否认在婚前性活动和婚后性协调之间存在着相关联系。

男女情况对照表

对　照　内　容	女	男
与年龄的关系		
累计发生率：		
性交合的	±100%	±100%

续表

对 照 内 容	女	男
婚后首年达高潮	75%	±100%
婚后20年达高潮	90%	±100%
性交合年龄发生率：		
30岁前	99%	±100%
50岁时	93%	97%
60岁时	80%	91%
性高潮年龄发生率：		
16~20岁	71%	±100%
31~40岁	90%	±100%
51~55岁	78%	±100%
每周平均性交合次数：		
20岁时	2.8	2.6
40岁时	1.5	1.6
60岁时	0.6	0.6
其中每周7次以上的：		
20岁时	14%	16%
10岁时	3%	1%
最感兴趣的时期	久婚后	新婚时
在性释放中占的比重：		
16~20岁	84%	81%
21~25岁	89%	81%
60岁时	72%	±74%
性交合所用技巧		
性交合前的爱抚：		
最常用手刺激	是	是
年轻者更多口刺激	是	是
性交合前爱抚的时间：		
3分钟以下	11%	基本相同

续表

对照内容	女	男
1~10分钟	36%	基本相同
11~20分钟	31%	
20分钟以上	22%	
性交合体位：		
男上位最常用	是	是
女上位的频率	45%	阶层差
侧位的频率	31%	差异较大
很少用其他体位	是	是
年轻者多变换体位	是	是
性交合中达到性高潮情况		
达高潮次数占的比例	70%~77%	±100%
多次高潮：		
年轻者	±14%	8%~15%
年长者	±14%	2%~3%

第二十四章

婚外性交合

生物基础与历史背景

　　大家都知道，许多男人如果不能与妻子建立起美满的性关系，就会至少偶然地与非配偶的女人发生性接触。虽然人们也一般地承认，某些女人也会希望或实际投入婚外性交合，但是公众舆论较少注意女性在这方面的一般行为与倾向。

　　大多数男人马上就能理解，为什么大多数男性都希望有婚外性交合。虽然有些男人出于道德的或社会的顾虑，自己不投入婚外性交合，但即使如此律己的人一般也能理解，性的变换、新的情景和新的伴侣，可以提供许多满足，而与单一的性伴侣进行性交合一些年之后，是无法获得这种满足的。

　　对大多数男人来说，渴望在性活动中换换对象似乎是再自然不过的事，就像他们总是希望看新书、听新音乐、投入另一种职业，或者结交新的社交朋友一样。但是许多女人却无法理解，为什么每一个男人都是高高兴兴地结了婚，然后却又都想跟自己妻子以外的任何女人性交。在大多数男人看来，女人提这样的怪问题，就是两大性别存在着根本差别的最好证据。

我们在《男性性行为》一书中已经指出，在全世界一切时代的一切民族中，在婚的男人与女人都有非婚性活动。这证明人类普遍渴望此类活动，证明现存社会组织试图根除其来源的一切努力都归于失败。我们以下所记录的关于美国女性的婚外性交合的情况，以及我们对其原因的检验，也许有助于人们理解这一问题的实质及其巨大意义。

我们对人类的这种行为进行了生物学追溯，研究了其他哺乳动物的情况。这也许可以表明个人愿望与社会对个人行为的控制之所以总是相互冲突的原因。

只有在婚姻制度下，才会出现婚外性交合的现象。人类的动物祖先可不是这样。在哺乳动物的性关系中，雄性和雌性都同样准备着跟既存性关系之外的个体进行性交合。但是雌性被垄断着自己的雄性所钳制，而雄性又被其他雄性的性垄断范围所局限。有时，雄性也被自己的性能力衰退所局限，仅仅应付既有的性伴侣就已经心有余而力不足了。

哺乳动物雌性有时也反对其他雌性与自己的雄性伴侣性交合，但并不是普遍规律。这样做的是雄性。尽管文化传统可以形成人类男性的某些行为，但是他的性嫉妒与哺乳动物雄性的如此相似，人们可能不得不断言，他的态度至少部分地来源于动物的遗传。

在大多数哺乳动物中，当个体进入一种新的情景或遇到一个新的性伴侣时，就会变得更加生机勃勃。猴子如果长期在一起，就会变得很少相互引发性唤起；性交合前的爱抚会拖得很久，才能积累起足够的刺激以进入性交合，而且日后的性交合也变得很少有生气。但是一旦来了一个新伴侣，雄性和雌性一样，都会变得容易引发性唤起，更朝气蓬勃地与新伴侣性交合，性交合前的爱抚时间也缩短到最低限度。心理疲劳肯定是人类夫妻无法保持单偶性关系的主要原因。

但是哺乳动物中的非伴侣性交合，在其整个性生活中只占有限的比例。它们的性经历大体上有三个阶段。在第一阶段中，年轻的雄性奋力为自己争得一个雌性伴侣，并拼命地保卫自己的既得利益。第二阶段中，更成熟的雄性在身心两方面更具有控制欲，它可能夺取并统治好几个其他雄性的雌伴侣，并捍卫自己的统治。第三阶段中，年老体衰的雄性又丧失了自己的雌伴侣。它现在只能围着其他雄性的家庭单位绕圈子，或者孤独地了此残生。

这种情况与人类何其相似。人类的难题并非全都是文化发展或者特殊社会哲学的产物。更换性伴侣的兴趣，有着古老的哺乳动物的根源，而且在男性和女性中都同样存在。人类男性总是维持他对女伴侣的财产式占有权，总是反对他的妻子发生婚外性交合，而妻子却较少反对丈夫的这种行为，这些都是哺乳动物的遗传。人类男女不得不接受这种遗传，如果他们想控制自己的性行为模式，他们就不得不超越它。

人类历史上，各种文化中，一直都存在着对人的这种动物渴望的某种认可，一直存在着顺应这种需求的各种办法。一切文化当然都认为必须保持家庭的巩固，以使它成为社会组织的坚实基本单位。但是任何文化都不得不面对这样一个难题：是干脆彻底禁绝一切非婚性活动，还是接受并调节这种活动，把它对家庭制度的危害缩小到最低限度？

世界上没有一个社会，真的用完全的性自由来取代正式的婚姻；但是有一些文化却允许男女两大性别具有相当大的非婚性活动的自由。主要是在那些并不把性活动与社会目标、与爱情、或与其他什么主观价值联系在一起的社会里，才有这种现象。有一位人类学家记录了这样的社会的一段箴言：

"性活动实际上与情感不相干，它是一种快乐和娱乐的经历，而且就像食物和水一样必不可少，它正如食物和水一样，谁给你的无所谓，只要你得到它就行，尽管你自然而然地感谢给予你的那人。"

另一个社会的箴言是：

"在不论什么人中间，性交都被从本质上当作一种快乐，……除此之外，它再也不具有其他任何含义。"

大多数社会都承认，有必要至少把某些婚外性交合当作男性的一个发泄通道。他可以由此释放一些社会为巩固婚姻而施加于他的压力。大多数社会也承认，如果要维持婚姻和家庭，如果社会组织要有效地运行，也必须对婚外性活动加以某些限制。

结果，大多数社会都允许或默认男人的婚外性交合，条件是他必须谨慎从事，必须不走极端，不破坏他的家庭，不得六亲不认，不闹成丑闻，不与非婚女伴的丈夫或其他亲属交恶。即使严禁一切非婚性活动的社会，对偶然的失足也明显地宽容。没有几个人类社会认真地镇压或者严厉地惩罚男人的婚外性交合。

相反，极少有社会允许或默认女性的同样活动。世界各种文化中，只有10%允许，还有40%只允许女性偶然为之或与特殊对象为之。例如，某些仪式或典礼上是允许的，甚至婚礼仪式中也允许；但是这意味着丈夫把妻子作为礼物献给客人，而不是妻子自己要求进行婚外性活动。

在已知的人类社会中，有一半严禁女性的婚外性交合。在不少社会中，杀死与人通奸的妻子，不仅是丈夫的特权，而且是他必尽的义务。如果他无法这样干，就会被认为丧失了男人气概，被众人耻笑。如果他杀死了妻子，他不会受到任何谴责与惩罚。我们的欧美历史上，这种态度一直占统治地位，只是丈夫伤害妻子或者奸夫的特权，在美国绝大多数地区已经被废除了。

不过，即使是这些最严酷地惩罚女性婚外性交合的文化，实际上也完全明白，这样的事照样在发生，许多情况下还相当普遍。反对自己妻子有婚外性活动的男人，却寻求着与别的男人的妻子性交合。如果不知道其动物基础，我们真无法解释这种离奇的行为。

禁止女性婚外性交合的理由，可以在法律条文中找到。例如，说它是破坏社会常规，是损害丈夫充分地与妻子性交合的权利，是掠夺丈夫及其家庭的财物，会促使妻子否认自己在家庭里的责任与义务，会造成婚外怀孕等等。人们普遍相信，婚外性交合不可避免地会导致夫妻不和或离婚，会带来一系列严重社会后果。许多文化认为，任何发生在非夫妻间的性交合，本身就是一种道德错误，就是破坏社会秩序，就是反上帝和反社会的罪恶；在这样的文化中，对女性婚外性交合的禁止与惩罚总是格外地严厉。

普遍状况的分层考察

明白婚外性交合这一行为的哺乳动物来源和历史文化背景后，我们来看看美国女性中的现状。

在我们调查过的目前在婚的女人中，到40岁时，有26%的人有过婚外性交合。在25岁到50岁之间，有过这种行为的女性在六分之一到十分之一之间。

由于人们很少能发现任何一种被社会否定的性活动，因此在实际生活中，婚外性交合的真实比例一定比我们调查出来的更高一些。

累计发生率

在15～20岁之间，已婚女人只有7%的人有过婚外性交合；到25岁时也只有9%；30岁时上升为16%；到35岁时增加为23%；到40岁时达到顶峰，为26%；再往后，比例便不再上升，因为很少有女人直到年龄如此之大时，才开始自己的首次婚外性交合。

每5岁中的发生率

这方面，最年轻和最老的女人也最少。16～20岁之间只有6%，21～25岁只有9%，26～30岁之间为14%，31～35岁以及36～40岁之间为顶峰期，达17%，41～45岁之间又降为16%，46～50岁降为11%，51～55岁为6%，56～60岁为4%。

年轻的妻子较少投入婚外性交合，部分地由于她们仍对丈夫非常感兴趣，部分地由于年轻的丈夫特别嫉妒。在那个年龄上，男人和女人都一样非常顾虑非婚性关系的道德问题。随着年龄增长，这些因素显得越来越不重要，中年或更老的女人开始更乐于接受婚外性交合，而且至少一部分丈夫也不再反对自己的妻子投入这种活动。

虽然人们普遍相信，大多数男人都喜欢与那些比自己年轻得多的女人发展婚外性关系，虽然大多数男人也确实迷恋年轻姑娘的肉体魅力，但是我们的数据表明，实际上他们中的许多人是与中年或更老的女人从事婚外性交合的。这是因为，许多年轻姑娘面临婚外性关系的机会时，会变得顾虑重重，而许多男人又害怕她的这种顾虑会使双方的关系惹来社会方面的麻烦。年龄较大的女人较少有顾虑，也较多地懂得性技巧，因此许多男人发现，作为婚外性伴侣，还是年龄较大的女人更为实惠。

所有这些因素，共同形成了数据所表明的情况：女性发生婚外性交合的顶峰期，是在30岁以后到45岁以前的这段岁月。

性高潮的发生率

所有投入过婚外性交合的女人，平均有大约85%的人至少偶然地达到过性高潮。各种分类组中，最低的也有78%，最高的为100%。总体上来看，这与女性在婚内性交合的情况基本相同。

但是，从性交合总次数中达到高潮次数所占的比例来看，婚外性交合中的这一比例却比婚内性交合中的高，有些情况下高出很多。有些女人与丈夫达不到高潮，与婚外性伴侣却能达到。有些女人只有在婚外性交合中才能达到多次高潮。

这里，可能有自然选择的因素：最经常接受婚外性交合的，正是那些性反应能力更强的女人。但是，其中也肯定有这样的因素：婚外性交合提供了新的情景、新的性伴侣、新形式的性关系，有时还有新的性技巧，这一切都更强地刺激了一些女人，正如它们刺激了大多数男性一样。

频率

在30岁之前，频率为每10周有一次，即每周0.1次，但到41～45岁时，增为每3周不到就有一次，即每周0.4次。这意味着，对中年女人来说，除了婚内性交合之外，婚外性交合是频率第二高的性活动，比其他性活动都高。

如果把频率高于所有女人的中位数的人单独统计，那么这些积极投入者的平均频率，在20岁之前为每周0.5次（两周一次），到40岁以后为每周0.8次（每8～9天一次）。

频率的偶发性

婚外性交合频率很低，是因为机会一般都很少，很偶然。双方难于寻找合适的时机与场合，以便不被配偶或别人发现。这方面，在婚者比单身者更为困难。此外，许多在婚者也故意限制婚外性交合的次数，以避免双方发生感情纠葛，因为这很可能破坏双方原有婚姻。

因此，我们说的频率，绝不是说当事人平均地、持续地、每周或每月都有婚外性交合。有些人在两周的假期中就有过十几次，但一般来说，都发生在几天或仅仅一周之内。那时，配偶外出了，或妻子外出了，或暂住旅馆内，或正在夏日郊游，或乘船旅行，或拜访朋友家。时过境迁之后，他们可能数月甚至数年不再有这种婚外性生活。与非婚男友结成长期的、规律的婚外性关系的女人，只占较小的比例。

最高的频率出现在20多岁的时期。有5位20多岁的妻子，在连续5年之内一直保持极高的频率。其中3位每周7次，1位每周12次；还有一位竟高达每周近30次。年龄越大，最高频率也越低；在261位50岁以上女人中，只有1位是每周3次以上。正如婚前性交合中的情况一样，频率最高的正是没有把自己捆绑在舆论或社会法则上的、没有由此引起内心烦恼的、不怕触犯社会戒律的，因此在婚外性活动中也就没有遇到困难的那些女人。

在性释放中的比重

由于婚外性交合的发生率和频率都很低，这一比重当然也不会高。21～25岁的女人只占3%；此后逐增，到35岁以后的女人就达到13%。在这个年龄中，许多夫妻的婚内性交合已经减少了一些，而有些妻子仍然保持着以前那样强的性反应能力，甚至更强了。这些妻子也就更乐于接受婚外性交合，以弥补她日益减少的婚内性释放。

与受教育程度的关系

这方面有差异，但并不大。到40岁时，大学文化的妻子中，有大约31%的人有过婚外性交合，研究生程度者中为大约27%；高中文化的人为大约24%。

按年龄段考察，20岁之前不同受教育程度的妻子之间几乎毫无差异；25岁以后，初中文化的人的发生率明显地低于其他人。年龄越大，发生率越高，这常常是因为较大的丈夫和妻子，也比较多地有意接受婚外性交合，在受教育较多的人中尤其如此。

与父母职业等级的关系

在20岁以前，这方面没什么差异，但是25岁之后，那些出身于白领上层和专职业者家庭的妻子，更多地投入婚外性交合，也更多地在其中达到性高潮。

代际差异

无论是累计发生率，还是各年龄段中的发生率，都出现了明显的代际差异。到40岁时，出生于1900年之前的一代妻子的累计发生率为22%，1900～1909年出生的一代则为30%；以后两代仍保持这一发生率。

各年龄段中的发生率，也是最老的一代最低，年轻的几代增加。例如：在21～25岁这一年龄段中，1900年前出生的妻子中，只有4%的人有过婚外性交合，而1900～1909年出生者中为8%。在26～30岁这一年龄段中，上述两代人的发生率为9%和16%。这种发生率的代际增长，与婚前亲昵和婚前性交合中的情况一样，重大的转折和跃增，都发生在"战后的一代"之中，即发生在第一次世界大战之后的20世纪20年代中长大成人的那一代女性之中。

但是几代人之中，婚外性交合的平均频率并没有增长。这与其他性行为中的情况一样。因此我们必须着重指出，第一次世界大战后婚外性交合的跃增，主要表现为投入这种活动的女性的绝对人数大幅度增加了，而不是当事女人更频繁地从事这一活动。

青春期开始早晚的作用
这方面显然没有什么作用。

宗教信仰程度的作用
这方面的作用，比我们分析的任何其他因素的作用都大。在任何一种分类组里，最虔诚的女教徒，婚外性交合的发生率也就最低，无论她们是犹太教徒、天主教徒还是新教徒。年轻教徒中这种差异就很鲜明，但年龄较大的新教徒中则更为突出。在21～25岁的新教徒中，虔诚者只有5%有过婚外性交合；而消极者中却有13%。

频率方面虽然有变化与差异，但是尚不足以论证它与宗教信仰有什么必然关系。

所需条件与实际内容

古往今来，无数文艺作品和民间口头文学，都大量地、精心地描述了婚外性交合的发生时机、场合与微观环境，我们在这里简直不必再添加什么了。由于投入婚外性交的人一般都有婚内性交合的经验，因此他们此时所需的条件，通常与婚内性生活所需的一样或者类似。

对方
女性的婚外性交合男伴，大多数也是在婚男人，而且与她的年龄相近，但是也有更年轻或更老的，也有单身的与曾婚的。不少年轻的未婚男人也与在婚女人发生过婚外性交合，而且其中有一些是女方主动发起的。

到被调查时为止，在婚女人中有大约41%的人只有一个婚外性交合男伴；另外，40%的人有2个到5个男伴；19%的人有5个以上的男伴，有大约3%的人有20个以上男伴。婚外性交合中男伴的人数，比婚前性交合中多一些，这主要是因为婚外性交合发生在结婚之后的漫长岁月中，机会比短暂的婚前时期要多得多。

延续的时间

到被调查时为止，有过婚外性交合的女人中32%的人只有过10次以下经历。大约有42%的人只在一年以内的期间有过，23%延续2～3年，35%延续4年以上，包括11%延续4～5年，14%延续6～10年，8%延续11～20年，还有2%的人延续达21年以上。

延续时间的长短和男伴的多少，当然取决于女性结婚时间的长短。到被调查时为止，全体女人的年龄中位数为34岁，平均已结婚7.1年，而有过婚外性交合的女人，平均已结婚12.5年。如果我们调查平均结婚时间更长的女人，那么她们的婚外性交合延续必然也更长。

按照结婚时间长短来计算，结婚6～10年的妻子中，有36%的人有过10次以下婚外性交合，而在结婚20年以上的妻子中，这一比例仅为23%。但是如果按延续时间长短来分析，那么结婚6～10年的妻子中，婚外性交合延续6～10年的人只有4%，而结婚20年以上的妻子中，这一比例却达19%。

婚外的亲昵爱抚

有不少在婚男女，拒不投入婚外的直接插入阴道的性交合，却接受婚外亲昵爱抚。尽管我们缺乏足够的材料，但是这种现象在近年来似乎增加了。这种亲昵不是局限在年轻人中间，在中年人甚至更老的人中间也很常见。

其产生原因与婚前亲昵一样，为了领受其中的独特满足，或为了避免怀孕，或由于环境不利，无法性交合，却可以亲昵爱抚。实际上，在晚宴上，在鸡尾酒会上，在私人汽车里，在野餐时，在跳舞时，已婚成年男女间的许许多多公开亲昵都是许可的，尽管绝不允许性交合。

亲昵爱抚技巧也同样可以引发性唤起与性高潮，但是显然由于它并没有牵扯进性交合那么强烈的激情，才被相对地宽容。女性的婚外亲昵常常发生在社交圈以内，其中也可以包括她的丈夫，而男性一旦与一个女人有了性交合，就很少愿意再让她这样做。

很可惜，我们关于婚外亲昵的资料很不充足，因为我们刚开始这项研究时，没有意识到这种行为如此普遍。现在我们调查了2,909个在婚女人的这方面情况，她们当中，有大约16%的人虽然无婚外性交合，却有过婚外亲昵爱抚行为。

婚外亲昵的技巧，当然与婚前的一样，也与婚内单独从事的亲昵爱抚一样。在有过这种行为的女人中，半数以上接受过针对乳房和生殖器的刺激，有些也接受了口对生殖器的刺激。有不到15%的女人在这种行为中达到过性高潮，包括2%的人虽然无性交合，却也在亲昵中达到过高潮。如果我们的资料再多些，这些比例无疑还会更高些。

与婚前性交合的关系

到被调查为止，共有514个在婚女人有过婚外性交合，其中68%以上也有过婚前性交合。由于在婚女人中只有50%有过婚前性交合，因此婚前有过的女人显然比没有过的女性，更倾向于接受婚外性交合。

反过来算一下，有过婚前性交合的妻子中，到被调查时为止，29%的人也发生过婚外性交合；而婚前没有过的人中，只有13%在婚后有过。累计发生率更能说明这种差异：

年龄	有过婚外性交合者的比例%	
	婚前没有过的	婚前有过的
35	16	33
40	20	39
45	20	40

这种现象的原因，部分在于自然选择：婚后易于接受非婚性交合的，正是婚前也易于接受的那些女人。但其中也可能有因果关系：婚前的经历可能使得女人确信，婚后也照样可以接受非婚性关系。

不过，两种女人的婚外男伴都一样多。婚前有过性交合的女人，婚外男伴在5人以下的占81%；婚前没有过的女人，这一比例也是80%。

道德与法律如何对待

全世界几乎所有社会和所有道德戒律，对婚外性交合的禁阻，都比对婚前的更严厉。犹太教、伊斯兰教和更多其他古代法典都认为，婚前贞操固然宝贵，但婚后的贞洁更为重要。一般来说，由这些古老法典中派生出来的基督教戒律，以及现行英美法律也是如此。

在英美法的条文中，婚外性交合被称为"通奸"。对它的禁锢，主要来源于犹太法典和罗马法，又被基本源于犹太教的天主教的教会法所极大地强化。

美国法律倾向于禁止一切婚外性关系，但也承认人类本性的现实，因此在大多数州里，对通奸的惩罚并不重，而且也不常执行。有5个州，最高惩罚是罚款；有3个州根本不诉诸刑律；但是民事诉讼及处罚在许多州适用于通奸而且都可以成为离婚的条件。通奸也常被视为诱惑、遗弃或者危害双方的子女，许多人因此而被判罪，而且男女都有。有些州里，如果妻子与人通奸，她分享丈夫财产的权利将被剥夺。通奸的定义最宽泛、惩罚最严厉的，是美国东北部的10个州。在那里，哪怕只通奸一次，也可以被判入狱。全美国这样的州有17个。

在实际生活中，婚外性交合很少被起诉，因为很少有第三者知道这种事。即使知道了，也很少有人起诉到法庭去。大多数诉诸法庭的此类案件，都是由于出现了婚外性交合本身之外的其他社会因素，例如妻子告状、引起家庭不和甚至解体、夫妻反目、打架，乃至谋杀。但是所有这一切都是婚外性交合被发现的产物。邻居或亲属常常会揭发和起诉此类事，以便发泄他们由其他事上积攒起来的对当事人的嫉恨。在这样的案件中，法律常常会有利于这些心怀恶意的揭发者。

地方行政官、检察官或其他执法人员也常常起诉通奸。他们可能早就知道此事的存在，但是只有想发泄个人的或者政治的嫉恨时，他们才会不失时机地揭发和起诉。波士顿是美国唯一一个积极运用通奸罪名的大城市，但是似乎主要是为了严惩零散妓女。

在包容着美国三分之一人口的大约14个州里，法律规定：通奸罪仅适用于长期规律地性交合或公开姘居的非配偶的两人。这些州的高等法院一贯指出，唯一的或偶然的性交合不适用于这条罪名。不过，在具体审案过程中，可没有什么有经验的律师愿为被告辩护，而下级法庭和那些执法官员一般都无视上述法律的确切界定。

社会态度

社会舆论、学术文章等等几乎根本不愿公开地坦率讨论婚外性交合的问题。这再鲜明不过地体现了社会对此的谴责。在这种态度的深层，显然有一股相当大的妒忌与被压抑的渴望的潜流。这种妒忌常常出现在男人身上。只要不涉及自己的丈夫，女人一般更宽容别人的婚外性交合，当然，她也会因妒忌而谴责那个吸引自己丈夫注意力的女人，也会普遍谴责一切非婚性活动。这更多地反映了一种恐惧：她害怕婚外性关系会降临到自己丈夫的身上，从而干扰自己的婚姻。

正如其他性活动所遇到的情况一样，反对婚外性交合最坚决、最严厉的，正是那些从来没过这种经历的男男女女。有过这种经历的人则更常表示，他们愿意这种事再多些。在我们的数据中，如果在婚外性交合中获得了满足，如果没有碰到个人的或人际的麻烦，那么大多数有过此事的女人，都愿意把自己的活动继续下去。

在从未有过婚外性交合的妻子中，这一比例只占44％。此外，没有婚外性交合的人中，大约有5％说自己想有，另有12％说自己在某种时候会考虑其可能性的，加起来共有17％的人并不严格反对这种念头。与此相对照，已有过婚外性交合的人中，有56％说自己愿意把此事继续下去或者愿意考虑之。

婚外性交合的作用与意义

　　强调婚外性交合对人际关系的作用与意义时，需要客观地考虑两方面的情况，一个是传统道德对它的看法，另一个是人类动物对多样化性经历的渴求。任何科学的分析都必须注意两方面的有利与不利。我们的数据尚不足以对此做出普遍适用的回答，但是我们调查过的女性的经历，已经指出婚外性交合的下列各种作用：

　　1. 婚外性交合之所以吸引一些在婚者，是因为它可以带来新的，有时是更优越的性伴侣，使得他们的性经历多样化。正如在婚前性交合中一样，婚外性关系中的男人一般总是比他在婚内性交合中更多更殷勤地追求女方，性嬉戏更久更丰富，性技巧也更多更适用。结果，许多女人能在婚外性交合中得到更多更大的满足。

　　当然，也有24%的女人在婚外达到性高潮的次数比在婚内达到的少，但是34%的女人在两种性交合中达到高潮的次数基本相等；而且还有42%的女人在婚外达到的性高潮比婚内达到的多。

　　2. 许多女人或男人投入婚外性交合，是由于自觉地或不自觉地试图通过人际性接触来获得社会地位。

　　3. 有一些女人自己对婚外性交合并不特别感兴趣，只是用它来迁就她的一位亲密的男友。

　　4. 有一些女人或男人投入婚外性交合，是因为自己的配偶有这种事，她（他）想"以牙还牙"地报复配偶。有时也是为了报复配偶对自己的某种非性的不良做法，不管这是真实存在的还是自己臆想的。

　　5. 有时，婚外性交合会给配偶一方提供一个机会，来表示她（他）不受另一方的控制，或者不受社会戒律的控制。这在女性和男性中都有。

　　6. 对一些女人来说，婚外性交合提供了情感满足的一个新源泉。其中一些女人发现，可以既发展这种情感关系，又同时与丈夫保持良好关系。但也有一些女人觉得，自己无法与一个以上的伴侣分享这种情感关系。

我们的文化认为，婚姻巩固是许多其他事情的象征与证明，例如适应社会、遵纪守法、有爱情等等。这使得许多女人发现，自己投入婚外性活动之后，很难不产生犯罪感和人际关系上的困难。当然，也有些女人把自己的婚外性活动当作与另一方分享另一种形式的快乐。这样的女人就很少把困难和障碍带进婚外性关系，她们当然也就自得其乐于其中了。

7. 常有些婚外性活动产生和发展了情感关系，结果干扰了正式夫妻的相互关系。世界上的大多数社会，都一直最注意控制婚外性交合的这一方面。

我们不认为这种苦恼是不可避免的，因为有许多人的婚外性关系并没有产生这样的后果。有许多个性坚强果断的人，能够规划和支配自己的婚外性关系，使它避免任何可能的不良效果。不过，在这样的情况下，坚强果断的妻子或丈夫，也仍然必须设法不让自己的丈夫或妻子发现此事，除非配偶的另一方也同样是个坚强果断的人，而且也愿意跟别人有婚外性关系。可惜，在我们今日的社会组织中，这样的人并不是多数。

8. 有时，妻子有了婚外性活动之后，反而提高了能力，与丈夫的性生活更为和谐了。

9. 如果配偶不知道，婚外性关系就极少引起麻烦。最常发生麻烦之日，就是配偶首次发现此事之时。有些婚外性关系保持了许多年，对夫妻关系的协调一直没有什么不良影响，但是有朝一日配偶发现了此事，麻烦随之而来，许多情况下立即造成离婚。

在这样的事例中，配偶知道对方发生过婚外性交合所带来的危害，比事情本身可能带来的危害还要大得多。这种麻烦，显然是我们的文化对待婚外性活动的态度的必然产物。

有过婚外性交合的妻子中，有多少人认为丈夫已知此事，或猜疑此事？数据如下：

丈夫已知的40%

丈夫猜疑的9%

丈夫全然不知的51%

丈夫知道或猜疑妻子有婚外性活动时，妻子遇到麻烦的情况如下：

严重的麻烦42%

较小的麻烦16%

全然无麻烦42%

这些数据说明，把没遇到麻烦的妻子和丈夫不知此事的妻子按人数相加，在有过婚外性交合的所有女人中，共有71%的人并没有因此遇到麻烦。

当然，婚外性交合不是不可能在以后的岁月中引发婚姻麻烦。我们知道许多例子，有些丈夫在妻子刚刚发生婚外性交合之后的一段时间内，显得坦诚和真心地接受这件事，但在接下来的时期里，却对此事日益耿耿于怀。即使在婚外性关系已经开始5年甚至10年之后，某些特殊环境，例如经济状况发生重大变化、丈夫升迁、又出现一个新的婚外性伴侣等等，都可以使丈夫重新翻出陈年旧账。

10. 在我们所调查的数千女人中，只发现16个妻子因婚外性交合而怀孕，共计18次，实际怀孕率可能比这高。

大多数怀孕都以堕胎而告终。有些生下来的孩子在外祖父母家长大，有的丈夫知道此事，有的不知道。也有些婚外怀孕导致离婚。

11. 也有不算少的事例，是丈夫鼓励自己的妻子投入婚外性交合。这是对数百年文化传统的一大突破。其中有些丈夫是有意地努力使妻子获得更多的性满足机会。不少丈夫是渴望以此来为自己的婚外性活动求得谅解。人们所知道的"换妻"，一般都是出于这种原因。也有些丈夫鼓励妻子婚外性交合，是为了能参与某些形式的群体性交合。有时，他参与群体性交合是出于寻求同性性行为。他能在观看别的男人性交合时获得满足。偶然地，他让别的男人与自己的妻子性交合，自己却通过接触那个男人而获得满足。有的丈夫则是为了制造机会，以便偷看妻子的婚外性交合场面，他的动机中混杂了各式各样的因素。也有的丈夫是把妻子当成妓女，以便增加家庭的经济收入。一些低阶层男人这样做过，但是受教育较多者和经济收入较高者当中，这样的人也并不少。还有少数男人鼓励自己的男友或陌生人与自己的妻子性交合，因为他在强迫妻子投入这种活动的过程中，可能获得虐待狂式的满足。

不过，我们要再次强调：绝大多数鼓励或者接受妻子婚外性交合的丈夫，都确实是正大光明地想给妻子一个机会，以增加她所获得的性满足。

12. 我们的调查也发现，相当多女人和男人的婚外性交合成为导致离婚的因素之一。这样的男女，我们一共遇到907位。我们请其中的415位说说，他们自己认为，自己的婚外性交合对离婚产生了何种作用。结果，其中61%的人认为，这事根本就不是离婚的因素；约有14%的女人和18%的男人认为，这事是离婚的主要原因；21%~25%的人则认为，此事只起了辅助作用。

不过，我们要注意，这些都是当事人自己的评价，但是正如临床医生很了解的那样，婚外性交合对离婚的作用，常常通过更多的途径，产生更大的效果，远比当事人自己评价的更为复杂和重大。

自己配偶的婚外性行为对离婚发挥了何种作用？这个问题，被调查者的评价意义不大，因为他们当中有一半人并不知道自己的配偶已有过这样的事了。男女均如此。

特别值得注意的是，认为自己配偶的婚外性交合是离婚的主要原因的人，在男人里边的比例是在女人里边的两倍。这样的人在男性中占到大约51%，此外还有32%的人认为这样的事虽然并非离婚的主要原因，却也是相当重要的因素，只有17%的男性认为它只是很小的因素。与此相对照，女性中认为丈夫的婚外性交合是离婚主要原因的人只占27%，认为是相当重要原因的人占49%，而认为是很小因素的人占24%。这也许是因为男人的婚外性行为对婚姻的危害没有那么大，或是因为妻子对丈夫的这种事更为宽容，或是因为妻子并没有弄清丈夫的这种事对婚姻稳固的实际影响到底有多么大。相反，一旦男人发现自己的妻子有婚外性关系，他就会像雄性哺乳动物那样，显示出更强烈的烦恼与嫉妒，而且更倾向于准备采取暴烈的行动。

这些数据再一次强调了这一事实：已经结婚的个体渴望与多样化的性伴侣从事性交合，而婚姻又需稳固和维系，我们的文化还无法满意地解决这个难题。也许，要等到人类更彻底地脱离自己的哺乳动物祖先时，这个问题才可能解决。

男女情况对照表

对 照 内 容	女	男
动物遗传		
支配者需求多偶	不	是
非支配者难于获偶	不	是
寻求与配偶外个体性交合	时而	是
对新伴反应更强	是	是
多偶企图被谁制约？	雄配偶	其他雄性
人类学资料		
原始民族中宽容婚外的		
普通允许的	±10%	大多数
特殊情况才允许的	±40%	少数
完全禁止的	±50%	是
反对力量主要来自社会	是	
与年龄的关系		
累计发生率		
到20岁时	7%	
到30岁时	16%	
到40岁时	26%	±50%
年龄段内发生率		
16～20岁	6%	35%
36～40岁	17%	28%
51～55岁	6%	22%

续表

对照内容	女	男
性高潮在性交合中发生率	±85%	±100%
性高潮频率（次/周）		
16~20岁	0.1	0.4
31~35岁	0.2	0.2
41~45岁	0.4	0.2
频率有规律的人	很少	有些
在性释放中的比重		
21~25岁	3%	7%
36~40岁	10%	8%
46~50岁	13%	9%
与受教育程度的关系		
发生率		
25岁以前	无关	低者反高,差异很小
25岁以后	高者越高	低者反高
频率		无关
与青春期早晚的关系	无关	
与宗教信仰程度的关系	无关	
消极教徒发生率较高	是	是
频率	无关	消极者
代际差异		
25岁时累计发生率		
1900年前出生者	4%	
1900~1909年出生者	8%	
1910~1919年出生者	10%	
1920~1929年出生者	12%	
40岁时累计发生率		
1900年前出生者	22%	
1900~1909年出生者	30%	

续表

对 照 内 容	女	男
婚外性伴侣人数		
1个	41%	
2～5个	40%	
延续时间		
取决于结婚时间长短	是	
一年以内	42%	
10年以上	10%	是
婚外亲昵		
无性交合的亲昵	16%	
亲昵达到性高潮	15%	
无性交合,但亲昵达高潮	2%	
婚前与婚外的联系		
无婚前却有婚外	13%	
有婚前也有婚外	29%	
无婚外经历但想有	17%	
有婚外经历仍想有	56%	

第二十五章

同性性反应与性接触

性行为划分为自慰、异性性行为和同性性行为，基于发起这一行为的最初刺激是什么，来自什么样的人。我们这一章所讨论的女性同性行为是指，女人对其他女人所产生的性反应，以及女人对其他女人所进行的明显接触。

同性性行为这一术语，源于古希腊文中的"同类"（ho-mo）一词，而不是源于代表"人"的拉丁文homo。同性性行为对应于异性性行为。

临床医生和大众常常把同性性行为一词专门用来指男人同性性行为；指女人同性性行为时，常用"累斯博"（lesbian）或者"萨福式行为"（Sapphic）。这两个词都源于古希腊女诗人萨福，她住在累斯博斯岛上，据说是一位有女人同性性行为者。这两个词很不好，因为它们似乎是说，男人的和女人的同性性行为存在着基本的差异。

生理基础与历史状况

任何动物的行为都取决于它所遇到的刺激的性质、它的生理构造与能力，以及它先前所获得的经验。只要它以往的经验没有制约它，无论刺激来自它对自己的刺激、同性别个体对它的刺激，还是异性别个体对它的刺激，它都会做出与刺激相同的反应。

把性行为划分为自我的、同性的和异性的，绝不意味着三种刺激会产生三种不同反应，更不是说只有不同类型的人才会对其中某一种刺激做出反应。三种行为所引发的性反应和性高潮，在解剖构造上和生理上没有任何区别。这三个术语只是指明刺激的来源，不可以用来指称作出任何一种行为与反应的个人。本章中也是如此，至多指称所发生的性"关系"，不是社会或人际关系，而是所进行的性行为的存在状态。我们不用这些术语来指称当事的个人。①

动物对任何一种足够的刺激都会做出相应的反应，这种生理能力又遗传给人类，这就是人类中，存在同性性行为的根本原因。这表明，只要有机会，只要以往的经验不加反对，任何一个个人都会对其他同性别个人所发出的刺激，做出相应的反应，而且与对异性刺激所做出的反应没有什么两样。我们必须指出：不存在什么能促使个人投入同性性行为的特殊激素，也不存在什么特殊的遗传因子。有些学者说，同性性行为来源于当事人幼年时过分依赖同性别的父亲或母亲；或者说源于性发育停滞的婴幼儿阶段的某一水平上；或者说源于神经病态或精神病态；或者说源于道德败坏；还有许多其他哲学上的解释。上述说法全部没有足够的科学资料来加以支持和论证。

我们的调查证明，导致同性性行为的因素是：

（1）每一个个体都具有的对任何一种足够刺激做出反应的生理能力。

（2）导致一个个体投入第一次同性性行为的偶发事件。

---

① 这是金赛的一贯思想，在《男性性行为》一书中有更为详尽的论述。我国目前通用的"同性恋"或"同性恋者"都极不准确。因为这种现象不可以用"恋"（一种情绪）来判定，只能用是否发生过这种行为与反应来判定。此外，金赛主张不可以用这一术语来指称某个人，主要是说不可以把这些人理解为与其他人不一样的人，更不可以认为他（她）仅仅从事同性性行为，因此金赛在原著中从未使用过所谓"同性恋者"这样的称呼，而是用一个定语来修饰。直译过来就是：没有什么"男同性性行为者"或"女同性性行为者"；只有"那个有过同性性行为的男人"或"那个有过同性性行为的女人"。这种区别在英文中一目了然，也不十分累赘，但译成中文时，却缺乏相应的简便表达方式，很难精确地表达金赛的思想。以下的译文中，权且使用"有男同性性行为者"或"有女同性性行为者"这样的称呼。尽管啰唆一些，却更为精确。——译者注

（3）这一经历对日后行为的制约作用与前提作用。

（4）当个体决定是接受还是反对同性性行为时，其他人的看法和社会的戒律所发挥的间接的，但是十分强大的制约作用。

所谓即使前人类动物也是只有异性才相互吸引的说法，来源于人造的哲学，而不是出于对动物行为的客观考察。有一些生物学家和心理学家，接受了所谓性的唯一功能就是生殖的道德原则，因此简单地否认在动物中也存在着不为生殖而从事的性活动。他们人为地规定，异性性反应是动物天性的一部分，是一种"本能的"需求，而任何一种其他形式的性活动，都是"正常本能"的各种"变态"形式。实际上，在大多数动物中，异性性行为确实比同性性行为多，但是绝不能说这是因为前者"正常"而后者"反常"。

人类所研究过的任何一种动物中，都存在着同性性接触。尽管不如异性的多，却也占相当大的比例。异性性行为之所以更多，是因为：

（1）雄性更富于攻击性，雌性更富于臣服性，主要是这种区别决定了双方只能在异性性关系中扮演不同角色。

（2）同性别的两个个体的攻击性相差无几，因此并不是所有个体都愿意臣服于另一个同性别的个体。

（3）插入雌性阴道，比插入雄性肛门要容易得多。

（4）两个雌性性接触时，无法插入，结果也就没有异性插入的那种满足。

（5）某些动物的两种性别，具有不同的嗅觉、不同的解剖构造和不同的肉体特征。

（6）经常的、成功的异性接触，造成对日后行为的心理制约。

动物的同性性接触，在雌性和雄性中都有发生。雌性的同性性接触，在人们研究过的16种动物中都普遍存在。在某些动物中，它的发生率与雄性的同性性接触一样多。例如，任何一个养过牛的农民都知道，母牛的相互性接触比公牛之间的更常见，当然这与公牛很少集中喂养有关。

人们一般都相信，雌性动物只有在发情期或排卵期内才产生性反应。

其实并非绝对如此。发情期的主要作用，是使一个雌性接受另一个个体的性接触，却不管另一方是什么性别或是否处于发情期。一头母牛骑在另一头母牛的身上，下面的母牛当然处于发情期中，而上面那头母牛在大多数情况下却并未发情。

动物从事哪种性接触，显然取决于当时的环境，以及可能的性伴侣是异性还是同性。它们较少取决于以往的经历，唯有人类动物才是如此。

动物的这种情况证明了我们的论断是正确的：任何一个没有被以往经历强力制约的动物，都能对任何适当的刺激做出反应，人类动物亦是如此，例如那些在性游戏中尚未被严厉束缚的孩子们。人们之所以唯有同性或异性性行为，以及对两种性行为之一的绝对偏爱，都来自当事者不得不只从事其中一种。有些心理学家和精神病学家，只会折射他们生长于其中的某种文化的道德准则。他们花费大量时间去解释同性性行为起源，结果却谬误百出。

其实，知道性反应的生物基础，知道人类行为的动物来源，就不难解释人类的同性性行为。更难解释的倒是：当事双方以及每一个人，为什么并不从事所有形式的性行为，却一定要有所偏爱。

人类历史上的大多数文化，都较少接受同性性行为，而更多地接受异性性行为。有些文化并不特别反对男同性性行为；有些文化期望并公开鼓励未婚甚至某种已婚男青年从事它；但是没有一个文化接受它比接受异性的更多。

更为原始的人类群体中，男同性性行为也足够普遍，但是我们只发现6个原始群体记录了女人的同性性活动；而且大多指明这种活动极为罕见。只有美国西南部的摩亥夫印第安人群体，记录了女性中的绝对同性性行为，以及社会对此的公开赞许。还有10~12个原始群体记录了女性的易装行为，但是这与同性性行为是根本不同的。我们调查发现，只有一小部分易装者有过同性性行为。

这些对原始群体的记录，都是由欧美人类学家们诉诸笔端的；因此有可能是学者们的文化偏见，使他们较多发现原始群体中的男人同性性行为，却较少注意女人的。当然，也可能是女人同性性行为果真有限，那么这可能是由于那些社会并不反对，女性也就普遍地在婚前接受了异性性交合；也可能是由于即使在大多数原始群体中，婚姻对社会也是极为重要的。

年龄和婚姻状况的作用

同性性行为与其他性行为一样，也有三种状态：（1）主体被另一同性别个体激发性唤起，不论双方是否曾经发生肉体接触。（2）双方发生了具有性意义的肉体接触，不论双方是否因此出现性唤起。（3）主体由于与另一个同性别个体发生肉体接触而产生性唤起，并达到性高潮。

在调查总体中的累计发生率

有些女人在三四岁时就对别的女人产生过性唤起，以后这样的女人所占的比例持续地不间断地上升。仅以产生性唤起为标准，那么8岁时为2%；15岁时为10%；20岁时为17%；25岁时为23%。再往后增长速度放慢，到45岁时达到28%。

按照出现特有的性接触来计算，也是这样持续上升情况。12岁时为1%，15岁时为5%，20岁时为9%，25岁时为14%，35岁时为18%，到45岁时达到20%。

女人同性性活动大多发生在单身女人之中，曾婚女人中较少，在婚女人中就非常之少，例如到40岁时，尚未结婚的单身女人有24%的人有过；在婚女人中仅为3%；曾婚女人中为9%；三种人共同构成这一年龄上的总体发生率为19%。结婚早晚并没有影响同性性行为婚前的发生率，只是使得许多在婚女人停止了这种活动，因此他们中的发生率极低。

按照有过性接触而且达到过性高潮来计算，12岁时为1%；20岁时为4%；30岁时为10%；直到45岁才达到13%。这就是说，有过同性性行为的女人中，有一半到三分之二的人达到过性高潮。不过，我们的调查对象中，女大学生和女研究生多于初高中文化的女人，因此美国总人口中的真实发生率，可能要比上述数据低一些。

当事者的性高潮发生率

20岁之前，通过同性性行为而达到高潮的女人只占2%到3%；而出现性唤起的则5倍于此，发生性接触的则3倍于此。20岁以后，未婚单身女人的性高潮发生率逐步上升；到40岁时达到顶点，为10%。以后又逐步下降，46～50岁大约为4%。50岁以上女人的发生率已无从计算，但是我们确实知道直到70多岁，仍有这样的人。

在婚女人中，从16岁到35岁的这种发生率一直在6%左右；此后下降为3%到4%；到55岁后仅为1%。

达到高潮的频率

单身而过同性性行为的女人，在20岁之前时，达到性高潮的频率为0.2次/周（每5周一次）；30岁之前时为0.4次/周；再往后的10年间不再变化。这一频率高于通过性梦和异性亲昵而达到高潮的频率，与通过自慰而达到的基本相等。

频率方面的个体差异很大。高频者部分地是由于同性性接触次数多，部分是由于能在其中多次达到性高潮。各年龄段中，都有一些女人的平均频率高达每周7次或更多。21～40岁的女人中，有些人竟高达每周29次之多。与其他性行为的最高频率相比，同性性行为的巅峰不是出现在年轻时，而是出现在31～40岁之间。

女人同性性行为常常是间断进行的，数日内多次，随后数周、数月不再有。但也有相当数量的女人住在一起，规则地持续着同性性行为，长达10～15年甚至更久。这种长久关系在男人中间罕见。我们的文化更能接受两女之间的长久关系，因此她们这样做并不难。当然，这也是男女生理基础不同的产物。

在婚女人通过同性性行为达到性高潮的发生率虽然只有1%左右，但是频率方面的个体差异也相当大。大多数妻子一生仅有过区区几次，但是每一年龄段里都有达到每周2次或更多的人。有少数在婚女人只从事同性性行为。她们不与丈夫性交合，只是为了遵守社会习俗才继续与丈夫生活在一起。不过，这样的夫妻中也有一些很能适应社会，尽管双方的性生活都在婚外进行。

曾婚女人的频率比在婚女人高许多。有些女人在结束婚姻后，跟自己最初与之发生同性性行为的那个女人一起建立起一个新家，并长期过起同性性生活。有些女人是因为自己对同性性行为有兴趣而离婚并不再结婚，但是这种情况罕见。不过，我们必须强调指出，住在一起的大部分未婚女人，从来没有过任何意义上的接触。

在性释放中的比重

同性性接触能更有效地给女人带来性高潮。因此尽管它的发生率相对低，在未婚女人性释放中的比重却较高；15岁前为4%，25岁前为7%，40岁前达19%。这一比重只低于自慰和异性性交合。但在婚女人的这一比重却只在0.5%以下。曾婚女人的比重高一些，年轻的只大约为2%，35岁的已达到将近10%。

延续时间

将近三分之一的女人只有过10次以下的同性性行为，47%的女人只延续了一年以下，25%延续2到3年。她们大多数人的大多数同性性行为都是发生在年轻的时候。延续4到10年的占19%，11～20年的占7%，还有2%的人延续21年以上，有些人延续长达30年或40年。如果我们多调查一些年老女人，延续时间长的人还会更多。

同性性伴侣的人数

到被调查时为止，单身女人中51%的人只有一个同性性伴侣，20%的人有两个，有3～10个的为29%，有11～20个的为3%，还有1%的人有21个以上同性性伴侣。

这方面，女人比男人更受局限。有过同性性行为的男人中，22%的人有过10个以上性伴侣，有些人更有数百个之多，这里显然是男女不同的基本心理素质在起作用。

教育、时代和宗教的作用

女人同性性行为的发生率，与她们的受教育程度直接有关，而且关系比其他任何性行为都更为紧密。

从累计发生率来看，在对同性产生性唤起方面，初中和高中文化的人最低，大学文化的人明显地高，而最高的是研究生程度者。例如：到30岁时，初中文化的人中为10%；高中文化的人为18%；大学文化的人为25%；研究生程度者达33%。

在明显的性接触的累计发生率方面，情况也是如此。到30岁时，从低到高的四种文化程度者的累计发生率分别为：9%、10%、17%、24%。

在达到性高潮方面上述数据分别为：6%、5%、10%、14%。

我们倾向于相信：道德对婚前异性性活动的严厉禁阻，是产生同性性行为的唯一最重要的原因。这种道德禁阻，在那些能供得起女儿上大学的社会阶层里，可能是最强大的。

在大学里，姑娘们继续受到学校当局的禁阻，因为家长们最怕自己的女儿在大学学坏，去违反异性性关系的道德；学校当局必须用实际行动来消除家长们的担忧；而上学时间越长，结婚就越晚，这些姑娘就越难于较早地投入异性性关系；上了研究生的姑娘更是如此。这一切都有助于同性性行为的产生，而且在受教育较多的社会阶层里，人们比较能容忍同性性行为，社会也较少关注它。

在通过同性性行为达到性高潮的频率方面，15岁以前，初中和高中文化的女人较高，因为受教育较多阶层对自己女儿的性禁锢也较多。但20岁以后差异消失了，各种文化程度女人的平均频率，都是每2～3周一次。

在性释放中的比重方面，15岁以前，初高中文化女人14%；大学和研究生程度者仅为1%~2%。再往后，情况颠倒过来了，到30~40岁之间时，研究生程度而仍未结婚的女人的这一比重，上升为18%到21%。但这样的女人只有11%的人有过同性性行为，这结果就更加证明：女人从事同性性行为所获得的性高潮，比从事其他任何一种性行为时所获得的都更多更经常。

与受教育程度方面的鲜明差异相反，同性性行为中几乎不存在任何代际差异。无论从哪一个角度和指标来计算，过去40年间的四代女人都没有什么变化。今天投入同性性行为的女人并不比40年前多，已投入者也不比40年前更频繁地从事。

我们前面谈过，任何一种其他性行为都存在代际差异，"战后的一代"都是转折的标志，只是变化的程度大小不同而已。唯有女同性性行为不是这样。其中的原因，我们一时还发现不了。

当事的女性的宗教信仰程度如何，与她的受教育水平一样，是最明显地影响其同性性行为发生率的社会因素。

从累计发生率来看，虔诚女教徒最低；而消极女教徒最高。例如：到35岁的新教徒中，虔诚者中只有7%通过同性性行为达到过高潮，而消极者中这一比例却是17%。在天主教徒中差异更明显：到35岁时，虔诚者中这一比例仅为5%；而消极者中却达到大约25%。犹太教徒的差距也同样大。

几乎无可置疑，是道德禁阻，尤其虔诚者中那种强大的禁锢，使得女教徒无法投入同性性行为，正如也有一些女教徒是因为宗教戒律禁阻她在婚前投入异性性接触，才转而投入同性性行为的。也有一些虔诚女教徒，苦于无法把自己的行为与宗教戒律统一起来，结果不得不远离教会，成为消极教徒。这也使得消极者中的发生率增高了。

从通过同性性行为达到性高潮的发生率来看，情况也是如此。例如：到26~30岁时，未婚女新教徒的这一发生率仅为5%，而消极者的这一比例却是13%。

从性释放中的比重来看，情况也一样。这一是因为大多数虔诚的女教徒，尤其较老者，一般来说在任何一种性行为中都达不到性高潮，二是可能有自然选择的作用，根本无法接受同性性行为的女人，就是那些性反应极差的人。

女人同性性接触的技巧

女人在同性性行为中所运用的种种技巧，其实就是她们在异性亲昵爱抚中所用的那些。两者的主要差别，仅在于有没有一个真正的阴茎插入阴道。

女人同性性行为中的肉体接触，常常不过是简单的接唇吻和一般的身体触及。有些女人，甚至一些长年从事并仅仅从事此行为的女人，其肉体接触也不过如此而已。许多女人只是偶然地刺激对方的乳房和生殖器，而且再也没有什么了。不过，那些从事的次数非常之多的女人情况就不同了。她们普遍运用进一步的技巧。两种情况列表如下：

所用的技巧	经历较少者中比例（%）	经历很多者中比例（%）
接唇吻（简单吻）		95
接舌吻（深吻）		77
手刺激乳房	27	97
口刺激乳房	7	85
手刺激生殖器	67	98
口刺激生殖器	16	78
生殖器相互触抵	21	56

除上述性技巧之外，用某种物品作为男性阴茎的替代品并插入阴道的行为，在女人同性性行为中相当罕见。

没有过同性性行为的男男女女们，一般都不知道：两个女人相互运用的性技巧，与一男一女在亲昵或者性交合中所运用的技巧，同样有效，甚至更为有效。我们知道，男人阴茎插入阴道时，刺激的主要是女人的阴蒂、小阴唇内面以及阴道入口处。那么用手指或者口舌同样地刺激这些部位，当然同样足以带来性高潮。但是，有些女人只有当阴茎深深插入阴道底部时，才能达到性高潮，或仅仅是一种意识上的满足，那么她们就会发现，同性性行为不如异性性交合。

如果把结婚5年的女人在婚内性交合的总次数中达到高潮的比例，与从事同性性行为5年的女人在其总次数中达到高潮的比例，互相比较一下，那么情况如下：

总次数中高潮的比例（%）	涉及女性的%	
	婚内性交合中	同性性行为中
0	17	7
1~29	13	7
30~59	15	8
60~89	15	10
90~100	40	68

显然，同性性行为总次数中，性高潮的频率更高一些。这部分地由于这种特殊关系具有相当大的心理刺激；但也有理由相信：两个同性别的人在一起时，她们对自己和对方的解剖构造、生理反应和心理状况的了解，显然超过对一个异性的了解。

大多数男人喜欢探究女人的性功能，就像他们喜欢被女人所探究一样。男人喜欢从马上刺激生殖器开始性行为。他们喜欢运用变化多端的、但对大多数女人都几乎无效的心理刺激。实际上，女人在异性性交合中，也更喜欢运用那些一般在同性性行为中才用的技巧。她们更喜欢在开始任何一种性接触之前，运用大量一般化的情感刺激。在生殖器接触之前，她们一般都希望有针对周身的生理刺激。

她们尤其希望自己的阴蒂和小阴唇被刺激。她们进一步希望：刺激一旦开始之后就不要间断，一直到性高潮来临。男人与此相反，比女人在更大的程度上依赖于心理刺激，因此当他们把女人导入异性性关系时，如何运用技巧就成了问题。

当然，男人完全有可能学到足够的有关女人性反应的知识，从而使自己的异性性行为，就像女人在大多数同性性行为中所实现的那样有效。由于男女生殖器的插入交合可以增添额外的乐趣，由于公众舆论和道德一直鼓励异性性接触而谴责同性性接触，因此对大多数人来说，男女性交合总是比同性性行为更能满足他们。如果异性性行为中的双方能像女人同性性行为中的双方那样，更多更经常地运用关于女人性构造和女人心理的知识，那么他们就能获得更大的满足。

测定同性性行为的程度

有一些人的性反应和人际性活动，仅仅指向与自己同一性别的个体，另一些人则仅仅指向异性个体，这是两种极端化的模式，人们把两者分别称为同性性存在与异性性存在。

不过，无论男人中还是女人中，都有相当一批人既有针对同性别个体的性反应和性活动，也有针对异性个体的。有些人两种情况之一出现于他们一生中的某个时期，有些人则是持续地同时出现两种情况。这样的人，我们定义为有双性性行为者（bisexual）。

有些个体对男女两性都只是在心理上产生反应，有些个体则是与两性都有明显的性关系。对这种现象，许多人一无所知，那些知道的人也很少能理解这种现象为什么会存在。人类思想的一个特性，就是老想把任何现象都截然地分成非此即彼的两大类，要么是，要么不是。人们总是认为，性行为不是正常的就是反常的，社会对它们要么完全接受，要么完全不接受，任何一个人如果不是"同性恋者"，就必定是"异性恋者"。许多人根本不想相信：在这些事物的两个极端之间，还存在着广阔的中间地带，还存在着量的变化的不同级别。

这样一划分，人们常说的所谓"异性恋者"，就成了从来也没有过任何同性性行为的那些人，但是所谓"同性恋者"却把哪怕只有过一次轻微同性性反应的人也包括了进去，就连人们猜测有过的人也被包括进去。对于仅仅从事同性性行为的人和偶然有过的人，法律、舆论和社会不分青红皂白地一律予以惩罚、谴责和排斥，而且实施得非常之快。这些都是传统的截然对立、黑白分明的分类法运用于人类个体时的产物。

同性性行为异性性行为之间的分级

我们进行分类的原则是：

根据每个人的实际经历来划分，不管该人是否明确认识到自己的经历属于哪一类。

根据该人是否有过相应的经历来划分，不管其次数多少，内容丰富与否，既根据明显的行为，也根据心理反应。

心理反应与明显行为常常同时并行出现，而且所占比重也常常相等。我们之中两位学者曾经分别地独立按照心理反应和明显行为两种标准统计，结果各自得出的结果相差不到1%。根据每个人在一个统一的特定年份中的情况来划分，不管该人延续时间长短，也不管事先事后是否发生变化，我们只划分0~7级，尽管还可以无限深入地划分下去。我们划分的0~7级的定义，在《男性性行为》一书中已有详述，这里只简单地重复一下：

0级：一切性反应和性活动都指向异性，可称为唯有（绝对）异性性行为者。不过，进一步分析可能揭示：任何一个人都会偶然地对同性的刺激做出反应，或者有做出反应的能力。

1级：偶有指向同性别个体的性反应与性活动，极少有意地试图重复之，而且远远少于指向异性的反应与活动。

2级：较多地有过明确无误的同性性反应与性行为，预期将有此事时总是产生性唤起。

3级：同性的和异性的性反应与性行为基本相等，也没有明显的偏爱。

4级：同性反应和行为多于异性的，也偏爱它，但是仍有相当多的异性反应与行为。

5级：几乎一切反应和行为都指向同性，只偶然地指向异性。

6级：没有任何指向异性的反应与行为，可称为唯有（绝对）同性性行为者。

7级：无论对哪一性别的个体都没有性反应和性活动。青春期开始之后，男人中极少有这一级的人；但是在任何一个年龄段里，都有相当一批女人属于这一级别。进一步分析也许能证明，她们实际上是可以对人际性刺激做出某些反应的；但是到目前为止，她们还从来没有过这样的经历。

每一级所占的比例

以下的百分比与本章前边所述数据不大一样，因为这里既考虑了明显行为，也考虑了心理反应，而前边只根据明显的性接触加以计算。

精确数据如下，均指20～35岁之间：

1～6级：未婚女人中占11%到20%，在婚女人占8%到10%，曾婚女人占14%到17%。

2～6级：未婚者为6%到14%，在婚者为2%到3%，曾婚者为8%到10%。

3～6级：未婚者为4%到11%，在婚者为1%到2%，曾婚者为5%到7%。

4～6级：未婚者为3%到8%，在婚者低于1%，曾婚者为4%到7%。

5～6级：未婚者为2%到6%，在婚者低于1%，曾婚者为1%到6%。

6级：未婚者为1%到3%，在婚者低于3%，曾婚者中占1%到3%。

7级：未婚者中占1%到3%，在婚者中占1%到3%，曾婚者中占5%到8%。

男女情况的对照

显然，女人同性性行为的发生率和频率都比男人低得多：女人的累计发生率为28%，而男人的都达50%。由此达到性高潮的比例，女性为13%，男人却达37%，再者，女人中近乎唯有同性性行为者，也只是男人中的一半到三分之一。女人的延续时间比男人短。有过此事的女人中，71%的人只有1～2个性伴侣，而男人中这一比例仅为51%。

临床医生和大部分公众都相信：女人中的同性性反应和完全的性行为比男人中的多。这无疑是不正确的。

这种看法可能来源于：在我们的文化中，女人比男人更加公开地表达她们的感情。女人可以在公共场合手拉手、互相勾肩搭背、公开相互抚摸和接吻，还可以公开表达她们对另一个女人的倾慕和爱恋之情。她们不会被指责为对"同性恋"感兴趣，而男人如果也这样做，则断然难逃这一指责。

男人出于自己的心理特征，以及据此做出的片面观察，都倾向于相信：女人上述公开行为反映出她们的性意义上的爱情，而这早晚有一天会发展为真正的同性性行为和性关系，实际情况当然不是这样。我们的数据表明：相当多的女人对另一个女人表达过爱恋之情，但是这并不是心理上的性兴趣，也没有几个女人由此发展为明确的同性性活动。

不少男人一想到两个女人也可能从事同性性行为，马上就会出现性唤起。那种认为女人中间"同性恋者"比男人中多的看法，可能就是代表着这类男人的期望和耍小聪明的判断。这类男人在心底企图巩固或否定自己对同性的性兴趣，精神分析学者对这一点可见得多了。

事实上，男人对同性性行为的兴趣比女人大得多，甚至有天壤之别。男人常常跟其他男人讨论和取笑自己的性行为；许多男人对自己的和别的男人的生殖器极感兴趣；非常多的男人锁住卧室的门，向自己展示自己的生殖器。这种行为也发生在淋浴室、游泳池或其他可游泳的地方。男人对这样一些东西极感兴趣：描绘生殖器和性动作的照片或图画，讲述男人和女人性技巧高超的故事、笑话或小曲。那些画在或写在厕所墙壁上的"厕所文艺"则描绘着男女生殖器及其功能。围绕着男人的这种同性性兴趣，许多相应场所也发展起来了，包括某些咖啡馆、小餐馆、夜总会、公共浴室、体育俱乐部、游泳池、裸体表演场所，还有一些更为独特的男同性性爱杂志，以及有组织的有男同性性行为者的讨论小组。

这一切，在女人中都极为罕见或者根本没有。有一些男性活动场所，例如具有同性性指向的浴室和体育俱乐部，是来源于古代；但是历史上任何时期中，都没有过为女人所利用的这类场所。

世界上所有地方的大街上或某个建筑物里，都有只为男人服务的同性性行为男妓，但是世界哪个地方也没有专为女人服务的同性性行为妓女。

男女在同性性行为方面的上述所有差异，都来源于两大性别在性心理方面的根本区别。

同性性行为在社会中的处境

如果一个人的行为影响了其他社会成员或其财产或全体人的安全，社会当然要予以适当的关注。因此，实际上全世界的每一个社会都试图控制那些运用暴力或者强迫的性行为、造成非自愿怀孕的性行为，以及那些破坏婚姻，从而危及社会组织的存在的性行为。但是在我们的犹太教—基督教文化中，宗教戒律、公众舆论和法律却连其他类型的性活动也加以惩罚，不是因为这些活动危害了其他人或其财产或社会安全，而是仅仅因为这些活动违反了特殊文化中的习俗，或仅仅因为它们被别人本能地认为是罪恶的或错误的。

社会和法律对背离习俗的行为的惩罚，比对那些真正危害了他人或社会组织的行为的惩罚还要严酷得多。在我们美国文化中，经常因为背离习俗、道德和公众的看法而遭惩罚的性行为中，被罚最重的，一是口与生殖器接触，二是同性性行为。世界上除了英格兰以外，没有一个文化，甚至没有一个欧洲文化，像我们美国这样严酷对待男人同性性行为。

但有趣的是，公众极少关注女人同性性行为，不但美国如此，欧洲如此，全世界的文化也都是如此。

为了查明人们对同性性行为的态度，我们询问每一个被调查者：你是否愿意接受这种行为？你对男人或女人做这种行为是赞成还是反对？结果不出所料，一个人的态度受他（她）是否有过同性性行为这一事实的影响。

下面具体分析一下。

自己能接受的142位有过最多次数的同性性行为的女人，回答情况如下：

后悔程度	比例（%）
一点都不后悔	71
有一点点	6
多少有一些	3
是的，后悔	20

在没有过同性性行为的女人中，只有1%的人说自己想经历一下；只有4%多一点的人说如果有机会可以接受。

但是在已有过一些同性性行为的女人中，18%希望再有更多些，20%说不清希望什么，1.62%不想再继续下去了。在希望继续下去的女人中，大约有18%是基于明确的、自愿的选择，因为她们根据自己的经验认定：同性性行为比任何其他性行为更能满足自己。其他女人则只是沿着阻碍最小的路走下去，或者只是简单地接受那个多少有些强加于她的模式。

从社会最底层到最上层，每种群体中都有些女人有过而且希望继续有同性性行为，包括售货员、工厂女工、护士、秘书、社会工作者，以及妓女。年龄较大的女人中，有许多就在其同性性关系协调中非常成功，非常快乐，又在社会上创造了很好的经济状况和社交圈子；许多人还在社会组织中获得了相当高的地位。

其中有一些受过高等教育的女人，在有婚姻和丈夫协助的日子里，已经获得了较高的社会地位；但是在以后的岁月中，却发现同性性行为比异性的更适合并有利于自己。她们之中有女职员，甚至有女经理和女老板、中学和大学女教师、女学者和女研究人员、女医生、女精神病学家、女心理学家、女军人、女作家、女艺术家、女演员、女音乐家，几乎遍布社会组织的每一个分支。

对许多这样的女人来说，如果她们不放弃自己的事业追求，异性性关系或婚姻就一直是一种麻烦。对一些年龄较大的女人来说，如果她们无法与丈夫或男伴侣协调性生活，那么除了女人之间的同性性行为之外，她们根本无法投入其他任何一种人际性接触；而女人的同性性关系又常常包含着丰富的爱恋和强烈的激情。

但是也有一些有过同性性经历的女人，因此陷入极大苦恼之中。当一个人投入社会、法律和宗教所反对的活动后，常常会产生犯罪感，这样的人一般都真心实意地想不再继续这种活动。但是也有一些女人之所以不满意自己的同性性关系，仅仅是由于她们与某些特定的性伴侣发生了冲突，或是她们因为这种同性活动，在社会上遇到了麻烦。

同性性行为比较多的女人中，大约有27%因此遇到了麻烦。其中有一些是由于她们发现，她们不可能与自己最感兴趣的女伴继续保持肉体的或交往的关系，同时又拒绝与其他女伴建立新的关系，但其中也有整整一半的人，是由于她们的配偶，男伴或其他家庭成员发现她们的同性性行为经历后，拒绝接受之而引起麻烦。

不过，无论有过还是没有过同性性行为，都有一些女人一口否认她幻想投入或继续这一行为，这是因为，这种抵赖正是社会所期望的事情。实际上，如果机会来了，环境又保险，抵赖的女人中也一样会有一些人实际地接受的。人们很难知道，面临个性接触的机会时，一个人究竟会做什么，那个人自己也难以预料。

对别人行为的态度

我们问过每一个被调查女人：她对同性别或异性别的人投入同性性行为持什么态度，赞成、反对还是中立？如果她发现自己的男友或女友从事过同性性行为，她还会不会继续与她（他）做朋友？回答的普遍情况如下：

1. 自己有过同性性行为的女人中，赞成别的女人投入此事的人要多得多：23%的人明确赞成，只有15%的人明确反对。

2. 自己有过同性性行为的女人中，赞成男人有的比赞成别的女人有的要少：只有18%的人赞成男人有，却有22%的人明确反对。

3. 自己从来没有过同性性行为的女人，极少赞成任何人从事之，只有大约4%的人赞成男人从事，却有42%明确反对，只有大约4%的人赞成女人从事，却有39%的人明确反对。

4. 自己有过同性性经历的女人中，大约有88%的人说，如果发现自己的女朋友也有此经历，她们会继续做朋友；相反看法的人只有4%。这4%的人里边，有些是因为对自己的同性性经历不满意，但是也有些是因为不愿意让这个女友把自己诱入一个新的同性性关系之中。

5. 自己有过同性性经历的女人，如果发现自己的男朋友也投入过此种活动，那么74%的人会继续跟他保持朋友关系，相反看法的人只有10%。这10%的女人之所以反对男朋友从事，一般是因为她们认为"男同性恋者"缺乏男人汉的魅力。其实这种回答不真实，因为我们这里所说的男朋友，是指被调查的女人很早就当作自己的朋友的那些男人，他们显然是有男人魅力的。

6. 自己没有同性性经历的女人，较少愿意接受有过的女人做朋友，只有55%的人会接受，22%的人则绝不接受。这22%的人反映了我们犹太教——基督教文化的特色。

7. 自己没有过的女人中，51%的人会继续与一个有过同性性行为的男人做朋友，26%的人不会，23%的人中立。我们在《男性性行为》中说过，女人的这种排斥态度，也是迫使得偶然为之的男人成为唯有同性性行为者的因素之一。

道德对女同性性行为的看法

古代赫梯人、巴比伦人和犹太人的法典，虽然惩罚血亲之间和特殊社会身份者之间的同性性行为，也惩罚使用暴力和强迫，却并不一概地不加区别地惩罚这一行为。大约在公元前7世纪的"巴比伦之囚"后，犹太人才开始改变态度。

在此之前，犹太人与亚洲大多数地方乃至世界许多地方的文化一样，把口与生殖器接触和同性性行为纳入自己的宗教活动之中。在此后发生的犹太人民族化过程中，出现了一种倾向，试图破除那些与周围民族一样的习俗，以此来确立自己民族的独立。于是犹太教开始把这两种性行为作为偶像崇拜活动来惩罚，而不是作为性犯罪，因为它们代表着周围其他民族的生活方式和宗教。随后，又把它们作为宗教异端来惩罚，但也不涉及性的意义。不过不久之后，这种移风易俗式的改革就变成了一种道德准则，最后又变成一种要用刑罚来维护的东西。

犹太教的性戒律，被基督教的早期教父们吸收进自己的法典。起作用最大的是圣保罗。他自己就成长于犹太教的传统性文化之中，基督教的性戒律完全是犹太教的续篇。在中世纪欧洲，教会法审判一切道德问题，后来教会法又成为英国习惯法和成文法的基础，再往后也成为美国各州法律的基础，而且基本上一直未变。

对同性性行为的惩罚和对其他类型性行为的惩罚，都基于这样一种假设：它们不符合性的主要功能（人们所认为的功能是生殖），它们不符合人们所认定的"正常的"性行为的标准，因此是一种"变态"。

人们还假设：同性性行为的普遍流行会危及人类这一物种的存在，如果道德戒律、公众舆论和法律条文不严酷地惩罚它，家庭和社会组织的延续将无法维持下去。这种假设根本无视这一事实：尽管现存哺乳动物都有很普遍的同性性行为，但是它们作为物种也都存活和延续到今日。在某些文化（例如伊斯兰文化和佛教文化）中，男人同性性行为也很普遍，可是这些文化担心的不是人口减少，却恰恰是人口过多。更有趣的是，恰恰是在这些文化中，家庭制度非常强大。

法律的态度

当然，法律不可能惩罚指向同性的性兴趣和性反应；但是美国每一个州的法律都去惩罚同性性行为以及某些或所有类型的接触。在各州法律条文中，这些接触被称为：所多玛式性行为、鸡奸、变态的或违反天性的动作、反人性的罪恶、公开或私下的猥亵、肉体的下流行为、反自然的或邪恶的和淫邪的行为等等，真是五花八门。

大多数州对同性性行为的惩罚都是严酷的，许多州就像惩罚最严重的暴力犯罪一样严酷。如果涉及到一个成年人和一个未成年人，惩罚会格外严酷。只有一个州（纽约州），在它的法律条文中用间接的词句表明：它不会用刑法来处罚成年人之间的、私下从事的、双方都同意的同性性行为。这样的规定在斯堪的那维亚国家和许多其他欧洲国家也有。显然，全世界较大的文化中，法律和公众舆论如此严惩同性性行为的，唯有今日美国。

按理说，法律惩罚同性性行为时应该对男女一视同仁。但是实际上在古代赫梯法典中，就仅仅惩罚特定情况下的男人同性性行为，却只字不提女人的。同样，犹太教法典和《圣经》也只谈男人的。有同性性行为的男人通常可以被判死刑，面对同类女人却并无严厉刑罚，而且几乎根本不提这种行为。中世纪欧洲历史上，处死"男同性恋者"的记载连篇累牍，却极罕见对付女人的。现代英国和其他欧洲国家法律，仍然只适用于男人。

但是美国法律却通常适用男女两性。惩罚条文中一般都写着"所有个人"、"任何个人"、"无论是谁"、"某人"、"任何人类成员"等等，并没有指明性别。只有5个州的条文明确地不包括女人同性性行为，而其他州的法庭在原则上是可以把女人也包括进去的。

当然，在全美国似乎没有一个女人真的因此被起诉和判罪。在我们调查过的数百名有过同性性行为的女人中，跟警察发生过小麻烦的只有3人，有大麻烦的只有1人，而且没有一个人被送上法庭。有些身处监狱教养院的女人以及身为军人的女人，因此受过相当重的行政处罚，但是也无一人被送上法庭。

1896～1952年间的美国司法记录中，男人因此被判刑的有数百人，女人仅一人。1874～1944年间被送入印第安那女人监狱的人里，只有一人是因同性性行为，而且还是因为发生在劳教场所中。1930～1939年的纽约市，仅有一个女人因此被捕，但冠以其他罪名。过去10年里纽约市只有3个女人因此被捕，而且都释放了，却有数万男人因此被捕和被起诉。

社会和法律的态度为什么会如此不同，我们不完全清楚，仅提出几点理由：

1. 在赫梯人、犹太人和其他古代文化中，女人的社会地位比男人低，因此她们的私下活动或多或少被社会忽视了。

2. 女人同性性行为的发生率和频率都比男人低。不过，即使按比例衡量，被送上法庭的男人也比女人多得多。

3. 男人同性性行为常因街头拉客、聚众卖淫或其他活动而引起公众的注意。

4. 惩罚男人，不仅因其同性性行为，也因为他们的口与生殖器接触和肛门接触，而女人在同性性行为中也运用口与生殖器接触的技巧。这一点却没有多少人知道。

5. 女人较少因此干扰结婚或损害既成婚姻，男人却相反。

6. 天主教戒律强调，性交合之外的一切男人性活动，都是一种浪费精液的罪恶，而女人的非性交合活动不存在这个问题。

7. 某些有过同性性行为的男人的女人气和其他个性特质，招来社会的反对，但是社会较少反对有同性性经历的女人的个性与气质。

8. 大多数公众对女人都有某种同情心，尤其认为较老的、尚未结婚的女人，不通过同性性行为就难于找到性接触的机会。

9. 许多从事异性性行为的男人，一想到两个女人在一起从事性活动，就会产生性唤起。不少情况下他们会鼓励女人之间的性接触。

10. 男人害怕他们自己所具有的对同性性行为做出反应的能力，而女人却较少这样，因此许多男人惩罚起男人的同性性行为来，远比惩罚女人的要严酷得多。

11. 我们的社会组织特别担心成年人与青少年发生性关系，但这主要发生在男人当中，年长女人与少女的同性性行为并不多见。

社会的基本兴趣

如果女人的同性性行为干扰了她的结婚和婚姻维系，社会就会对这种行为大感兴趣。但是我们的任何一条法律也没有规定，要惩罚无法处于婚姻之中的人。

没有暴力，不扰乱婚姻，许多欧洲人和美国人显然都相当宽容女人同性性行为；不过他们仍然认为这是一个道德问题。

男女情况对照表

对　照　内　容	女	男
累计发生率：		
45岁时同性性反应	28%	±50%
45岁时同性性行为	20%	
单身者	26%	±50%
在婚者	3%	±10%
曾婚者	10%	
45岁时达到高潮的	13%	±37%
年龄段的性高潮发生率：		
单身者：		
16～20岁	3%	22%
36～40岁	10%	40%
46～50岁	4%	36%
在婚者	1%～2%	2%～8%
曾婚者16～50岁	3%～7%	5%～28%
高潮频率（次／周）：		
单身者：		
15岁以前	0.2	0.1
21～30岁	0.3～0.4	0.4～0.7
31～50岁	0.3～0.4	0.7～1.0
性释放中的比重（40岁前）：		
单身者	4%～19%	5%～22%
在婚者	<1%	<1%
曾婚者	2%～10%	9%～26%
延续时间：		
1年以下	47%	
2～3年	25%	
同性性伴侣人数：		
1～2	71%	51%

续表

对 照 内 容	女	男
10人以上	4%	22%
受教育程度的作用：		
30岁时高潮发生率		
初中文化的人	6%	27%
高中文化的人	5%	39%
大学文化的人	10%	34%
研究生程度者	14%	34%
技巧的运用：		
与异性亲昵基本相同	是	是
接吻与一般身体接触	丰富	
生殖器技巧	迟而极少	早，总是不是
比婚内性交合更有效	是	不是
同性程度测定，20~35岁：		
7级，对两性都不反应：		
单身者	14%~19%	3%~4%
在婚者	1%~3%	0%
曾婚者	5%~8%	1%~2%
0级，唯有异性性行为：		
单身者	61%~72%	58%~78%
在婚者	89%~90%	90%~92%
曾婚者	78%~80%	
6级，唯有同性性行为	1%~3%	3%~16%

第二十六章

与动物的性接触

何以引人注目

一般说来,人类男人对那些哪怕是虚构的、不可能有的性活动方式,也有着浓厚的兴趣。结果,大量的讨论和文学作品都集中于乱伦、易装癖、奸尸、极端形式的恋物癖、施虐—受虐狂,以及与动物的性接触。实际上,真正发生的绝对没有人们说的那么多。

甚至目前文化的原始时期起,男人们就编造出无数的故事,夸张地描述女人如何与动物发生性关系。在古代希腊和罗马的神话中,女人的爱人有:宙斯变成的鹅、熊、猴子、公牛、山羊、马、矮马、狼、蛇、鳄鱼等等,还有许多低等生物。许多世界闻名的伟大文学作品和美术作品都描绘过这种事①。

男人的这些丰富想象,反映了他们自己想使性活动多样化,或他们一想到女人与动物性交合就会产生性唤起。这就是男人具有由于多样化心理刺激而产生性唤起的能力的证明。

女人较少依赖心理刺激,因此对不是马上运用性技巧的性活动不那么感兴趣,更不向往文艺中所描绘的那些虚构的性花样,想象女人与动物

---

① 例如米开朗基罗就画过《丽达与鹅》,描绘双方插入式性交合。——译者注

性接触的，是男人而不是女人。实际上，更多与动物性接触的也是男人，更多观看女人（尤其妓女）与动物性接触的，还是男人。

心理学和精神病学往往把不同的性行为说成具有本质区别，又极为关注施虐—受虐行为以及奸尸。其实在许多男女中，它们是很普遍很重要的活动。

在美国乡村，男人与动物的性接触并不罕见，世界上别的地方也一样。在《男性性行为》一书中，我们指出：美国乡村地区年轻男人中，一半或更多的人有过这种经历，大约有17%的人由此达到过性高潮。

我们没有足够的知识来解释，为什么不同物种的昆虫、鸟类和其他任何哺乳动物都不这样做，唯有人类动物才如此。问题不在于不同物种的个体为什么会相互产生性吸引，而恰恰在于它们为什么不经常地、规律地、跨物种地进行性交合。

乡村小伙子可以因看到动物交媾而开始与它性交合，以确证自己的解剖构造功能和生理能力。另一方面，乡村男孩比城市男孩更自由地谈论性问题，更多地看到别的男孩与动物性交合。他也可能听到成年男人谈论这种行为。他这样做也较少受谴责或者处罚。

但是所有这些因素在女人中却相当少，她们小时候不能像男孩那样谈论性问题，她们很少看到别的女孩的性活动，甚至连雌性动物的性活动也很少看到。在看到动物交媾时，大约有32%的男人会出现性唤起，却只有16%的女人会如此。许多在乡村长大的女人，从未见过动物交媾。父母一直不让她们靠近正在哺乳的动物。甚至有相当一部分乡村女人，到青春期或更大时，竟然一直不知道任何动物有交媾这回事。

情况与技巧的运用

青春期之前

与动物真有性关系的发生率仅为1.5%。通常是与自己家养的小猫小狗偶然地发生肉体接触而引发的，或是由于探究动物的性构造而发生的，或是动物自己主动接近女孩而引起的。在所有接触过动物的前青春期女孩中，38%的人真的与动物产生了性行为，20%的人由此达到了性高潮，但首次性高潮是由此产生的只占1.7%。

在89名前青春期与动物有过性行为的女人中，大多数只是一般肉体接触和对动物进行手刺激生殖器刺激。但是在5940名女人中，23人曾经让狗用口刺激自己的生殖器，6人是让猫，还有2人是让狗与自己进行插入式性交合。

成年女人中

青春期开始之后，约有3.6%的女人曾经与动物有过性行为；约有3.0%的女人因此产生过性唤起；1.2%的女人曾经与动物从事过生殖器接触、口与生殖器接触或者插入式性交合。此外，1%的女人在自慰过程中幻想过与动物性交合，还有1%在睡眠中梦到过这样事。

有过这样事的女人中，一半是发生在青春期开始之后到21岁之前，但也有95位年龄更大的女人有过，其中有近50岁的。有过这样事的女人，81%是受教育水平较高者。不过这可能是由于我们抽样不匀所致。

几乎所有行为都是与家养的猫狗从事的；74%的女人是与狗。有些情况只是女人触摸动物的生殖器，有些是手刺激动物的生殖器，21%的情况是动物用口刺激女人的生殖器；但是与动物插入式性交合的成年女人只有1人。

在5793名女人中，只有25人由于动物用口刺激自己的生殖器而达到性高潮。

有过这样事的女人，大约一半只有过一次。在91位与动物有过进一步性行为的女人中，47%的人有过2次或更多，23%有过6次以上。在5793名女人中，只有13人由此达到过3次以上性高潮；有6人达到125次以上。

作用与意义

古代戒律与法律中，经常提到并惩罚男人与动物的性行为，却只有两处提及女人的。《圣经》规定，如果发生这样的事，女人与动物都必须处死。

犹太教法典中提到较多，并处以同样惩罚。它还进一步规定，女人不得单独与一只动物在一起，以防发生这样的事。

天主教从性的唯一功能是生殖的观念出发，把男人或女人与动物的性行为视为是反天性的，是一种变态，是罪恶的欲念。对男女的处罚一样，触摸一只动物的生殖器是犯罪，如果怀有寻乐目的去触摸，则是死罪。

美国各种法律把这样的行为当作兽行或者所多玛式性行为，惩罚与对待同性性行为一样，有时也运用习惯法。法律条文有的不指明针对哪一个性别，有的却专门指出，既针对男人又针对女人。在中世纪历史上，有一些女人因此被处死；但是在当代美国，我们的调查没有发现一个女人因此被起诉；在公开出版的法庭记录中也只有一例。

男女情况对照表

对 照 内 容	女	男
发生率与频率：		
前青春期累计发生率	1.5%	3%
产生性唤起的	1.4%	
达到高潮的	0.3%	极少
首次高潮由此而来	极少	极少
成年人累计发生率：	3.6%	78%
产生性唤起的	3.0%	
达到高潮的	0.4%	8%
主要发生在21岁前	50%	是
频率，21岁前	共1~2次	0.1次/周
涉及动物	猫、狗	较大牲畜
技巧：		
一般肉体接触	普遍	有些
手刺激动物生殖器	有些	普遍
动物口刺激人生殖器	有些	有些
性交合	极其少	普遍

第二十七章

性反应与性高潮的器官

女性的性行为，与她们近些年来努力争取到的社会地位有关，与男女的不同性心理有关，但是如果不弄清接受刺激并做出反应的解剖构造，我们仍然无法理解她们的性反应与性行为。

我们绝不否认爱的因素，不否认大脑和中枢神经的作用，正如我们绝不忽视社会与心理因素一样，但是我们首先要弄清男女两性生殖器的构造与功能，因为生殖器毕竟是做出性反应的主要器官。

我们据以分析的资料，主要来自以下6个方面。[1]

1. 被调查者对自己的性反应所作的描述与分析。

2. 一些专业人员曾经现场观察过别人的性行为，做出过记录。我们加以引用。

3. 我们对动物的性行为所做的大量观察和记录，以及现场拍摄的影片。

4. 临床医生发表或未发表的材料。

5. 对于男女生殖器和性反应部位的解剖学资料以及实验数据。

6. 对动物和人的生理检测的资料。

遗憾的是，我们的资料中，第一手的观察和实验材料并不多。困难

---

[1] 在1948年~1953年间，金赛两本著作的材料是最科学、最全面的。直到1958年，马斯特斯和约翰逊才开始在实验室做真人受控实验，并发表《人类性反应》(1966)。——译者注

在于，当有一个观察者在场时，投入性行为的双方都无法照常从事性行为。当事者的回忆也有失真之处，因为当产生性唤起时，人的视觉、听觉、嗅觉、味觉以及感知任何其他事物的能力都有所降低。当达到性高潮时，人的意识可以完全丧失。因此许多人不明白：性高潮不仅仅是生殖器反应，而是全身每一部位都产生反应。他们在叙述中总喜欢加上文学化和艺术化的色彩，却极少知道自己或对方到底发生了什么生理反应。

我们所引用的现场观察的资料，全都是由受过严格科学训练的专门研究人员记录的。在分析时，一切有关学科专家都与我们合作过。但是真要弄清这个问题，还需要更充足的资料和实验。

对16类触觉感受器官的刺激

能够使人感到被触摸，并由此引发性反应的感觉器官是皮肤，以及体内某些深层神经。这种感觉器官非常集中的身体部位，一般称为"敏感区"。男女的亲昵爱抚技巧，就是针对这些敏感区的。但是仍有许许多多人认为，只有外生殖器才是"性器官"，仍然相信只有直接刺激外生殖器才足以达到性高潮。

其实不是。我们下面详细分析一下：

阴茎

男女外生殖器其实是同构的和对应的，在分析性反应时万万不可忘记这一点。两个月的胎儿只有胚胎式的外生殖器，无法据此分辨男女。它后来才分别长成男人的阴茎和女人的阴蒂。

人们一般都认为，男人的龟头是最敏感的部位，尿道口下裂之下的阴茎表面也同样敏感，也就是包皮系带之下的部位。但是实际上当阴茎插入阴道时，受到最强刺激的感觉神经，不是分布在尿道口与包皮系带之间的那些，而是从尿道口一直到阴茎柱海绵体之间的那些。因此应该是阴茎柱的深层神经的感觉最强，而不是龟头或者包皮系带一带。

此外，阴茎的勃起本身也能带来性刺激。一般都认为，是性刺激使得阴茎海绵体充血而形成勃起，但勃起过程中的机械反应也可以形成或带来性刺激。再有，除了意识的刺激之外，单纯的机械刺激，例如按压阴茎柱上部，也可以刺激深层神经，产生勃起。

但是另一方面，人们也常常夸大直接刺激阴茎的效果。男女都以为阴茎是第一号性反应器官，都以为如果不直接刺激它，男人便无法出现性唤起。结果这就使人容易忽视性行为中身体其他部位的反应。人们还常常假设，男人阴茎越粗大，他自己和女方就越快、越经常地出现性反应。其实，男女之间基本的性心理差异，是不会被阴茎的大小所影响的。在许多哺乳动物中，雌性的阴蒂与雄性的阴茎一样大，但是两性的基本性心理差异仍然存在，并没有因此被缩小。

阴蒂

阴蒂就是女人的阴茎。它的构造和功能与男人的阴茎是一样的。阴蒂平均长一英寸多一点；但是许多女人的阴蒂包皮完全覆盖了阴蒂，使得它无法被直接看到。正因为它小而不易见到，许多男人不知道它就是女人最重要的刺激与反应中心，就如同男人的阴茎一样。不过，女人却清醒地或者无意识地把它作为性反应的重要构造。许多女人如果不被充分地刺激阴蒂，就无法达到最大限度的性唤起。

相当多的女人在自慰时，就是用一个或几个手指或整只手来刺激阴蒂，还有许多人是刺激小阴唇的内面，因而也经常触及阴蒂。还有许多女人是有节奏地按压这些部位，其效果也是来源于对阴蒂的刺激。即使那些用替代物品直接插入自己阴道的女人，也是因为这样做时，刺激了处于阴道前壁的阴蒂根部。

包含着生殖器技巧的女人同性性行为，通常也刺激阴蒂。这样做的女人，比那些从事异性性行为的男女，更懂得女人生殖器的功能。尽管通过刺激身体其他部位而达到性高潮的女人要比男人多，但阴蒂、小阴唇以及阴唇与阴道前庭的结合部，仍然是女人生理构造中最敏感的部位。

懂得这一点的男人，一般都会在性交合之前的亲昵爱抚中，对这些部位，尤其是阴蒂，施以手刺激或者其他机械刺激。在性交合中，他会懂得用自己的阴毛、阴茎根部或身体的其他部位，去着意地刺激女方的阴蒂；对女人生殖器的口刺激，最经常是直接针对小阴唇和阴蒂的。

尿道口和尿道

不多的女人和男人，把物品插入尿道口，以此来进行自慰。但是由于尿道不习惯于被这样插入，因此大多数这样做的人仅是尝试一次即止。较常这样做的人说，他们因此获得了某些性刺激，但也包括疼痛；有时他们获得的仅仅是心理刺激。当然，插入尿道也可以刺激女人尿道口上面的感觉神经，或是男人阴茎柱内部的感觉神经。在自慰中以物插入尿道的行为，在女人中比在男人中多。

小阴唇

女人的小阴唇相当于男人阴茎柱的表皮。小阴唇的内面和外面所集中的感觉神经，比女人体表皮肤的任何其他部位都多，因此对触觉的反应也比其他部位的皮肤更强。

作为性唤起的发源地，小阴唇与阴蒂同样重要。因此女人的自慰通常也针对小阴唇。有时是用手指敲击它，通常是连阴蒂和小阴唇的上结合部也一起敲击。双股紧紧夹在一起时，这种敲击更为有效，因为夹股可以使阴唇获得更多的压力刺激。有时并没有敲击，只是紧紧地夹股或者双腿绞缠在一起。有时是有节奏地扯动小阴唇，当然也时常是施以手刺激。性交合中阴茎插入阴道时，也可以充分地刺激小阴唇。所有这些技巧的重要作用，也在于可以产生肌肉紧张，而这是产生性反应的第一重要原因。

大阴唇与阴囊

女人的大阴唇对应于男人的阴茎表皮。两者都是由胚胎中生殖器两旁的两个隆起发育而成的。

大阴唇的触觉也很敏感，但是对性刺激却并不特别敏感，因为对触摸刺激的敏感并不完全等于具有性反应能力，例如手背、双肩就是这样。大阴唇不是性反应的主要来源。

男人的阴囊与体表其他皮肤一样，也并不具有特别的性反应能力。只有相当少的例子在刺激或者手刺激睾丸时能出现性唤起或达到性高潮，但是这并非由于刺激阴囊表皮而引发。

阴道前庭

小阴唇所环绕的、阴道开口外面的区域叫阴道前庭。对大多数女人来说，阴道前庭是与小阴唇和阴蒂同样重要的性刺激感受区。由于必须在性交中靠男人阴茎的插入才能刺激这里，因此阴道前庭对女人的意义就更大了。

处女膜环绕在阴道前庭的最里面。作为阴道与阴道前庭的分界线，处女膜可以被任何物品的插入所破坏，包括自己的手指；也可以被做婚前检查的医生所破坏，但是也可以在有过大量性交之后依然完好无损。处女膜是否完好，对其上或其下分布的神经有什么作用，我们还不清楚。

阴道的进口处环绕着一圈强力的提肌，受到压力刺激时，提肌可以放松，大多数女人都可以因此而产生性唤起。

阴道内

阴道不大能够作为触觉的感觉器官。男人没有与之相应的构造，大多数女人的阴道内壁缺乏触觉感觉器官，即使轻轻地敲击或者按压也很少有感觉。大多数人的整个阴道都是如此，只是极靠近阴道开口处才会有所反应。不过有些人阴道内壁有一些神经点。[1]阴道外科手术能证明这一点：大多数病人不是根本不疼就是稍有点疼；但个体差异极大，因此医生们还

---

[1] 原注说：列维斯于1942年，格拉芬贝尔格于1950年发现：阴道的感觉主要在阴道靠外的内壁上，与阴蒂根部相对应的地方。这就是"G点"。但目前有人解释为阴道最深处的一片区域。国际性研究界对此尚无公认定论。——译者注

是准备好麻醉剂。

　　这一点还有个证明：靠深深插入阴道来自慰的女人相对很少。其中有些人是以此来加强对阴道口提肌的压力，或是刺激阴道内壁上与阴蒂根部相对应的地方，因此她们并不继续更深地插入。

　　大多数女人同性性行为中，双方都不企图深插入阴道。偶然地，有人深插是为了触及会阴的神经。这再次说明，有同性性行为的女人更懂自己生殖器的解剖构造。

　　不过，许多或许是多数女人都觉得，在性交合中，阴茎深深地插入阴道所产生的满足，不同于仅仅刺激阴唇和阴蒂所获得的。显然，这是出于阴道壁本身以外的原因。

　　肛门性交中的情况与此相似。肛门像阴道开口处一样，富于感受神经，但是直肠则如同阴道一样，很少有感受神经。

　　不过，能接受这种性交的不论男女们常常说，深深插入肛门所带来的满足，在许多方面不亚于深深插入阴道。

　　深深插入阴道所带来的满足，来自以下6个原因，有时涉及得多些，有时少些。

　　1. 得知插入了，并且是深深插入了，会带来心理上的满足，得知对方感到满足，更是一个相当重要的因素。

　　2. 对方对自己的周身抚摸刺激也带来满足，尤其是他的体重可以压迫不同的体内器官，产生一种"派生感觉"；结果被错误地理解为来源于深深地插入阴道。

　　3. 阴茎或男人身体对小阴唇、阴蒂和阴道前庭的按压，也被误认为来源于深深插入。其实仅仅这样做而不插入，也能使得大多数女人达到性高潮。

　　4. 性交合中对阴道开口处的提肌圈的刺激，也会带来反射式抽搐，也具有强烈性刺激；但是也被误归于深深插入了。

　　5. 误解了对于会阴肌肉组织（骨盆悬带）上的神经的刺激。这些神经分布于直肠与阴道之间。

6. 有些女人是由于直接刺激了阴道内壁上的感觉器官，但是这样的女人只占14%。即使是这样的女人，也并非仅仅由于刺激这些地方。对任何女人来说，阴道都不是唯一的，甚至不是主要的性唤起发源地。

弗洛伊德及其精神分析学派以及许多临床医生，都把"阴道高潮"当作女人"性成熟"的标志。我们的调查证明不是这样的。他们所说的"阴道高潮"，可能是指性高潮中间或以后，阴道的收缩或抽搐。但是出现性反应或性高潮时，全身的神经系统都会加入反应，并非仅有阴道。个体间的差异也很大，而且会终生不变，也许是遗传而来的能力而不是后天学到的。有的女人达到性高潮时，全身出现痉挛，那么她们的阴道也就会出现收缩抽搐。另一些女人不出现全身紧张，因此阴道也不抽搐。这里不存在"成熟"与否的问题，也无法把全身反应与阴道反应分隔开。阴道有无反应与男女双方是否获得心理满足或意识满足有无必然联系这个问题尚很难予以解答。[①]

这个问题之所以重要，是因为许多精神分析医生和婚姻顾问，总是指导人们从"阴蒂反应"转变为"阴道反应"，结果我们在调查中遇到数百名女人（还有许多门诊所的数千求医者），都因为实现不了这种生物学上不可能发生的转变而苦恼万分。

子宫颈

许多女人认为，在性交合中阴茎抵到子宫颈时，她们有感觉。还有些人说，就连妇科医生触及此处她们也有感觉。其实这也是触及外生殖器表面时产生的反应，因为子宫颈是女性生殖器构造中最没有感觉能力的地方，连动手术时都不需要麻药，只在深切开时才有痛感。

会阴

这个部位无论男女都对触摸很敏感，都能引发性唤起。如果按压肛门

---

① 60年代以后，国际性研究在这方面有些新进展，可参见《人类性反应》一书。金赛这里说的显然不是后世人讲的阴道"律动"，因此译文中不用"律动"一词。——译者注

与阴囊之间的中点,许多男人就会很快出现性唤起。对女人来说,如果强烈地按压阴道内部的下壁,即与会阴中点相对应的阴道壁,她也会获得满足。在男上位的插入式性交合中,女人所感到的就是这样的满足。深插入直肠也会刺激这个地方的会阴神经,从而产生性唤起。

肛门

一些人的肛门区域有性反应能力,但另一些人则对触摸刺激不会产生足以引发性唤起的反应,哪怕刺激再多也罢。大约有一半的人,甚至更多,可以由于肛门被刺激而获得某些性满足,就像生殖器被刺激一样,或者更强烈,而且男人女人都有。但是我们还缺乏足以确证的数据与资料。

其中部分原因是肛门表面有丰富的触觉感觉器官,部分原因则是肛门括约肌对性刺激具有反应能力,有些人因为肛门被刺激而产生心理上的性唤起,有些人却根本否定从事肛门性交的想法,因此这种行为是否具有性的意义与作用,心理因素起着极大作用。而且一般来说,男女都是如此,插入肛门可以引起疼痛,但是有些人觉得这可以强化性反应。

肛门与生殖器区域分布着两样的肌肉,一个区域的活动可以带来另一个区域的反应。无论男女,刺激生殖器可以引起肛门收缩。妇科医生常见到刺激阴蒂或者其周围或者尿道,也可以引起肛门、处女膜部位、阴道和会阴肌肉的收缩。作为性反应中的肌肉律动[①],尤其是性高潮之后的律动,肛门可以有节奏地一张一合,某些方式的插入肛门以及肛门性交所产生的性反应,就是靠这种冲动。

反过来也一样。不管是不是由性刺激所引发,肛门括约肌的收缩,在男人可以引起生殖器区域的肌肉收缩,在女人可以引起生殖器部位的运动,还可以引发全身的肌肉收缩,包括远离肛门的喉头和鼻子。它可以使得鼻孔张开并做深呼吸,这显然是性唤起的典型表现。如果医生难于使病

---

① 这里金赛指的律动,与后人说的是同一现象,但他没说过"阴道律动"。——译者注

人从麻醉中苏醒,就需要病人做深呼吸,于是医生就五指捏拢地刺激病人的肛门。

显然,肛门收缩、会阴反应、生殖器反应、鼻反应、口反应,几者之间必然存在着某种单纯的和直接的反射作用机制,只是我们现在还不清楚这种联系的神经基础。

乳房

男女乳房的性反应能力都强于身上许多其他部位,只不过女人乳房较大,因此女乳的反应更为人所知。哺乳动物的乳房极少在性活动中发挥作用,人类动物却大量地口刺激或手刺激乳房。在美国人的性行为模式中,在异性亲昵或性交合前的爱抚中,99%的男人用手,93%用口去刺激女乳。这种行为实际上主要是刺激男方,对女方的作用可能被人们估计得过高了。自己的乳房被手刺激时,可能有一半的女人会有某种程度的性满足,但是只有非常少的女人会因此达到性高潮。有些女人在自慰时、性交合时或者同性性行为时,确实抓握自己的乳房,证明她有一定的满足,但是在自慰中以此来作为辅助手段的女人,却只占11%。

由于男性乳房很小,除非在同性性行为中,人们很少认识到它的作用。就连女人也很少刺激男伴的乳房,但男人同性性行为中却比较多见。我们对男同性性行为的调查表明:乳房具有明显感觉和反应的男人,可以与同样的女人一样多,少数男人还可以由于乳房被刺激而达到性高潮。

口腔

对大多数人来说,唇、舌、整个口腔内壁,构成或能够构成性敏感区,其重大作用近乎于生殖器。大多数不受束缚的男女,如果接受接舌吻、口与乳房接触、口与生殖器接触,都会产生相当强烈的口反应。

这当然是由于整个口区域都富有神经。许多其他动物也是如此,它们也会把口置于性伴侣的某些身体部位上。鸟类的口与口接触可以长达数小时。人类动物在性生活中的口活动,只不过继承动物遗传而已。但是人类也是所有哺乳动物的一个例外，因为人可以由于学到了社会偏见、道德束缚以及关于圣洁的荒谬想法，而自己戒除口活动。动物的口活动包括触、吮、舔、咬，甚至咬进对方的皮肉。动物的鼻尖与嘴唇一样敏感，常用鼻尖触遍对方的全身。所有这一切行为，也同样出现在人类动物的性活动之中。我们已经详谈过，无需赘述了。

耳

至少有一些人的耳朵外沿和内面特别敏感。性唤起时，耳垂会充血并变得更加敏感。有些女人和男人会由于耳朵受刺激而达到性高潮，但为数甚少。

臀

对臀部的触摸刺激或重压，可以引起臀肌的强烈反应，但不常见。臀肌的收缩反映着性唤起中神经与肌肉紧张的增加。无论男女，都有些人有意地收缩自己的臀肌，以使自己产生性反应。在性交合中，就是靠收缩臀肌与脊椎肌肉来驱动骨盆有节奏地撞击。

大腿

大腿内侧，尤其大腿内侧的中间平分线，也富于神经，任何触及都可以有助于性唤起。刺激可以使双腿夹紧或者绞扭在一起，也可以使双腿极大地分开。这些明显的动作是大多数性交合、自慰或者其他性活动中显著的特征。这些动作也可以引起全身神经的紧张。

体表其他部位

有些人体表其他部位的性反应，可以与上述任何部位一样强烈有效。

触摸刺激可以引起性感觉的部位非常之多，诸如：后颈、喉头、脚趾、掌心、腋窝、手指尖、脚心、肚脐、腰背的中线、整个腹部、整个阴部、腹股沟等等，不一而足。甚至无感觉、不可活动的构造，例如牙齿与头发，有时也可以由于某些动作刺激了其根部的感觉神经而引起性反应。我们调查中遇到一些女性，由于敲击眉毛而达到性高潮；有些则是由于头发轻轻掠过自己身体的某些部位；还有些则仅仅是由于按压牙齿。这可能是性活动中咬对方的原因。伴随着其他心理刺激时，这样的动作最有效，偶然地还可以促使当事人更快地达到性高潮。

在叙述了这么多以后，我们把上述情况的发生率列表如下。我们在调查中，有5位妇科医生合作，他们实验了将近900名女人各部位的感受能力。如果您回过头来，把表中的精确数据与前面的文字叙述对照一下，定会对本章所论述的问题有更深刻的理解。

女性生殖器对触摸与按压的反应

所刺激的部位	有反应的（%）	实验人数
触摸小阴唇：		
右边的	92	854
左边的	87	854
阴蒂：		
大阴唇	98	879
右外面	97	879
右内面	98	879
左外面	95	879
左内面	96	879
阴道前庭：		
前部表面	92	650
后部表面	96	879
右壁	98	879
左壁	98	879
阴道：		
前壁	11	578
后壁	13	578

续表

所刺激的部位	有反应的（%）	实验人数
左壁	14	578
右壁	14	578
子宫颈	4	578
按压刺激阴道有反应的：		
前壁	89	878
后壁	93	878
子宫颈	84	878

（译注：原文没有解释表中所说的"前""后"的确切定义。根据上下文来看，前、后显然是指女人站立时，身体正面的那一边为前，身体背面的那一边为后；如女人仰卧，则靠上一面为前，靠下的一面为后。"左"与"右"也是以女人身体正面为中轴线为基准的。）

对其他感受器官的刺激

许多人认为，他们可以通过视觉、嗅觉和味觉获得性刺激。但是实际上这些刺激与触觉刺激的作用途径不同，效果也不同。可惜对这些方面的研究仍然很不够。我们所能确定的只不过是：这些刺激主要是引起心理过程。所有男人和一些女人，看到某些能与自己以前的性经历联系起来的服装或者其他物品，就会产生性唤起。这一反应绝大多数是由于他们忆起了过去的经历，也许是清醒地，也许是无意识地。出于这个原因，一个人可以在进入某个房间时，看到一张床时，甚至看到山顶或日落时，都由于忆及旧事而产生性唤起。也正是由于这种原因，一个人吃到某种特殊的食物时，嗅到特殊气味时，听到鸟叫、钟声、某个词、某种嗓音、音乐旋律或其他什么声响时，都可以产生性唤起。

这一切都是心理学习和心理制约的极好证明；但是没有一种是与触觉刺激相同的直接机械刺激。当然，在性研究中应该考虑到心理因素和意识因素的巨大作用。

男女的比较研究

男女的性解剖构造，以及对这些构造的刺激效果究竟有没有不同？我们发现以下几点：

1. 无论男女，触觉感觉器官都是性反应的生理基础。看来没有理由相信两性的这些器官有什么不同；没有理由说哪一性别的这些器官在整体上更丰富些；两性对于刺激这些器官做出反应的能力，也没有什么基本的差异。

2. 女人与男人的外生殖器来源于同样的基本胚胎构造，而且都发挥极其相似的功能。阴茎不管多么大，感觉神经也并不比体积较小的阴蒂更多。在性唤起中，双方的构造具有同样的意义。阴茎比阴蒂大的结果，只不过是使外来刺激更经常地直接针对它。再有就是阴茎的较大尺寸对于男性具有较大的心理作用和意义，但也只是部分地。

3. 大阴唇和阴道前庭与男人相应构造相比，感觉区域更为广泛。这抵消了甚至超越了男人阴茎较大所带来的有利之处。

4. 男人阴茎较大、女人生殖器的内构造较多，这些特点决定了男女两性在性交合中的不同角色。女人可以在接受中获得心理满足，男人可以在插入中获得心理满足；但男人是否因此就变得在性活动中更有攻击性，女人是否因此而更少攻击性，我们还不清楚。攻击性的强弱显然取决于生殖器解剖构造之外的因素。

5. 女人的阴道不对应于男人的任何功能结构，但是阴道对女人性反应的作用也最小。它对男人性唤起的作用，远比对女人的更大。

6. 无论男女，会阴部都是相当重要的刺激感受区。对男人来说，对会阴和直肠的外表皮施加压力，可以刺激会阴肌上分布的神经。对女人来说，同样可以通过深深插入阴道来刺激这些神经。

7. 由于女人乳房比男人大，乳房对女人的意义也比对男人的意义大。大多数男人看到女人乳房就会产生性唤起，而大多数女人被触摸乳房时实际上并不被强烈唤起；因此，乳房作为性刺激的来源，对男人比对女人更为重要些。

8. 口是人类躯体最重要的性敏感区之一。口的感觉能力在女人和男人中都是一样的。

9. 触摸刺激臀部和大腿内侧，可以对性反应发挥重要作用。这方面，男女也是基本相同。

10. 身体表面其他一切能对触觉刺激起反应的部位，只要条件合适，也都能发挥其功能，而且男女是一样的。

11. 在视觉、嗅觉、味觉和听觉方面，男女据此直接做出的反应，没有任何业经证实的差异。

12. 简而言之，作为性反应和性高潮的根基的解剖构造，男女之间近乎绝对地没有什么不同。男女的差异与两性的不同生殖功能有关，但这对两性的性反应与性高潮的出现和发展，没有任何重要的作用。如果说男女之间存在着什么基本的差异，那么这些差异必定来源于生物和心理的其他方面，而不是出自双方外生殖器以及所有感觉器官的不同。

第二十八章

性反应与性高潮的生理机制

人类性反应发生于人类性行为的全过程之中，包括一系列的生理变化，诸如心率、血压、呼吸节奏、血液循环、内分泌状况，也包括意识能力和肌肉活动的变化。这一切变化发展到顶点时，即使在最轻微的性反应之中，即使身体的动作很有限，即使人并没有达到性高潮，这些生理变化也同样出现了。

性反应和性高潮的总状况，存在着巨大的个体差异。引发性反应的最初刺激，可以是短促的或延绵的或间断的。人的反应可能并不仅仅取决于外来性刺激的性质与状况，而是取决于当事者的心理状态和心理素质前提。没有两个人的性反应是完全一样的。但是另一方面，作为性反应一部分的身体运动，尤其是性高潮之后的抽搐或者痉挛，尽管也可能有明显甚至突出的差异，但是性反应的基本生理模式，在任何人中都是相同的，包括前人类的哺乳动物也是一样。更重要的是，它在女人与男人之中也基本一样。

不管性行为多么富有诗意或者浪漫色彩，不管它对道德和社会具有什么意义，性反应都包括着人的生理机能上真实的和物质的变化。

性反应中的25类生理变化

1. 对触摸与按压的反应

任何生物的最显著标志,包括植物,就是具有对触摸做出反应的能力,从单细胞生物起,直到人类的新生儿均是如此。

高等动物受经验的局限,可以学会对一些触摸做出否定的反应。道德戒律与社会习俗强化了这种局限,因此成年人经常在接触另一个活生生的肉体时产生相反的否定反应。不过这是习得的反应;绝非生物或未受教育的人类个体的初始性质。夫妻间的性困难以及个性不合,常常是由于扭曲了对于触摸刺激的正常生物反应。

如果触摸刺激是有节奏的,或按压是较长时间的,那么一个人的反应水平就可以不断增加,形成肌肉神经的紧张,这就是人们所说的性反应。

2. 心率

心率加快是对性刺激做出反应的最明显标志,人们也最普遍地同意这一点。这可能是性唤起不可避免的反应,只是我们研究还不够,无法确证。我们对此的实际检查很少,因为我们没有必要的仪器设备。如果有,这是很容易观察与验证的。[1]

人平时的心率为每分钟70~80次,但在性唤起时,尤其是在性高潮中却可以达到每分钟150次或更多,就像重体力劳动时一样。但是个体差异也很大。我们遇到一个男人,即使出现最轻微的性唤起时,其心率也总是上升到150次以上。一般情况下,心率不这么高就无法达到性高潮,但有些时候,他在心率不超过100次时也一样达到了性高潮。有病、心理障碍、烦恼,或其他因素都可能造成这种偶然情况。

许多人可以观察到自己和对方的心率加速。有人担心,我们调查的女

---

[1] 这一工作,以及后面讲的许多缺乏实验材料的论证,都由后世的马斯特斯和约翰逊于1966年完成并发表了。——译者注

人能不能分清什么叫性唤起，能不能全都精确地报告自己的经历。我们的调查结果证明这种担心没有必要。女人同男人一样，大多数都清楚地知道，自己是否产生，以及在何时何地产生性唤起与性反应。当然，确实有些年轻姑娘或者性经历较少的妇女，直到性唤起非常明显时，才认识到这两点。但是我们在提问时已详细描述了性唤起时出现的生理变化，因此任何一个一般智力水平的女人都不会搞错的。

3. 血压

性高潮时，血压的低压可以从65升为160，高压可以从120升为250或更高。

性交合与其他性活动中可以出现偏瘫、心跳停止或死亡，但非常罕见；一个医生行医一辈子也碰不到几次。

4. 毛细血管充血

性反应中，也许是由于直接刺激了动脉，全身的毛细血管都会充血，例如此时人常常会脸红。性唤起达到最高程度时，有些人的脸会骤然变色，整个脸颊与咽喉部位会变成深红色或深紫色，而生殖器区域也会变成深色。在性行为中，双方的体表温度都可能升高，部分是由于毛细血管充血，部分是由于肌肉神经的紧张，就连很冷的双脚也可以变得很温暖。因此人们才用发烧、着火、躁热等词来形容这一现象。不过，因缺乏设备，性唤起与体表增温之间是不是必然联系，我们还没有弄清楚。

愤怒、兴奋等情绪反应也可以产生毛细血管充血，它们都涉及副交感神经系统，因此性反应中可能也是如此。但是这不包括恐惧状态下的反应；恐惧只会带来面如死灰和遍体冰凉，性反应中没有这种情况。

5. 肿胀

这也是性反应最明显的标志之一，性接触开始之后，立刻或几秒钟或一分钟之内，许多器官都会由于充血而肿胀、增大和变硬。人和动物都是如此，男人和女人都是如此。例如：阴茎会增大到原有状态的1.5～2倍，阴蒂会增大并勃起，小阴唇会肿胀并突出，男女乳头都会增大、变硬和勃起；鼻翅会增大并使得鼻孔张开。

除了这些一般人都承认的肿胀外，整个身体的轮廓部位也会出现变化，耳垂增大增厚，嘴唇充血，而大多数人的嘴唇还会突出。整个乳房；尤其女乳，会肿胀、增大并更加突出，而且整个形状会更加圆。肛门部位会肿胀；臂与腿的外形也会变化。全身的肿胀非常明显，足以单独作为性唤起的标志。它是否出现，可以判别女性是否性唤起，可以区别有意刺激阴蒂与无意触及，因为无意触及时，她不会出现全身肿胀。

一些男人的阴茎可以在受刺激后3秒或4秒内勃起，一些女人的阴蒂和小阴唇也可以同样飞快地反应。年龄较大的男女中有一些仍保持着这种快速反应能力，但一般来说，年轻、朝气蓬勃的人，性能力也最强，快速反应主要出现于这些人之中。

6. 呼吸

心率加快和血压升高必然使得呼吸加快。在性唤起的初期，呼吸加深加快，但在达到性高潮时却成了间歇的喘息。此时人们会屏息片刻，然后随全身放松再重新开始呼吸。此间会发出嘶嘶的吸气吐气之声或其他奇特声响，伴以张开鼻孔、口唇等动作。

7. 缺氧表现

这种缺氧表现就像赛跑冲刺时一样，发生于将达或达到性高潮之际。可是在现实生活中，人们不大知道这种缺氧表现。因此，在妓女想讨好嫖客的时候，或是无反应的妻子想满足丈夫的时候，总是力图装成在性交合中获得至高享受的样子。于是她们假装达到了性高潮，努力做出快乐、欣喜和微笑的样子，因为她们以为女人在性高潮中都是这样的。其实正相反，由于缺氧表现的存在，真正达到性高潮的女人根本无法做出快乐的样子。她们恐怕更像运动员冲刺时那样龇牙咧嘴，也许还是一幅怪相。

8. 失血

有限的资料表明，性唤起时，身体表面伤口的失血大大减少，就连生殖器部位的伤口，施虐受虐性行为中所造成的伤口，也很少失血；甚至正常月经的经血也少了。一旦性高潮过后，身体恢复常态，伤口的失血量也就增加了。

9. 女人生殖器分泌液

性唤起时，前庭大腺分泌出相当透明的、相当滑润的液体。它与阴道分泌物不同，但是它也是性唤起最显著的标志之一。一些较老妇女的前庭大腺的功能衰退，不像年轻时那样分泌了。这种分泌物首先是为了润滑，其次也是为了中和阴道中的酸性，以防止性交合中射出的精子被酸性杀死。

性唤起时，子宫颈也会分泌出些液体，即使手术切除前庭大腺，这种液体也足以润滑阴道。但如果切除子宫颈，则单靠前庭大腺液就不足以润滑阴道以从事性交合了。可见这种液体的作用比人们所知的还要大些。

不同女人的阴道分泌物也大不相同，同一个女人在不同时间，分泌物的构成也不同。这不但取决于性反应的程度和生理状态，而且也取决于月经周期。我们调查的女人，约有59%都说月经周期影响阴道分泌物的多少，大约有69%说，月经开始前1~4天（或更早），她们的阴道分泌物格外多，大约有39%说，月经结束之后，性唤起时阴道分泌物特别少，大约有30%说这发生于月经来潮的当时，11%说发生于月经周期的中间，接近排卵之时。这些百分比相加，超过了100%，因为一些女人兼有两种情况。

我们的数据表明，女人的阴道分泌物最多之时，即是她处于最强烈的性反应中之时。因此，阴道分泌物是否出现以及量有多少，也可以作为是否性唤起的重要标志之一。

所有动物的雌性都在排卵之前进入发情期。唯有在发情期内，它们才允许雄性与之交合。但是人类女人却是在月经来潮之前具有最强的性反应能力，显然与动物不同，显然不是为了受孕和生殖。

许许多多学者都没有注意这一区别，结果把人类女人的功能与作用等同于动物雌性，乱用达尔文的适应与选择的理论，造成许多误解。实际上，一些女人每月只自慰一次，恰恰是在月经来潮之前或之后。因此我们说，人类女性在进化过程中已经脱离了她的哺乳动物祖先，她已经具有了一种全新的特点，即她性唤起最多最强的时期，是接近月经来潮的时候，而不是排卵期前后。

10. 男人生殖器分泌液

男人性唤起时，尿道口会分泌出一些液体，其状态、构成和功能都与女人的前庭分泌液相同。许多哺乳动物也有这种现象。人类的这种反应相对而言很不发达。大多数男人的尿道口分泌液仅仅是一滴而已；大约三分之一的人，尤其年老者，少到不足以从尿道口溢出；还有大约三分之一的人则足以湿润龟头；只有很少的男人无论何时产生性唤起，尿道口都会溢出相当多的分泌液。因此，有之当然是性唤起的标志，但无之也不能说就是没有性唤起。

前列腺分泌液是男人生殖器分泌物中最主要的成分，精液中除精子外，主要就是这种液体。

许多人认为，精液来源于睾丸。因为性唤起时睾丸的体积会增大，许多人就认为，性高潮其实就是把睾丸中的"压力"释放掉。一些男人还说，如果达不到性高潮，他的睾丸就会隐隐作痛。不但性爱文艺作品这样写，一些精神分析医生也相信此说。其实这是误解。唯有前列腺、储精囊和尿道分泌腺这三个腺体的分泌液才构成精液的成分；也唯有这三个腺体的分泌液才会构成需要加以释放的压力。睾丸有时也会分泌一点液体，但是少得不足以构成任何压力。如果性唤起很久而达不到性高潮，睾丸确实会隐隐作痛，但这疼痛并非来自睾丸本身，而是来自会阴部肌肉的紧张，也可能来自输精管的紧张，尤其是来自靠近睾丸的输精管下端的紧张。

在性高潮中，这种疼痛会消除，但并非由于释放了睾丸中的"压力"，而是由于解除了肌肉紧张。女人在同样情况下，也会出于同样原因而感到隐隐作痛。

如果长久性唤起而不达到性高潮，或是无性高潮而反复唤起，无论男女都会出现相当程度的骨盆区域充血。

11. 鼻液与唾液的分泌

性唤起中，鼻腔会比平时更多地分泌液体。这也是性唤起中鼻部肿胀的原因之一。

此时，唾液分泌也会增加，达到性高潮时尤甚。这可以使得口腔在无拘束的接吻与口对生殖器刺激中充满液体，乃至"鸿泉涌溢"①，使人必须不停地吞咽唾液。如果此时口正张开，性刺激又突然而强烈，唾液就可能喷出口很远。这种反应在临近性高潮时特别突出。这可能是由于咽喉肌肉的紧张不断增强，以至于无法吞咽唾液。

12. 感知能力减弱

一般都认为，人的性唤起越强烈，对触摸或其他感觉刺激就越敏感。我们发现事实恰恰相反，从性刺激一开始，感知能力就在逐渐减弱，在唤起极点和性高潮中最弱，有时完全丧失。有些人在性高潮中完全地丧失感知，长达几秒甚至几分钟。法语中把这种现象叫作"小死"或者"甜蜜之死"，证明许多人知道这种现象。但是大多数人，包括受过专门训练或高等教育的人，却无法理解这一现象，因此这里需要深入讨论。

我们首次注意到这一现象，是调查中遇到的妓女启发了我们。许多妓女在性过程中抢走嫖客的钱，因为她们清楚地知道，只要自己不在前面挡住他，嫖客就会呆呆地在房间里瞎闯，既看不见也听不见妓女。她们就能接触他、搜他的身，而他却一无所知。妓女总是在嫖客处于最亢奋的时候下手。

---

① 此处借用的是中国古代房中术里的用语，房中术极为重视这一反应。——译者注

这里可能有心理因素：由于嫖客一心想着性活动，对其他事就不注意了；但是有些证据表明，他们确实在高度性唤起时丧失了感知能力；当然两者时常兼而有之。当人愤怒、恐惧或癫痫发作时，也有此类现象，而上述反应与性反应具有相似的生理变化。人们常说，一个人可以"疯得什么也看不见"、"兴奋得没听见火车开过来"、"气得都不知道到底出什么事了"。爱情使人盲目，诗人们常常这么写，实际上盲目的程度比诗人们所能理解的还要严重。

观察与检测数据表明，人在此时此态下，甚至连挨一重击和皮破血流都毫无知觉。性行为中的双方也总是不断地增加他们动作的速度和力度；达到性亢奋之极时，他们会互相捶打、抓抠、牙咬；而双方却全然不觉疼痛。有些人在有些情况下会发展到施虐与受虐行为的地步，而双方也全然没有意识到这一点。

与一般看法相反，在性过程中，就连生殖器也会逐渐丧失感觉，而且丧失的时间可能比身体其他部位更长。这应该是能够测定的，可惜我们目前还做不到。当然，在实际性活动中，由于如此之多的刺激都直接施于生殖器，由于它始终处于亢奋状态，因此人们可能把注意力集中到生殖器上，从而增加当事人对这一器官的感觉能力。

当然，在亢奋之极时，对生殖器再多加一点点轻微刺激也会引发性高潮。但是这不能证明生殖器越来越敏感，只能证明此前的亢奋水平已足够高了。一滴水填不满一只杯子，但杯子马上就要满时，再加一滴水也就足矣。

性唤起过程中，不但触觉逐渐减弱，其他一切感觉也都如此：目光逐渐集中，视野逐渐狭小，以至于除了眼睛正前方的东西，旁边的什么都看不见了。有些人甚至连面前的灯光都看不见。

听觉也逐渐丧失。不但小声音听不见，就连孩子的哭声，妻子也只有在性唤起不够强烈时才能听见。有些人的性活动之所以被警察和偶然闯入者发现，也是因为当事人根本没听见有人靠近。有些人连性伴侣或自己所发出的声音和嘶喊都听不见。

嗅觉和味觉也同样逐渐丧失。数据表明，在女对男的口对生殖器的刺激中，如果性唤起尚不足，她会感到精液和阴茎的气味与味道，有时会有不适，但亢奋到一定程度，她就全然不觉了。

对温度的感觉也是如此，越过一个性唤起临界点后，双方会感觉不到对方的身体是暖还是凉，室温是高还是低，甚至香烟一类的东西还真的会烧伤他们。

由于人们很少知道自己在性活动中丧失感知能力，也就无法理解其间的生理变化，或仅仅能观察到对方的某些反应与行为。其实，性反应能引起许多身体动作，例如臂腿的节律抽动甚至舞动。我们调查截肢者获知，他们在性反应中也会感到自己并不存在的肢体出现幻觉疼痛。即使如此，他们在性高潮中也会丧失痛感，高潮过后才重新疼起来。

13. 中枢神经系统

性唤起会影响整个中枢神经系统。其间，各种心理障碍和束缚都可能消失。与一个激起自己性反应的人说话，口吃者也会流利。以前一旦有物品深入口腔就会呕吐的人，此时也会没有这种反应。如果性唤起达到一定程度，即使把整个阴茎都吞入口内，以前作呕者也不再会那样反应了。花粉热和其他一些过敏症患者的症状，会在性唤起中消失。

性唤起会使得肌肉系统放松，使得人动作自如。一些举止笨拙的人，甚至大脑性麻痹的人也能在性唤起中自由动作，乃至可以从事性交合，而性过程一旦结束，这些行动能力也随之消失。

大多数人在性过程中都能获得平时根本没有的行为能力。这不是因为他们获得了什么额外的力气，而是由于他们挣脱了平时束缚自己能力的那些东西。一个强奸者可能带来额外的危险，就是出于这一原因。其他男人则在性活动中意外地强壮，并粗鲁地折腾其性伴侣。许多高难动作也可做出来，例如：一个男人可能用自己的口去刺激自己的阴茎，而没有性唤起时，他是怎么也做不到的。

14. 臀部和骨盆的动作

性过程中，全身的肌肉神经都可以高度紧张起来，从头到脚产生持续的或节律的动作。每个人在不同时间的动作会不同，不同的人更会有相去甚远的动作。有的人不过是手臂动作，有的甚至不为对方所注意，也有些平时极为稳重的人此刻会手舞足蹈，乃至做出暴烈行为。偶然也会有人因为持续紧张而出现动作失调或者障碍，但是一般人都会从性唤起一开始直到性高潮，始终无拘无束地动作自如。

持续的肌肉活动使得臀部和骨盆做出节律运动，因此有节奏地撞击便是人类和哺乳动物共有的基本性动作；否则性交合便无法进行。雄性节律地将阴茎插入阴道，至少某些时候雌性也有节奏地运动自己的骨盆，这是哺乳动物所独有的性交合动作。性交合动作依靠臀肌的收缩；但即使骨盆不运动，臀肌自己也在收缩。收缩会使得臀的两半并拢，还能引起全身肌肉神经的紧张，因此有些人靠运动臀部来促使自己产生性唤起，然后投入性行为。

这也许是因为运动臀部可以刺激会阴部的神经，也可刺激极为敏感的肛门区域，还可以使血液涌入生殖器。这些都有助于性唤起和生殖器的勃起。有的男人可以不刺激生殖器，仅靠运动臀部就达到性高潮。一些学会运动自己臀部与骨盆的女人，不仅在性交合中，而且在自慰、异性亲昵和同性性行为中，也可以此来实现性唤起甚至性高潮。

15. 大腿的动作

臀肌的运动可以引起大腿的动作，使双腿紧紧并拢或者大大张开。许多人都知道，双脚交叉重叠并且用力，或者把什么东西放在两腿之间，都可以使大腿紧贴在一起，从而产生所需的肌肉紧张，实现性唤起或性高潮。如果一方处于另一方的双腿之间，会感到对方以强力夹紧自己；而对方也可以在夹紧这一动作中，产生肌肉紧张，带来强烈刺激。

16. 脚和脚趾的动作

性过程中，除上述现象以外，双脚和脚趾的动作最引人注目。脚尖可以绷直伸展，尽管当事人从来也没有受过芭蕾舞训练。大多数人的脚趾可并拢、抽紧或者大张开，有的人的大脚趾可以做出与其他并拢的脚趾完全相反方向的抽动或者颤动。人们一般意识不到自己的这些动作，但是遍布世界各地的性爱美术作品中，几乎全都描绘了它。例如，至少800年以来的日本性爱美术作品中，勾起的脚趾一直是性反应的象征。

有些人的脚和脚趾可以紧张到抽筋的地步；但性过程中却全然不觉，直到性高潮过后，他们才跳起来，拼命揉搓自己的腿和脚。甚至截去下肢的人也会出现如此的反应，令其徒然地想去揉搓那并不存在的腿脚。

17. 臂与腿的动作

性活动中，双腿可以高高举起并持续相当长的时间；胳膊也可以如此。两者也可以靠肘与膝支撑很长时间。臂与腿的上半部可以出现律动，只是节奏稍慢，但临近性高潮时则越来越快，人们在性活动中，可以用臂和腿做出许多种动作，简直像个杂技演员或体操运动员一样。

18. 手与手指的动作

手与手指可以像脚与脚趾那样运动，可以握紧成拳、张开、抓物，可以抓住身边的椅子、床框、床罩或者其他什么东西，而且死死不放。紧张加剧时，手和手指会出现痉挛，有的人甚至抓破对方皮肤，或者抓裂自己的指甲。

19. 腹部肌肉运动

性唤起时，腹部肌肉会强有力地收缩，以至带动整个身体。有人是持续地绷紧不放松，有些人则是痉挛或者律动。有时最后的抽动放慢，但一般都是越来越快。无论男女，都有一些人的腹肌运动快到人眼来不及分辨，甚至达到人体运动的极限，这种运动可出现在性高潮之前、之中和之后，可以出现于男和女、人和动物之间。

20. 胸部肌肉运动

它的运动不像其他肌肉那么持久，但其强度也足以使整个胸膛隆起或者挺起，出现平时没有的曲线。有的男人的胸膛因此而像女人的乳房，而女人乳房在性唤起时的增大和挺起，除自身原因外，也部分地由于胸部肌肉的运动。

21. 颈部肌肉运动

性唤起时，大多数人的颈部僵直。性高潮将临时，连头也动弹不得。有时，还会引起颈部疼痛，而有些人却误以为是"风湿性疼痛"，因此去求医问药。

22. 面部肌肉运动

有些人在性高潮时会达到极度的面部紧张，加上要张大嘴呼吸，因此不少人此时的相貌奇特之极，就像异常疼痛或痛苦挣扎时一模一样。

23. 眼部肌肉运动

许多人都说，对方在性唤起尤其是性高潮时，双目直视，却又视而不见。他们觉得这简直无法理解，甚至引起种种误解。其实这是由于瞳孔固定在一处，眼睛无法聚焦，就像许多盲人一样。此时眼球突出，熠熠闪光，异于往常。这部分地由于泪水分泌增加。不过，多数人的眼睛常常是紧闭的。

24. 阴囊与睾丸

在性反应中，男人的睾丸常常上提，阴囊壁收缩，使得睾丸紧紧贴住阴茎柱，贴住会阴部表皮，或缩入腹股沟。有些男子的睾丸下降通道（腹股沟管）尚未封闭，此时睾丸就可能重新上升进入腹腔。

25. 其他构造

性反应涉及身体的每一部位，其中许多部位的反应并不亚于生殖器。其中每一项都可以用来测定性反应的开始、持续或中止，测定性反应的程度及发展速度、性高潮的临近以及高潮和释放。

性高潮的临近

当性反应中的生理变化达到与平时状态的最大差距点时，性高潮就要来临了。这一最高点可以通过我们上述的所有反应与动作加以测定。当性反应持续进行，越积累越强时，会出现一个突然的跃增，达到比原来水平高得多的高峰。此后，性高潮才会来临。

一些人，尤其年轻男人，会笔直地持续地登上这一高峰。另一些人，尤其较老的男人，常是经历一个平稳的、较长时间的发展，而且达到高潮前也没有跃增期；但无论男女，都有些较老的人却恰恰是以间断反应的方式来从事性行为的。

在大多数人的一生中，对性刺激的反应速度、达到唤起高峰的速度、积累期的长短、有无间歇期和跃增期、高潮出现于何种水平上、肌肉反应的模式等等，基本上都是不变的。这一结论是我们对许多人进行长期追踪考察后得出的，其中有些人考察长达16年，有些是从青春期一直到20岁以后。一个人的反应模式，至少在某种程度上取决于一个人初生时的生理特质，因为临床医生早就发现，婴儿的反应模式极其不同。不过，也有相当多的理由相信：行为模式的某些方面，确实是从早年的经历中学习而来的。许多人可以有意地控制他们正常的性反应，以便缓和或延长性活动，或寻求其中特别快乐的方面。调节性接触的频率、控制呼吸频率、中止肌肉的持续紧张、避免持续的刺激、避免幻想，或者用其他方法来控制性心理刺激的输入，确实可以延长性活动的时间，推迟性高潮的到来。至少4,000年来的"性指导"书籍，从早期的梵文作品直到当今的婚姻指导小册子，无不在教导男人推迟自己的反应极点，以便女人也与他同时达到性高潮并相互刺激。但是许多人至少是偶然地觉得，直接地迅速地达到性高潮更能满足自己。

梵文时代和古代印度，有一种高度哲理化了的此类主观控制技巧，叫作"卡里扎"（Karezza），即有保留地性交合①。19世纪在纽约州的一个地区，人们曾经普遍运用这种技巧。它实际上就是让人们在体验到性唤起高峰和性高潮将临时，戛然而止，重新开始，反复十几次到二十几次，并不实际地达到高潮。实践这种技巧的人坚持说，他们每中止一次都能体验到一次性高潮，而男人却可以始终不射精。我们认为，他们所说的性高潮，实际上就是性唤起高峰，就是高潮将临的那一刻。他们之所以能多次地重复性唤起高峰或者延长之显然靠的是没有性高潮。②

反应速度

长期以来人们普遍认为，女人的性反应比男人慢，女人需要更多的性刺激才能达到高潮。今日许多临床医生不但接受这种意见，并以它作为治疗的基础。

确实，在婚内性交合中，许多丈夫先于妻子达到性高潮，而许多妻子则只是在很少次的性交合中才达到高潮；还有许多男人在性交合刚开始时就射精了。但是，我们的数据表明，对这些现象的解释错了，检验一下女人在自慰中达到性高潮平均所需的时间，问题就清楚了。即使在性交合中达不到性高潮的女人，自慰时也可以在一两分钟之内达到高潮。用自慰来测定女人的真实反应能力，比用性交合好；因为性交合中女人的较慢反应，多少要归咎于性技巧运用不当。

女人在自慰中通常是直接达到性高潮，而在性交合中却常常被打断

---

① 在中国古代的房中术里，也有类似的技巧，称为"止精不泄"。当前有的中文书籍里，称之为"固精式性交"。但是这种技巧是否真的有效，目前研究者们还没有公论。

② 这种技术集中表述于约公元6世纪成书的《欲乐经》中。中国古代房中术和宗教修炼也有大同小异的技巧。——译者注

或者被分散。数据表明，女人在自慰中平均少于4分钟即可达到高潮，而在性交合中却可能需要10分钟、20分钟或更久。同样，男人在自慰中平均2~4分钟就达到性高潮。因此，就女人达到高潮的能力而言，她并不比男人弱多少或者慢多少。有许多女人在亲昵爱抚或性交合口，也可以总是在15~30秒钟之内达到性高潮。许多女人总是可以多次达到高潮，只间隔一两分钟；有些人只间隔几秒钟。当然，这在女人中只是很少数，但是能够同样反应的男人也一样是很少数。我们调查过2,114位在自慰中达到过高潮的女人，其中大约有45%总是在1~3分钟之内达到；24%是在4~5分钟之内；大约有19%是在6~10分钟之内；只有12%超过10分钟。当然，任何一种情况中都有一些人是故意拖长时间，以便获得更多的性快乐与满足。

女人在性交合中反应较慢，至少部分地是由于她的反应开始得比男人晚，由于心理刺激对男人的作用比对女人更大。男人总是积极投入性关系，总是在性接触开始之前就已经勃起，就准备好尽可能快和直接地冲向性高潮。女人恰恰相反，她通常并不由于结成性关系就出现唤起，常常直到接受了相当多的肉体刺激之后才开始反应。

再者，由于她较少被心理刺激所唤起，女人比男人更容易在性过程中分心。男人只要看着女伴，只要跟她谈论性话题、考虑自己用什么性技巧、回忆起以往的性经历、计划着与此女或另女的下次接触，或者只要受到其他任何心理刺激，他就会保持着性唤起状态，哪怕实际上并未性交合也罢。但是在同样这些心理刺激之下，大约三分之二的女人不是极少被唤起，就是根本无动于衷。再有，在性交合中，女人本来正在积累性反应，男人却常常改变速度、变换体位、交谈或拔出阴茎，结果女人又退回起点，重来一次。女人反应较慢就是由于这种原因，而绝非因为她缺乏任何内在的性反应能力。

性高潮及其后效

男女达到性唤起高峰后，会突然跃升到一个新的紧张顶峰，然后释放出所有的张力，引起一系列肌肉痉挛，延续数秒到一两分钟，最后恢复原有平常状态，甚至低于平常状态。

这就是我们定义的性高潮。由释放张力引起的痉挛，我们叫作性高潮的后效。许多心理学家和精神分析医生强调性过程中的满足，认为满足即源于这种性高潮的后效，因此他们所说的性高潮一词包括后效在内，我们却不这样使用。

有时，性高潮的消退就像一阵退潮的大浪，有时则会出现间歇或者小的回潮。不过回潮总是不会重返到原来的浪峰。这一个浪峰一个退潮，是观察性高潮的最好标志，尤其在男人并未射精时，以及女人并不射精时更为有用，哺乳动物雌性没有这种突然放松的现象。它们的肌肉神经紧张一直保持到性交合结束之后，才逐渐地消除，而且它们在性交合之后，仍与性交合之前一样处于唤起状态。因此我们得出一个结论，任何雌性哺乳动物都没有达到过性高潮，唯有人类女性才能如此。

这个结论当然太绝对了，例如母狗在性交合中就有骤然放松现象，为什么不可以叫作性高潮呢？有人记录了一只母猩猩在许多年里一直靠自慰达到性高潮。我们也观察到过同类现象。母牛的同性性行为中也出现性高潮。一切鼠类也是如此。

但是，即使个别动物有过性高潮，大多数种类动物中的大多数雌性，在任何一种性活动中都显然没有性高潮。这当然尚需更广泛的验证，但至少就我们所知，人类女性所具有的这种规律地以某种频率达到性高潮的能力，在哺乳动物雌性中独一无二。

性高潮的这种渐发突退，唯有一种人类行为可以与之相比：打喷嚏。只不过打喷嚏是小事一桩，而性高潮却牵动全身。

性高潮的后效主要有这样几个方面：

肌肉抽搐与痉挛

有时这只轻微地出现于局部，但一般却是遍及全身，甚至引发全身痉挛；有的人的痉挛传导极快，难于观察，但是一般人的痉挛总是延续半分钟到一分钟，甚至长达5分钟之久。

高潮后痉挛的机制与癫痫和受到电击一样，只是我们还不清楚其内容。

性反应的极端形式是：某个人在性高潮之中或之后，会暴烈地扭动和屈伸全身、拱背、挺股、拧头、长伸双臂与双腿、胡言乱语、呜咽、咆哮、哭喊，简直就像在遭受严刑拷打。男女都会如此反应。有人的全身会摔出、拱出或滚出几英尺或几码之远。有人会狂推、猛击、暴烈地戳刺、使劲踢对方，当然有些比较注意社会规范的人，能使自己的反应温和一些；但是那些原本反应暴烈的人，任何有意的控制都终归无效。

生殖器抽搐与痉挛

男女都会出现这种现象。女人的会阴肌与阴道提肌的收缩，会握住阴茎或进入阴道的其他物品。这就是有人说的"阴道高潮"，其实只不过是性高潮的后效。

虽然阴道收缩会使女人和男伴获得快乐，但没有它是不是就失去一些快乐，却很难说。有过的女人如果在某次性交合中又没有了，可能只说明她在此次性交合中没起反应。

腹肌的强烈收缩，有时会使子宫口和阴道入口紧缩，子宫颈也会有微小运动，结果产生一种吸入精液的作用。

男人的阴茎与阴囊也会收缩。睾丸会在阴囊内出现相当大的运动。大多数男人的阴茎只是稍动，但有些人的也会跳动。这来源于阴茎所植根于其中的骨盆肌内的收缩，肛门也会因肌肉收缩而大张大闭。除了进行肛门性交的人或把插入肛门当作性刺激的人，一般人对肛门的这种反应毫无知觉。

射精

这是男人最显著的性高潮后效。人们普遍相信，精液会射出阴茎很远。有些医生据此判断受孕可能。我们观察了数百个男人后发现，大约有四分之三的人只射出一点点距离，在插入式性交合中勉强能到达子宫颈。其余的人可以射出数英寸到一两英尺，但只有8个人能射到5英尺或6英尺。这种功能差异源于生理或解剖构造的不同，当然还有年龄，它能减弱一切生理反应。

女人阴道收缩时，会挤出一些分泌液，少数人类似射出。人们常常提到这种现象，并认为这是女人的射精，各种性爱文艺作品尤其津津乐道。这当然是错误的。

人们还常常把射精当成男人性高潮本身。其实两者有着以下根本区别：

1. 性高潮牵动整个神经系统和全身各部位，而射精只是高潮后神经放松时，所出现的众多现象之一。

2. 男女性高潮在一切生理细节上都相互对应，而射精却是唯男人才有。

3. 前青春期男孩也可以有性高潮，与成年男人的一样，但是男孩却不射精，因为他们的前列腺和储精囊尚不足形成精液。

4. 能多次达到高潮的男人，也能多次射精。即使是精液枯竭之后，他们照样可以达到高潮，而且与以前的一样，同样可获得有射精时的身心满足。

5. 有些人在性高潮之后数秒钟才射精，两者显然可以区别开。

6. 极少的人（也许是1/4000）的解剖构造异常，不能射精，却也照样达到性高潮不误。

7. 切除前列腺的人不能再射精，却仍能达到高潮。

正是由于误把射精当成高潮，才有许多人认为男女的高潮不同；其实射精只取决于解剖构造的不同，不能表明男女性反应的生理基础不同。

其他方面

脉搏在数秒到几分钟之内，从150次降回70～80次。血压、体表温度也是如此，年轻男人可以继续勃起几分钟，较老男人则立即疲软。但如果兴奋状态持续，一些年轻甚至年老的男人仍可继续勃起半小时之久，或更久。有时这样的男人可能不间歇地重新开始下一轮性活动并达到高潮。

意识和感知能力会很快恢复，但是不会再超过高潮前。这可能使一些人感到不适。许多男人，也许是多数，变得极度敏感，再稍稍刺激阴茎就会感到疼痛。婚姻指导手册经常教诲丈夫们，如果他先于妻子达到高潮，务必不要停止，应继续抽送；而另一些人则在生理上不可能做到这一点。女人中也有这种过敏现象，不过并不多。

有些人在性活动结束后又饿又渴，有时这不过是恢复常态的反应。但是另一些行为则不然，诸如浑身疲乏、渴望离开对方、渴望吸烟等等，偶然地却是心理烦恼的产物。烦恼源于当事者对刚才性行为的怀疑，生怕违背道德准则或者被社会所不容。有些人还会在性活动之中或之后马上解大便或呕吐。这种情况常发生于运用某些被人认为不洁的性技巧时，当然，其原因是心理的而不是生理的。

性高潮过后，全身处于静止状态。古罗马医学先驱盖仑把这叫作"性交合后的沮丧"。其实绝大多数人在经历了性高潮之后，既没有悔恨，也没有内心冲突或者任何沮丧；只是处于一种平静、安详的状态。许多人都认为，性高潮及其满足正是任何类型的性活动中最可取之处。

较年轻者在性高潮之后几秒到一两分钟，就可以生机勃勃地投入身体活动和精神活动。所有人平均起来，4～5分钟后便可恢复正常活动。许多人把性交合安排在晚上，以便随后就睡觉。男女在这方面也没有什么差别，只是文艺作品总爱描写女性在高潮后仍然兴奋不已。

不多的人会在几小时内感到疲劳，个别人可能几天之久精疲力竭，但是这些人可能有其他病患，而不是仅仅由于性活动。性活动有其自己的内在调节机制，来控制高潮的频率。这人就不再对性感兴趣，对性刺激也不再做出反应。每个男人在自己的一生中，总有一次或两次企图超过自己的性极限，强迫自己去创造一个最高纪录，但是大多数男人都不可能做到。

同样，尽管女性也常常被迫投入超过自己生理能力的性活动，但是她们在其中却没有出现性反应。

个体差异

1. 肌肉运动的幅度不同；
2. 最常被性反应牵动的身体部位不同；
3. 肌肉运动的速度不同；
4. 引起性高潮的骨盆撞击或其他动作的次数不同；
5. 从性活动开始到性高潮的时间不同；
6. 高潮后抽搐的部位和程度不同。这些差异构成了无限多样化的可能，因此每个人性反应与性高潮的基本生理模式是一样的，但是每个人的行为都大不相同。

当事人能够意识到的满足

我们还不完全清楚它的来源，但至少有以下因素影响它：

1. 形成性反应时，生理的与心理的刺激的性质与程度。
2. 当事人的内在生理能力。
3. 当事人的心理能力，诸如，寻获性伴侣的能力、在肉体活动中发展有效的心理刺激的能力、对对方的性过程的情感反应能力等等。
4. 作为性高潮基础的生理状况。例如，脉搏达到150次的性高潮，可能比仅达100次的更富有刺激。同样，其他生理变化也很重要。不过我们尚缺乏足够的数据。
5. 当事人以往的性经历，以及这种经历所限定的性态度。
6. 当事人以前与某个特定性伴侣的经历。双方关系持续越久，满足程度就越高，因为双方有时间相互了解和适应对方生理的和心理的需求与偏爱。
7. 如果旧的性伴侣或性经历已经丧失了某些原有的吸引力，新的经历就会更有刺激，更有效果。
8. 达到性高潮的方向与速度。有的人喜欢直接地、不间断地达到，有的人却喜欢优柔的、长期的过程，因而故意中断，以推迟性高潮。
9. 心理上能否接受多种多样的性活动。对许多人来说，决定满意程度的最重要因素，就是在某种性活动中是否产生负罪感。

男女对照的总结

1. 男人与女人，在性反应的基本生理因素与过程方面没有什么差异，只不过由于双方解剖构造不同，在某些细节上稍有区别而已。例如：男人的阴茎肿胀最显眼；而女人则是乳头、阴蒂和小阴唇的肿胀最醒目。但是在脉搏、血压以及其他一切生理变化方面，男女两性都基本一样。

2. 人类男女的性高潮显然也是从根本上相同的；而人类女性的性高潮，在前人类哺乳动物中却是绝无仅有。

3. 女人达到性高潮的速度可以与男人一样快，有些女人比男人还快。没有任何数据能证明女人比男人慢。但是在人际性关系中，由于女人较少被心理因素所刺激，她们表现得确实比男人慢。

4. 一般来说，女人的性高潮后效与男人也没有任何本质差异。固然，男人射精而女人却不，但是这只取决于解剖构造上的小差异，而不是两性生理上有什么基本的不同。

我们当然不否认男女在心理上和激素方面有差异，但是如果男人和女人都能理解，他们在基本构造和基本生理上极其相似，那么他们就会更充分地做好准备，去理解对方。

第二十九章

性反应中的心理因素

人类的一切功能严格来说都是生理功能，但是人们习惯上把人类行为的某些方面称为心理功能。两者之间没有截然的分界，很可能根本就没有真实的区别，但是人们仍然分别沿用这两种术语。结果，有不少人相信，人身上存在着三个范畴：人的解剖构造、人的生理和人的心理。他们认为，生理学家研究内容，而心理学家研究形式，或者反过来。运用到性方面，就有人认为，人类性行为的心理方面不同于，甚至重要于性反应与性高潮的解剖和生理基础。

这种想法很容易变成神秘主义，很容易把解剖学与生理学当成科学上的唯物质主义，而唯有他们自己才懂得"基本的"、"人类的"、"真实的"行为问题。这显然是不对的。我们所定义的行为的心理方面，不过是指同一基本构造和基本生理的某些方面。

当然，我们的定义也绝不否定那些无法用生理和生化术语来称呼的现象，诸如学习与限定过程、选择性目标时的偏爱的产生、整体性行为模式的产生发展等等。它们对人的性行为都会产生巨大影响。

五大性心理现象

学习与限定

生物活动中最突出,而且无法用生理与生化术语来解释的现象,就是它能被经验所调整。这也是生物与非生物的界限之一。生物先后两次遇到同一境况时,第二次的反应就可能不同于第一次。后来的行为可能由于对前一次反应的回忆而加以调整或修正。这就是心理学上常说的学习与(获得前提)限定的过程。

首次经验、最强的经验和最近的经验,都可能影响以后的行为。弗洛伊德及其精神分析学派,正确地强调了早年经验的作用,但人在一生中毕竟还可以不断地再学习,不断地再获得或形成新的前提限定。因此早年经验的作用不可以绝对化。由于人类具有发达的大脑,其性行为的多样性,可能更多地取决于心理前提,而不是性机能的解剖构造与生理状况。

人一生下,所继承的不过是对刺激做出反应的解剖基础与生理基础。这些是不需要学习的,上一章所述的一切都是如此。但是除此之外,性行为的其他一切方面都是学习的结果。婴儿一生下来,甚至未生之前,就开始接触某些日后会汇入其经验的因素。与他人身体的接触,会使得婴儿知道触觉刺激能带来满足。早年与他人的性活动,能告诉儿童什么会受奖赏,什么会受惩罚。从其所处环境内的一切人那里,儿童会学习到对待性的态度。这种态度会在日后使得他(她)接受或者拒绝某种特定的性活动。

是什么样的人把自己带进一种人际活动,这会极大影响此人日后对这种活动的态度、兴趣,以及是否从事其他活动。说到底,任何一个人的所有性技巧,不论运用于自慰、亲昵、性交合、同性性行为还是别的性活动,全是学习而来的。

偏爱的发展

作为经验的结果,一个人在某种活动中可能产生积极反应,在另一种活动中却产生消极反应。不过两种反应都有不同的程度，于是一个人学会对某一活动做出比对其他活动更强的反应。一有选择的可能时，人就会显示出对某一类型活动的强烈偏爱。

一个人对性伴侣的偏爱有多种多样：高矮胖瘦、肤色相貌、年龄与年龄差、人数、性别、是自慰还是投入人际性活动、性交合前的爱抚延续多久、运用生殖器、口还是肛门的技巧，是否多变换体位、是否用动物来替代人，等等。所有这些选择和对特定刺激的反应，对当事人来说，都是理由充足的，或多或少是不可避免的。尽管那些没有被同样经验所限定的人，会认为这些人的行为是不可理解的、不自然的和不道德的，当事人却仍会这样做。

即使一些最普遍的性行为模式也不能完全用学习与条件来解释。一些人认为不可思议的行为，另一些人却认为意义重大；施虐、易装、恋物等行为显然是学习的结果，但是不能排除该人个性的某些方面的作用，以及先天或后天的解剖构造与生理能力的作用。尤其是恋物现象，不难解释为实际上是被性伴侣身体的某些部位所吸引。

社会因素当然也起作用，有一些行为格外地受到社会赞赏。但是也有一些所谓变态行为，并没有受到社会的任何关注。如果仅仅把行为划分成正常的与反常的，并且列出长长的名单，那么只不过是道德的表现，而不是科学。这既不能弄清行为的来源，也无法认识其真正的社会作用。

经验的共鸣与分享

人类性行为的前提条件，绝不仅仅是个人的经验产物。人类拥有巨大的社会交往能力，通过语言、印刷物以及其他现代化手段，每个人都分享着别人的性经验。一个人获知别人在某一类型性行为中得到满足还是遇到困难，会影响自己投入还是不投入这类性行为。

在听说别人的性经验时，听到某些"性能人"大吹特吹时，阅读这类文艺作品时，看到描述性对象或性活动的照片与图画时，许多人都会获得相当大的刺激。结果许多人还没有真正实践前，就已经对投入还是反对某种特定类型的性行为，产生了强烈的倾向。

一个人的性行为模式，通常在很大程度上被昔日的甚至古代的社会戒律所左右。儿童很小的时候，社会态度就会限定其态度、反应与行为，迫使他（她）接受特定社会文化所规定的模式。

对相关事物的反应

动物不仅会对特定刺激做出反应，对与最初经验有关联的事物或现象，也会做出同样的反应。巴甫洛夫的条件反射实验，最充分地证明了这一点。

如果在与某个异性的交往中获得了满足，动物就会对任何一个异性做出更积极的反应。如果满足来自与某个同性的交往，它也会对所有同性积极地反应。我们发现，一只狗的主人曾经手刺激过它的生殖器，结果一见主人，狗就会亲热地扑向主人，或是跑到当初进行手刺激的地方，静待下一次经历的来临。

视觉、听觉、嗅觉、味觉的性刺激作用，也是由于能联想起以往的性经历，而不是由于直接对感受器官的生理刺激。人类尤其如此。从婴儿起，人就把许多事物和现象，与那些能给自己带来舒适和满足的行为联系在一起。成年人则把各式各样的东西与性活动联系起来，从简单的温暖、触觉满足，直到特定食品、衣着、光、声、音乐、嗓音、词汇，甚至房间或家具的式样。

有时，一个人对这类联想物品或现象的反应，跟性接触中肉体刺激所激发的反应一样强烈，甚至更为强烈。有不少人觉得，期望着获得一个投入性活动的机会，比真的投入进去更能激发自己的性唤起。

交感反应

大多数哺乳动物在看到别的个体从事性活动时，自己也会出现性唤起，并寻找机会投入。人类男性也是如此。这就是交感反应，即一个动物对另一个产生感觉与反应。

最能引起性反应的，莫过于性活动本身。大多数人类社会之所以严禁公开从事性活动，并非出于"羞"或者"错"的概念，而是为了防止交感反应，防止出现群体性活动的社会后果。动物的群体性活动会引起内争和群内暴力。人类也是如此，除非每个人在群体性活动中，在试图获得其中的特殊刺激时，都能控制住自己的嫉妒。

在人际性活动中，双方既可以相互刺激，又可以相互接受刺激，因此大多数人觉得在人际性活动中获得满足，比在独自性活动中所获得的更多。从双方的肉体接触中，尤其是在完全裸体的相互接触中，一方身体的紧张会直接引起对方的反应；一方达到性高潮，会刺激另一方也达到高潮。可能是由于双方同时出现性反应的结果，但是一般来说还是由于双方产生了某种交感反应。

男女33种不同心理状态

一般说来，男人更多地被他们的性经验所限定，也更多地被不同的伴随因素所限定，或更多地被他所分享的别人的性经验以及对其性伴侣的交感反应所限定。女人则较少受这些心理因素的限定。

但是另一方面，在对心理刺激做出反应这方面，女人之中的个体差异比男人中的更大。我们谈过，女人在自慰中出现性幻想的平均数比男人少，但是也有一些女人确在其中具有非常强的性幻想。因此，我们在强调一般女人与一般男人的差距时，也必须不断说明：有许多女人与一般女性的差距也非常之大。

观看异性

有32%的男人说：当他们看到某个自己愿意与她有性关系的女人时，就总会产生性唤起。这包括妻子、女朋友以及其他女人，包括裸体的，也包括穿衣服凸凹的。另有40%的男人不总是会这样，但有些时候会。但是在女人当中，只有17%的人在看到丈夫、男朋友或其他男人时总会出现性唤起；另有41%的女人只是有时会这样。从来没有过这种情况的女人占42%，而男人只占28%。

看到女人而做出反应的男人，其反应是生理上的，即出现勃起，而且经常接近女人以求肉体接触。看到男人而做出反应的女人，大多数却没有如此明显的生理反应。这种现象在前人类哺乳动物中也是一样。

观看同性

观看同性而产生性唤起而且承认，显然是一种最基本的同性性反应。在我们的文化中，由于社会严厉的谴责和惩罚同性性行为，因此许多男人坚定不移地相信自己是一个"异性恋者"。不敢承认他们在看到其他男人时有性唤起。但是我们的文化却允许女人在观看裸体女人的形象时产生美感的满足，在观看盛装女人时也可以。结果，一个女人表示自己欣赏另一个女人时，我们的文化传统并不认为她有"同性恋兴趣"。这当然是对的，因为女人对女人的兴趣，经常仅仅是欣赏她所喜欢的某个特定女人，并无任何性的因素。

尽管如此，但是我们的调查却发现：承认自己看到同性人时产生性唤起的男人，仍然比承认这一点的女人多一些，具体情况见下表：

性反应程度	女人（%）	男人（%）
明确地、经常地	3	7
有时有一些	9	9
从来没有过	88	84

看到裸体影像时

有54%的男人在看到裸体女人的影像时，不论照片、绘画还是油画，都会产生性唤起。这一比例与男人看到真实女人时产生反应的一样多。大多数有过同性性行为的人，在看到同性的裸体影像时，也会产生性反应，但是在女人中这样的人很少。

具体情况见下表：

性反应程度	女人（％）	男人（％）
明确地、经常地	3	7
有时有一些	9	36
从来没有过	88	46

大多数女人难于理解，男人为什么在看到女人的裸体影像时会出现性唤起。女人很奇怪：这些男人难道不是根本不可能与那些影像发生真正的性关系吗？反过来，男人也无法理解，与自己有着满意性关系的女人，为什么看到此男的裸体影像时，或看到其他与她有性关系的男人的裸体影像时，都总是不产生性反应呢？我们调查中遇到一些男人，他们曾经把裸体照片或绘画拿给自己的女性伴侣看，试图以此引发她的性唤起，结果大多数男人都无法理解，她为什么就是不真正地起反应呢？尽管她有时装出感兴趣的样子。

如果一个男人发现自己的妻子或女友对这种刺激无反应，他就会得出结论：她不再爱我了，她不让自己对我做出反应。其实，他没有理解，这种反应贫乏正是女人的普遍特征，而不是某个特定女人的独有反应。

商业化展出人类裸体影像时，女人与男人的这种反应差异表现得最突出。现在出售裸体艺术品、裸体油画画册、电影、体育用品、裸体主义杂志的商业很繁荣。几乎所有带插图的杂志的封面或中页，都有裸体的或近乎裸体的影像。

其中多数并非有意地输出性刺激，多数都具有艺术的或者其他方面的重要价值，但是它们都可以给许多男买主带来性刺激或色情刺激。

女人裸体照片或者杂志上近乎裸体的女人照片，主要是为男买主生产的。当然，有些照片和杂志只表现裸体或近乎裸体的男人影像，但是它们也是为男买主而生产的。几乎没有一件男人的或女人的裸体影像，是为女买主生产的。裸体照片与杂志和生产商非常明白：几乎所有女人都不会因这类东西而产生性唤起；如果他们专为女顾客生产，他们就会因此而倒闭。

性爱艺术品

各种美术作品中都可能有性的因素，但是最明显的则是那些艺术家对所描绘事物表现出性兴趣的作品，或对观看作品的人输出性刺激的作品。

我们广泛研究了美术作品中的性因素，发现非常多的男性艺术家在处理人体时，不管男人体还是女人体，都表现出对该人体的性兴趣。尽管艺术家并没有表现生殖器或者性动作，但裸体的姿态等等，对艺术家和后来的男性观众来说，都具有性的含义。米开朗基罗、达·芬奇、拉斐尔、鲁本斯、罗丹、雷诺阿等艺术家，按照我们所咨询的当代艺术家的看法，几乎从未画过不具有性含义的裸体。

当然，裸体完全可以画得不具有性含义，就像埃及艺术那样。但是在欧洲和美国画过裸体的男艺术家中，我们只发现不超过6位在其作品中总是不带有性含义。

尽管女人从事美术的比男人少得多，但是在欧洲和美国的艺术史上，女美术家毕竟还是有数百位之多。我们经过几年研究，在所有重要女画家的作品中，只发现8幅作品在描绘人体时带有性含义。这个结论是当代画家们做出的，既有男画家也有女画家。这说明，女画家在面对自己所画的裸体时没有性反应。她们的作品就是证明。

值得注意的是，在女画家的8幅带有性含义的作品中，有7幅画的恰恰是女人的裸体。

看到生殖器时

大多数有异性性行为的男人，在看到女人的乳房或者大腿时，或其他一些身体部位时，就会产生性唤起。看到女人生殖器时，他们普遍会被唤起。但是只有较少的女人看到男人生殖器时会被唤起，过半数的女人则从来不会。

具体情况如下：

性反应程度	女人（%）	男人
明确地、经常地	21	很多
有时有一些	27	很多
从来没有过	52	极少

许多女人根本不相信居然有人在看到男人生殖器时会感到性刺激。许多女人认为，男人生殖器相貌丑陋，令人厌恶；看到男人生殖器实际上反而会阻止她的性反应。这可能正如精神分析学说的，女人对男人生殖器的否定反应源于她与男人的不愉快的性关系，但这无疑在很大程度上也来源于女人对心理上的性刺激不会做出反应，对与性相关联的东西也不会像男人那样做出反应。

前人类的哺乳动物的雌性也是如此。例如：母猿或母猴会被雄性的抓弄所唤起，但是它们丝毫也不注意雄性的生殖器。雄猿或雄猴却相反，它们很注意雌性的生殖器。其他动物也是如此。在讨论人类女性缺乏对男生殖器的兴趣时，必须考虑这一动物基础。

具有同性性兴趣的大多数男人，都会被男人的生殖器所唤起，有些人还非常强烈。男人同性性接触中，经常有相互展示和探索生殖器的行为：这些人非常注意生殖器的解剖构造和各种反应。同性性反应不那么强烈的男人，则只是对自己和别的男人的生殖器很感兴趣。

但是有同性性行为的女人中，只有很少部分人被别的女人的生殖器所唤起。

观看自己的生殖器

过半数的男人在自慰时，由于观看自己的生殖器而产生性唤起，或者在对镜观看自己的生殖器时唤起。而这样的女人却非常少。

情况如下：

性反应程度	女人（%）	男人
明确地、经常地	21	很多
有时有一些	27	很多
从来没有过	52	极少

这就是说，观看自己生殖器而被唤起的男人的比例（56%），比观看男人生殖器而被唤起的女人的比例还高。男人的唤起中可能包含着同性性兴趣的因素在内，但是许多从未有过同性性兴趣，更未有过同性性行为的男人，也在观看自己或别的男人的生殖器时产生过性唤起。

展示生殖器

有些男人由于自己对自己的生殖器感兴趣，或看别的男人的生殖器时被唤起，因此他们相当普遍地相信：别人看到自己的生殖器时，也会产生性唤起。这就是男人向妻子、女朋友或者同性性关系的男人展示自己的生殖器时，最主要的动机。

大多数男人都难于认识到，女人不会被观看男人生殖器而唤起，有些男人一辈子都无法认识到这一点。如果妻子对丈夫展示生殖器的行为没有反应，丈夫便会认为她不爱自己了。相反，许多女人在丈夫展示生殖器时，认为他一定是下流的、变态的或精神不正常的。我们调查中遇到许多夫妻，就是因为不了解对方的这些心理特点，结果婚姻出了麻烦，其中一些人还因此离了婚。

那些在公共场所展示自己生殖器的男人，也主要是因为他们相信，观看自己生殖器的女人必定会被唤起，就像他们自己遇到这种情况时一样。有时，展示生殖器的男人会由于女人的惊慌、恐惧或其他激动的反应而产生唤起，而且他会因为由此产生的交感反应而觉得受到了性刺激。但是他的性唤起，在相当程度上仍是由于他设想女人会被他所唤起。这一点的证据是：这样的男人在女人路过并看见他之前，就已经处于勃起状态了。因此，他的行为与反应，不完全是，甚至主要地并不是由于过路女人的反应所引起的。[①]

有一些女人也向自己的男性伴侣展示自己的生殖器，但这是因为她们聪明地理解到，此举对男人来说意味着什么。但是男人所出现的性反

[①] 金赛此节用的词并不是心理学常用的"露阴癖"一词。他也从未用"变态"一词来形容这种展示生殖器的行为。——译者注

应，只是很偶然地使得一些女人产生了性唤起。在我们的调查中，在所有的文章中，没有一个女人由于自己从中获得性满足而在公共场合展示自己的生殖器。

据我们调查，在舞台上、夜总会或小戏院里从事商业裸体表演的女人，几乎没有一个人是自己也从中获得性刺激。她们中的许多人，完全能够熟练地做出种种动作，以使台下的男观众们相信，她自己也因此而出现性唤起了。但是我们的特别调查表明，她们根本没有出现性唤起所必备的那些生理变化。我们调查过的、在舞台上做裸体表演的女人，都在嘲笑她们的男性观众：他们如此容易地被欺骗了，他们居然傻到相信在这一表演中，她们会有什么真实的性唤起。

对生殖器技巧的兴趣

虽然非常多的性活动是以生殖器为焦点的，但这并不完全是由于生殖器富有触觉感受器官。身体的其他许多部位也同样富有这样的器官，而生殖器在性活动中的重要性，至少部分地是由于大多数男人和一些女人认为，与性反应相联系的主要是生殖器。这种认识就形成了他们心理上的限定前提。

男人比女人更重视性活动中生殖器的作用，就证明了这种心理前提的存在。因为男人生殖器上的感受器官并不比女人多。生殖器的勃起能把男人的注意力集中到自己的生殖器上，却不足以使大多数女性也这样。

无论在异性性行为还是同性性行为中，大多数男人总是以裸露或手刺激生殖器开始的，而大多数女性却喜欢在身体各种部位受到足够刺激之后，再把触摸集中到生殖器上来。妻子们经常抱怨丈夫"除了性交什么也不干"，就是说丈夫主要是刺激生殖器和即刻插入。相反，丈夫也总是抱怨妻子"对我什么也不愿干"，大多数情况下，这是指妻子不触摸刺激丈夫的生殖器。

在男女的同性性行为中，这种性别差异也一样存在。非常多的男同性性行为是从相互裸露和手刺激生殖器开始的；在进行中，大多数男人也更喜欢对生殖器的刺激，而不是对生殖器以外部位的刺激。女人同性性行为则相反。我们调查到一些唯有同性性行为的女人，她们的肉体关系持续了10年或15年，但一直仅仍是刺激身体的其他部位，最后才试图刺激生殖器。

有同性性行为的女人经常批评有同性性行为的男人，说他们的兴趣仅仅在于生殖器。反过来男人也批评女人，说她们在同性性行为中"什么也不干"。这种批评与妻子批评丈夫或丈夫批评妻子何其相似。这从一个方面证明，说同性性行为是变态的根据多么不足。实际上，男同性性行为只不过是男人典型的心理前提的一种极端形式。

看商业电影

今日商业电影中，或多或少具有性含义的镜头已非常普遍。无论对男还是对女，这些镜头作为性唤起之源的作用，已经小于它们刚刚出现时，更极大地小于大多数官方或非官方的审查官所认定的强度。

许多男人与性伴侣一起在私下场合看电影，并看到爱情镜头、贴身爱抚接吻镜头或故意展示半裸体镜头时，他们可能常常产生性唤起。但是在公共电影院里，这样的男人的人数显然被夸大了。当然，也有许多男人试图抵赖，但是他们咽唾不止、似被猫抓、紧握双拳的行为表明，他们确实是被电影激发了性反应。

男女对商业电影的反应如下：

性反应程度	女人（%）	男人（%）
明确地、经常地	9	6
有时有一些	39	30
从来没有过	52	64

表中女人产生反应的比例比男人高一些，能产生这样效果的心理刺激来源仅有区区几个，商业电影显然是其中之一。

这可能是由于电影中有浪漫动作，也可能是由于其中有独特的人；在大多数情况下，是由于电影能从整体上创造一种充满激情的气氛。这就像与另一个人一起游览风景胜地、共读一本书、共对一堆火一样，很能引发或创造出一种激情反应，随后又转化为一种性反应。有时，电影中的性爱镜头并没有直接的性含义，但也能使得一些被特定因素所限定的人产生性唤起。有时也是由于观看者把电影中的性爱场面与自己的性伴侣联系在一起了。①

观看色情表演

各种色情表演，不论是草台班子还是夜总会，都或多或少是为了给观众提供刺激。多数男观众也确实从中获得了它。这类演出团体以此来维持营业。男观众在第一次或第二次看此类演出时，总是产生性唤起；但大多数再看多了就不被唤起了。他们之所以仍然去看，可能是因为也仍能从中获得某种情欲的满足，即使不如第一次那么强烈也罢。其中一些人可能被表演中的幽默所吸引。但是多数人却是因为盼望继续获得首次观看时的那种满足。②

性反应程度	女人（%）	男人（%）
明确地、经常地	4	29
有时有一些	10	34
从来没有过	86	38

在十年或二十年前，色情表演的观众几乎全都是男人，现在女人已经和男人一样多了。但是我们很难解释：既然女人中产生过性唤起的这么少（14%），那么她们为什么还要去看？显然，大多数女人是出于社交需要，或是为了陪着自己的男伴。她们可以从其中的幽默获得某些快乐。她们当中只有极少数人是为了从中获得同性性刺激。

观看性动作

许多男人有机会看到别人的实际性行为，他们大部分都产生了交感反应；而有这种机会的女人却极少出现交感反应。自从古罗马以来，商业化

---

① 金赛在此段中显然故意未区分男女。——译者注
② 当代美国有些性研究家认为，男人对此类东西有周期性的需求。——译者注

表演性行为就一直是为男观众服务的，极少有女观众。这似乎已成了一种文化传统。许多男人由于自己的道德良心，性表演的机会送上门也不愿去看，但他们也承认，如果自己去看了，也会被唤起的。

人们一般把男女在这方面的差异解释为文化传统的作用。普遍认为女人在对待社会所不赞成的许多事物方面，比男人更有道德。

但是实际上，在前人类哺乳动物中就已经存在着这种差异了。雄性看到别的个体从事性活动时，自己也会被唤起，而雌性则较少如此。农民和牧民非常了解这一点；家里养小动物的人当然也很清楚。因此并非女人比男人更有道德，而是她们比男人更不容易和不常被心理因素刺激和产生交感反应。

观看性动作的影像

各州和地方政府严禁表现性动作的照片、绘画或者电影，法律也周期性地发动惩罚运动以阻止其传播。但是这些东西在美国仍然大量存在，只不过可能比其他大多数国家少些。①

历史上大多数文化都有表现性动作的影像材料，而且大多数材料都是供给男消费者的。目前男女的不同反应，一是表现为男人较多地看这类材料，而女人却较少有这样的机会；二是由此引起反应的男女各不相同。具体情况如下：

性反应程度	女人（％）	男人（％）
明确地、经常地	14	42
有时有一些	18	35
从来没有过	68	23

当然，许多女人说她们也常常看性动作的影像，常常因此受到道德的、社会的和美学意义上的谴责。人们常以此来证明女人的"得体"意识更强，实际上我们的数据表现，大多数女人在看到这类材料时，并没有感觉到它

---

① 指40年代末的情况。——译者注

们具有什么性含义或者性刺激。

大多数男人难于理解，对这样的影像怎么会不动心。他们常常向妻子或女伴展示这类东西，以期在性活动开始之前唤起她们。相反，妻子也迷惑不解：丈夫在家里已经有了满意的性生活，为什么还要去看这类东西，寻求额外的刺激呢？妻子们觉得丈夫的这种行为伤害了自己的感情；许多妻子干脆认为这是侵犯了自己。我们遇到许多夫妻因此而争吵，还有一些妻子发现丈夫拥有性动作的照片或者绘画就因此提出离婚。

各地、各州、各国反对所谓淫秽品的运动，常常是由女人发动和支持的。这样的女人不仅是由于她们认为这些东西应从道德社会角度反对才发动运动，而且也是由于她们根本没有理解这些东西对大多数男人和一些女人所具有的意义。

观看动物交

许多男人和一些女人在观看动物交时会产生性唤起或者交感反应。一些乡村男孩子就是由此诱发与动物的性关系。情况如下：

性反应程度	女人（%）	男人（%）
明确地、经常地	5	11
有时有一些	11	21
从来没有过	84	68

偷看异性裸体与他人性行为[①]

没几个男人不寻找这样的机会，尤其在即使被发现也不会引来社会责任或者麻烦时更是如此。对许多男人来说，观看一个女人脱衣服，比她完全裸体后再观看，能获得更多的性刺激；因为脱衣服能使他们幻想自己将会看到什么。

尽管偷看会惹来法律麻烦，但偷看行为在美国非常普遍，在其他一

---

① 在中文里，常常把"偷看"称为"偷窥"或者"窥阴"。但是在金赛的著作中，对于这种行为并没有任何贬义，因此我把它翻译为"偷看"。——译者注

些窥家也很多。大多数男人在其一生中都有过那么几次，从自家的窗户里、透过旅馆窗户、或是通过别的什么机会偷看过。我们的资料不足以算出百分比，但是汉密尔顿1929年调查发现：6%的成年女人和83%的成年男人渴望这样做，20%的女人和65%的男人真的这样做过。①

偷看能否获得性满足，取决于偷看者接受心理上的性刺激的能力的强弱。我们的调查、别人的研究以及文艺作品，都有女性偷看者的例子，但是比例都很小，而且这些女人中只有极少的人从中获得过性刺激。

偏爱有光亮还是黑暗

有40%的男人曾经在不同的光亮之下性交合过，或从事过其他性活动；而偏爱光亮的女人却只有19%。这可能是由于女人性格平和，但更主要的是因为男人在观看对方、对方的生殖器、其他身体部位、自己的某些性动作，以及观看某些他认为与性有关的物品时，会感到较强的性刺激。女人则恰恰相反。详情见下表：

偏爱程度	自己表达（%）		对方表达（%）	
	女	男	女	男
偏爱较强的光亮	8	21	11	21
偏爱较弱的光亮	11	19	13	10
偏爱黑暗	55	35	58	34
没有偏爱	26	25	18	35

人类学资料表明与此不同的偏爱状况；但是我们美国的同一文化中，男女却有如此的差异，显然不完全取决于文化传统，而是主要由两性的不同心理能力决定的。

对异性的幻想

几乎所有的男人，只要他不是唯有同性性行为者，在想到特定的女人，

---

① 原文如此。可能是由于真偷看过的女人中，有一些人并不是故意的。——译者注

甚至一般女人的时候，都会产生性唤起。不过，受教育较少的男人也较少被这样的幻想所唤起；较老的男人则较多地丧失了这样的能力。那些唯有同性性行为的男人则不会产生对于女人的性幻想。

在男人中，有84%的人在幻想自己与女人有性关系的时候、在想到自己以往的性经历的时候、在想到自己预期的性关系的时候，都曾经不同程度地产生过性唤起。对于男人来说，这种形式的心理的性刺激，可能比其他任何形式的刺激都更加经常地出现。

女人中只有69%的人是这样的，还有31%的人绝无此事，即使想到丈夫、男朋友也不会被唤起。有些女人在肉体的性关系中，对于男人有强烈之极的性反应，但是却从来也没有由于幻想男人而产生性唤起。具体情况如下：

性反应程度	女人（%）	男人（%）
明确地、经常地	22	37
有时有一些	47	47
从来没有过	31	16

上述差异可以解释：男人为什么在性关系开始之前，在根本还没有触及女性之前，就经常已经高度唤起。这也能解释：男人为什么渴望高频率的性行为；为什么难于忍受独身的寂寞；为什么在得不到他所寻求的性接触的时候会心慌意乱。这种性别差异使得女人无法理解：为什么自己在家务繁忙或是社会负担沉重的时候，丈夫却不愿意减少或者放弃性交合？

反过来，非常多的丈夫也无法理解妻子为什么在性交合开始的时候总是缺乏兴趣，常常误认为这是因为妻子对自己的感情淡薄了。其实，双方如要协调性关系，必须明白这只不过是男女性别差异的最典型的最普遍的表现形式。

对于同性的幻想

有过同性性行为的男人对于男人的幻想，就像异性性行为者对于女人的幻想那样多。

在女人中，这样的幻想虽然少于男人，却多于她们对于男人的幻想。具体情况是：明确地、经常地对同性（女人）产生性幻想的，占全体女人的23%，有时有一些的占46%，从来也没有过的占26%。

自我刺激中的幻想

男人在自慰中的幻想，一般是回忆自己以往的性经历、设想预期的性场景、幻想那些自己从未经历过的预期能够获得特殊满足的越轨的性活动。很多男人在自慰的时候故意虚构出一些这样的性活动与性场景。许多男人，尤其是受教育较多的人，至少在某些时候，在自慰中还会：观看性的图像资料、自己画出这样的图像、阅读性爱文艺作品、自己创作性爱故事等等。他们把这当作性刺激的一个来源。

有56%的男人在自慰中观看自己的生殖器。有过同性性行为的男人也许更喜欢这样做，可是那些从未有过同性性行为的男人也是如此。两者都把这当成形成性刺激的额外来源。许多男人，尤其是中老年男人，在极大程度上依赖心理刺激，如果在自慰中没有性幻想，他们就无法达到性高潮。

女人却不一样。除了自慰的比例低之外，在自慰中把性爱书籍或者图画作为性刺激来源的女人，我们在调查中几乎一个也没有遇到。男女比较的情况如下：

性反应程度	女人（%）	男人（%）
明确地、经常地	50	72
有时有一些	14	17
从来没有过	36	11

夜间性梦

几乎所有的男人都有过引发性唤起的性梦，而女人中却只有大约四分之三。

有83%的男人在性梦中达到过性高潮；而女人的这一比例仅为37%。

较年轻的男人在性梦中达到性高潮的频率，平均为每年大约10次，较老的男人则为平均每年大约5次。可是那些有过性梦的女人，平均性高潮频率为每年大约3~4次；而且那些曾经在性梦中达到过哪怕一次性高潮的女人，在有过性梦的女人中也仅仅占25%。因此，全体女人在性梦中出现性高潮的平均频率，只不过是一辈子也有过1~6次而已。这是男女差异的又一个证明。

性交合中的身心两重性

女人在性交合中的反应如何，取决于肉体刺激的连续不断。如果刺激中断，她的性高潮就会推迟。这主要是由于女人可以在刺激中断时，回复到不唤起的生理状况去。深究下去，这仍然是由于在没有肉体刺激的时候，女人无法单靠心理刺激来维持唤起状态。男人则相反，他的持续的勃起，主要是因为心理刺激密闭了肉体刺激过程中的间断。

因此，男人一般不会像女人那么容易从已经开始的性过程中转开。女人则不然，许多事情都能打断她的性过程：婴儿哭闹、小孩进屋、门铃响起、想起没干完的家务，甚至放音乐、交谈、吃东西、想抽烟，以及任何与性交合毫无关系的事情，都会打断她的性过程。上述的许多活动，其实是男人要求去做的，但是由于他不了解女人的性心理特征，反而使得女人分心走神。对此，他至少应该对此负一部分责任。

男人总是认为：在性交合中，女人"没有全神贯注"。这种抱怨不正确，因为失去来源于男女之间的性心理差异：男人所重视的，恰恰是女人所缺乏的。实际上，千百年来人们就知道这种差异。无论西方还是东方的古典文学，无论古代还是今日的性爱美术作品，都描绘过女人在性交合中偶然地读书、吃东西或者从事其他活动，却从来没有一位画家画过男人也这样做。

男女这种差异可以有多种解释。许多人坚持不懈地从社会与文化的因素中寻找其来源；但是其中肯定有某些基本的生物因素在发挥作用，因为前人类的动物中也存在着这种差异。不过，这不能解释为男女两性有着不同的"性内驱力"，这很可能是由于男女存在着更加根本的神经方面的差异。①

文学作品的刺激

小说、散文、诗歌或者其他文艺作品，一般都包含着激情或者浪漫色彩，也包括一些性描写。读者可以分享书中人物的性经历。因此，人们对于此类文艺作品会做出何种反应，是测定读者的心理唤起能力的一个尺度。结果我们发现：

性反应程度	女人（%）	男人（%）
明确地、经常地	16	21
有时有一些	44	38
从来没有过	40	41

上面的表格中最引人注目的是，男女在这方面几乎没有差异。阅读文学作品而引起性反应的女人，比看性动作影像而引起性反应的女人要多一倍，比看裸体影像而引起反应的多4倍。我们还无法解释为什么会这样，其中可能有心理的巨大作用，但是由于其他方面的一切差异都是基于神经生理学方面的性别差异，因此我们无法提供任何解释。

性爱故事的刺激

几乎所有男人，包括刚刚进入青春期的男孩，都听到过五花八门的口头性爱故事。这些故事都是故意输出性刺激，一般都会详细地描述性的动作。不同受教育程度的男人，对这类故事的反应也会不同：受教育较多的男人会较多地、较强烈地做出反应；而受教育较少的男人则往往做出较少的、较弱的反应。男女的对照如下：

---

① 当代的一些学者认为：人类存在着"脑性别"，即男女的大脑的构造与功能存在着显著的差异。但是国际女性主义坚决反对这种认识。——译者注

性反应程度	女人（%）	男人（%）
明确地、经常地	2	16
有时有一些	12	31
从来没有过	86	52

听过性爱故事的女人中，有86%的人毫无反应，这值得注意。其中有些人觉得这种故事是对于自己的冒犯，这很可能是由于她们受到了一般舆论的影响，把性爱故事视为下流的与不道德的。但是另外一方面，也有相当多的女人爱听这类故事，因为它们幽默可笑。还有一些女人则不认为社会应该反对这类故事。尽管我们拿不出调查数据，但是在今日的美国，能够接受这类故事的女人越来越多。在过去的一二十年里，那种绝对不能给女人讲性爱故事的老传统已经被极大地破除了，因为有更多的女人能够更加自然地接受这类故事。不过，我们从上述表格中可以看到，由此而引起性反应的女人仍然如此之少。

性文学与性绘画

一般把色情品定义为：把促使读者产生性唤起故意地作为其主要的或者唯一的目标的那些文学作品与视觉材料。其他的文学作品与美术作品也可能含有性的因素，但是大多数研究者与各种法庭裁决却认为：它们把文学的或者艺术的价值作为其首要目标，把性的因素作为次要目标，因此它们都不属于色情品。

古往今来世界各地的色情作品不计其数，但是几乎找不到一个是由女人创作的。在公开出版物中，可能只有两三部作品真的是女人写的。有一些所谓记述女人的性经历的作品，其中的许多其实都是男人写的，而且已经被证实了。剩下的此类作品，也都可以根据其内容来断定都是出自男人的笔下：它们都详细地描述生殖器的活动，都详细描述男人的性过程，可是根据我们的数据，这些因素恰恰是女人一般都不感兴趣的。尤其是，这类文学作品所描绘的女人，都极力赞美男人的生殖器与性交合的能力，都强调女人的性反应如何如何剧烈，都突出地描绘女人的性饥渴是如何地贪得无厌。这些内容，所表现的其实只不过是大多数男人的梦想，就是他们希望女人应该是这样的。这是最典型的男性误解：男作者可以从写作中获得心理满足，而且几乎每一个男买主也是如此；可是女性的真实却与此风马牛不相及。

在过去的15年里，我们收集了数千部性爱手抄本，但是其中像男人那样带有性因素的、真的由女人创作的手抄本只有3本。同样，我们收集了出自大师的与出自凡夫俗子的性爱绘画数千件，其中真的由女人创作的不超过6件。

女人所创作的性爱文学作品与绘画，大多数仅仅具有很一般的激情、情感与爱。对于男人来说，这些东西并不能给自己带来特别的性反应；我们也没有发现它们对于女人有什么大的作用。

涂鸦

自古以来，人们就习惯于在建筑物或者厕所的墙上乱写乱画。在男人所创作的文字与图画中，绝大多数是关于性行为的或者是提供性刺激的。女人相对地较少乱写乱画，即使这样做了，性的内容也较少，而且其中只有极少的内容是为自己或者为他人提供性刺激。

我们考察了数百个厕所，收集了数千个乱写乱画的实例．结果我们发现：50％的女厕所有涂鸦，58％的男厕所有。可是，女厕所的文字与图画中，具有性刺激含义的只有25％；而男厕所的却有86％。在涂鸦中，有的仅仅是只言片语，有的是图画，但是也有长篇大论。它们的主要描绘目标有几类：男女生殖器、性交合、口交、肛门性交；既有异性之间的也有同性之间的，还有大量的足以激起大多数男人的性欲的文字。

与此相反，在女厕所中，那些具有性刺激含义的涂鸦，文字所描绘的却是爱情、连在一起的姓名；图画所画的是嘴唇、心。只有极少数的涂鸦是描绘生殖器、性动作或者性的脏话。我们把男女涂鸦的内容比较一下：

乱写乱画的内容	女人（%）	男人（%）
异性性行为方面：	17	21
异性的生殖器	5	3
性交合	7	8
口交	2	11
肛门性交	1	—
其他性主题	2	3
记载约会	0	5
同性性行为方面：	11	75
同性的生殖器	7	15
口交	1	30
肛门接触	0	18
其他性主题	2	8
记载约会	1	21
无法确定同性还是异性	5	6
特殊爱情	12	3
与同性的爱	35	3
与异性的爱	9	0
非特殊的性表现	6	0
心	6	0
唇	69	0

　　女人较少在墙上乱写乱画，较少写画性文字与图形，这可能由于她们更尊敬道德戒律和社会舆论。但是根据我们前边的数据，更可能是由于这些东西对女人极少具有或根本没有性刺激作用。

　　男人在乱写乱画时自己能获得满足，他认为别的男人看了自己的作品后也能获得性刺激，因此他自己也由此获得更大的满足。他觉得，此后成百上千的男人都会看到自己的创作。

　　特别值得注意的是：男厕所墙上对男人生殖器及其功能的描绘，比对女人生殖器及其功能的描绘还多。初看起来，可能是由于创作者都是有同性性行为的男人，但是我们认为有两方面原因：

一方面，有同性性行为的男人可能更喜欢在厕所墙上乱写乱画，而有异性性行为的男人却不是这样。因为前者可能更容易被这类作品唤起，因为他们想知道别的男人看到这类作品时会做出何种反应。有异性性行为者则不这么想，因为他清楚地知道，女人不可能看到他写画的东西。

另一方面我们也倾向于相信：写画男人生殖器及其功能的男人，也可能是那些把对男人解剖构造及其功能的兴趣带进自己的异性性行为的男人。

不管创作者是什么样的人，"厕所文学"都表现了男人的性渴望。大多数"作品"描绘的都是实际生活中很少见的性活动。这意味着男作者与男读者都在表达着他们未获满足的渴望。作品中形象表达着他们在实际生活中喜欢什么。但是他们只能在隔开的、隐蔽的地方表达，在一切可能被人发现或认出的地方，大多数男人都不会公然表达他们性兴趣所在。

谈论性问题

男人较喜欢与别人谈论性问题，女人则不那么喜欢。例如如何获知自慰，男女情况如下：

首次信息来源	女人（%）	男人（%）
自我发现	57	28
看书或听说	43	75
亲昵经历	12	极少
观看别人	11	40
同性性行为	3	9

（上述数据加起来超过100%，因为许多人是同时从两种来源获知的。）

女人自我发现的占57%，看书或听说的却较少。有些女人直到40岁才自己发现自慰是可能的。相反，男人听说或观看别人的较多，自己发现的仅占28%。这表明，在青春期前后，男性谈论性问题比女性多。而且较老甚至很老的男人也仍在谈性问题。

对大多数男人来说，谈论性问题也能提供性刺激。女人却不是这样，结果她也就没有那么多积极性投入这种谈论。有许多女人在童年或成年后也热烈地谈论生殖问题和性功能，却一直没有真正明白自己谈的是什么事。按她们坚持说的，她们对性"不感兴趣"。许多女人在获知自慰的具体方法之后很多年，才真的自己去尝试一下。

相反，男人很小的时候就获知了许多性信息，而且自己也尽可能地寻求任何与性有关的信息。青春期内男人一旦获知自慰为何事，几乎全都马上投入进去。

听施虐受虐故事后的唤起

许多人听到折磨、鞭打、悬吊、火烫或者其他故意引起疼痛的故事后就会被唤起。许多人为此不安，又不认为这是与性有关的。当然我们也还不能肯定其中究竟有多少性因素，只列出情况：

性反应程度	女人（%）	男人（%）
明确地、经常地	3	10
有时有一些	9	12
从来没有过	88	78

男女差异主要是由于对施虐受虐故事的幻想有多少。当然实际投入后就不一样了。

对被打的反应

我们难于肯定，在肉体刺激造成伤害时，一个人会如何反应，其中有多少出自心理刺激，多少出自把性与施虐受虐活动联系在一起，又有多少出自向性伴侣臣服时获得的心理满足。我们也难于确定，在施虐受虐活动中有多少生理和心理反应是性的，又有多少仅仅是情感上的。

异性爱抚与性交合以及同性性行为中，最常见的施虐受虐动作，就是伴侣互相抓咬身体不同部位。这种行为比人们知道的还要普遍得多。男女都有不少人承认它：

性反应程度	女人（%）	男人（%）
明确地、经常地	26	26
有时有一些	29	24
从来没有过	45	50

真的被打时与听到施虐受虐故事时，产生性反应的男人，前种情况比后种多一倍；在女人中则多3倍以上。这说明男人大多兼有生理与心理两种反应能力，而女人虽然并非全部，但大多却只有生理反应能力。

恋物

几乎所有男人都会被女人的肉体所唤起。但是，如果除了生殖器部位之外，女人的头发、脚、手指也能使男人唤起，那么一般就叫作恋物。

但这显然不正确。这些反应取决于心理上的伴随前提。我们也无法把"恋"女人生殖器的男人与"恋"女人脚的男人清楚地区别开来，因为他们的性反应实际上一样。

一个人性反应的对象不是对方肉体，而是衣服、鞋之类的东西时，问题可能更复杂些，但也仍然取决于该人的心理前提。只对性伴侣或者与她从事性活动一事之外的东西起反应，这在总人口中并非绝无仅有。尤其当那些物品暗示着施虐受虐活动，或与一个人以往性经历相联系时，这种情况更常见些。

恋物几乎完全是男人独有的现象，女人中我们只知道2例或3例，她们一般不会对性伴侣之外的客体做出反应。男人更容易被自己的性经验，或者与这些经验相关联的东西所限定。

易装

易装不仅指喜欢穿异性服装，也指试图在社会组织中作为一个异性而存在，缺一即不是所谓"易装癖者"。

真正的易装现象的原因极其复杂，表现形式多样，就连时间长短和何时出现也不一样得很。有些人只是在特定时间和特定情况下才表现出某种易装倾向。

易装现象有时取决于该人对异性的吸引力有多大。例如某个极其吸引女人的男人，就会渴望与她们化为一身；但是实际上他与她们之间仍是异性性关系。

易装现象有时来源于该人对自己同性的暴烈反抗。有时他因此而更吸引女人，他也更爱她们，以至于不愿与她们发生异性性行为。结果他与同性者不再有社会接触，因为他不愿男人们阻碍自己与女人的这种特定关系。

有些精神分析学者把所有易装者都看作"同性恋者"，这是不正确的。这两种现象完全无关，兼而有之的人极少。只不过有些易装者为了解除自己的心理冲突，一到医生那里就爽快地承认自己是个"同性恋者"。

当然，也有些有同性性行为者表现出易装现象，因为他们希望以此来吸引那些不敢投入同性性行为的男人。

不少易装现象是由于恋物引起的。无论该人以前从事异性还是同性性行为，都可能发生从恋物到易装的变化。

我们虽然没有足够的数据，但是确实知道有近百位生理上的男人希望成为女人；有数个生理上的女人希望成为男人。女人在多种场合都可以身着男装，但她们并非在想变成男人。因此女人想变男人的现象就非常值得进一步探讨其原因了。

性活动的间断现象

女人一切性行为，乃至于性释放总量，都可以间断，甚至间断数月、数年；但随后又出现一个高频期。男人在具体性行为上可能间断，但是释放总量上却不会。

这可能有几个原因，其中之一就是男女对心理刺激的反应途径不同。

男人由于我们前述的种种心理刺激，年轻时可以一周甚至一天之内勃起数次，而且不达到高潮就会心烦意乱。女人由于较少心理刺激而能做到相反的情况。许多婚姻困难都源于夫妻互不了解这些方面。如果我们在制订性法律时、考虑狱中人的性需求时、评价人们的非婚性释放时、在解决其他社会问题时，不了解男女的性心理差异，我们终究将一事无成。

多配偶倾向

世界上一切民族都知道，男人倾向于多配偶，女人则倾向于专一。因此，女人认为她有责任把丈夫留住在家里，使得他对性关系的后果负责。她也更倾向于用道德原则来支配自己的性行为，但是实际上这是由于女人较少被多配偶的念头所性唤起。

男人的多配偶倾向也是由于他具有女人所没有的心理能力。他希望新经历、新的性伴侣、新关系中可能达到的新满足水平、运用新技巧的新机会；而且他一想到这些就被唤起。这一切女人一般都没有。

男人多配偶倾向也来源于每找到一个新伴侣，都能很快地获得满足，也能在满足后再次弃旧图新，去追求和猎获一个更新的伴侣。在异性与同性性关系中，他们总能如此。

我们可以把男女在不同性行为中的伴侣人数比较一下：

伴侣人数	婚前爱抚		婚前性交合		同性性接触	
	女	男	女	男	女	男
1	10	6	53	27	51	35
2～5	32	20	34	33	38	35
6～10	23	16	7	17	7	8
11～20	16	21	4	11	3	6
21～30	8	10	1	4	—	2
31～50	6	11	—	3	—	3
51～100	4	8	—	4	—	3
101以上	1	8	—	1	—	8

一直有些人说，男人的性唤起能力对任何女人都一样的，哪怕跟一个残女、痴女、丑女、一个低级妓女，他也能性交合；而女人却非得先

有一个满意的性关系，然后才能性交合。这说明女人比男人更依赖于心理因素。

其实恰恰相反，男人能对任何一个女人产生性反应，正好证明他主要依靠心理刺激和心理前提，而不是依靠肉体刺激或当时的心理刺激。只要足以引起他的心理反应，许多男人关注的不是唾手可得的性伴侣，而是他与之性交合的其他姑娘，以及他将来可能与之性交合的女性整体。

婚姻中性因素的作用

我们的数据表明：一般女人结婚都是为了建立一个家庭、与单一配偶建立长期的情感关系、生养孩子。这可以成为她一生的首要事业。

大多数男人可能会承认，所有这些都是婚姻的重要目标。但是如果不是预期婚后将有机会规律地与妻子性交合，大概不会有几个男人结婚的。尽管男人可能会接受一个并不包括女性所向往的目标的婚姻，婚姻如果不能满足男人的性需求，他就会准备解除这种关系，往往比女人更积极。

把男女对婚姻的态度的不同，归结为两性内在道德的差异，这未免太简单化了。只把这解释为女人承担着养育人类后代的责任，也还不够。婚姻态度的差异主要源于：男人对规律的、高频率的性释放，有着比女人更强烈得多的需求。

影响性模式的社会因素

在《男性性行为》一书中，我们的结论是：在决定男人性行为模式的诸因素中，社会因素发挥着相当重要的作用。在这本书里，我们又发现，决定女人性行为模式的各种因素中，社会因素却不那么重要。

附 录

调查内容

在每一次面对面的个人面谈调查中,我们总共设置了521个问题。但是由于被调查者一般地只在其中部分事件上有过经历,因此面谈中实际提出的问题就更少一些。问题中还有一些只有通过身体检查或其他特殊测试才能获得答案,我们一般地只对那些值得特殊研究的人才这样做。全部问题如下。

一、社会背景与经济状况等

性别

年龄

出生日期

种族

祖籍——

　　本人出生地

　　居住地(至少一年)

　　父母出生地

　　出身于城市还是乡村

宗教信仰——

　　　　所信宗教的名称

　　　　信仰程度

职业

经济状况

受教育程度（上过几年学）——

　　　　全部学历

　　　　是否上过大学

　　　　大学主修的专业

　　　　离开中小学已有几年

　　　　高中读了几年

心理测验（只对特殊的对象做）

娱乐兴趣所在——

　　　　学校的课外活动A

　　　　电影B

　　　　跳舞C

　　　　打扑克D

　　　　赌博E

　　　　吸烟F

　　　　饮酒精类饮料G

　　　　使用麻醉品H

　　　　吸大麻I

　　　　打猎J

　　　　钓鱼K

　　　　读书L

　　　　缝纫M

　　　　烹饪N

　　　　做家务O

　　　　尤喜音乐P

　　　　尤喜体育活动Q

　　　　其他R

在校内体育比赛中的成绩

在学校中有无情同手足的朋友

家庭背景——

　　　　父母职业A

　　　　父母经济状况B

　　　　父母受教育程度C

　　　　父母婚姻状况D

　　　　　　幸福a

　　　　　　分居或离婚b

　　　　父母与子女的关系E

　　　　　　依恋父亲a

　　　　　　依恋母亲b

　　　　兄弟姐妹状况F

　　　　　　人数a

　　　　　　年龄b

　　　　10岁与16岁时的伴侣状况G

　　　　　　人数

　　　　　　其中：a亲戚人数　b男性人数　c女性人数

社会经历——

　　　　是否进过监狱或孤儿院等A

　　　　是否服过兵役B

个性特征

二、婚姻状况

目前是否再婚

配偶状况——

年龄 A

　　相识时间的长短 B

　　订婚时间长短 C

　　宗教信仰 D

　　受教育程度 E

结婚时双方年龄

结婚、离婚、分居或丧偶已有几年

是否属于未婚同居

子女状况——

　　性别 A

　　年龄 B

　　母亲首次生育时的年龄 C

流产情况——

　　自然流产次数 A

　　人工流产次数 B

对婚姻现状的评价——

　　评价等级 A

　　争吵的原因 B

三、性教育状况

何时以及如何获知下列现象——

　　怀孕 A

　　性交 B

　　受精 C

　　月经 D

　　性病 E

　　卖淫现象 F

　　避孕 G

　　　　堕胎 H

　　　　男性的勃起（只调查女性）I

父母对性教育的贡献

是否观看过性行为

是否观看过性行为的视觉形象资料

是否受过学校的正规性教育

对裸体的态度——

　　　　对父母裸体 A

　　　　对他人裸体 B

四、身心状况

发育与健康的一般状况——

　　　　身高 A

　　　　体重以及过去最大体重 B

　　　　脉搏（只检查特例）C

　　　　血压（只检查特例）D

　　　　唇厚 E

　　　　手形 F

　　　　病史或残疾史 G

　　　　性病史 H

青春期发育的年龄——

　　　　首次性欲望 A

　　　　首次性高潮（及其产生原因）B

　　　　阴毛发育 C

　　　　乳房发育（只调查女性）D

　　　　乳核出现（只调查男青少年）E

　　　　月经初潮 F

　　　　嗓音变化 G

身高增长加快 H

身高增长停止 I

生殖器状况（男性）——

  A. 睾丸；是否下降

    位置（左或右）

    大小（只检查特例）

    有无损伤史

  B. 阴茎（由被调查者自慰，即俗称的手淫）：

    长度与是否包茎（勃起与非勃起时）

    勃起后的角度

    勃起后的弯曲度

    勃起后的指向

  C. 包皮环切的情况：

    环切时的情况

    是否切除系带

    包皮的长度

    疤痕状况

  D. 阴茎充血程度

  E. 性交合前粘液分泌的情况

  F. 精液检查（只检查特例）

  G. 勃起情况：

    速度

    是否有搏动

    性交合中的效力

    持续时间

  H. 睡眠中勃起的频率

生殖器状况（女性）——

  A. 阴蒂：

　　　　大小（只检查特例）

　　　　包皮粘连程度（只检查特例）

　B. 处女膜：

　　　状况

　　　破裂史

　C. 阴道粘液分泌情况：

　　　　分泌量

　　　　月经周期中的变化

月经——

　　初潮年龄 A

　　周期时间与规律 B

　　行经持续时间 C

　　是否痛经 D

　　绝经史 E

性欲唤起情况——

　　A. 自我唤醒：

　　　　照镜时

　　　　观察自己生殖器时

　　　　有无裸露阴部癖好

　　B. 同性唤起：

　　　　想到同性时

　　　　观察同性时

　　　　观察已激发的生殖器时

　　　　观察臀部时

　　　　观看脱衣舞等色情表演时

　　　　观看裸体美术作品时

　　　　阅读淫秽小说时

　　　　阅读色情文学作品时

看色情电影时

看色情照片与绘画时

跳舞时

C. 异性唤起：

想到异性时

观察异性时

看裸体美术作品时

看脱衣舞等色情表演时

看色情图画时

读淫秽小说时

读色情文学作品时

看色情电影时

跳舞时

身体接触时

口刺激异性时

被异性口刺激时

D. 动物唤起：

看动物交配时

身体接触动物时

E. 非性含义的刺激引发的唤起：

音乐

饮酒

大便

疼痛

被虐待

虐待他人

其他情况下（尤其童年）

五、夜间性梦

首次做性梦时的年龄

梦中出现的性高潮的频率

梦中没有性高潮的频率

性梦的内容——

  A. 与同性性交

  B. 与异性性交合

  C. 与动物性交

  D. 其他

六、自慰（"手淫"）

首次发生时的年龄，青春期是否已开始

学会的途径——

  交谈与阅读 A

  观看他人实施 B

  异性或同性的实施 C

  自己发现 D

频率——

  每周最多次数 A

  每一岁中的平均次数 B

方法——

  A. 男性：

    手刺激 a

    物摩 b

    口刺激 c

    使用特殊器具 d

    插入尿道 e

B. 女性：

  摩乳房 a

  摩阴道 b

  物摩 c

  臀部施压 d

  插入尿道 e

  使用器具 f

达到性高潮所需时间

伴侣何种性交幻想——

  自慰 A

  同性性交 B

  异性性交合 C

  与动物性交 D

  施虐与被虐行为 E

对此行为的自我评价——

  恐惧与抵制的时间 A

  得以解除的原因 B

  何时何因抵制 C

  引起抵制的道德、生理和心理原因 D

七、异性性交合情况

前青春期的游戏——

  首次出现时的年龄与频率 A

  共同游戏的伴侣的年龄与人数 B

  游戏方法 C

    裸露阴部 a

    探究身体 b

    插入阴道 c

　　　　口与生殖器接触 d

　　　　性交合 e

婚前爱抚行为——

　　首次发生时的年龄

　　频率

　　同伴：

　　　　初中与高中时的人数 a

　　　　从高中到结婚期间的人数 b

　　方法：

　　　　一般身体接触 a

　　　　接唇吻 b

　　　　接舌吻 c

　　　　手刺激乳房 d

　　　　手刺激男性生殖器 e

　　　　手刺激女性生殖器 f

　　　　口与生殖器接触（对男 g；对女 h）

　　　　生殖器同置而未插入 i

　　未性交合而达到性高潮（男 女）

　　　　频率 a

　　　　首发时年龄 b

　　后果：

　　　　神经系统失调 a

　　　　生殖器痉挛 b

　　　　手刺激自己生殖器或其他自慰 c

对婚前性交合的态度——

　　未发生婚前性交合的原因：

　　　　道德考虑 a

　　　　缺乏机会 b

　　　　缺乏兴趣 c

　　　　害怕怀孕 d

　　　　害怕性病 e

　　　　害怕社会谴责 f

　　已发生的原因：

　　　　期望获得未婚对方的童贞 a

　　　　期望与对方结婚 b

　　　　期望有孩子以及所期望的数目 c

　　　　想从事或延续性交合 d

　　　　对自己性交合经验的评价

婚前性交合的经验——

　　首发时年龄

　　首次经历的情况

　　　　对方的年龄与性格 a

　　　　对方是否童贞 b

　　　　到达性高潮的速度 c

　　　　肉体满足的程度 d

　　发生婚前性交合的频率

　　其他婚前性交合对象的情况：

　　　　总人数 a

　　　　同伴 b

　　　　还是卖淫者 c

　　　　年龄状况 d

　　　　至调查时18岁以下的总人数 e

　　　　偏爱哪一年龄的对方 f

　　　　对方婚姻状况 g

　　　　是否有血缘关系 h

　　　　是否童贞 i

造成怀孕、生育或流产后果的：

　　当时年龄 a

　　法律后果 b

　　经济后果 c

性交合的安排：

　　地点与场合 a

　　是否有全裸体的机会和愿望 b

婚内性交合（夫妻分别调查）——

　　首次性交合：

　　　　双方各自年龄 a

　　　　对方是否童贞 b

　　　　达到性高潮的速度 c

　　　　肉体满足的程度 d

　　　　从结婚到首次性交合的间隔时间 e

　　性交合频率；

　　　　历史最高频率 a

　　　　不同时期的平均频率 b

对性交合的评价与对婚姻的评价之间的关系

婚外性交合——

　　发生时年龄

　　　　对方：人数

　　　　年龄状况 a

　　　　婚姻状况 b

　　　　同伴 c

　　　　还是卖淫者 d

　　频率：

　　　　实际性交合 a

　　　　爱抚行为而无性交合 b

配偶是否知道

对婚姻产生的效果

是否期望再次发生

婚姻中止后的性交合——

  发生时的年龄

    对方：人数 a

    年龄状况 b

    婚姻状况 c

    同伴 d

    还是卖淫者 e

  发生频率

与卖淫者性交合——

  发生时年龄 A

  与之性交合的卖淫人数 B

  频率 C

  是否采用口刺激技巧 D

  对比评价与非卖淫者性交合的感受 E

性交技巧——

  性交前的爱抚：

    持续时间 a

    接唇吻 b

    接舌吻 c

    手刺激乳房 d

    口刺激乳房 e

    手刺激生殖器（对男 f，对女 g）

    口刺激生殖器（对男 h，对女 i）

    此期达到性高潮的频率 j

性交合体位（相对常用的与偏爱的）

　　男上位 a

　　女上位 b

　　侧位 c

　　坐位 d

　　立位 e

　　后入位 f

　　肛门交 g

　　其他 h

男性性高潮：

　　插入的持续时间 a

　　是否有多次高潮 b

女性性高潮：

　　达到频率 a

　　是否有多次高潮 b

　　性交合中首次高潮何时出现 c

　　与性交合技巧的关系 d

全裸体：

　　频率 a

　　对此的态度 b

性交合时偏爱有照明还是黑暗

性交合中是否出现幻想

避孕经历（在婚前、婚内、婚外是否采取以及采取何种手段，效果如何）

　　避孕套：

　　　　来源 a

　　　　是否检验 b

　　　　是否使用润滑剂 c

         是否破漏 d

　　阴道隔膜或子宫帽：

　　　　来源 a

　　　　型号 b

　　体外射精法

　　　　仅用阴道冲洗法：a

　　　　使用何种物质冲洗 b

　　　　安全期避孕法

　　　　仅用避孕药膏

　　　　其他方法

异性群交——

　　　　A 环境

　　　　B 条件

　　　　C 频率

　　参加者的人数与性格

　　是否以输牌即脱光的方式参与

　　是否以参加联谊会或其他团体的方式参与

　　是否以观看性交的方式参与：

　　　　观看群交伴侣 a

　　　　观看朋友 b

　　　　观看职业性交表演者 c

异性卖淫者（妓女与男妓）——

　　　　与之性交时年龄

　　　　首次经历：

　　　　　　时机 a

　　　　　　对象 b

　　　　　　付费多少 c

每周的频率：

  开始后的第一年内 a

  接下来的时期内 b

多时的对象总人数：

  天

  每周

平均的对象人数：

  每天

  每周

  不同时期

涉及的卖淫者情况：

  总人数 a

  年龄分布状况 b

  平均年龄 c

  关系保持最久的时间 d

  产生爱情的有多少 e

  已婚者所占的百分比 f

  当时保持童贞者的人数 g

  职业 h

  种族 i

接触的途径：

  朋友私人介绍

在既存的卖淫场所中：

  卖淫者的年龄 1

  该场所中卖淫者总人数 2

  该场所的规模 3

  该场所的地理位置 4

  是否需要用体力或暴力强迫卖淫者 5

在自己为此设置的场所中：

    花费的时间 1

    地理位置 2

    雇用的人数 3

街头拉客：

    已拒绝的所占的百分比 1

    招来麻烦的所占的百分比 2

爱抚方法：

    对方主动的（方法为前述九种）a

    己方主动的（方法为前述九种）b

    性交体位（如前述）c

己方到达性高潮的频率

性病预防与避孕：

    是否检查对方 a

    是否使用避孕套 b

    是否用抗菌剂冲洗 c

    是否用其他措施 d

变换方式：

    肛门交 a

    口刺激肛门 b

    鞭打 c

    其他施虐方式 d

    受虐 e

    排粪 f

    观看性交 g

    恋物 h

群交活动：

    己方年龄 a

　　　　参加本群的人数 b

　　　　频率 c

　　　　心理反应如何 d

裸露展示活动：

　　　　当时年龄 a

　　　　频率 b

　　　　观看者人数 c

　　　　观看者的特点 d

　　　　己方的心理反应 e

　　　　　　首次 1

　　　　　　以后 2

付费：最多、最少、平均 f

用何种技巧展示 g

从卖淫所获得收入：

　　　　最多与最少收费 a

　　　　平均收费 b

　　　　每周、每月的平均收入 c

　　　　付给卖淫场所的百分比 d

　　　　付给卖淫介绍者的百分比 e

街头拉客：f

　　　　发生的概率 1

　　　　最高与最低收入 2

　　　　平均收入 3

卖淫者与社会的关系：

　　　　与朋友 a

　　　　与家庭 b

　　　　与政治 c

　　　　被捕与被判罪的概率 d

　　　　由于卖淫 e

　　　　由于街头拉客 f

　　　　由于其他伴随原因 g

　　　　法律惩罚 h

　　　　成为被解雇的原因 i

　　　　寻求庇护所付的费用额 j

　社会的与性的背景：

　　　　促使其开始卖淫的诸因素 a

　　　　继续卖淫的主要原因 b

　　　　从性生活中所获得快乐的内容 c

　　　　为继续卖淫有何计划 d

　　　　是否有对卖淫的心理抵制 e

　　　　给婚姻造成什么后果 f

　　　　是否愿意向别人推荐卖淫者 g

八、同性性行为

前青春期的游戏——

　　A. 当时年龄

　　B. 游戏的频率

　　C. 同伴：

　　　　年龄 a

　　　　人数 b

　　D. 方法：

　　　　裸露阴部 a

　　　　手刺激 b

　　　　插入阴道或尿道 c

　　　　口与生殖器接触 d

　　　　刺激肛门 e

青春期后的经历——

    当时年龄

    首次经历：

        己方年龄 a

    对方情况：

        年龄 b

        种族 c

        与己方的关系 d

    对方环境：e

        接触的场合 f

        哪方主动提议 g

    使用的方式：

        主动 h

        被动 i

        互动 j

        是否有经济来往 k

        己方的满足程度 l

    首次运用下列技巧时的年龄（主动还是被动）：

        手刺激 a

        口刺激 b

        刺激肛门 c

        刺激乳房 d

        刺激大腿 e

        全身接触 f

    同性性行为的频率：

        第一年内 a

        以往每日最多次数 b

        以往每周最多次数 c

各年每周平均次数 d

所接触者的总人数 e

对方：

总人数 a

年龄分布 b

与己方年龄比较 c

己方所偏爱的年龄

偏爱的原因

社会地位：

初中学生 a

高中学生 b

大学生 c

神职人员 d

教师 e

艺术家 f

自由职业者 g

商人 h

军人 i

体力劳动者 j

执法人员 k

接触过的对方中的地位最高的

对方已婚的

对方从无同性性行为经验的：

人数 a

持续最久的那次的时间 b

产生爱情与慈爱的次数 c

向已拒绝者继续提议的百分比 d

对方种族：白人 e   黑人 f   其他 g

方法：

  爱抚行为（主动或被动）

  接唇吻

  接舌吻

  吻身体

  手刺激乳房

  口刺激乳房

  手刺激生殖器

  口刺激生殖器

  鞭打背部

  臀部

  阴部

  插入尿道

  口刺激肛门

  全裸体

  所用体位（包括69式）

  偏爱有照明还是黑暗

  在何场所

自己的性高潮

  频率（用每一方法或自发射精）

对方的性高潮：

  频率（用每一方法或自发射精）

心理反应——

 偏爱何种对方：

  男人体型的还是女人体型的

  特别高的

  特别胖的

  特殊肤色的

　　　　体毛特别多的

　　　　生殖器特殊的

　　　　乳房特殊的

　　　　阴茎或阴蒂包皮切除的

　　　　其他身体特点的

　　对生殖器和精液的气味与味道的反应

接触的途径——

　　私人朋友

　　偶遇者：

　　　　在街头

　　　　在公园

　　　　在旅馆

　　　　在剧院

　　　　在夜总会

　　　　在餐馆

　　　　在海滩

　　　　在交通工具上

　　　　在公共浴室

　　　　搭乘便车时

　　　　其他场所

　　社会对同性性行为的抵制——

　　　　在家庭、学校、社区、工作单位所遇到的困难

　　　　是否受过逮捕、起诉、法律制裁

　　　　是否敲诈或被敲诈

　　　　是否乘机抢劫或被抢劫

　　　　对同性恋者结社的限制

　　同性性行为卖淫者——

　　　　卖淫者情况：

　　　　卖淫频率

　　　　卖淫的场合与环境

　　　　卖淫总次数

　　　　从事卖淫的持续时间

　　卖淫者情况：

　　　　卖淫频率

　　　　卖淫的场合与环境

　　　　卖淫总次数

　　　　卖淫的持续时间

被调查的同性性行为者的自我分析——

　　对自己身体特征的认识：

　　　　站立和行走时的姿态

　　　　噪音

　　　　行走时臀部的特征

　　　　步态

　　　　衣着

　　　　妆扮

　　　　对模仿异性的兴趣

　　　　其他特征

　　对同性性行为是否抵触和悔恨

　　是否期望继续下去

　　是否期望转变为异性性行为者

　　对他人的同性性行为有何评价

　　对促使因素的自我分析

　　对同性性行为包括范围的自我确定：

　　　　发生在男性之间和女性之间时

　　　　发生在黑人之间和白人之间时

九、与动物的性行为

发生时年龄

频率——

  到达性高潮的

  未到达性高潮的

所涉及的动物种类，偏爱哪种

方法——

  对动物手淫或用物刺激

  插入阴道式性交合

  口与生殖器接触

    主动

    被动

金赛经典名言：

"一个门诊部不等于全社会。"
"唯一不符合本性的性行为，都是不能完成的性行为。"